ŒUVRES COMPLÈTES

DE GEORGE SAND

HORACE

PARIS

J. HETZEL ET Cᵉ | VICTOR LECOU
RUE RICHELIEU, 78 | RUE DU BOULOI, 10

1854

ŒUVRES

DE

GEORGE SAND

— PARIS —

IMPRIMERIE DE PAR J. CLAYE ET Cⁱᵉ

RUE SAINT-BENOIT, 7

ŒUVRES

DE

GEORGE SAND

HORACE

PARIS

J. HETZEL ET Cⁱᵉ VICTOR LECOU
RUE RICHELIEU, 78   RUE DU BOULOI, 10

NOTICE

Il faut croire qu'*Horace* représente un type moderne très-fidèle et très-répandu, car ce livre m'a fait une douzaine d'ennemis bien conditionnés. Des gens que je ne connaissais pas prétendaient s'y reconnaître, et m'en voulaient à la mort de les avoir si cruellement dévoilés. Pour moi, je répète ici ce que j'ai dit dans la première préface; je n'ai fait poser personne pour esquisser ce portrait; je l'ai pris partout et nulle part, comme le type de dévouement aveugle que j'ai opposé à ce type de personnalité sans frein. Ces deux types sont éternels, et j'ai ouï dire plaisamment à un homme de beaucoup d'esprit, que le monde se divisait en deux séries d'êtres plus ou moins pensants : *les farceurs* et *les jobards*. C'est peut-être ce mot-là qui m'a frappée et qui m'a portée à écrire *Horace* vers le même temps. Je tenais peut-être à montrer que les exploiteurs sont quelquefois dupes de leur égoïsme, que les dévoués ne sont pas toujours privés de bonheur. Je n'ai rien prouvé; on ne prouve rien avec des contes, ni même avec des histoires vraies; mais les bonnes gens ont leur conscience qui les rassure, et c'est pour eux surtout que j'ai écrit ce livre, où l'on a cru voir tant de malice. On m'a fait trop d'honneur : j'aimerais mieux appartenir à la plus pauvre classe des *jobards* qu'à la plus illustre des *farceurs*.

GEORGE SAND.

Nohant, 1er novembre 1852.

A M. CHARLES DUVERNET.

Certainement nous l'avons connu, mais disséminé entre dix ou douze exemplaires, dont aucun en particulier ne m'a servi de modèle. Dieu me préserve de faire la satire d'un individu dans un personnage de roman. Mais celle d'un travers répandu dans le monde de nos jours, je l'ai essayée cette fois-ci encore ; et si je n'ai pas mieux réussi que de coutume, comme de coutume je dirai que c'est la faute de l'auteur et non celle de la vérité. Les marquis d'aujourd'hui ne sont plus ridicules. Une couche nouvelle de la société ayant poussé l'ancienne, il est certain que les prétentions et les impertinences de la vanité ont changé de place et de nature. J'ai tenté de faire un peu attentivement la critique du beau jeune homme de ce temps-ci ; et ce *beau* n'est pas ce qu'à Paris on appelle *lion*. Ce dernier est le plus inoffensif des êtres. Horace est un type plus répandu et plus dangereux, parce qu'il est plus élevé en valeur réelle. Un *lion* n'est le successeur ni des marquis de Molière ni des roués de la Régence ; il n'est ni bon ni méchant ; il rentre dans la catégorie des enfants qui s'amusent à faire les matamores. Cette impuissante affectation des grands vices qui ne sont plus n'est qu'un très-petit épisode de la scène générale. Horace a dû traverser cet épisode ; mais il partait d'un autre point et cherchait un autre but. Dieu merci, un seul ridicule ne suffit pas à cette jeunesse ambitieuse, qui s'agrandit et s'épure à travers mille erreurs et mille fautes, grâce au puissant mobile de l'amour-propre. Mon ami, nous avons souvent parlé de ceux de nos contemporains chez qui nous avons vu la personnalité se développer avec un excès effrayant ; nous leur avons vu faire beaucoup de mal en voulant faire le bien. Nous les avons parfois raillés, souvent repris ; plus souvent nous les avons plaints, et toujours nous les avons aimés, *quand même !*

George SAND.

HORACE

I.

Les êtres qui nous inspirent le plus d'affection ne sont pas toujours ceux que nous estimons le plus. La tendresse du cœur n'a pas besoin d'admiration et d'enthousiasme : elle est fondée sur un sentiment d'égalité qui nous fait chercher dans un ami un semblable, un homme sujet aux mêmes passions, aux mêmes faiblesses que nous. La vénération commande une autre sorte d'affection que cette intimité expansive de tous les instants qu'on appelle l'amitié. J'aurais bien mauvaise opinion d'un homme qui ne pourrait aimer ce qu'il admire ; j'en aurais une plus mauvaise encore de celui qui ne pourrait aimer que ce qu'il admire. Ceci soit dit en fait d'amitié seulement. L'amour est tout autre : il ne vit que d'enthousiasme, et tout ce qui porte atteinte à sa délicatesse exaltée le flétrit et le dessèche. Mais le plus doux de tous les sentiments humains, celui qui s'alimente des misères et des fautes comme des grandeurs et des actes héroïques, celui qui est de tous les âges de notre vie, qui se développe en nous avec le premier sentiment de l'être, et qui dure autant que nous, celui qui double et étend réellement notre existence, celui qui renaît de ses propres cendres et se renoue aussi serré et aussi solide après s'être brisé ; ce sentiment-là, hélas ! ce n'est pas l'amour, vous le savez bien, c'est l'amitié.

Si je disais ici tout ce que je pense et tout ce que je sais de l'amitié, j'oublierais que j'ai une histoire à vous raconter, et j'écrirais un gros traité en je ne sais combien de volumes ; mais je risquerais fort de trouver peu de lecteurs, en ce siècle où l'amitié a tant passé de mode qu'on n'en trouve guère plus que d'amour. Je me bornerai donc à ce que je viens d'en indiquer pour poser ce préliminaire de mon récit : à savoir, qu'un des amis que je regrette le plus et qui a le plus mêlé ma vie à la sienne, ce n'a pas été le plus accompli et le meilleur de tous ; mais, au contraire, un jeune homme rempli de défauts et de travers, que j'ai même méprisé et haï à de certaines heures, et pour qui cependant j'ai ressenti une des plus puissantes et des plus invincibles sympathies que j'aie jamais connues.

Il se nommait Horace Dumontet ; il était fils d'un petit employé de province à quinze cents francs d'appointements, qui, ayant épousé une héritière campagnarde riche d'environ dix mille écus, se voyait à la tête, comme on dit, de trois mille francs de rente. L'avenir, c'est-à-dire l'avancement, était hypothéqué sur son travail, sa santé et sa bonne conduite, c'est-à-dire son adhésion aveugle à tous les actes et à toutes les formes d'un gouvernement et d'une société quelconque.

Personne ne sera étonné d'apprendre que, dans une situation aussi précaire et avec une aisance aussi bornée, M. et Mme Dumontet, le père et la mère de mon ami, eussent résolu de donner à leur fils ce qu'on appelle de l'éducation, c'est-à-dire qu'ils l'eussent mis dans un collége de province jusqu'à ce qu'il eût été reçu bachelier, et qu'ils l'eussent envoyé à Paris pour y suivre les cours de la Faculté, à cette fin de devenir en peu d'années avocat ou médecin. Je dis que personne n'en sera étonné, parce qu'il n'est guère de famille dans une position analogue qui n'ait fait ce rêve ambitieux de donner à ses fils une existence indépendante. L'*indépendance*, ou ce qu'il se représente par ce mot emphatique, c'est l'idéal du pauvre employé ; il a souffert trop de privations et souvent, hélas ! trop d'humiliations pour ne pas désirer d'en affranchir sa progéniture ; il croit qu'autour de lui sont jetés en abondance des lots de toute sorte, et qu'il n'a qu'à se baisser pour ramasser l'avenir brillant de sa famille. L'homme aspire à monter ; c'est grâce à cet instinct que se soutient encore l'édifice, si surprenant de fragilité et de durée, de l'inégalité sociale.

De toutes les professions qu'un adolescent peut embrasser pour échapper à la misère, jamais, de nos jours, les parents ne s'aviseront d'aller choisir la plus modeste et la plus sûre. La cupidité ou la vanité sont toujours juges ; on a tant d'exemples de succès autour de soi ! Des derniers rangs de la société, on voit s'élever aux premières places des prodiges de tout genre, voire des prodiges de nullité. « Et pourquoi, disait M. Dumontet à sa femme, notre Horace ne parviendrait-il pas comme *un tel, un tel*, et tant d'autres qui avaient moins de dispositions et de courage que lui ? » Madame Dumontet était un peu effrayée des sacrifices que lui proposait son mari pour lancer Horace dans la carrière ; mais le moyen de se persuader qu'on n'a pas donné le jour à l'enfant le plus intelligent et le plus favorisé du ciel qui ait jamais existé ? Madame Dumontet était une bonne femme toute simple, élevée aux champs, pleine de sens dans la sphère d'idées que son éducation lui avait permis de parcourir. Mais, en dehors de ce petit cercle, il y avait tout un monde inconnu qu'elle ne voyait qu'avec les yeux de son mari. Quand il lui disait que depuis la Révolution tous les Français sont égaux devant la loi, qu'il n'y a plus de priviléges, et que tout homme de talent peut fendre la presse et arriver, sauf à pousser un peu plus fort que ceux qui se trouvent placés plus près du but, elle se rendait à ces bonnes raisons, craignant de passer pour arriérée, obstinée, et de ressembler en cela aux paysans dont elle sortait.

Le sacrifice que lui proposait Dumontet n'était rien moins que celui d'une moitié de leur revenu. « Avec quinze cents francs, disait-il, nous pouvons vivre et élever notre fille sous nos yeux, modestement; avec le surplus de nos rentes, c'est-à-dire avec mes appointements, nous pouvons entretenir Horace à Paris, sur un bon pied, pendant plusieurs années. »

Quinze cents francs pour être à Paris sur un bon pied, à dix-neuf ans, et quand on est Horace Dumontet!... Madame Dumontet ne reculait devant aucun sacrifice; la digne femme eût vécu de pain noir et marché sans souliers pour être utile à son fils et agréable à son mari; mais elle s'affligeait de dépenser tout d'un coup les économies qu'elle avait faites depuis son mariage, et qui s'élevaient à une dizaine de mille francs. Pour qui ne connaît pas la petite vie de province, et l'incroyable habileté des mères de famille à rogner et grappiller sur toutes choses, la possibilité d'économiser plusieurs centaines d'écus par an sur trois mille francs de rente, sans faire mourir de faim mari, enfants, servantes et chats, paraîtra fabuleuse. Mais ceux qui mènent cette vie ou qui la voient de près savent bien que rien n'est plus fréquent. La femme sans talent, sans fonctions et sans fortune, n'a d'autre façon d'exister et d'aider l'existence des siens, qu'en exerçant l'étrange industrie de se voler elle-même en retranchant chaque jour, à la consommation de sa famille, un peu du nécessaire : cela fait une triste vie, sans charité, sans gaieté, sans variété et sans hospitalité. Mais qu'importe aux riches, qui trouvent la fortune publique très-équitablement répartie ! « Si ces gens-là veulent élever leurs enfants comme les nôtres, disent-ils en parlant des petits bourgeois, qu'ils se privent ! et s'ils ne veulent pas se priver, qu'ils en fassent des artisans et des manœuvres ! » Les riches ont bien raison de parler ainsi au point de vue du droit social ; au point de vue du droit humain, que Dieu soit juge !

« Et pourquoi, répondent les pauvres gens du fond de leurs tristes demeures, pourquoi nos enfants ne marcheraient-ils pas de pair avec ceux du gros industriel et du noble seigneur ? L'éducation nivelle les hommes, et Dieu nous commande de travailler à ce nivellement. »

Vous aussi, vous avez bien raison, éternellement raison, braves parents, au point de vue général ; et malgré les rudes et fréquentes défaites de vos espérances, il est certain que longtemps encore nous marcherons vers l'égalité par cette voie de votre ambition légitime et de votre vanité naïve. Mais quand ce nivellement des droits et des espérances sera accompli, quand tout homme trouvera dans la société le milieu où son existence sera non-seulement possible, mais utile et féconde, il faut bien espérer que chacun consultera ses forces et se jugera, dans le calme de la liberté, avec plus de raison et de modestie qu'on ne le fait, à cette heure, dans la fièvre de l'inquiétude et dans l'agitation de la lutte. Il viendra un temps, je le crois fermement, où tous les jeunes gens ne seront pas résolus à devenir chacun le premier homme de son siècle ou à se brûler la cervelle. Dans ce temps-là, chacun ayant des droits politiques, et l'exercice de ces droits étant considéré comme une des faces de la vie de tout citoyen, il est vraisemblable que la carrière politique ne sera plus encombrée de ces ambitions palpitantes qui s'y précipitent aujourd'hui avec tant d'âpreté, dédaigneuses de toute autre fonction que celle de primer et de gouverner les hommes.

Tant il y a que madame Dumontet, qui comptait sur ses dix mille francs d'économie pour doter sa fille, consentit à les entamer pour l'entretien de son fils à Paris, se réservant d'économiser désormais pour marier Camille, la jeune sœur d'Horace.

Voilà donc Horace sur le beau pavé de Paris, avec son titre de bachelier et d'étudiant en droit, ses dix-neuf ans et ses quinze cents livres de pension. Il y avait déjà un an qu'il y faisait ou qu'il était censé y faire ses études lorsque je fis connaissance avec lui dans un petit café près le Luxembourg, où nous allions prendre le chocolat et lire les journaux tous les matins. Ses manières obligeantes, son air ouvert, son regard vif et doux, me gagnèrent à la première vue. Entre jeunes gens on est bientôt lié, il suffit d'être assis plusieurs jours de suite à la même table et d'avoir à échanger quelques mots de politesse, pour qu'au premier matin de soleil et d'expansion la conversation s'engage et se prolonge du café au fond des allées du Luxembourg. C'est ce qui nous arriva en effet par une matinée de printemps. Les lilas étaient en fleur, le soleil brillait joyeusement sur le comptoir d'acajou à bronzes dorés de madame Poisson, la belle directrice du café. Nous nous trouvâmes, je ne sais comment, Horace et moi, sur les bords du grand bassin, bras dessus, bras dessous, causant comme de vieux amis, et ne sachant point encore le nom l'un de l'autre ; car si l'échange de nos idées générales nous avait subitement rapprochés, nous n'étions pas encore sortis de cette réserve personnelle qui précisément donne une confiance mutuelle aux personnes bien élevées. Tout ce que j'appris d'Horace ce jour-là, c'est qu'il était étudiant en droit ; tout ce qu'il sut de moi, c'est que j'étudiais la médecine. Il ne me fit de questions que sur la manière dont j'envisageais la science à laquelle je m'étais voué, et réciproquement. « Je vous admire, me dit-il au moment de me quitter, ou plutôt je vous envie : vous travaillez, vous ne perdez pas de temps, vous aimez la science, vous avez de l'espoir, vous marchez droit au but ! Quant à moi, je suis dans une voie si différente, qu'au lieu d'y persévérer je ne cherche qu'à en sortir. j'ai le droit en horreur ; ce n'est qu'un tissu de mensonges contre l'équité divine et la vérité éternelle. Encore si c'étaient des mensonges liés par un système logique ! mais ce sont, au contraire, des mensonges qui se contredisent impudemment les uns les autres, afin que chacun puisse faire le mal par les moyens de perversité qui lui sont propres ! Je déclare infâme ou absurde tout jeune homme qui pourra prendre au sérieux l'étude de la chicane ; je le méprise, je le hais !... »

Il parlait avec une véhémence qui me plaisait, et qui cependant n'était pas tout à fait exempte d'un certain parti pris d'avance. On ne pouvait douter de sa sincérité en l'écoutant; mais on voyait qu'il ne fulminait pas ses imprécations pour la première fois. Elles lui venaient trop naturellement pour n'être pas étudiées, qu'on me pardonne ce paradoxe apparent. Si l'on ne comprend pas bien ce que j'entends par là, on entrera difficilement dans le secret de ce caractère d'Horace, malaisé à définir, malaisé à mesurer juste pour moi-même, qui l'ai tant étudié.

C'était un mélange d'affectation et de naturel si délicatement unis, que l'on ne pouvait plus distinguer l'un de l'autre, ainsi qu'il arrive dans la préparation de certains mets ou de certaines essences, où le goût ni l'odorat ne peuvent plus reconnaître les éléments primitifs. J'ai vu des gens à qui, dès l'abord, Horace déplaisait souverainement, et qui le tenaient pour prétentieux et boursouflé au suprême degré. J'en ai vu d'autres qui s'engouaient de lui sur-le-champ et n'en voulaient plus démordre, soutenant qu'il était d'une candeur et d'un *laisser-aller* sans exemple. Je puis vous affirmer que les uns et les autres se trompaient, ou plutôt qu'ils avaient raison de part et d'autre : Horace était *affecté naturellement*. Est-ce que vous ne connaissez pas des gens ainsi faits, qui sont venus au monde avec un caractère et des manières d'emprunt, et qui semblent jouer un rôle, tout en jouant sérieusement le drame de leur propre vie ? Ce sont des gens qui se copient eux-mêmes. Esprits ardents et portés par nature à l'amour des grandes choses, que leur milieu soit prosaïque, leur élan n'en est pas moins romanesque ; que leurs facultés d'exécution soient bornées, leurs conceptions n'en sont pas moins démesurées : aussi se drapent-ils perpétuellement avec le manteau du personnage qu'ils ont dans l'imagination. Ce personnage est bien l'homme même, puisqu'il est son rêve, sa création, son mobile intérieur. L'homme réel marche à côté de l'homme idéal ; et comme nous voyons deux représentations de nous-mêmes dans une glace fendue par le milieu, nous distinguons dans cet homme, dédoublé pour ainsi dire, deux images qui ne sauraient se détacher, mais qui sont pourtant bien distinctes l'une de l'autre. C'est ce que nous entendons par le mot de seconde nature, qui est devenu synonyme d'habitude.

Horace donc était ainsi. Il avait nourri en lui-même un tel besoin de paraître avec tous ses avantages, qu'il était toujours habillé, paré, reluisant, au moral comme au physique. La nature semblait l'aider à ce travail perpétuel. Sa personne était belle, et toujours posée dans des attitudes élégantes et faciles. Un bon goût irréprochable ne présidait pas toujours à sa toilette ni à ses gestes; mais un peintre eût pu trouver en lui, à tous les instants du jour, un effet à saisir. Il était grand, bien fait, robuste sans être lourd. Sa figure était très-noble, grâce à la pureté des lignes; et pourtant elle n'était pas distinguée, ce qui est bien différent. La noblesse est l'ouvrage de la nature, la distinction est celui de l'art; l'une est née avec nous, l'autre s'acquiert. Elle réside dans un certain arrangement et dans l'expression habituelle. La barbe noire et épaisse d'Horace était taillée avec un dandysme qui sentait son quartier latin d'une lieue, et sa forte chevelure d'ébène s'épanouissait avec une profusion qu'un dandy véritable aurait eu le soin de réprimer. Mais lorsqu'il passait sa main avec impétuosité dans ce flot d'encre, jamais le désordre qu'elle y portait n'était ridicule ou nuisible à la beauté du front. Horace savait parfaitement qu'il pouvait impunément déranger dix fois par heure sa coiffure, parce que, selon l'expression qui lui échappa un jour devant moi, ses cheveux étaient *admirablement bien plantés*. Il était habillé avec une sorte de recherche. Il avait un tailleur sans réputation et sans notions de la vraie *fashion*, mais qui avait l'esprit de le comprendre et de hasarder toujours avec lui un parement plus large, une couleur de gilet plus tranchée, une coupe plus cambrée, un gilet mieux bombé en plastron qu'il ne le faisait pour ses autres jeunes clients. Horace eût été parfaitement ridicule sur le boulevard de Gand; mais au jardin du Luxembourg et au parterre de l'Odéon, il était le mieux mis, le plus dégagé, le plus serré des côtes, le plus étoffé des flancs, le plus *voyant*, comme on dit en style de journal des modes. Il avait le chapeau sur l'oreille, ni trop ni trop peu, et sa canne n'était ni trop grosse ni trop légère. Ses habits n'avaient pas ce moelleux de la manière anglaise qui caractérise les vrais élégants; en revanche, ses mouvements avaient tant de souplesse, et il portait ses *revers* inflexibles avec tant d'aisance et de grâce naturelle, que du fond de leurs carrosses ou du haut de leurs avant-scènes, les dames du noble faubourg, voire les jeunes, avaient pour lui un regard en passant.

Horace savait qu'il était beau, et il le faisait sentir continuellement, quoiqu'il eût l'esprit de ne jamais parler de sa figure. Mais il était toujours occupé de celle des autres. Il en remarquait minutieusement et rapidement toutes les défectuosités, toutes les particularités désagréables; et naturellement il vous amenait, par ses observations railleuses, à comparer intérieurement sa personne à celle de ses victimes. Il était mordant sur ce sujet-là; et comme il avait un nez admirablement dessiné et des yeux magnifiques, il était sans pitié pour les nez mal faits et pour les yeux vulgaires. Il avait pour les bossus une compassion douloureuse, et chaque fois qu'il m'en faisait remarquer un, j'avais la naïveté de regarder en anatomiste sa charpente dorsale, dont les vertèbres frémissaient d'un secret plaisir, quoique le visage n'exprimât qu'un sourire d'indifférence pour cet avantage frivole d'une belle conformation. Si quelqu'un s'endormait dans une attitude gênée ou disgracieuse, Horace était toujours le premier à en rire. Cela me força de remarquer, lorsqu'il habita ma chambre, ou que je le surpris dans la sienne, qu'il s'endormait toujours avec un bras plié sous la nuque ou rejeté sur la tête comme les statues antiques; et ce fut cette observation, en apparence puérile, qui me conduisit à comprendre cette affectation naturelle, c'est-à-dire innée, dont j'ai parlé plus haut. Même en dormant, même seul et sans miroir, Horace s'arrangeait pour dormir noblement. Un de nos camarades prétendait méchamment qu'il posait devant les mouches.

Que l'on me pardonne ces détails. Je crois qu'ils étaient

nécessaires, et je reviens à mes premiers entretiens avec lui.

II.

Le jour suivant, je lui demandai pourquoi, ayant une telle répugnance pour le droit, il ne se livrait pas à l'étude de quelque autre science. « Mon cher Monsieur, me dit-il avec une assurance qui n'était pas de son âge, et qui semblait empruntée à l'expérience d'un homme de quarante ans, il n'y a aujourd'hui qu'une profession qui conduise à tout, c'est celle d'avocat.

— Qu'est-ce donc que vous appelez *tout?* lui demandai-je?

— Pour le moment, me répondit-il, la députation est tout. Mais attendez un peu, et nous verrons bien autre chose !

— Oui, vous comptez sur une nouvelle révolution ? Mais si elle n'arrive pas, comment vous arrangerez-vous pour être député ? Vous avez donc de la fortune ?

— Non pas précisément ; mais j'en aurai.

— A la bonne heure. En ce cas, il s'agit pour vous d'avoir votre diplôme, et vous n'aurez pas besoin d'exercer.

Je le croyais sincèrement dans une position de fortune assez éminente pour légitimer sa confiance. Il hésita quelques instants ; puis, n'osant me confirmer dans mon erreur, ni m'en tirer brusquement, il reprit : « Il faut exercer pour être connu... sans aucun doute, avant deux ans les capacités seront admises à la candidature ; il faut donc faire preuve de capacité.

— Deux ans ? cela me paraît bien peu ; d'ailleurs il vous faut bien le double pour être reçu avocat et pour avoir fait vos preuves de capacité ; encore serez-vous loin de l'âge...

— Est-ce que vous croyez que l'âge ne sera pas abaissé comme le cens, à la prochaine session, peut-être?...

— Je ne le crois pas ; mais enfin, c'est une question de temps, et je crois qu'un peu plus tôt ou un peu plus tard, vous arriverez, si vous en avez la ferme résolution.

— N'est-il pas vrai, me dit-il avec un sourire de béatitude et un regard étincelant de fierté, qu'il ne faut que cela dans le monde? Et que, de si bas que l'on parte, on peut gravir aux sommités sociales, si l'on a dans le sein une pensée d'avenir?

— Je n'en doute pas, lui répondis-je ; le tout est de savoir si l'on aura plus ou moins d'obstacles à renverser, et cela est le secret de la Providence.

— Non, mon cher! s'écria-t-il en passant familièrement son bras sous le mien ; le tout est de savoir si l'on aura une volonté plus forte que tous les obstacles ; et cela, ajouta-t-il en frappant avec force sur son thorax sonore, je l'ai!

Nous étions arrivés, tout en causant, en face de la Chambre des pairs. Horace semblait prêt à grandir comme un géant dans un conte fantastique. Je le regardai, et remarquai que, malgré sa barbe précoce, la rondeur des contours de son visage accusait encore l'adolescence. Son enthousiasme d'ambition rendait le contraste encore plus sensible. — Quel âge avez-vous donc? lui demandai-je.

— Devinez! me dit-il avec un sourire.

— Au premier abord on vous donnerait vingt-cinq ans, lui répondis-je. Mais vous n'en avez peut-être pas vingt.

— Effectivement, je ne les ai pas encore. Et que voulez-vous conclure?

— Que votre volonté n'est âgée que de deux ou trois ans, et que par conséquent elle est bien jeune et bien fragile encore.

— Vous vous trompez, s'écria Horace. Ma volonté est née avec moi, elle a le même âge que moi.

— Cela est vrai dans le sens d'aptitude et d'innéité; mais enfin je présume que cette volonté ne s'est pas encore exercée beaucoup dans la carrière politique! Il ne peut pas y avoir longtemps que vous songez sérieusement à être député; car il n'y a pas longtemps que vous savez ce que c'est qu'un député?

— Soyez certain que je l'ai su d'aussi bonne heure qu'il est possible à un enfant. A peine comprenais-je le sens des mots, qu'il y avait dans celui-là pour moi quelque chose de magique. Il y a là une destinée, voyez-vous; la mienne est d'être un homme parlementaire. Oui, oui, je parlerai et je ferai parler de moi!

— Soit! lui répondis-je, vous avez l'instrument: c'est un don de Dieu. Apprenez maintenant la théorie.

— Qu'entendez-vous par là? le droit, la chicane?

— Oh! si ce n'était que cela! Je veux dire: Apprenez la science de l'humanité, l'histoire, la politique, les religions diverses; et puis, jugez, combinez, formez-vous une certitude...

— Vous voulez dire des *idées?* reprit-il avec ce sourire et ce regard qui imposaient par leur conviction triomphante; j'en ai déjà, des idées, et si vous voulez que je vous le dise, je crois que je n'en aurai jamais de meilleures; car nos idées viennent de nos sentiments, et tous mes sentiments, à moi, sont grands! Oui, Monsieur, le ciel m'a fait grand et bon. J'ignore quelles épreuves il me réserve; mais, je le dis avec un orgueil qui ne pourrait faire rire que des sots, je me sens généreux, je me sens fort, je me sens magnanime; mon âme frémit et mon sang bouillonne à l'idée d'une injustice. Les grandes choses m'enivrent jusqu'au délire. Je n'en tire et n'en peux tirer aucune vanité, ce me semble; mais, je le dis avec assurance, je me sens de la race des héros! »

Je ne pus réprimer un sourire ; mais Horace, qui m'observait, vit que ce sourire n'avait rien de malveillant.

« Vous êtes surpris, me dit-il, que je m'abandonne ainsi devant vous, que je connais à peine, à des sentiments qu'ordinairement on ne laisse pas percer, même devant son meilleur ami? Croyez-vous qu'on soit plus modeste pour cela?

— Non, certes, et l'on est moins sincère.

— Eh bien, donc, sachez que je me trouve meilleur et moins ridicule que tous ces hypocrites qui, se croyant *in petto* des demi-dieux, baissent sournoisement la tête et affectent une pruderie prétendue de bon goût. Ceux-là sont des égoïstes, des ambitieux dans le sens haïssable du mot et de la chose. Loin de laisser étaler cet enthousiasme qui est sympathique et autour duquel viennent se grouper toutes les idées fortes, toutes les âmes généreuses (et par quel autre moyen s'opèrent les grandes révolutions?), ils caressent en secret leur étroite supériorité, et, de peur qu'on ne s'en effraie, ils la dérobent aux regards jaloux, pour s'en servir adroitement le jour où leur fortune sera faite. Je vous dis que ces hommes-là ne sont bons qu'à gagner de l'argent et à occuper des places sous un gouvernement corrompu ; mais les hommes qui renversent les pouvoirs iniques, ceux qui agitent les passions généreuses, ceux qui remuent sérieusement et noblement le monde, les Mirabeau, les Danton, les Pitt, allez voir s'ils s'amusent aux gentillesses de la modestie! »

Il y avait du vrai dans ce qu'il disait, et il le disait avec tant de conviction qu'il ne me vint pas dans l'idée de le contredire, quoique j'eusse dès lors par éducation, peut-être autant que par nature, l'outrecuidance en horreur. Mais Horace avait cela de particulier, qu'en le voyant et en l'écoutant, on était sous le charme de sa parole et de son geste. Quand on le quittait, on s'étonnait de ne pas lui avoir démontré son erreur ; mais quand on le retrouvait, on subissait de nouveau le magnétisme de son paradoxe.

Je me séparai de lui ce jour-là, très-frappé de son originalité, et me demandant si c'était un fou ou un grand homme. Je penchais pour la dernière opinion.

« Puisque vous aimez tant les révolutions, lui dis-je le lendemain, vous avez dû vous battre, l'an dernier, aux journées de Juillet?

— Hélas ! j'étais en vacances, me répondit-il ; mais là aussi, dans ma petite province, j'ai agi, et si je n'ai pas couru de dangers, ce n'est pas ma faute. J'ai été de ceux qui se sont organisés en garde urbaine volontaire, et qui ont veillé au maintien de la conquête. Nous passions des nuits de faction, le fusil sur l'épaule, et si l'ancien système eût lutté, s'il eût envoyé de la troupe contre nous comme nous nous y attendions, je me flatte que nous nous serions mieux conduits que tous ces vieux épiciers qui ont été ensuite admis à faire partie de la garde nationale, lorsque le gouvernement l'a organisée. Ceux-là n'avaient pas bougé de leurs boutiques lorsque l'événement était encore incertain, et c'est nous qui faisions la ronde autour de la ville, pour les préserver d'une réaction du dehors. Quinze jours après, lorsque le danger fut éloigné, ils nous auraient passé leurs baïonnettes au travers du corps, si nous eussions crié : Vive la liberté ! »

Ce jour-là, ayant causé assez longtemps avec lui, je lui proposai de rester avec moi jusqu'à l'heure du dîner, et ensuite de venir dîner rue de l'Ancienne-Comédie, chez Pinson, le plus honnête et le plus affable des restaurateurs du quartier latin.

Je le traitai de mon mieux, et il est certain que la cuisine de M. Pinson est excellente, très-saine et à bon marché : son petit restaurant est le rendez-vous des jeunes aspirants à la gloire littéraire et des étudiants rangés. Depuis que son collègue et rival Dagnaux, officier de la garde nationale équestre, avait fait des prodiges de valeur dans les émeutes, toute une phalange d'étudiants, ses habitués, avait juré de ne plus franchir le seuil de ses domaines, et s'était rejetée sur les côtelettes plus larges et les biftecks plus épais du pacifique et bienveillant Pinson.

Après dîner, nous allâmes à l'Odéon, voir madame Dorval et Lockroy, dans *Antony*. De ce jour, la connaissance fut faite, et l'amitié nouée complétement entre Horace et moi.

« Ainsi, lui disais-je dans un entr'acte, vous trouvez l'étude de la médecine encore plus repoussante que celle du droit ?

— Mon cher, répondit-il, je vous avoue que je ne comprends rien à votre vocation. Se peut-il que vous puissiez plonger chaque jour vos mains, vos regards et votre esprit dans cette boue humaine, sans perdre tout sentiment de poésie et toute fraîcheur d'imagination ?

— Il y a quelque chose de pis que de disséquer les morts, lui dis-je, c'est d'opérer les vivants : là, il faut plus de courage et de résolution, je vous assure. L'aspect du plus hideux cadavre fait moins de mal que le premier cri de douleur arraché à un pauvre enfant qui ne comprend rien au mal que vous lui faites. C'est un métier de boucher, si ce n'est pas une mission d'apôtre.

— On dit que le cœur se dessèche à ce métier-là, reprit Horace ; ne craignez-vous pas de vous passionner pour la science au point d'oublier l'humanité, comme ont fait tous ces grands anatomistes que l'on vante, et dont je détourne les yeux comme si je rencontrais le bourreau ?

— J'espère, répondis-je, arriver juste au degré de sang-froid nécessaire pour être utile, sans perdre le sentiment de la pitié et de la sympathie humaine. Pour arriver au calme indispensable, j'ai encore du chemin à faire, et je ne crois pas, d'ailleurs, que le cœur s'endurcisse.

— C'est possible ; mais enfin, les sens s'énervent, l'imagination se détend, le sentiment du beau et du laid se perd ; on ne voit plus de la vie qu'un certain côté matériel où tout l'idéal arrive à l'idée d'utilité. Avez-vous jamais connu un médecin poëte ?

— Je pourrais vous demander également si vous connaissez beaucoup de députés poëtes ? Il ne me semble pas que la carrière politique, telle que je l'envisage de nos jours, soit propre à conserver la fraîcheur de l'imagination et le fragile coloris de la poésie.

— Si la société était réformée, s'écria Horace, cette carrière pourrait être le plus beau développement pour la vigueur du cerveau et la sensibilité du cœur ; mais il est certain que la route tracée aujourd'hui est desséchante. Quand je songe que pour être apte à juger des vérités sociales, où la philosophie devrait être l'unique lumière, il faut que je connaisse le Code et le Digeste ; que je m'assimile Pothier, Ducaurroy et Rogron ; que je travaille, en un mot, à m'abrutir, et que, afin de me mettre en contact avec les hommes de mon temps, je descende à leur niveau... oh ! alors je songe sérieusement à me retirer de la politique.

— Mais, dans ce cas, que feriez-vous de cet enthousiasme qui vous dévore, de cette grandeur d'âme qui déborde en vous ? Et quel aliment donneriez-vous à cette volonté de fer dont vous me faisiez un reproche de douter, il y a peu de jours ? »

Il prit sa tête entre ses deux mains, appuya ses coudes sur la barre qui sépare le parterre de l'orchestre, et resta plongé dans ses réflexions jusqu'au lever de la toile; puis il écouta le troisième acte d'*Antony* avec une attention et une émotion très-grandes.

« Et les passions ! s'écria-t-il lorsque l'acte fut fini. Pour combien comptez-vous les passions dans la vie?

— Parlez-vous de l'amour? lui répondis-je. La vie, telle que nous nous la sommes faite, admet en ce genre tout ou rien. Vouloir être à la fois amant comme Antony et citoyen comme vous, n'est pas possible. Il faut opter.

— C'est bien justement là ce que je pensais en écoutant cet Antony si dédaigneux de la société, si outré contre elle, si révolté contre tout ce qui fait obstacle à son amour... Avez-vous jamais aimé, vous?

— Peut-être. Qu'importe? Demandez à votre propre cœur ce que c'est que l'amour.

— Dieu me damne si je m'en doute, s'écria-t-il en haussant les épaules. Est-ce que j'ai jamais eu le temps d'aimer, moi? Est-ce que je sais ce que c'est qu'une femme? Je suis pur, mon cher, pur comme une oie, ajouta-t-il en éclatant de rire avec beaucoup de bonhomie; et dussiez-vous me mépriser, je vous dirai que, jusqu'à présent, les femmes m'ont fait plus de peur que d'envie. J'ai pourtant beaucoup de barbe au menton et beaucoup d'imagination à satisfaire. Eh bien! c'est là surtout ce qui m'a préservé des égarements grossiers où j'ai vu tomber mes camarades. Je n'ai pas encore rencontré la vierge idéale pour laquelle mon cœur doit se donner la peine de battre. Ces malheureuses grisettes que l'on ramasse à la Chaumière et autres bergeries immondes, me font tant de pitié, que pour tous les plaisirs de l'enfer, je ne voudrais pas avoir à me reprocher la chute d'un de ces anges déplumés. Et puis, cela a de grosses mains, des nez retroussés ; cela fait des *pa-ta-qu'est-ce*, et vous reproche son malheur dans des lettres à mourir de rire. Il n'y a pas même moyen d'avoir avec cela un remords sérieux. Moi, si je me livre à l'amour, je veux qu'il me blesse profondément, qu'il m'électrise, qu'il me navre, ou qu'il m'exalte au troisième ciel et m'enivre de voluptés. Point de milieu : l'un ou l'autre, l'un et l'autre si l'on veut ; mais pas de drame d'arrière-boutique, pas de triomphe d'estaminet ! Je veux bien souffrir, je veux bien devenir fou, je veux bien m'empoisonner avec ma maîtresse ou me poignarder sur son cadavre ; mais je ne veux pas être ridicule, et surtout je ne veux pas m'ennuyer au milieu de ma tragédie et la finir par un trait de vaudeville. Mes compagnons raillent beaucoup mon innocence ; ils font les don Juan sous mes yeux pour me tenter ou m'éblouir, et je vous assure qu'ils le font à bon marché. Je leur souhaite bien du plaisir ; mais j'en désire un autre pour mon compte. A quoi songez-vous ? ajouta-t-il en me voyant détourner la tête pour lui cacher une forte envie de rire.

— Je songe, lui dis-je, que j'ai demain à déjeuner chez moi une grisette fort aimable, à laquelle je veux vous présenter.

— Oh ! que Dieu me préserve de ces parties-là ! s'écria-t-il. J'ai cinq ou six de mes amis que je suis condamné à ne plus entrevoir qu'à travers le fantôme léger de leurs ménagères à la quinzaine. Je sais par cœur le vocabulaire de ces femelles. Fi ! vous me scandalisez, vous que je croyais plus grave que tous ces absurdes compagnons. Je les fuis depuis huit jours pour m'attacher à vous, qui me semblez un homme sérieux, et qui, à coup sûr, avez des mœurs élégantes pour un étudiant ; et voilà que vous avez une femme, vous aussi ! Mon

Dieu, où irai-je me cacher pour ne plus rencontrer de ces femmes-là ?

— Il faudra pourtant vous risquer à voir la mienne. Je vous dis que j'y tiens, et que j'irai vous chercher si vous ne venez pas déjeuner demain avec elle chez moi.

— Si vous êtes dégoûté d'elle, je vous avertis que je ne suis pas l'homme qui vous en débarrassera.

— Mon cher Horace, je vais vous rassurer en vous déclarant que si vous étiez tenté de la débarrasser de moi, il faudrait commencer par me couper la gorge.

— Parlez-vous sérieusement ?

— Le plus sérieusement du monde.

— En ce cas, j'accepte votre invitation. J'aurai du plaisir à voir de plus près un véritable amour...

— Pour une grisette, n'est-ce pas, cela vous étonne ?

— Eh bien ! oui, cela m'étonne. Quant à moi, je n'ai jamais vu qu'une femme que j'aurais pu aimer, si elle avait eu vingt ans de moins. C'était une douairière de province, une châtelaine encore blonde, jadis belle, et parlant, marchant, accueillant et congédiant d'une certaine façon, auprès de laquelle toutes les femmes que j'avais vues jusque-là me semblèrent des gardeuses de dindons. Cette dame était d'une ancienne famille; elle avait la taille d'une guêpe, les mains d'une vierge de Raphaël, les pieds d'une sylphide, le visage d'une momie et la langue d'une vipère. Mais je me suis bien promis de ne jamais prendre une maîtresse belle, aimable et jeune, à moins qu'elle n'ait ces pieds et ces mains-là, et surtout ces manières aristocratiques, et beaucoup de dentelles blanches sur des cheveux blonds.

— Mon cher Horace, lui dis-je, vous êtes encore loin du temps où vous aimerez, et peut-être n'aimerez-vous jamais.

— Dieu vous entende ! s'écria-t-il. Si j'aime une fois,

je suis perdu. Adieu ma carrière politique ; adieu mon austère et vaste avenir ! Je ne sais rien être à demi. Voyons, serai-je orateur, serai-je poëte, serai-je amoureux?

— Si nous commencions par être étudiants? lui dis-je.

— Hélas! vous en parlez à votre aise, répondit-il. Vous êtes étudiant et amoureux. Moi, je n'aime pas, et j'étudie encore moins ! »

III.

Horace m'inspirait le plus vif intérêt. Je n'étais pas absolument convaincu de cette force héroïque et de cet austère enthousiasme qu'il s'attribuait dans la sincérité de son cœur. Je voyais plutôt en lui un excellent enfant, généreux, candide, plus épris de beaux rêves que capable encore de les réaliser. Mais sa franchise et son aspiration continuelle vers les choses élevées me le faisaient aimer sans que j'eusse besoin de le regarder comme un héros. Cette fantaisie de sa part n'avait rien de déplaisant : elle témoignait de son amour pour le beau idéal. De deux choses l'une, me disais-je : ou il est appelé à être un homme supérieur, et un instinct secret auquel il obéit naïvement le lui révèle, ou il n'est qu'un brave jeune homme, qui, cette fièvre apaisée, verra éclore en lui une bonté douce, une conscience paisible, échauffée de temps à autre par un rayon d'enthousiasme.

Après tout, je l'aimais mieux sous ce dernier aspect. J'eusse été plus sûr de lui voir perdre cette fatuité candide sans perdre l'amour du beau et du bien. L'homme supérieur a une terrible destinée devant lui. Les obstacles l'exaspèrent, et son orgueil est parfois tenace et violent, au point de l'égarer et de changer en une puissance funeste celle que Dieu lui avait donnée pour le bien. D'une manière ou de l'autre, Horace me plaisait et m'attachait. Ou j'avais à le seconder dans sa force, ou j'avais à le secourir dans sa faiblesse. J'étais plus âgé que lui de cinq à six ans; j'étais doué d'une nature plus calme; mes projets d'avenir étaient assis et ne me causaient plus de souci personnel. Dans l'âge des passions, j'étais préservé des fautes et des souffrances par une affection pleine de douceur et de vérité. Je sentais que tout ce bonheur était un don gratuit de la Providence, que je ne l'avais pas mérité assez pour en jouir seul, et que je devais faire profiter quelqu'un de cette sérénité de mon âme, en la posant comme un calmant sur une autre âme irritable ou envenimée. Je raisonnais en médecin; mais mon intention était bonne, et, sauf à répéter les innocentes vanteries de mon pauvre Horace, je dirai que moi aussi, j'étais bon, et plus aimant que je ne savais l'exprimer.

La seule chose clairement absurde et blâmable que j'eusse trouvée dans mon nouvel ami, c'était cette aspiration vers la femme aristocratique, en lui, républicain farouche, mauvais juge, à coup sûr, en fait de belles manières, et dédaigneux avec exagération des formes naïves et brusques, dont il n'était certes pas lui-même aussi *décrassé* qu'il en avait la prétention.

J'avais résolu de lui faire faire connaissance avec Eugénie plus tôt que plus tard, m'imaginant que la vue de cette simple et noble créature changerait ses idées ou leur donnerait au moins un cours plus sage. Il la vit, et fut frappé de sa bonne grâce, mais il ne la trouva point aussi belle qu'il s'était imaginé devoir être une femme aimée sérieusement. « Elle n'est que *bien*, me dit-il entre deux portes. Il faut qu'elle ait énormément d'esprit. — Elle a plus de jugement que d'esprit, lui répondis-je, et ses anciennes compagnes l'ont jugée fort sotte

Elle servit notre modeste déjeuner, qu'elle avait préparé elle-même, et cette action prosaïque souleva de dégoût le cœur altier d'Horace. Mais lorsqu'elle s'assit entre nous deux, et qu'elle lui fit les honneurs avec une aisance et une convenance parfaites, il fut frappé de respect, et changea tout à coup de manière d'être. Jusque-là il avait écrasé ma pauvre Eugénie de paradoxes fort spirituels qui ne l'avaient même pas fait sourire, ce qu'il avait pris pour un signe d'admiration. Lorsqu'il put pressentir en elle un juge au lieu d'une dupe, il devint sérieux, et prit autant de peine pour paraître grave, qu'il venait d'en prendre pour paraître léger. Il était trop tard. Il avait produit sur la sévère Eugénie une impression fâcheuse; mais elle ne lui en témoigna rien, et à peine le déjeuner fut-il achevé, qu'elle se retira dans un coin de la chambre et se mit à coudre, ni plus ni moins qu'une grisette ordinaire. Horace sentit son respect s'en aller comme il était venu.

Mon petit appartement, situé sur le quai des Augustins, était composé de trois pièces, et ne me coûtait pas moins de trois cents francs de loyer. J'étais dans mes meubles : c'était du luxe pour un étudiant. J'avais une salle à manger, une chambre à coucher, et, entre les deux, un cabinet d'étude que je décorais du nom de salon. C'est là que nous prîmes le café. Horace, voyant des cigares, en alluma un sans façon. — Pardon, lui dis-je en lui prenant le bras, ceci déplaît à Eugénie ; je ne fume jamais que sur le balcon. Il prit la peine de demander pardon à Eugénie de sa distraction ; mais au fond il était surpris de me voir traiter ainsi une femme qui était en train d'ourler mes cravates.

Mon balcon couronnait le dernier étage de la maison. Eugénie l'avait ombragé de liserons et de pois de senteur, qu'elle avait semés dans deux caisses d'oranger. Les orangers étaient fleuris, et quelques pots de violettes et de réséda complétaient les délices de mon *divan.* Je fis à Horace les honneurs du morceau de vieille tenture qui me servait de tapis d'Orient, et du coussin de cuir sur lequel j'appuyais mon coude pour fumer ni plus ni moins voluptueusement qu'un pacha. La vitre de la fenêtre séparait le divan de la chaise sur laquelle Eugénie travaillait dans le cabinet. De cette façon, je la voyais, j'étais avec elle, sans l'incommoder de la fumée de mon tabac. Quand elle vit Horace sur le tapis au lieu de moi, elle baissa doucement et sans affectation le rideau de mousseline de la croisée entre elle et nous, feignant d'avoir trop de soleil, mais effectivement par un sentiment de pudeur qu'Horace comprit fort bien. Je m'étais assis sur une des caisses d'oranger, derrière lui. Il y avait de la place bien juste pour deux personnes et pour quatre ou cinq pots de fleurs sur cet étroit belvédère; mais nous embrassions d'un coup d'œil la plus belle partie du cours de la Seine, toute la longueur du Louvre, jaune au soleil et tranchant sur le bleu du ciel, tous les ponts et tous les quais jusqu'à l'Hôtel-Dieu. En face de nous, la Sainte-Chapelle dressait ses aiguilles d'un gris sombre et son fronton aigu au-dessus des maisons de la Cité; la belle tour de Saint-Jacques-la-Boucherie élevait un peu plus loin ses quatre lions géants jusqu'au ciel, et la façade de Notre-Dame fermait le tableau, à droite, de sa masse élégante et solide. C'était un beau coup d'œil; d'un côté, le vieux Paris, avec ses monuments vénérables et son désordre pittoresque; de l'autre, le Paris de la renaissance, se confondant avec le Paris de l'Empire, l'œuvre de Médicis, de Louis XIV et de Napoléon. Chaque colonne, chaque porte était une page de l'histoire de la royauté.

Nous venions de lire dans sa nouveauté *Notre-Dame-de-Paris*; nous nous abandonnions naïvement, comme tout le monde alors, ou du moins comme tous les jeunes gens, au charme de poésie répandu fraîchement par cette œuvre romantique sur les antiques beautés de notre capitale. C'était comme un coloris magique à travers lequel les souvenirs effacés se ravivaient; et, grâce au poëte, nous regardions le faîte de nos vieux édifices, nous en examinions les formes tranchées et les effets pittoresques avec des yeux que nos devanciers les étudiants de l'Empire et de la Restauration, n'avaient certainement pas eus. Horace était passionné pour Victor Hugo. Il en aimait avec fureur toutes les étrangetés, toutes les hardiesses. Je ne discutais point, quoique je ne fusse pas toujours de son avis. Mon goût et mon instinct me portaient vers une forme moins accidentée, vers une peinture aux contours moins âpres et aux ombres moins dures. Je le comparais à Salvator Rosa, qui a vu avec les yeux de l'imagination plus qu'avec ceux de la science. Mais pourquoi aurais-je fait contre Horace la guerre aux mots et aux figures? Ce n'est pas à dix-neuf ans qu'on recule devant l'expression qui rend une sensation plus vive, et ce n'est pas à vingt-cinq ans qu'on la condamne. Non, l'heureuse jeunesse n'est point pédante; elle ne trouve jamais de traduction trop énergique pour rendre ce qu'elle éprouve avec tant d'énergie elle-même, et c'est bien quelque chose pour un poëte que de donner à sa contemplation une certaine forme assez large et assez frappante pour qu'une génération presque entière ouvre les yeux avec lui et se mette à jouir des mêmes émotions qui l'ont inspiré!

Il en a été ainsi : les plus récalcitrants d'entre nous, ceux qui avaient besoin, pour se rafraîchir la vue, de lire, en fermant *Notre-Dame-de-Paris*, une page de

Paul et Virginie, ou, comme a dit un élégant critique, de repasser bien vite le plus *cristallin des sonnets de Pétrarque*, n'en ont pas moins mis sur leurs yeux délicats ces lunettes aux couleurs bigarrées qui faisaient voir tant de choses nouvelles; et après qu'ils ont joui de ce spectacle plein d'émotions, les ingrats ont prétendu que c'étaient là d'étranges lunettes. Étranges tant que vous voudrez; mais, sans ce caprice du maître, et avec vos yeux nus, auriez-vous distingué quelque chose?

Horace faisait à ma critique de minces concessions, j'en faisais de plus larges à son enthousiasme; et, après avoir discuté, nos regards, suivant au vol les hirondelles et les corbeaux qui rasaient nos têtes, allaient se reposer avec eux sur les tours de Notre-Dame, éternel objet de notre contemplation. Elle a eu sa part de nos amours, la vieille cathédrale, comme ces beautés délaissées qui reviennent de mode, et autour desquelles la foule s'empresse dès qu'elles ont retrouvé un admirateur fervent dont la louange les rajeunit.

Je ne prétends pas faire de ce récit d'une partie de ma jeunesse un examen critique de mon époque : mes forces n'y suffiraient pas; mais je ne pouvais repasser certains jours dans mes souvenirs sans rappeler l'influence que certaines lectures exercèrent sur Horace, sur moi, sur nous tous. Cela fait partie de notre vie, de nous-mêmes, pour ainsi dire. Je ne sais point séparer dans ma mémoire les impressions poétiques de mon adolescence de la lecture de *René* et d'*Atala*.

Au milieu de nos dissertations romantiques, on sonna à la porte. Eugénie m'en avertit en frappant un petit coup contre la vitre, et j'allai ouvrir. C'était un élève en peinture de l'école d'Eugène Delacroix, nommé Paul Arsène, surnommé *le petit Masaccio* à l'atelier où j'allais tous les jours faire un cours d'anatomie à l'usage des peintres.

« Salut au signor Masaccio, lui dis-je en le présentant à Horace, qui jeta un regard glacial sur sa blouse malpropre et ses cheveux mal peignés. Voici un jeune maître qui ira loin, à ce qu'on assure, et qui vient en attendant me chercher pour la leçon.

— Non pas encore, me répondit Paul Arsène; vous avez plus d'une heure devant vous; je venais pour vous parler de choses qui me concernent particulièrement. Auriez-vous le loisir de m'écouter?

— Certainement, répondis-je; et si mon ami est de trop, il retournera fumer sur le balcon.

— Non, reprit le jeune homme, je n'ai rien de secret à vous dire, et, comme deux avis valent mieux qu'un, je ne serai pas fâché que monsieur m'entende aussi.

— Asseyez-vous, lui dis-je en allant chercher une quatrième chaise dans l'autre chambre.

— Ne faites pas attention, » dit le rapin en grimpant sur la commode; et, ayant mis sa casquette entre son coude et son genou, il essuya d'un mouchoir à carreaux sa figure inondée de sueur et parla en ces termes, les jambes pendantes et le reste du corps dans l'attitude du *Pensieroso :*

« Monsieur, j'ai envie de quitter la peinture et d'*entrer dans la médecine,* parce qu'on me dit que c'est un meilleur état; je viens donc vous demander ce que vous en pensez.

— Vous me faites une question, lui dis-je, à laquelle il est plus difficile de répondre que vous ne pensez. Je crois toutes les professions très-encombrées, et par conséquent tous les états, comme vous dites, très-précaires. De grandes connaissances et une grande capacité ne sont pas des garanties certaines d'avenir; enfin je ne vois pas en quoi la médecine vous offrirait plus de chances que les arts. Le meilleur parti à prendre c'est celui que nos aptitudes nous indiquent ; et puisque vous avez, assure-t-on, les plus remarquables dispositions pour la peinture, je ne comprends pas que vous en soyez déjà dégoûté.

—Dégoûté, moi ! oh ! non, répliqua le Masaccio ; je ne suis dégoûté de rien du tout, et si l'on pouvait gagner sa vie à faire de la peinture, j'aimerais mieux cela que toute autre chose ; mais il paraît que c'est si long, si long ! Mon patron dit qu'il faudra dessiner le modèle pendant deux ans au moins avant de manier le pinceau. Et puis, avant d'exposer, il paraît qu'il faut encore travailler la peinture au moins deux ou trois ans. Et quand on a exposé, si on n'est pas refusé, on n'est souvent pas plus avancé qu'auparavant. J'étais ce matin au Musée, je croyais que tout le monde allait s'arrêter devant le tableau de mon patron ; car enfin c'est un maître, et un fameux, celui-là ! Eh bien ! la moitié des gens qui passaient ne levaient seulement pas la tête, et ils allaient tous regarder un monsieur qui s'était fait peindre en habit d'artilleur et qui avait des bras de bois et une figure de carton. Passe pour ceux-là : c'étaient de pauvres ignorants ; mais voilà qu'il est venu des jeunes gens, élèves en peinture de différents ateliers, et que chacun disait son mot : ceux-ci blâmaient, ceux-là admiraient ; mais pas un n'a parlé comme j'aurais voulu. Pas un ne comprenait. Je me suis dit alors : A quoi bon faire de l'art pour un public qui n'y voit et qui n'y entend goutte. C'était bon *dans les temps !* Moi je vais prendre un autre métier, pourvu que ça me rapporte de l'argent.

—Voilà un sale crétin ! me dit Horace en se penchant vers mon oreille. Son âme est aussi crasseuse que sa blouse ! »

Je ne partageais pas le mépris d'Horace. Je ne connaissais presque pas le Masaccio, mais je le savais intelligent et laborieux. M. Delacroix en faisait grand cas, et ses camarades avaient de l'estime et de l'amitié pour lui. Il fallait qu'une pensée que je ne comprenais pas fût cachée sous ces manifestations de cupidité ingénue ; et comme il avait déclaré, en commençant, n'avoir rien de secret à me dire, je prévoyais bien que ce secret ne sortirait pas aisément. Il ne fallait, pour se convaincre de l'obstination du Masaccio, et en même temps pour pressentir en lui quelque motif non vulgaire, que regarder sa figure et observer ses manières.

C'était le type peuple incarné dans un individu ; non le peuple robuste et paisible qui cultive la terre, mais le peuple artisan, chétif, hardi, intelligent et alerte. C'est dire qu'il n'était pas beau. Cependant il était de ceux dont les camarades d'atelier disent : « Il y a quelque chose de fameux à faire avec cette tête-là ! » C'est qu'il y avait dans sa tête, en effet, une expression magnifique, sous la vulgarité des traits. Je n'en ai jamais vu de plus énergique ni de plus pénétrante. Ses yeux étaient petits et même voilés, sous une paupière courte et bridée ; cependant ces yeux-là lançaient des flammes, et le regard était si rapide qu'il semblait toujours prêt à déchirer l'orbite. Le nez était trop court, et le peu de distance entre le coin de l'œil et la narine donnait au premier aspect l'air commun et presque bas à la face entière ; mais cette impression ne durait qu'un instant. S'il y avait encore de l'esclave et du vassal dans l'enveloppe, le génie de l'indépendance couvait intérieurement et se trahissait par des éclairs. La bouche épaisse, ombragée d'une naissante moustache noire, irrégulièrement plantée ; la figure large, le menton droit, serré et un peu fendu au milieu ; les zygomas élevés et saillants ; partout des plans fermes et droits, coupés de lignes carrées, annonçaient une volonté peu commune et une indomptable droiture d'intention. Il y avait à la commissure des narines des délicatesses exquises pour un adepte de Lavater; et le front, qui était d'une structure admirable dans le sens de la statuaire, ne l'était pas moins au point de vue phrénologique. Pour moi, qui étais dans toute la ferveur de mes recherches, je ne me lassais point de le regarder; et lorsque je faisais mes démonstrations anatomiques à l'atelier, je m'adressais toujours instinctivement à ce jeune homme, qui était pour moi le type de l'intelligence, du courage et de la bonté.

Aussi je souffrais, je l'avoue, de l'entendre parler d'une manière si triviale.

« Comment, Arsène, lui dis-je, vous quitteriez la peinture pour un peu plus de profit dans une autre carrière?

— Oui, Monsieur, je le ferais comme je vous le dis, répondit-il sans le moindre embarras. Si maintenant j'étais assuré de gagner mille francs nets par an, je me ferais cordonnier.

— C'est un art comme un autre, dit Horace avec un sourire de mépris.

— Ce n'est point un art, répliqua froidement le Masaccio. C'est le métier de mon père, et je n'y serais pas plus maladroit qu'un autre. Mais cela ne me donnerait pas l'argent qu'il me faut.

— Il vous faut donc bien de l'argent, mon pauvre garçon? lui dis-je.

— Je vous le dis, il me faudrait gagner mille francs; et, au lieu de cela, j'en dépense la moitié.

— Comment pouvez-vous songer en ce cas à étudier la médecine! Il vous faudrait avoir une trentaine de mille francs devant vous, tant pour les années où l'on étudie que pour celles où l'on attend la clientèle. Et puis...

— Et puis vous n'avez pas fait vos classes, dit Horace, impatienté de ma patience.

— Cela c'est vrai, dit Arsène ; mais je les ferais, ou du moins je ferais l'équivalent. Je me mettrais dans ma chambre avec une cruche d'eau et un morceau de pain, et il me semble bien que j'apprendrais dans une semaine ce que les écoliers apprennent dans un mois. Car les écoliers, en général, n'aiment pas à travailler ; et quand on est enfant, on joue, et on perd du temps. Quand on a vingt ans, et plus de raison, et quand d'ailleurs on est forcé de se dépêcher, on se dépêche. Mais d'après ce que vous me dites du reste de l'apprentissage, je vois bien que je ne puis pas être médecin. Et pour être avocat ?

Horace éclata de rire.

« Vous allez vous faire mal à l'estomac, lui dit tranquillement le Masaccio, frappé de l'affectation d'Horace en cet instant.

— Mon cher enfant, repris-je, éloignez tous ces projets ; à votre âge ils sont irréalisables. Vous n'avez devant vous que les arts et l'industrie. Si vous n'avez ni argent ni crédit, il n'y a pas plus de certitude d'un côté que de l'autre. Quelque parti que vous preniez, il vous faut du temps, de la patience et de la résignation. »

Arsène soupira. Je me réservai de l'interroger plus tard.

« Vous êtes né peintre, cela est certain, continuai-je ; c'est encore par là que vous marcherez plus vite.

— Non, Monsieur, répliqua-t-il ; je n'ai qu'à entrer demain dans un magasin de nouveautés, je gagnerai de l'argent.

— Vous pouvez même être laquais, ajouta Horace, indigné de plus en plus.

— Cela me déplairait beaucoup, dit Arsène ; mais s'il n'y avait que cela !...

— Arsène ! Arsène ! m'écriai-je, ce serait un grand

malheur pour vous et une perte pour l'art. Est-il possible que vous ne compreniez pas qu'une grande faculté est un grand devoir imposé par la Providence?

— Voilà une belle parole, dit Arsène, dont les yeux s'enflammèrent tout à coup. Mais il y a d'autres devoirs que ceux qu'on remplit envers soi-même. Tant pis! Allons, je m'en vais dire à l'atelier que vous viendrez à trois heures, n'est-ce pas? »

Et il sauta à bas de la commode, me serra la main sans rien dire, salua à peine Horace, et s'enfonça comme un chat dans la profondeur de l'escalier, s'arrêtant à chaque étage pour faire rentrer ses talons dans ses souliers délabrés.

IV.

Paul Arsène revint me voir; et quand nous fûmes seuls, j'obtins, non sans peine, la confidence que je pressentais. Il commença par me faire en ces termes le récit de sa vie:

« Comme je vous l'ai dit, Monsieur, mon père est cordonnier en province. Nous étions cinq enfants; je suis le troisième. L'aîné était un homme fait lorsque mon père, déjà vieux, et pouvant se retirer du métier avec un peu de bien, s'est remarié avec une femme qui n'était ni belle ni bonne, ni jeune ni riche, mais qui s'est emparée de son esprit, et qui gaspille son honneur et son argent. Mon père, trompé, malheureux, d'autant plus épris qu'elle lui donne plus de sujets de jalousie, s'est *jeté dans le vin*, pour s'étourdir, comme on fait dans notre classe quand on a du chagrin. Pauvre père! nous avons bien patienté avec lui, car il nous faisait vraiment pitié. Nous l'avions connu si sage et si bon! Enfin, un temps est venu où il n'était plus possible d'y tenir. Son carac-

tère avait tellement changé, que pour un mot, pour
un regard, il se jetait sur nous pour nous frapper. Nous
n'étions plus des enfants, nous ne pouvions pas souffrir
cela. D'ailleurs nous avions été élevés avec douceur, et
nous n'étions pas habitués à avoir l'enfer dans notre famille. Et puis, ne voilà-t-il pas qu'il a pris de la jalousie
contre mon frère aîné ! Le fait est que la belle-mère lui
avait fait des avances, parce qu'il était beau garçon et
bon enfant; mais il l'avait menacée de tout raconter à
mon père, et elle avait pris les devants, comme dans la
tragédie de *Phèdre*, que je n'ai jamais vu jouer depuis
sans pleurer. Elle avait accusé mon pauvre frère de ses
propres égarements d'esprit. Alors mon frère s'est vendu
comme remplaçant, et il est parti. Le second, qui prévoyait que quelque chose de semblable pourrait bien lui
arriver, est venu ici chercher fortune, en me promettant
de me faire venir aussitôt qu'il aurait trouvé un moyen
d'exister. Moi, je restais à la maison avec mes deux
sœurs, et je vivais assez tranquillement, parce que j'a-
vais pris le parti de laisser crier la méchante femme sans
jamais lui répondre. J'aimais à m'occuper; je savais
assez bien ce que j'avais appris en classe ; et quand je
n'aidais pas mon père à la boutique, je m'amusais à lire
ou à barbouiller du papier, car j'ai toujours eu du goût
pour le dessin. Mais comme je pensais que cela ne me
servirait jamais à rien, j'y perdais le moins de temps
possible. Un jour, un peintre qui parcourait le pays pour
faire des études de paysage, commanda chez nous une
paire de gros souliers, et je fus chargé d'aller lui prendre
mesure. Il avait des albums étalés sur la table de sa
petite chambre d'auberge ; je lui demandai la permission
de les regarder; et comme ma curiosité lui donnait à
penser, il me dit de lui faire, d'*idée*, un *bonhomme* sur
un bout de papier qu'il me mit dans les mains ainsi

qu'un crayon. Je pensai qu'il se moquait de moi ; mais le plaisir de charbonner avec un crayon si noir sur un papier si coulant l'emporta sur l'amour-propre. Je fis ce qui me passa par la tête; il le regarda, et ne rit pas. Il voulut même le coller dans son album, et y écrire mon nom, ma profession et le nom de mon endroit. « Vous avez tort de rester ouvrier, me dit-il : vous êtes né pour la peinture. A votre place, je quitterais tout pour aller étudier dans quelque grande ville. » Il me proposa même de m'emmener ; car il était bon et généreux, ce jeune homme-là. Il me donna son adresse à Paris, afin que, si le cœur m'en disait, je pusse aller le trouver. Je le remerciai, et n'osai ni le suivre ni croire aux espérances qu'il me donnait. Je retournai à mes cuirs et à mes formes, et un an se passa encore sans orage entre mon père et moi:

« La belle-mère me haïssait : comme je lui cédais toujours, les querelles n'allaient pas loin. Mais un beau jour elle remarqua que ma sœur Louison, qui avait déjà quinze ans, devenait jolie, et que les gens du quartier s'en apercevaient. La voilà qui prend Louison en haine, qui commence à lui reprocher d'être une petite coquette, et pis que cela. La pauvre Louison était pourtant aussi pure qu'un enfant de dix ans, et avec cela, fière comme était notre pauvre mère. Louison, désespérée, au lieu de filer doux comme je le lui conseillais, se pique, répond, et menace de quitter la maison. Mon père veut la soutenir; mais sa femme a bientôt pris le dessus. Louison est grondée, insultée, frappée, Monsieur, hélas! et la petite Suzanne aussi, qui voulait prendre le parti de sa sœur, et qui criait pour ameuter le voisinage. Alors je prends un jour ma sœur Louison par un bras, et ma petite sœur Suzanne de l'autre, et nous voilà partis tous les trois, à pied, sans un sou, sans une chemise, et pleurant au soleil sur le grand chemin. Je vas trouver ma tante Henriette, qui demeure à plus de dix lieues de notre ville, et je lui dis d'abord :

« Ma tante, donnez-nous à manger et à boire, car nous mourons de faim et de soif; nous n'avons pas seulement la force de parler. Et après que ma tante nous eut donné à dîner, je lui dis :

— Je vous ai amené vos nièces : si vous ne voulez pas les garder, il faut qu'elles aillent de porte en porte demander leur pain, ou qu'elles retournent à la maison pour périr sous les coups. Mon père avait cinq enfants, et il ne lui en reste plus. Les garçons se tireront d'affaire en travaillant; mais si vous n'avez pas pitié des filles, il leur arrivera ce que je vous dis. »

Alors ma tante répondit : — Je suis bien vieille, je suis bien pauvre; mais plutôt que d'abandonner mes nièces, j'irai mendier moi-même. D'ailleurs elles sont sages, elles sont courageuses, et nous travaillerons toutes les trois. Cela dit et convenu, j'acceptai vingt francs que la pauvre femme voulut absolument me donner, et je partis sur mes jambes pour venir ici. Je fus tout de suite trouver mon second frère, Jean, qui me fit donner de l'ouvrage dans la boutique où il travaillait comme cordonnier, et ensuite j'allai voir mon jeune peintre pour lui demander des conseils. Il me reçut très-bien, et voulut m'avancer de l'argent que je refusai. J'avais de quoi manger en travaillant; mais cette diable de peinture qu'il m'avait mise en tête n'en était pas sortie, et je ne commençais jamais ma journée sans soupirer en pensant combien j'aimerais mieux manier le crayon et le pinceau que l'alène. J'avais fait quelques progrès, car, malgré moi, à mes heures de loisir, le dimanche, j'avais toujours barbouillé quelques figures ou copié quelques images dans un vieux livre qui me venait de ma mère. Le jeune peintre m'encourageait, et je n'eus pas la force de refuser les leçons qu'il voulut me donner gratis. Mais il fallait subsister pendant ce temps-là, et avec quoi? Il connaissait un homme de lettres qui me donna des manuscrits à copier. J'avais une belle main, comme on dit, mais je ne savais pas l'orthographe. On m'essaya, et dans les quatre ou cinq lignes qu'on me dicta, on ne trouva pas de fautes. J'avais assez lu de livres pour avoir appris un peu la langue par routine; mais je ne savais pas les principes, et je n'osais pas trop le dire, de peur de manquer d'ouvrage. Je ne fis pourtant pas de fautes dans mes copies, et ce fut à force d'attention. Cette attention me faisait perdre beaucoup de temps, et je vis que j'aurais plus tôt fait d'apprendre la grammaire et de m'exercer tout seul à faire des thèmes. En effet, la chose marcha vite; mais, comme je pris beaucoup sur mon sommeil, je tombai malade. Mon frère me retira dans son grenier, et travailla pour deux. Le peu d'argent que j'avais gagné en copiant le manuscrit de l'auteur servit à payer le pharmacien. Je ne voulus pas faire savoir ma position à mon jeune peintre. J'avais vu par mes yeux qu'il était lui-même souvent aux expédients, n'ayant encore ni réputation, ni fortune. Je savais que son bon cœur le porterait à me secourir; et comme il l'avait fait déjà malgré moi, j'aimais mieux mourir sur mon grabat que de l'induire encore en dépense. Il me crut ingrat, et, trouvant une occasion favorable pour faire le voyage d'Italie, objet de tous ses désirs, il partit sans me voir, emportant de moi une idée qui me fait bien du mal.

Quand je revins à la santé, je vis mon pauvre frère amaigri, exténué, nos petites épargnes dépensées, et la boutique fermée pour nous; car, pour me soigner, Jean avait manqué bien des journées. C'était au mois de juillet de l'année passée, par une chaleur de tous les diables.

Nous causions tristement de nos petites affaires, moi encore couché et si faible, que je comprenais à peine ce que Jean me disait. Pendant ce temps-là, nous entendions tirer le canon, et nous ne songions pas même à demander pourquoi. Mais la porte s'ouvre, et deux de nos camarades de la boutique, tout échevelés, tout exaltés, viennent nous chercher pour vaincre ou périr, c'était leur manière de dire. Je demande de quoi il s'agit.

« De renverser la royauté et d'établir la république, » me disent-ils. Je saute à bas de mon lit: en deux secondes, je passe un mauvais pantalon et une blouse en guenilles, qui me servait de robe de chambre. Jean me suit. « Mieux vaut mourir d'un coup de fusil que de faim, » disait-il. Nous voilà partis.

Nous arrivons à la porte d'un armurier, où des jeunes gens comme nous distribuaient des fusils à qui en voulait. Nous en prenons chacun un, et nous nous postons derrière une barricade. Au premier feu de la troupe, mon pauvre Jean tombe roide mort à côté de moi. Alors je perds la raison, je deviens furieux. Ah! je ne me serais jamais cru capable de répandre tant de sang. Je m'y suis baigné pendant trois jours jusqu'à la ceinture, je puis dire; car j'en étais couvert, et non pas seulement de celui des autres, mais du mien qui coulait par plusieurs blessures; mais je ne sentais rien. Enfin, le 2 août, je me suis trouvé à l'hôpital, sans savoir comment j'y étais venu. Quand j'en suis sorti, j'étais plus misérable que jamais, et j'avais le cœur navré; mon frère Jean n'était plus avec moi, et la royauté était rétablie.

J'étais trop faible pour travailler, et puis ces journées de juillet m'avaient laissé dans la tête je ne sais quelle fièvre. Il me semblait que la colère et le désespoir pouvaient faire de moi un artiste; je rêvais des tableaux effrayants; je barbouillais les murs de figures que je m'imaginais dignes de Michel-Ange. Je lisais les *Iambes* de Barbier, et je les façonnais dans ma tête en images vivantes. Je rêvais, j'étais oisif, je mourais de faim, et ne m'en apercevais pas. Cela ne pouvait pas durer bien longtemps, mais cela dura quelques jours avec tant de force, que je n'avais souci de rien autour de moi. Il me semblait que j'étais contenu tout entier dans ma tête, que je n'avais plus ni jambes, ni bras, ni estomac, ni mémoire, ni conscience, ni parents, ni amis. J'allais devant moi par les rues, sans savoir où je voulais aller. J'étais toujours ramené, sans savoir comment, autour des tombes de Juillet. Je ne savais pas si mon pauvre frère était enterré là, mais je me figurais que lui ou les autres martyrs, c'était la même chose, et que, presser cette terre de mes genoux, c'était rendre hommage à la cendre de mon frère. J'étais dans un état d'exaltation qui me faisait sans cesse parler tout haut et tout seul. Je n'ai conservé aucun souvenir de mes longs discours; il me semble que le plus souvent je parlais en vers. Cela devait être mauvais et bien ridicule, et les passants devaient me prendre pour un fou. Mais moi, je ne voyais personne, et je ne m'entendais moi-même que par instants. Alors je m'efforçais de me taire, mais je ne le pouvais pas. Ma figure était baignée de sueur et de larmes, et ce qu'il y a de plus étrange, c'est que cet état de désespoir n'était pas sans quelque douceur. J'errais toute la nuit, ou je restais assis sur quelque borne, au clair de la lune, en proie à des rêves sans fin et sans suite, comme ceux qu'on fait dans le sommeil. Et pourtant je ne dormais pas, car je marchais, et je voyais sur les murs ou sur le pavé mon ombre marcher et gesticuler à côté de moi. Je ne comprends pas comment je ne fus pas une seule fois ramassé par la garde.

Je rencontrai enfin un étudiant que j'avais vu quelquefois dans l'atelier de mon jeune peintre. Il ne fut pas fier, quoique j'eusse l'air d'un mendiant, et il m'accosta le premier. Je n'y mis pas de discrétion, je ne savais pas si j'étais bien ou mal mis. J'avais bien autre chose dans la cervelle, et je marchai à côté de lui sur les quais, lui parlant peinture; car c'était mon idée fixe. Il parut s'intéresser à ce que je lui disais. Peut-être aussi n'était-il pas fâché de se montrer avec un des *bras-nus* des glorieuses journées, et de faire croire par là aux badauds qu'il s'était battu. A cette époque-là, les jeunes gens de la bourgeoisie tiraient une grande vanité de pouvoir montrer un sabre de gendarme qu'ils avaient acheté à quelque *voyou* après la *fête*, ou une égratignure qu'ils s'étaient faite en se mettant à la fenêtre précipitamment, pour regarder. Celui-là me parut un peu de la trempe des vantards : il prétendait m'avoir vu et parlé à telle et telle barricade, où je ne me souvenais nullement de l'avoir rencontré. Enfin, il me proposa de déjeuner avec lui, et j'acceptai sans fierté; car il y avait je ne sais combien de jours que je n'avais rien pris, et ma cervelle commençait à déménager sérieusement. Après le déjeuner, il s'en allait visiter le cabinet de M. Dusommerard, à l'ancien hôtel de Cluny; il me proposa de l'accompagner, et je le suivis machinalement.

La vue de toutes les merveilles d'art et de rareté entassées dans cette collection me passionna tellement que j'oubliai tous mes chagrins en un instant. Il y avait dans un coin plusieurs élèves en peinture qui copiaient des émaux pour la collection gravée que fait faire à ses frais M. Dusommerard. Je jetai les yeux sur leur travail ; il me sembla que j'en pourrais bien faire autant, et même que je verrais plus juste que quelques-uns d'entre eux. Dans ce moment, M. Dusommerard rentra, et fut salué par mon introducteur l'étudiant, qui le connaissait un peu.

Ils se tinrent quelques minutes à distance de moi, et je vis bien à leurs regards que j'étais l'objet de leur explication. Comme le déjeuner m'avait rendu un peu de sang-froid, je commençais à comprendre que ma mauvaise tenue était choquante, et que l'antiquaire aurait bien pu me prendre pour un voleur, si l'autre ne lui eût répondu de moi. M. Dusommerard est très-bon; il n'aime pas les *faiseurs d'embarras*, mais il oblige volontiers les pauvres diables qui lui montrent du zèle et du désintéressement. Il s'approcha de moi, m'interrogea; et voyant mon désir de travailler pour lui, et prenant aussi sans doute en considération le besoin que j'en avais, il me remit aussitôt quelque argent pour acheter des crayons, à ce qu'il disait, mais en effet pour me mettre en état de pourvoir aux premières nécessités. Il me désigna les objets que j'aurais à copier. Dès le lendemain, j'étais habillé proprement et installé à la place où je devais travailler. Je fis de mon mieux, et si vite que M. Dusommerard fut content et m'employa encore. J'ai eu beaucoup à m'en louer, et c'est grâce à lui que j'ai vécu jusqu'à ce jour; car non-seulement il m'a fait faire beaucoup de copies d'objets d'art, mais encore il m'a donné des recommandations moyennant lesquelles je suis entré dans plusieurs boutiques de joaillier pour peindre des fleurs et des oiseaux pour bijoux d'émail, et des têtes pour imitation de camées.

Grâce à ces expédients, j'ai pu suivre ma vocation et entrer dans les ateliers de M. Delacroix, pour qui je me suis senti de l'admiration et de l'inclination à la première vue. Je ne suis pas demandeur, et jamais je n'aurais songé à ce qu'il m'a accordé de lui-même. La première fois que j'allai lui dire que je désirais participer à ses leçons, je crus devoir en même temps lui porter quelques croquis. Il les regarda, et me dit : — Ce n'est vraiment pas mal. On m'avait prévenu qu'il n'était pas causeur, et que, s'il me disait cela, je devais me tenir pour bien content. Aussi, je le fus, et je m'en allais, lorsqu'il me rappela pour me demander si j'avais de quoi payer l'atelier. Je répondis que oui en rougissant jusqu'au blanc des yeux. Mais soit qu'il devinât que ce ne serait pas sans peine, soit que quelqu'un lui eût parlé de moi, il ajouta : « C'est bien, vous paierez au massier. »

Cela voulait dire, comme je le sus bientôt, que je mettrais seulement à la masse l'argent qui sert à payer le loyer de la salle et les modèles, mais que le maître ne recevrait rien pour lui, et que j'aurais ses leçons gratis. Aussi, je porte ce maître-là dans mon cœur, voyez-vous!

Voilà bientôt six mois que cela dure, et je me trouverais bien heureux si cela pouvait durer toujours. Mais cela ne se peut plus ; il faut que ma position change, et qu'au lieu de marcher patiemment dans la plus belle carrière, je me mette à courir au plus vite dans n'importe laquelle.

Ici le Masaccio se troubla visiblement ; il ne raconta plus dans l'abondance et la naïveté de ses pensées. Il chercha des prétextes, et il n'en trouva aucun de plausible pour motiver l'irrésolution où il était tombé. Il me montra une lettre de sa sœur Louison, qui contenait de fraîches nouvelles de la tante Henriette. Cette bonne vieille parente était devenue tout à fait infirme, et ne servait plus que de porte-respect à ses deux nièces, qui travaillaient à la journée pour la faire vivre. Les médecins la condamnaient, et on ne pouvait espérer de la conserver au delà de trois ou quatre mois.

« Quand nous l'aurons perdue, disait Paul Arsène, que deviendront mes sœurs ? Resteront-elles seules dans une petite ville où elles n'ont point d'autres parents que la tante Henriette, exposées à tous les dangers qui entoürent deux jolies filles abandonnées? D'ailleurs mon père ne le souffrirait pas ; et il ne serait pas de son devoir de le souffrir ; et alors leur sort serait pire ; car non-seulement elles seraient exposées aux mauvais traitements de la belle-mère, mais encore elles auraient sous les yeux les mauvais exemples de cette femme, qui n'est pas seulement méchante. Le seul parti que j'aie à prendre est donc ou d'aller rejoindre mes sœurs en province et de m'y établir comme ouvrier, pour ne les plus quitter, ou de les faire venir ici, et de les y soutenir jusqu'à ce qu'elles puissent, par leur travail, se soutenir elles-mêmes.

— Tout cela est fort juste et fort bien pensé, lui dis-je ; mais si vos sœurs sont fortes et laborieuses comme vous le dites, elles ne seront pas longtemps à votre charge. Je ne vois donc pas que vous soyez forcé de vous créer un état qui donne des appointements fixes aussi considérables que vous le disiez l'autre jour. Il ne s'agit que de trouver l'argent nécessaire pour faire venir Louison et Suzanne, et pour les aider un peu dans les commencements. Eh bien, vous avez des amis qui pourront vous avancer cette somme sans se gêner, et moi-même...

— Merci, Monsieur, dit Arsène... Mais je ne veux pas... On sait quand on emprunte, on ne sait pas quand on rendra. Je dois déjà trop aux bontés d'autrui, et les temps sont durs pour tout le monde, je le sais ; pourquoi ferais-je peser sur les autres des privations que je peux supporter? J'aime la peinture, je suis forcé de l'abandonner, tant pis pour moi. Si vous faites un sacrifice pour que je continue à peindre, vous vous trouverez peut-être empêché le lendemain d'en faire un pour un homme plus malheureux que moi ; car enfin, pourvu qu'on vive honnêtement, qu'importe qu'on soit artiste ou manœuvre? Il ne faut pas être délicat pour soi-même. Il y a tant de grands artistes qui se plaignent, à ce qu'on dit : il faut bien qu'il y ait de pauvres savetiers qui ne disent rien. »

Tout ce que je pus lui dire fut inutile; il demeura inébranlable. Il lui fallait gagner mille francs par an et entrer en fonctions, fût-ce en service comme laquais, le plus tôt possible. Il ne s'agissait plus pour lui que de trouver sa nouvelle condition.

« Mais si je me chargeais, lui dis-je, de vous donner plus d'ouvrage à domicile que vous n'en avez, soit en vous faisant copier encore des manuscrits, soit en vous donnant des dessins à faire, persisteriez-vous à quitter la peinture?

— Si cela se pouvait! dit-il ébranlé un instant; mais, ajouta-t-il, cela vous donnera de la peine et cela ne sera jamais fixe.

— Laissez-moi toujours essayer, repris-je. Il me serra encore la main et partit, emportant sa résolution et son secret. »

V.

Horace me fréquentait de plus en plus. Il me témoignait une sympathie à laquelle j'étais sensible, quoique Eugénie ne la partageât point. Il lui arriva plusieurs fois de rencontrer chez moi le petit Masaccio ; et malgré le bien que je lui disais de ce jeune homme, loin de partager la bonne opinion que j'en avais, il éprouvait pour lui une antipathie insurmontable. Cependant il le traitait avec plus d'égards depuis qu'il l'avait vu essayer le portrait d'Eugénie, et que l'esquisse était si bien venue, avec une ressemblance si noble et un dessin si large, qu'Horace, engoué de toute supériorité intellectuelle, ne pouvait s'empêcher de lui montrer une sorte de déférence. Mais il n'en était que plus indigné de cette inexplicable absence d'ambition noble qui contrastait avec l'exubérance de la sienne propre. Il s'emportait en véhémentes déclamations à cet égard, et Paul Arsène, l'écoutant avec un sourire contenu au bord des lèvres, se contentait, pour toute réponse, de dire en se tournant vers moi : — Monsieur, votre ami parle bien!

Du reste, Paul ne manifestait ni bonne ni mauvaise disposition à son égard. Il était de ces gens qui marchent si droit à leur but que jamais ils ne s'arrêtent aux distractions du chemin. Il ne disait rien d'inutile ; il ne se prononçait presque sur rien, alléguant toujours son ignorance, soit qu'elle fût réelle, soit qu'elle lui servît de prétexte souverain pour couper court à toute discussion. Toujours renfermé en lui-même, il ne faisait acte de volonté que pour calmer les autres sans pédantisme, ou les obliger sans ostentation ; et, en attendant qu'il prît le parti qu'il roulait dans sa tête, il étudiait le modèle, apprenait l'anatomie, et faisait des dessins pour porcelaine avec autant de soin et de zèle que s'il n'eût pas songé à changer de carrière. Ce calme dans le présent avec cette agitation pour l'avenir me frappait d'admiration. C'est un des assemblages de facultés les plus rares qui soient dans l'homme ; la jeunesse surtout est portée à s'endormir dans le présent sans souci du lendemain ou à dévorer le présent dans l'attente fiévreuse de l'avenir.

Horace semblait l'antipode volontaire et raisonné de ce caractère. Peu de jours m'avaient suffi pour me convaincre qu'il ne travaillait pas, quoiqu'il prétendît réparer en quelques heures de veille toute l'oisiveté de la semaine. Il n'en était rien. Il n'avait pas été trois fois dans sa vie au cours de droit ; il n'avait peut-être pas ouvert plus souvent ses livres ; et un jour que j'examinais les rayons de sa chambre, je n'y trouvai que des romans et des poëmes. Il m'avoua que tous ses livres de droit étaient vendus.

Cet aveu en entraîna d'autres. Je craignais que ce besoin d'argent ne fût l'effet d'une conduite légère ; il se justifia en me disant que ses parents n'avaient aucune fortune ; et sans me faire connaître le chiffre du revenu qui lui était assigné, il m'assura que sa bonne mère était dans une étrange illusion en se persuadant qu'elle lui envoyait de quoi vivre à Paris.

Je n'osai pousser plus loin mon interogatoire ; mais je jetai un regard involontaire sur la garde-robe élégante et bien fournie de mon jeune ami : rien ne lui manquait. Il avait plus de gilets, d'habits et de redingotes que moi, qui jouissais d'un héritage de trois mille francs de rente. Je devinai que le tailleur allait devenir le fléau de cette existence. Je ne me trompai pas. Bientôt je vis le front d'Horace se rembrunir, sa parole devenir plus brève et son ton plus incisif. Il fallut plus d'une semaine pour le confesser. Enfin je lui arrachai l'aveu de son outrage. L'infâme tailleur s'était permis de présenter son mémoire, le misérable ! Cela méritait des coups de canne ! C'était encore un signe de vertu, que cette indignation ; Horace n'en était pas au degré de perversité où l'on se vante de ses dettes et où l'on rit avec fanfaronnade à l'idée de voir fondre sur les parents une note de trois ou quatre mille francs. D'ailleurs il chérissait profondément sa mère, quoiqu'il la trouvât bornée ; et il était bon fils, quoiqu'il eût un secret mépris pour la dépendance où son père vivait à l'égard du gouvernement.

Le voyant tomber dans le spleen, je pris sur moi de dire au tailleur quelques mots qui le tranquillisèrent ; et Horace, après m'avoir remercié avec une effusion extrême, reprit sa sérénité.

Mais son oisiveté ne cessa point, et son genre de vie,

pour n'avoir rien que de très-ordinaire dans un étudiant, me causa une vive surprise à mesure que je l'observai. Comment concilier, en effet, cette ardeur de gloire, ces rêves d'activité parlementaire et de supériorité politique, avec la profonde inertie et la voluptueuse nonchalance d'un tel tempérament? Il semblait que la vie dût être cent fois trop longue pour le peu qu'il y avait à faire. Il perdait les heures, les jours et les semaines avec une insouciance vraiment royale. C'était quelque chose de beau à contempler que ce fier jeune homme aux formes athlétiques, à la noire chevelure, à l'œil de flamme, couché du matin à la nuit sur le divan de mon balcon, fumant une énorme pipe (dont il fallait tous les jours renouveler la cheminée, parce qu'en la secouant sur les barreaux du balcon, il ne manquait jamais de laisser tomber la capsule dans la rue), et feuilletant un roman de Balzac ou un volume de Lamartine, sans daigner lire un chapitre ou un morceau entier. Je le laissais là pour aller travailler, et quand je revenais de la clinique ou de l'hôpital, je le retrouvais assoupi à la même place, presque dans la même attitude. Eugénie, condamnée à subir cet étrange tête-à-tête, et n'ayant, du reste, pas à s'en plaindre personnellement, car il daignait à peine lui adresser la parole (la regardant plutôt comme un meuble que comme une personne), était indignée de cette paresse princière. Quant à moi, je commençais à sourire lorsque, les yeux encore appesantis par une rêverie somnolente, il reprenait ses divagations sur la gloire, la politique et la puissance.

Cependant aucune idée de blâme ou de mépris ne se mêlait à mon doute. Tous les jours, après le dîner, nous nous retrouvions, Horace et moi, au Luxembourg, au café ou à l'Odéon, au milieu d'un groupe assez nombreux, composé de ses amis et des miens; et là, Horace

pérorait avec une rare facilité. Sur toutes choses il était
le plus compétent, quoiqu'il fût le plus jeune; en toutes
choses il était le plus hardi, le plus passionné, le plus
avancé, comme on disait alors, et comme on dit, je crois,
encore aujourd'hui. Ceux même qui ne l'aimaient pas,
parmi les auditeurs, étaient forcés de l'écouter avec intérêt, et ses contradicteurs montraient en général plus de
méfiance et de dépit que de justice et de bonne foi.
C'est que là Horace reprenait tous ses avantages : la discussion était sur son terrain ; et chacun s'avouait intérieurement que s'il n'était pas logicien infaillible, du
moins il était orateur fécond, ingénieux et chaud. Ceux
qui ne le connaissaient pas croyaient le renverser, en
disant que c'était un homme sans fond, sans idées, qui
avait travaillé immensément, et dont toute l'inspiration
n'était que le résultat d'une culture minutieuse. Pour moi,
qui savais si bien le contraire, j'admirais cette puissance
d'intuition, à laquelle il suffisait d'effleurer chaque chose
en passant pour se l'assimiler et pour lui donner aussitôt
toutes sortes de développements au hasard de l'improvisation. C'était à coup sûr une organisation privilégiée,
et pour laquelle on pouvait augurer qu'il serait toujours
temps, puisqu'il lui en fallait si peu pour s'élargir et se
compléter.

Sa présence assidue chez moi était un véritable supplice pour Eugénie. Comme toutes les personnes actives
et laborieuses, elle ne pouvait avoir sous les yeux le
spectacle de l'inaction prolongée, sans en ressentir un
malaise qui allait jusqu'à la souffrance. N'étant point
actif par nature, mais par raisonnement et par nécessité,
je n'étais pas aussi révolté qu'elle, d'ailleurs je me plaisais
à croire que cette inaction n'était qu'une défaillance pas-
sagère dans les forces de mon jeune ami, et que bientôt il
donnerait, comme il disait, un vigoureux coup de collier.

Cependant, comme deux mois s'étaient écoulés sans apporter aucun changement à cette manière d'être, je crus de mon devoir d'aider au *réveil du lion*, et j'essayai un jour d'aborder ce point délicat, en prenant le café avec lui chez Poisson. La journée avait été orageuse, et de grands éclairs faisaient par intervalles bleuir la verdure des marronniers du Luxembourg. La dame du comptoir était belle comme à l'ordinaire, plus qu'à l'ordinaire peut-être ; car la mélancolie habituelle de son visage était en harmonie avec cette soirée pleine de langueur et à demi sombre.

Horace tourna plusieurs fois les yeux vers elle, et revenant à moi : « Je m'étonne, dit-il, qu'étant capable de devenir sérieusement épris d'une femme de ce genre, vous n'ayez pas conçu une grande passion pour celle-ci.

— Elle est admirablement belle, lui dis-je ; mais j'ai le bonheur de ne jamais avoir d'yeux que pour la femme que j'aime. Ce serait plutôt à moi de m'étonner qu'ayant le cœur libre, vous ne fassiez pas plus d'attention à ce profil grec et à cette taille de nymphe.

— La Polymnie du Musée est aussi belle, répondit Horace, et elle a sur celle-ci de grands avantages. D'abord elle ne parle point, et celle-ci me désenchanterait au premier mot qu'elle dirait. Ensuite celle du Musée n'est pas limonadière, et en troisième lieu elle ne s'appelle point madame Poisson. Madame Poisson ! quel nom ! Vous allez encore blâmer mon aristocratie ; mais vous-même, voyons ! Si Eugénie s'était appelée Margot ou Javotte...

— J'eusse mieux aimé Margot ou Javotte que Léocadie ou Phœdora. Mais laissez-moi vous dire, Horace, que vous me cachez quelque chose : vous devenez amoureux ? »

Horace me tendit son bras. — Docteur, s'écria-t-il en

riant, tâtez-moi le pouls ; ce doit être un amour bien tranquille, puisque je ne m'en aperçois pas. Mais pourquoi avez-vous une pareille idée ?

— Parce que vous ne songez plus à la politique.

— Où prenez-vous cela? J'y pense plus que jamais. Mais ne peut-on marcher à son but que par une seule voie?

— Oh! quelle est donc celle où vous marchez? Je sais bien que pour moi le *far-niente* serait le bonheur. Mais pour qui aime la gloire...

— La gloire vient trouver ceux qui l'aiment d'un amour délicat et fier. Pour moi, plus je réfléchis, plus je trouve l'étude du droit inconciliable avec mon organisation, et le métier d'avocat impossible à un homme qui se respecte ; j'y ai renoncé.

— En vérité ! m'écriai-je, étourdi de l'aisance avec laquelle il m'annonçait une pareille détermination ; et qu'allez-vous faire ?

— Je ne sais, répondit-il d'un air indifférent ; peut-être de la littérature. C'est une voie encore plus large que l'autre ; ou plutôt c'est un champ ouvert où l'on peut entrer de toutes parts. Cela convient à mon impatience et à ma paresse. Il ne faut qu'un jour pour se placer au premier rang ; et quand l'heure d'une grande révolution sonnera, les partis sauront reconnaître dans les lettres, bien mieux que dans le barreau, les hommes qui leur conviennent.

Comme il disait cela, je vis passer dans une glace une figure qui me sembla être celle de Paul Arsène ; mais, avant que j'eusse tourné la tête pour m'en assurer, elle avait disparu.

« Et quelle partie choisirez-vous dans les lettres ? demandai-je à Horace.

— Vers, prose, roman, théâtre, critique, polémique,

satire, poëme, toute forme est à mon choix, et je n'en vois aucune qui m'effraie.

— La forme bien, mais le fond ?

— Le fond déborde, répondit-il, et la forme est le vase étroit où il faut que j'apprenne à contenir mes pensées. Soyez tranquille, vous verrez bientôt que cette oisiveté qui vous effraie couve quelque chose. Il y a des abîmes sous l'eau qui dort. »

Mes yeux, flottant autour de moi, retrouvèrent de nouveau Paul Arsène, mais dans un accoutrement inusité. Cette fois sa chemise était fort blanche et assez fine ; il avait un tablier blanc, et pour achever la métamorphose, il portait un plateau chargé de tasses.

« Voilà, dit Horace, dont les yeux avaient suivi la même direction que les miens, un garçon qui ressemble effroyablement au Masaccio. »

Quoiqu'il eût coupé ses longs cheveux et sa petite moustache, il m'était impossible de douter un seul instant que ce ne fût le Masaccio en personne. J'eus le cœur affreusement serré, et faisant un effort, j'appelai le garçon.

« *Voilà, Monsieur !* répondit-il aussitôt ; et, s'approchant de nous, sans le moindre embarras, il nous présenta le café.

— Est-il possible ! Arsène ? m'écriai-je, vous avez pris ce parti ?

— En attendant un meilleur, répondit-il, et je ne m'en trouve pas mal.

— Mais vous n'avez pas un instant de reste pour dessiner ? lui dis-je, sachant bien que c'était la seule objection qui pût l'émouvoir.

— Oh ! cela, c'est un malheur ! mais il est pour moi seul, répondit-il, ne me blâmez pas, Monsieur. Ma vieille tante va mourir, et je veux faire venir mes sœurs ici ; car, voyez-vous quand on a tâté de ce coquin de Paris, on ne peut plus s'en aller vivre en province. Au moins ici j'entendrai parler d'art et de peinture aux jeunes étudiants : et quand M. Delacroix exposera, je pourrai m'esquiver une heure pour aller voir ses tableaux. Est-ce que les arts vont périr, parce que Paul Arsène ne s'en mêle plus? Il n'y a que les tasses qui menacent ruine, ajouta-t-il gaiement en retenant le plateau prêt à s'échapper de sa main encore mal exercée.

— Ah çà, Paul Arsène, s'écria Horace en éclatant de rire, ou vous êtes un petit juif, ou vous êtes amoureux de la belle madame Poisson. »

Il fit cette plaisanterie, selon son habitude, avec si peu de précaution, que madame Poisson, dont le comptoir était tout près, l'entendit et rougit jusqu'au blanc des yeux. Arsène devint pâle comme la mort et laissa tomber le plateau ; M. Poisson accourut au bruit, donna un coup d'œil au dégât, et alla au comptoir pour l'inscrire sur un livre *ad hoc*. Le garçon de café est comptable de tout ce qu'il casse. En voyant l'émotion de sa femme, nous entendîmes le patron lui dire d'une voix âpre :

« Vous serez donc toujours prête à sauter et à crier au moindre bruit? Vous avez des nerfs de marquise. »

Madame Poisson détourna la tête et ferma les yeux, comme si la vue de cet homme lui eût fait horreur. Ce petit drame bourgeois se passa en trois minutes; Horace n'y fit aucune attention : mais ce fut pour moi comme un trait de lumière.

L'intérêt sincère et profond que j'éprouvais pour le pauvre Masaccio me fit souvent retourner au café Poisson ; j'y fis de plus longues séances que de coutume, et j'y augmentai ma consommation, afin de ne point éveiller désagréablement l'attention du maître, qui me parut jaloux et brutal. Mais quoique je m'attendisse sans cesse à voir quelque tragédie dans ce ménage, il se passa plus d'un mois sans que l'ordre farouche en parût troublé. Arsène remplissait ses fonctions de valet avec une rare activité, une propreté irréprochable, une politesse brusque et de bonne humeur qui captivait la bienveillance de tous les habitués et jusqu'à celle de son rude patron.

« Vous le connaissez? » me dit un jour ce dernier en voyant que je causais un peu longuement avec lui. Arsène m'avait recommandé de ne point dire qu'il eût été artiste, de peur de lui aliéner la confiance de son maître, et conformément aux instructions qu'il m'avait données, je répondis que je l'avais vu dans un restaurant où on le regrettait beaucoup.

« C'est un excellent sujet, me répondit M. Poisson; parfaitement honnête, point causeur, point dormeur, point ivrogne, toujours content, toujours prêt. Mon établissement a beaucoup gagné depuis qu'il est à mon service. Eh bien! Monsieur, croiriez-vous que madame Poisson, qui est d'une faiblesse et d'une indulgence absurdes avec tous ces gaillards-là, ne peut point souffrir ce pauvre Arsène! »

M. Poisson parlait ainsi debout, à deux pas de ma petite table, le coude appuyé majestueusement sur la face externe du comptoir d'acajou où sa femme trônait d'un air aussi ennuyé qu'une reine véritable. La figure ronde et rouge de l'époux sortait de sa chemise à jabot de mousseline, et son embonpoint débordait un pantalon de nankin ridiculement tendu sur ses flancs énormes. Horace l'avait surnommé le Minotaure. Tandis qu'il déplorait l'injustice de sa femme envers ce pauvre Arsène, je crus voir un imperceptible sourire errer sur les lèvres de celle-ci. Mais elle ne répliqua pas un mot, et lorsque je voulus continuer cette conversation avec elle, elle me répondit avec un calme imperturbable :

« Que voulez-vous, Monsieur? ces gens-là (elle parlait des garçons de café en général) sont les fléaux de notre existence. Ils ont des manières si brutales et si peu d'attachement! Ils tiennent à la maison et jamais aux personnes. Mon chat vaut mieux, il tient à la maison et à moi. »

Et parlant ainsi d'une voix douce et traînante, elle passait sa main de neige sur le dos tigré du magnifique angora qui se jouait adroitement parmi les porcelaines du comptoir.

Madame Poisson ne manquait point d'esprit, et je remarquai souvent qu'elle lisait de bons romans. Comme habitué, j'avais acheté le droit de causer avec elle, et mes manières respectueuses inspiraient toute confiance au mari. Je lui fis souvent compliment du choix de ses lectures; jamais je n'avais vu entre ses mains un seul de ces ouvrages grivois et à demi obscènes qui font les délices de la petite bourgeoisie. Un jour qu'elle terminait *Manon Lescaut*, je vis une larme rouler sur sa joue, et je l'abordai en lui disant que c'était le plus beau roman du cœur qui eût été fait en France. Elle s'écria :

« Oh! oui, Monsieur! c'est du moins le plus beau que j'aie lu. Ah! perfide Manon! sublime Desgrieux! » et ses regards tombèrent sur Arsène, qui déposait de l'argent dans sa sébile; fut-ce par hasard ou par entraînement? il était difficile de prononcer. Jamais Arsène ne levait les yeux sur elle; il circulait des tables au comptoir avec une tranquillité qui aurait dérouté le plus fin observateur.

VI.

Peu à peu Horace avait daigné faire attention à la beauté et aux bonnes manières de Laure : c'était le petit nom que M. Poisson donnait à sa femme.

« Si *cela* était né sur un trône, disait-il souvent en la regardant, la terre entière serait prosternée devant une telle majesté.

— A quoi bon un trône ? lui répondis-je ; la beauté est par elle-même une royauté véritable.

— Ce qui la distingue pour moi des autres teneuses de comptoir, reprenait-il, c'est cette dignité froide, si différente de leurs agaceries coquettes. En général, elles vous vendent leurs regards pour un verre d'eau sucrée ; c'est à vous ôter la soif pour toujours. Mais celle-ci est, au milieu des hommages grossiers qui l'environnent, une perle fine dans le fumier ; elle inspire vraiment une sorte de respect. Si j'étais sûr qu'elle ne fût pas bête, j'aurais presque envie d'en devenir amoureux. »

La vue de plusieurs jeunes gens qui, chaque jour, s'évertuaient à fixer l'attention de la belle limonadière, et qui eussent vraiment fait des folies pour elle, acheva de piquer l'amour-propre d'Horace ; mais il ne convenait pas à tant d'orgueil de suivre la même route que ces naïfs admirateurs. Il ne voulait pas être confondu dans ce cortége : il lui fallait, disait-il, emporter la place d'assaut au nez des assiégeants. Il médita ses moyens, et jeta un soir une lettre passionnée sur le comptoir ; puis il resta jusqu'au lendemain sans se montrer, pensant que cet air occupé, découragé ou dédaigneux, expliqué ensuite par lui selon la circonstance, ferait un bon effet, par contraste avec l'obsession de ses rivaux.

J'avais consenti à m'intéresser à cette folie, persuadé intérieurement qu'elle servirait de leçon à la naissante fatuité d'Horace, et qu'il en serait pour ses frais d'éloquence épistolaire. Le lendemain je fus occupé plus que de coutume, et nous nous donnâmes rendez-vous le soir au café Poisson. La dame n'était pas à son comptoir : Arsène remplissait à lui seul les fonctions de maître et de valet, et il était si affairé, qu'à toutes nos questions il ne répondit qu'un « je ne sais pas » jeté en courant d'un air d'indifférence. M. Poisson ne paraissant pas davantage, nous allions prendre le parti de nous retirer sans rien savoir, lorsque Laravinière, le *président des bousingots*, entra bruyamment au milieu de sa joyeuse phalange.

J'ai lu quelque part une définition assez étendue de l'*étudiant*, qui n'est certainement pas faite sans talent, mais qui ne m'a point paru exacte. L'étudiant y est trop rabaissé, je dirai plus, trop dégradé; il y joue un rôle bas et grossier qui vraiment n'est pas le sien. L'étudiant a plus de travers et de ridicules que de vices; et quand il en a, ce sont des vices si peu enracinés, qu'il lui suffit d'avoir subi ses examens et repassé le seuil du toit paternel, pour devenir calme, positif, rangé; trop positif la plupart du temps, car les vices de l'étudiant sont ceux de la société tout entière, d'une société où l'adolescence est livrée à une éducation à la fois superficielle et pédantesque, qui développe en elle l'outrecuidance et la vanité; où la jeunesse est abandonnée, sans règle et sans frein, à tous les désordres qu'engendre le scepticisme, où l'âge viril rentre immédiatement après dans la sphère des égoïsmes rivaux et des luttes difficiles. Mais si les étudiants étaient aussi pervertis qu'on nous les montre, l'avenir de la France serait étrangement compromis.

Il faut bien vite excuser l'écrivain que je blâme, en reconnaissant combien il est difficile, pour ne pas dire impossible, de résumer en un seul type une classe aussi nombreuse que celle des étudiants. Eh quoi! c'est la jeunesse lettrée en masse que vous voulez nous faire connaître dans une simple effigie? Mais que de nuances infinies dans cette population d'enfants à demi hommes que Paris voit sans cesse se renouveler, comme des aliments hétérogènes, dans le vaste estomac du quartier latin ! Il y a autant de classes d'étudiants qu'il y a de classes rivales et diverses dans la bourgeoisie. Haïssez la bourgeoisie encroûtée qui, maîtresse de toutes les forces de l'Etat, en fait un misérable trafic ; mais ne condamnez pas la jeune bourgeoisie qui sent de généreux instincts se développer et grandir en elle. En plusieurs circonstances de notre histoire moderne, cette jeunesse s'est montrée brave et franchemeut républicaine. En 1830, elle s'est encore interposée entre le peuple et les ministres déchus de la restauration, menacés jusque dans l'enceinte où se prononçait leur jugement ; ç'a été son dernier jour de gloire.

Depuis, on l'a tellement surveilllée, maltraitée et découragée, qu'elle n'a pu se montrer ouvertement. Néanmoins, si l'amour de la justice, le sentiment de l'égalité et l'enthousiasme pour les grands principes et les grands dévouements de la révolution française ont encore un foyer de vie autre que le foyer populaire, c'est dans l'âme de cette jeune bourgeoisie qu'il faut aller le chercher. C'est un feu qui la saisit et la consume rapidement, j'en conviens. Quelques années de cette noble exaltation que semble lui communiquer le pavé brûlant de Paris, et puis l'ennui de la province, ou le despotisme de la famille, ou l'influence des séductions sociales, ont bientôt effacé jusqu'à la dernière trace du généreux élan.

Alors on rentre en soi-même, c'est-à-dire en soi seul, on traite de folies de jeunesse les théories courageuses qu'on a aimées et professées ; on rougit d'avoir été fouriériste, ou saint-simonien, ou révolutionnaire d'une manière quelconque ; on n'ose pas trop raconter quelles motions audacieuses on a élevées ou soutenues dans les *sociétés* politiques, et puis on s'étonne d'avoir souhaité l'égalité dans toutes ses conséquences, d'avoir aimé le peuple sans frayeur, d'avoir voté la loi de fraternité sans amendement. Et au bout de peu d'années, c'est-à-dire quand on est établi bien ou mal, qu'on soit juste-milieu, légitimiste ou républicain, qu'on soit de la nuance des *Débats*, de la *Gazette* ou du *National*, on inscrit sur sa porte, sur son diplôme ou sur sa patente, qu'on n'a, en aucun temps de sa vie, entendu porter atteinte à la sacro-sainte propriété.

Mais ceci est le procès à faire, je le répète, à la société bourgeoise qui nous opprime. Ne faisons pas celui de la jeunesse, car elle a été ce que la jeunesse, prise en masse et mise en contact avec elle-même, est et sera toujours, enthousiaste, romanesque et généreuse. Ce qu'il y a de meilleur dans le bourgeois, c'est donc encore l'étudiant ; n'en doutez pas.

Je n'entreprendrai pas de contredire dans le détail les assertions de l'auteur, que j'incrimine sans aucune aigreur, je vous jure. Il est possible qu'il soit mieux informé des mœurs des étudiants que je ne puis l'être relativement à ce qu'elles sont aujourd'hui ; mais je dois en conclure, ou que l'auteur s'est trompé, ou que les étudiants ont bien changé ; car j'ai vu des choses fort différentes.

Ainsi, de mon temps, nous n'étions pas divisés en deux espèces, l'une, appelée les *bambocheurs*, fort nombreuse, qui passait son temps à la Chaumière, au cabaret, au bal du Panthéon, criant, fumant, vociférant dans une atmosphère infecte et hideuse ; l'autre fort restreinte, appelée les *piocheurs*, qui s'enfermait pour vivre misérablement, et s'adonner à un travail matériel dont le résultat était le crétinisme. Non ! il y avait bien des oisifs et des paresseux, voire des mauvais sujets et des idiots; mais il y avait aussi un très-grand nombre de jeunes gens actifs et intelligents, dont les mœurs étaient chastes, les amours romanesques, et la vie empreinte d'une sorte d'élégance et de poésie, au sein de la médiocrité et même de la misère. Il est vrai que ces jeunes gens avaient beaucoup d'amour-propre, qu'ils perdaient beaucoup de temps, qu'ils s'amusaient à tout autre chose qu'à leurs études, qu'ils dépensaient plus d'argent qu'un dévouement vertueux à la famille ne l'eût permis; enfin, qu'ils faisaient de la politique et du socialisme avec plus d'ardeur que de raison, et de la philosophie avec plus de sensibilité que de science et de profondeur. Mais s'ils avaient, comme je l'ai déjà confessé, des travers et des ridicules, il s'en fallait de beaucoup qu'ils fussent vicieux, et que leurs jours s'écoulassent dans l'abrutissement, leurs nuits dans l'orgie. En un mot, j'ai vu beaucoup plus d'étudiants dans le genre d'Horace, que je n'en ai vu dans celui de l'*Étudiant* esquissé par l'écrivain que j'ose ici contredire.

Celui dont j'ai maintenant à vous faire le portrait, Jean Laravinière, était un grand garçon de vingt-cinq ans, leste comme un chamois et fort comme un taureau. Ses parents ayant eu la coupable distraction de ne pas le faire vacciner, il était largement sillonné par la petite-vérole, ce qui était, pour son bonheur, un intarissable sujet de plaisanteries comiques de sa part. Quoique laide, sa figure était agréable, sa personne pleine d'originalité comme son esprit. Il était aussi généreux qu'il était brave, et ce n'était pas peu dire. Ses instincts de *combativité*, comme nous disions en phrénologie, le poussaient impétueusement dans toutes les bagarres, et il y entraînait toujours une cohorte d'amis intrépides, qu'il fanatisait par son sang-froid héroïque et sa gaieté belliqueuse. Il s'était battu très-sérieusement en juillet ; plus tard, hélas ! il se battit trop bien ailleurs.

C'était un tapageur, un *bambocheur*, si vous voulez ; mais quel loyal caractère, et quel dévouement magnanime ! Il avait toute l'excentricité de son rôle, toute l'inconséquence de son impétuosité, toute la crânerie de sa position. Vous eussiez pu rire de lui ; mais vous eussiez été forcé de l'aimer. Il était si bon, si naïf dans ses convictions, si dévoué à ses amis ! Il était censé carabin, mais il n'était réellement et ne voulait jamais être autre chose qu'étudiant émeutier, *bousingot*, comme on disait dans ce temps-là. Et comme c'est un mot historique qui s'en va se perdre, si l'on n'y prend garde, je vais tâcher de l'expliquer.

Il y avait une classe d'étudiants, que nous autres (étudiants un peu aristocratiques, je l'avoue) nous appelions, sans dédain toutefois, *étudiants d'estaminet*. Elle se composait invariablement de la plupart des étudiants de première année, enfants fraîchement arrivés de province, à qui Paris faisait tourner la tête, et qui croyaient tout d'un coup se faire hommes en fumant à se rendre malades, et en battant le pavé du matin au soir, la casquette sur l'oreille ; car l'étudiant de première année a rarement un chapeau. Dès la seconde année, l'étudiant en général devient plus grave et plus naturel. Il est tout à fait retiré de ce genre de vie, à la troisième. C'est alors qu'il va au parterre des Italiens, et qu'il commence à s'habiller comme tout le monde. Mais un certain nombre de jeunes gens reste attaché à ces habitudes de flânerie, de billard, d'interminables fumeries à l'estaminet, ou de promenade par bandes bruyantes au jardin du Luxembourg. En un mot, ceux-là font, de la récréation que les autres se permettent sobrement, le fond et l'habitude de la vie. Il est tout naturel que leurs manières, leurs idées, et jusqu'à leurs traits, au lieu de se former, restent dans une sorte d'enfance vagabonde et débraillée, dans laquelle il faut se garder de les encourager, quoiqu'elle ait certainement ses douceurs et même sa poésie. Ceux-là se trouvent toujours naturellement tout portés aux émeutes. Les plus jeunes y vont pour voir, d'autres y vont pour agir; et, dans ce temps-là, presque toujours tous s'y jetaient un instant et s'en retiraient vite, après avoir donné et reçu quelques bons coups. Cela ne changeait pas la face des affaires, et la seule modification que ces tentatives aient apportée, c'est un redoublement de frayeur chez les boutiquiers, et de cruauté brutale chez les agents de police. Mais aucun de ceux qui ont si légèrement troublé l'ordre public dans ce temps-là ne doit rougir, à l'heure qu'il est, d'avoir eu quelques jours de chaleureuse jeunesse. Quand la jeunesse ne peut manifester ce qu'elle a de grand et de courageux dans le cœur que par des attentats à la société, il faut que la société soit bien mauvaise!

On les appelait alors les *bousingots*, à cause du chapeau marin de cuir verni qu'ils avaient adopté pour signe de ralliement. Ils portèrent ensuite une coiffure écarlate en forme de bonnet militaire, avec un velours noir autour. Désignés encore à la police, et attaqués dans la rue par les mouchards, ils adoptèrent le chapeau gris; mais ils n'en furent pas moins traqués et maltraités. On a beaucoup déclamé contre leur conduite; mais je ne sache pas que le gouvernement ait pu justifier celle de ses agents, véritables assassins qui en ont assommé un bon nombre sans que le boutiquier en ait montré la moindre indignation ou la moindre pitié.

Le nom de *bousingots* leur resta. Lorsque le *Figaro*, qui avait fait une opposition railleuse et mordante sous la direction loyale de M. Delatouche, passa en d'autres mains, et peu à peu changea de couleur, le nom de bousingot devint un outrage ; car il n'y eut sorte de moqueries amères et injustes dont on ne s'efforçât de le couvrir. Mais les vrais bousingots ne s'en émurent point, et notre ami Laravinière conserva joyeusement son surnom de *président des bousingots*, qu'il porta jusqu'à sa mort, sans craindre ni mériter le ridicule ou le mépris.

Il était si recherché et si adoré de ses compagnons, qu'on ne le voyait jamais marcher seul. Au milieu du groupe ambulant qui chantait ou criait toujours autour de lui, il s'élevait comme un pin robuste et fier au sein du taillis, ou comme la Calypso de Fénelon au milieu du menu fretin de ses nymphes, ou enfin comme le jeune Saül parmi les bergers d'Israël. (Il aimait mieux cette comparaison.) On le reconnaissait de loin à son chapeau gris pointu à larges bords, à sa barbe de chèvre, à ses longs cheveux plats, à son énorme cravate rouge sur laquelle tranchaient les énormes revers blancs de son gilet *à la Marat*. Il portait généralement un habit bleu à longues basques et à boutons de métal, un pantalon à larges carreaux gris et noirs, et un lourd bâton de cormier qu'il appelait son *frère Jean*, par souvenir du bâton de la croix dont le frère Jean des Entommeures fit, selon Rabelais, un si *horrificque* carnage des hommes d'armes de Pichrocole. Ajoutez à cela un cigare gros comme une bûche, sortant d'une moustache rousse à moitié brûlée, une voix rauque qui s'était cassée, dans les premiers jours d'août 1830, à détonner la *Marseillaise*, et l'aplomb bienveillant d'un homme qui a embrassé plus de cent fois Lafayette, mais qui n'en parle plus en 1831 qu'en disant : *Mon pauvre ami* ; et vous aurez au grand complet Jean Laravinière, président des bousingots.

VII.

— Vous demandez madame Poisson? dit-il à Horace, qui n'accueillait pas trop bien en général sa familiarité. Eh bien! vous ne verrez plus madame Poisson. Absente par congé, madame Poisson. Pas mal fait. M. Poisson ne la battra plus.

— Si elle avait voulu me prendre pour son défenseur, s'écria le petit Paulier, qui n'était guère plus gros qu'une mouche, elle n'aurait pas été battue deux fois. Mais enfin, puisque c'est le *président* qu'elle a honoré de sa préférence...

— Excusez! cela n'est pas vrai, répondit le président des bousingots en élevant sa voix enrouée pour que tout le monde l'entendît. A moi, Arsène, un verre de rhum! j'ai la gorge en feu. J'ai besoin de me rafraîchir.

Arsène vint lui verser du rhum, et resta debout près de lui, le regardant attentivement avec une expression indéfinissable.

« Eh bien, mon pauvre Arsène, reprit Laravinière sans lever les yeux sur lui et tout en dégustant son petit verre : tu ne verras plus ta bourgeoise! Cela te fait plaisir peut-être? Elle ne t'aimait guère, ta bourgeoise?

— Je n'en sais rien, répondit Arsène de sa voix claire et ferme ; mais où diable peut-elle être?

— Je te dis qu'elle est partie. *Partie*, entends-tu bien? Cela veut dire qu'elle est où bon lui semble ; qu'elle est partout excepté ici.

— Mais ne craignez-vous pas d'affliger ou d'offenser beaucoup le mari en parlant si haut d'une pareille affaire? dis-je en jetant les yeux vers la porte du fond, où nous apparaissait ordinairement M. Poisson vingt fois par heure.

—Le citoyen Poisson n'est pas céans, répondit le bousingot Louvet : nous venons de le rencontrer à l'entrée de la Préfecture de police, où il va sans doute demander des informations. Ah, dame! il cherche; il cherchera longtemps. Cherche, Poisson, cherche! Apporte!

— Pauvre bête! reprit un autre. Ça lui apprendra qu'on ne prend pas les mouches avec du vinaigre. Arsène! à moi, du café!

—Elle a bien fait! dit un troisième. Je ne l'aurais jamais crue capable d'un pareil coup de tête, pourtant! Elle avait l'air usé par le chagrin, cette pauvre femme! A moi, Arsène, de la bière! »

Arsène servait lestement tout le monde, et il venait toujours se planter derrière Laravinière, comme s'il eût attendu quelque chose.

« Eh! qu'as-tu là à me regarder? lui dit Laravinière, qui le voyait dans la glace.

— J'attends pour vous verser un second petit verre, répondit tranquillement Arsène.

— Joli garçon, va! dit le président en lui tendant son verre. Ton cœur comprend le mien. Ah! si tu avais pu te poser ainsi en Hébé à la barricade de la rue Montorgueil, l'année passée, à pareille époque! J'avais une si abominable soif! Mais ce gamin-là ne songeait qu'à descendre des gendarmes. Brave comme un lion, ce gamin-là! Ta chemise n'était pas aussi blanche qu'aujourd'hui, hein? Rouge de sang et noire de poudre. Mais où diable as-tu passé depuis?

— Dis-nous donc plutôt où madame Poisson a passé la nuit, puisque tu le sais? reprit Paulier.

— Vous le savez? s'écria Horace le visage en feu.

— Tiens! ça vous intéresse, vous? répondit Laravinière. Ça vous intéresse diablement, à ce qu'il paraît!

Eh bien! vous ne le saurez pas, soit dit sans vous fâcher ; car j'ai donné ma parole, et vous comprenez.

— Je comprends, dit Horace avec amertume, que vous voulez nous donner à entendre que c'est chez vous que s'est retirée madame Poisson.

— Chez moi! je le voudrais : ça supposerait que j'ai un *chez moi.* Mais pas de mauvaises plaisanteries, s'il vous plaît. Madame Poisson est une femme fort honnête, et je suis sûr qu'elle n'ira jamais ni chez vous ni chez moi.

— Raconte-leur donc comment tu l'as aidée à se sauver? dit Louvet en voyant avec quel intérêt nous cherchions à deviner le sens de ses réticences.

— Voilà! écoutez! répondit le président. Je peux bien le dire : cela ne fait aucun tort à la dame. Ah! tu écoutes, toi? ajouta-t-il en voyant Arsène toujours derrière lui. Tu voudrais faire le capon, et redire cela à ton bourgeois.

— Je ne sais pas seulement de quoi vous parlez, répondit Arsène en s'asseyant sur une table vide et en ouvrant un journal. Je suis là pour vous servir : si je suis de trop, je m'en vas.

— Non, non! reste, enfant de juillet! dit Laravinière. Ce que j'ai à dire ne compromet personne. »

C'était l'heure du dîner des habitants du quartier. Il n'y avait dans le café que Laravinière, ses amis et nous. Il commença son récit en ces termes :

« Hier soir... je pourrais aussi bien dire ce matin (car il était minuit passé, près d'une heure), je revenais tout seul à mon gîte, c'était par le plus long. Je ne vous dirai ni d'où je venais, ni en quel endroit je fis cette rencontre ; j'ai posé mes réserves à cet égard. Je voyais marcher devant moi une vraie taille de guêpe, et cela avait un air si *comme il faut*, cela avait la marche si peu agaçante, que nous connaissons, que j'ai hésité par trois fois... Enfin, persuadé que ce ne pouvait être autre chose qu'un *phalène*, je m'avance sur la même ligne; mais je ne sais quoi de mystérieux et d'indéfinissable (style choisi, mes enfants!) m'aurait empêché d'être grossier, quand même la galanterie française ne serait pas dans les mœurs de votre président. — Femme charmante, lui dis-je, pourrait-on vous offrir le bras? — Elle ne répond rien et ne tourne pas la tête. Cela m'étonne. Ah bah! elle est peut-être sourde, cela s'est vu. J'insiste. On me fait doubler le pas. — N'ayez donc pas peur! — Ah! — Un petit cri, et puis on s'appuie sur le parapet.

— Parapet? c'était le sur quai, dit Louvet.

— J'ai dit parapet comme j'aurais dit borne, fenêtre, muraille quelconque. N'importe! je la voyais trembler comme une femme qui va s'évanouir. Je m'arrête, interdit. Se moque-t-on de moi? — Mais, Mademoiselle, n'ayez donc pas peur. — Ah! mon Dieu! c'est vous, monsieur Laravinière?—Ah! mon Dieu! c'est vous, madame Poisson? (En voilà, un coup de théâtre!)—Je suis bien aise de vous rencontrer, dit-elle d'un ton résolu. Vous êtes un honnête homme, vous allez me conduire. Je remets mon sort entre vos mains, je me fie à vous. Je demande le secret. — Me voilà, Madame, prêt à passer l'eau et le feu pour vous et avec vous. Elle prend mon bras.— Je pourrais vous prier de ne pas me suivre, et je suis sûre que vous n'insisteriez pas; mais j'aime mieux me confier à vous. Mon honneur sera en bonnes mains; vous ne le trahirez pas. »

«J'étends la main, elle y met la sienne. Voilà la tête qui me tourne un peu, mais c'est égal. J'offre mon bras comme un marquis, et, sans me permettre une seule question, je l'accompagne...

— Où, demanda Horace impatient.

— Où bon lui semble, répondit Laravinière. Chemin faisant : — Je quitte M. Poisson pour toujours, me répondit-elle ; mais je ne le quitte pas pour me mal conduire. Je n'ai pas d'amant, Monsieur ; je vous jure devant Dieu, qui veille sur moi, puisqu'il vous a envoyé vers moi en ce moment, que je n'en ai pas et n'en veux pas avoir. Je me soustrais à de mauvais traitements, et voilà tout. J'ai un asile, chez une amie, chez une femme honnête et bonne ; je vais vivre de mon travail. Ne venez pas me voir ; il faut que je me tienne dans une grande réserve après une pareille fuite ; mais gardez-moi un souvenir amical, et croyez que je n'oublierai jamais... Nouvelle poignée de main ; adieu solennel, éternel peut-être, et puis, bonsoir, plus personne. Je sais où elle est, mais je ne sais chez qui, ni avec qui. Je ne chercherai pas à le savoir, et je ne mettrai personne sur la voie de le découvrir. C'est égal, je n'en ai pas dormi de la nuit, et me voilà amoureux comme une bête ! A quoi cela me servira-t-il ?

— Et vous croyez, dit Horace ému, qu'elle n'a pas d'amant, qu'elle est chez une femme, qu'elle...

— Ah ! je ne crois rien, je ne sais rien, et peu m'importe ! Elle s'est emparée de moi. Me voilà forcé de tenir ce que j'ai promis, puisqu'on m'a subjugué. Ces diables de femmes ! Arsène, du rhum ! l'orateur est fatigué. »

Je regardai Arsène : son visage ne trahissait pas la moindre émotion. Je cessai de croire à son amour pour madame Poisson ; mais, en voyant l'agitation d'Horace, je commençai à penser que le sien prenait un caractère sérieux. Nous nous séparâmes à la rue Gît-le-Cœur. Je rentrai accablé de fatigue. J'avais passé la nuit précédente auprès d'un ami malade, et je n'étais pas revenu chez moi de la journée.

Quoique j'eusse vu briller de la lumière derrière mes fenêtres, je fus tenté de croire qu'il n'y avait personne chez moi, à la lenteur qu'Eugénie mit à me recevoir. Ce ne fut qu'au troisième coup de sonnette qu'elle se décida à ouvrir la porte, après m'avoir bien regardé et interrogé par le guichet.

« Vous avez donc bien peur? lui dis-je en entrant.

— Très-peur, me répondit-elle; j'ai mes raisons pour cela. Mais puisque vous voilà, je suis tranquille. »

Ce début m'inquiéta beaucoup. « Qu'est-il donc arrivé? m'écriai-je.

— Rien que de fort agréable, répondit-elle en souriant, et j'espère que vous ne me désavouerez pas; j'ai, en votre absence, disposé de votre chambre.

—De ma chambre! grand Dieu! et moi qui ne me suis pas couché la nuit dernière! Mais pourquoi donc? et que veut dire cet air de mystère?

—Chut! ne faites pas de bruit! dit Eugénie en mettant sa main sur ma bouche. Votre chambre est habitée par quelqu'un qui a plus besoin de sommeil et de repos que vous.

—Voilà une étrange invasion! Tout ce que vous faites est bien, mon Eugénie, mais enfin...

— Mais enfin, mon ami, vous allez vous retirer de suite, et demander à votre ami Horace ou à quelque autre (vous n'en manquerez pas) de vous céder la moitié de sa chambre pour une nuit.

— Mais vous me direz au moins pour qui je fais ce sacrifice?

— Pour une amie à moi, qui est venue me demander un refuge dans une circonstance désespérée.

—Ah! mon Dieu! m'écriai-je, un accouchement dans ma chambre! Au diable le butor à qui je dois cet enfant-là!

— Non, non! rien de pareil! dit Eugénie en rougissant. Mais parlez donc plus bas, il n'y a point là d'affaire d'amour proprement dite; c'est un roman tout à fait pur et platonique. Mais, allez-vous-en.

— Ah çà, c'est donc une princesse enlevée pour qui vous prenez tant de précautions respectueuses?

— Non; mais c'est une femme comme moi, et elle a bien droit à quelque respect de votre part.

— Et vous ne me direz pas même son nom?

— A quoi bon ce soir? Nous verrons demain ce qu'on peut vous confier.

— Et c'est une femme?... dis-je avec un grand embarras.

— Vous en doutez? » répondit Eugénie en éclatant de rire.

Elle me poussa vers la porte, et j'obéis machinalement. Elle me rendit ma lumière, et me reconduisit jusqu'au palier d'un air affectueux et enjoué, puis elle rentra, et je l'entendis fermer la porte à double tour, ainsi qu'une barre que j'y avais fait poser pour plus de sécurité quand je laissais Eugénie seule, le soir, dans ma mansarde.

Quand je fus au bas de l'escalier, je fus pris d'un vertige. Je ne suis point jaloux de ma nature, et d'ailleurs, jamais ma douce et sincère compagne ne m'avait donné le moindre sujet de méfiance. J'avais pour elle plus que de l'amour, j'avais une estime sans bornes pour son caractère, une foi absolue en sa parole. Malgré tout cela, je fus saisi d'une sorte de délire, et ne pus jamais me résoudre à descendre le dernier étage. Je remontai vingt fois jusqu'à ma porte; je redescendis autant de fois l'escalier. Le plus profond silence régnait dans ma mansarde et dans toute la maison. Plus je combattais ma folie, plus elle s'emparait de mon cerveau. Une sueur froide coulait de mon front. Je pensai plusieurs fois à enfoncer la porte : malgré la serrure et la barre de fer, je crois que j'en aurais eu la force dans ce moment-là ; mais la crainte d'épouvanter et d'offenser Eugénie par cette violence et l'outrage d'un tel soupçon, m'empêchèrent de céder à la tentation. Si Horace m'eût vu ainsi, il m'aurait pris en pitié ou raillé amèrement. Après tout ce que je lui avais dit pour combattre les instincts de jalousie et de despotisme qu'il laissait percer dans ses théories de l'amour, j'étais d'un ridicule achevé.

Je ne pus néanmoins prendre sur moi de sortir de la maison. Je songeai bien à passer la nuit à me promener ur le quai ; mais la maison avait une porte de derrière sur la rue *Gît-le-Cœur*, et pendant que j'en ferais le tour, on pouvait sortir d'un côté ou de l'autre. Une fois que j'aurais franchi la porte principale, soit que le portier fût prévenu, soit qu'il allât se coucher, j'étais sûr de ne pas pouvoir rentrer passé minuit. Les portiers sont fort inhumains envers les étudiants, et le mien était des plus intraitables. Au diable l'hôtesse inconnue et sa réputation compromise ! pensai-je ; et ne pouvant renoncer à garder mon trésor à vue, ne pouvant plus résister à la fatigue, je me couchai sur la natte de paille dans l'embrasure de ma porte, et je finis par m'y endormir.

Heureusement nous demeurions au dernier étage de la maison, et la seule chambre qui donnât sur notre palier n'était pas louée. Je ne courais pas risque d'être surpris dans cette ridicule situation par des voisins médisants.

Je ne dormis ni longtemps ni paisiblement, comme on peut croire. Le froid du matin m'éveilla de bonne heure. J'étais brisé, je fumai pour me ranimer, et quand, vers six heures, j'entendis ouvrir la porte de la maison, je sonnai à la mienne. Il me fallut encore attendre et encore subir l'examen du guichet. Enfin il me fut permis de rentrer.

« Ah! mon Dieu! dit Eugénie en frottant ses yeux appesantis par un sommeil meilleur que le mien. Vous me paraissez changé! Pauvre Théophile! vous avez donc été bien mal couché chez votre ami Horace?

— On ne peut pas plus mal, répondis-je, un lit très-dur. Et votre hôte, est-il enfin parti?

— Mon hôte! » dit-elle avec un étonnement si candide que je me sentis pénétré de honte.

Quand on est coupable, on a rarement l'esprit de se repentir à temps. Je sentis le dépit me gagner, et n'ayant rien à dire qui eût le sens commun, je posai ma canne un peu brusquement sur la table, et je jetai mon chapeau avec humeur sur une chaise : il roula par terre, je lui donnai un grand coup de pied; j'avais besoin de briser quelque chose.

Eugénie, qui ne m'avait jamais vu ainsi, resta stupéfaite : elle ramassa mon chapeau en silence, me regarda fixement, et devina enfin ma souffrance, en voyant l'altération profonde de mes traits. Elle étouffa un soupir, retint une larme, et entra doucement dans ma chambre à coucher, dont elle referma la porte sur elle avec soin. C'était là qu'était le personnage mystérieux. Je n'osais plus, je ne voulais plus douter, et, malgré moi, je doutais encore. Les pensées injustes, quand nous leur laissons prendre le dessus, s'emparent tellement de nous, qu'elles dominent encore notre imagination alors que la raison et la conscience protestent contre elles. J'étais au supplice; je marchais avec agitation dans mon cabinet, m'arrêtant à chaque tour devant cette porte fatale, avec un sentiment voisin de la rage. Les minutes me semblaient des siècles.

Enfin la porte se rouvrit, et une femme vêtue à la

hâte, les cheveux encore dans le désordre du sommeil et le corps enveloppé d'un grand châle, s'avança vers moi, pâle et tremblante. Je reculai de surprise, c'était madame Poisson.

VIII.

Elle s'inclina devant moi, presque jusqu'à mettre un genou en terre ; et dans cette attitude douloureuse, avec sa pâleur, ses cheveux épars, et ses beaux bras nus sortant de son châle écarlate, elle eût désarmé un tigre ; mais j'étais si heureux de voir Eugénie justifiée, que j'eusse accueilli mon affreuse portière avec autant de courtoisie que la belle Laure. Je la relevai, je la fis asseoir, je lui demandai pardon d'être rentré si matin, n'osant pas encore demander pardon, ni même jeter un regard à ma pauvre maîtresse.

« Je suis bien malheureuse et bien coupable envers vous, me dit Laure encore tout émue. J'ai failli amener un chagrin dans votre intérieur. C'est ma faute, j'aurais dû vous prévenir, j'aurais dû refuser la généreuse hospitalité d'Eugénie. Ah ! Monsieur, ne faites de reproche qu'à moi : Eugénie est un ange. Elle vous aime comme vous le méritez, comme je voudrais avoir été aimée, ne fût-ce qu'un jour dans ma vie. Elle vous dira tout, Monsieur ; elle vous racontera mes malheurs et ma faute, ma faute, qui n'est pas celle que vous croyez, mais qui est plus grave mille fois, et dont je ferai pénitence toute ma vie. »

Les larmes lui coupèrent la parole. Je pris ses deux mains avec attendrissement. Je ne sais ce que je lui dis pour la rassurer et la consoler ; mais elle y parut sensible, et, m'entraînant vers Eugénie, elle hâta avec une grâce toute féminine l'explosion de mon remords et le pardon de ma chère compagne. Je le reçus à genoux. Pour toute réponse, celle-ci attira Laure dans mes bras, et me dit : « Soyez son frère, et promettez-moi de la protéger et de l'assister comme si elle était ma sœur et la vôtre. Voyez que je ne suis pas jalouse, moi! Et pourtant combien elle est plus belle, plus instruite, et plus faite que moi pour vous tourner la tête! »

Le déjeuner, modeste comme à l'ordinaire, mais plein de cordialité et même d'un enjouement attendri, fut suivi des arrangements que prit Eugénie pour installer Laure dans l'appartement qui donnait sur notre palier, et que le portier n'avait pu mettre encore à sa disposition, quoique à mon insu il fût retenu à cet effet depuis plusieurs jours. Tandis que notre nouvelle voisine s'établissait avec une certaine lenteur mélancolique dans ce mystérieux asile, sous le nom de mademoiselle Morial (c'était le nom de famille d'Eugénie, qui la faisait passer pour sa sœur), ma compagne revint me donner les éclaircissements dont j'avais besoin pour la secourir.

« Vous avez de l'amitié pour le Masaccio? me dit-elle pour commencer; vous vous intéressez à son sort? et vous aimerez d'autant mieux Laure, qu'elle est plus chère à Paul Arsène?

— Quoi! Eugénie, m'écriai-je, vous sauriez les secrets du Masaccio? Ces secrets, impénétrables pour moi, il vous les aurait confiés? »

Eugénie rougit et sourit. Elle savait tout depuis longtemps. Tandis que le Masaccio faisait son portrait, elle avait su lui inspirer une confiance extraordinaire. Lui, si réservé, et même si mystérieux, il avait été dominé par la bonté sérieuse et la discrète obligeance d'Eugénie. Et puis l'homme du peuple, méfiant et fier avec moi, avait ouvert fraternellement son cœur à la fille du peuple : c'était légitime.

Eugénie avait promis le secret ; elle l'avait religieusement gardé. Elle me fit subir un interrogatoire très-judicieux et très-fin, et quand elle se fut assurée que ma curiosité n'était fondée que sur un intérêt sincère et dévoué pour son protégé, elle m'apprit beaucoup de choses ; à savoir : primo, que madame Poisson n'était pas madame Poisson, mais bien une jeune ouvrière née dans la même ville de province et dans la même rue que le petit Masaccio. Celui-ci avait eu pour elle, presque dès l'enfance, une passion romanesque et tout à fait malheureuse ; car la belle Marthe, encore enfant elle-même, s'était laissé séduire et enlever par M. Poisson, alors commis voyageur, qui était venu avec elle dresser la tente de son café à la grille du Luxembourg, comptant sans doute sur la beauté d'une telle enseigne pour achalander son établissement. Cette secrète pensée n'empêchait pas M. Poisson d'être fort jaloux, et, à la moindre apparence, il s'emportait contre Marthe, et la rendait fort malheureuse. On assurait même dans le quartier qu'il l'avait souvent frappée.

En second lieu, Eugénie m'apprit que Paul Arsène, ayant un soir, contrairement à ses habitudes de sobriété, cédé à la tentation de boire un verre de bière, était entré, il y avait environ trois mois, au café Poisson ; que là, ayant reconnu dans cette belle dame vêtue de blanc et coiffée de ses beaux cheveux noirs, en châtelaine du moyen âge, la pauvre Marthe, ses premières, ses uniques amours, il avait failli se trouver mal. Marthe lui avait fait signe de ne pas lui parler, parce que le surveillant farouche était là ; mais elle avait trouvé moyen, en lui rendant la monnaie de sa pièce de cinq francs, de lui glisser un billet ainsi conçu :

« Mon pauvre Arsène, si tu ne méprises pas trop ta payse, viens causer avec elle demain. C'est le jour de garde de M. Poisson. J'ai besoin de parler de mon pays et de mon bonheur passé. »

« Certes, continua Eugénie, Arsène fut exact au rendez-vous. Il en sortit plus amoureux que jamais. Il avait trouvé Marthe embellie par sa pâleur, et ennoblie par son chagrin. Et puis, comme elle avait lu beaucoup de romans à son comptoir, et même quelquefois des livres plus sérieux, elle avait acquis un beau langage et toutes sortes d'idées qu'elle n'avait pas auparavant. D'ailleurs, elle lui confiait ses malheurs, son repentir, son désir de quitter la position honteuse et misérable que son séducteur lui avait faite, et Arsène se figurait que les devoirs de la charité chrétienne et de l'amitié fraternelle l'enchaînaient seuls désormais à sa compatriote. Il ne cessa de rôder autour d'elle, sans toutefois éveiller les soupçons du jaloux, et il parvint à causer avec Marthe toutes les fois que M. Poisson s'absentait. Marthe était bien décidée à quitter son tyran; mais ce n'était pas, disait-elle, pour changer de honte qu'elle voulait s'affranchir. Elle chargeait Arsène de lui trouver une condition où elle pût vivre honnêtement de son travail, soit comme femme de charge chez de riches particuliers, soit comme demoiselle de comptoir dans un magasin de nouveautés, etc.; mais toutes les conditions que Paul envisageait pour elle lui semblaient indignes de celle qu'il aimait. Il voulait lui trouver une position à la fois honorable, aisée et libre : ce n'était pas facile. C'est alors qu'il a conçu et exécuté le projet de quitter les arts et de reprendre une industrie quelconque, fût-ce la domesticité. Il s'est dit que sa tante allait bientôt mourir, qu'il ferait venir ses sœurs à Paris, qu'il les établirait comme ouvrières en chambre avec Marthe, et qu'il les soutiendrait toutes les trois tant qu'elles ne seraient pas mises dans un bon train d'affaires, sauf à ne jamais reprendre la peinture, si ses avances et leur travail ne suffisaient pas pour les faire vivre dans l'aisance. C'est ainsi que Paul a sacrifié la passion de l'art à celle du dévouement, et son avenir à son amour.

« Ne trouvant pas d'emploi plus lucratif pour le moment que celui de garçon de café, il s'est fait garçon de café, et il a justement choisi le café de M. Poisson, où il a pu concerter l'enlèvement de Marthe, et où il compte rester encore quelque temps pour détourner les soupçons. Car la tante Henriette est morte, les sœurs d'Arsène sont en route, et je m'étais chargée de veiller à leur établissement dans une maison honnête : celle-ci est propre et bien habitée. L'appartement à côté du nôtre se compose de deux petites pièces ; il coûte cent francs de loyer. Ces demoiselles y seront fort bien. Nous leur prêterons le linge et les meubles dont elles auront besoin en attendant qu'elles aient pu se les procurer, et cela ne tardera pas ; car Paul, depuis deux mois qu'il gagne de l'argent, a déjà su acheter une espèce de mobilier assez gentil qui était là-haut dans votre grenier et à votre insu. Enfin, avant-hier soir, tandis que vous étiez auprès de votre malade, Laure, ou, pour mieux dire, Marthe, puisque c'est son véritable nom, a pris son grand courage, et au coup de minuit, pendant que M. Poisson était de garde, elle est partie avec Arsène, qui devait l'amener ici, et retourner bien vite à la maison avant que son patron fût rentré ; mais à peine avaient-ils fait trente pas, qu'ils ont cru voir de la lumière à l'entre-sol de M. Poisson, et ils ont délibéré s'ils ne rentreraient pas bien vite. Alors Marthe, prenant son parti avec désespoir, a forcé Arsène à rentrer et s'est mise à descendre à toutes jambes la rue de Tournon, comptant sur la légèreté de sa course et sur la protection du ciel pour échapper seule aux dangers de la nuit. Elle a été suivie par un homme sur les quais ; mais il s'est trouvé par bonheur que cet homme était votre camarade Laravinière, qui lui a promis le secret et qui l'a amenée jusqu'ici. Arsène est venu nous voir en courant ce matin. Le pauvre garçon était censé faire une commission à l'autre bout de Paris. Il était si baigné de sueur, si haletant, si ému, que nous avons cru qu'il s'évanouirait en haut de l'escalier. Enfin, en cinq minutes de conversation, il nous a appris que leur frayeur au moment de la fuite n'était qu'une fausse alerte, que M. Poisson n'était rentré qu'au jour, et qu'au milieu de son trouble et de sa fureur, il n'avait pas le moindre soupçon de la complicité d'Arsène.

— Et maintenant, dis-je à Eugénie, qu'ont-ils à craindre de M. Poisson ? Aucune poursuite légale, puisqu'il n'est pas marié avec Marthe ?

— Non, mais quelque violence dans le premier feu de la colère. Comme c'est un homme grossier, livré à toutes ses passions, incapable d'un véritable attachement, il se sera bientôt consolé avec une nouvelle maîtresse. Marthe, qui le connaît bien, dit que si l'on peut tenir sa demeure secrète pendant un mois tout au plus, il n'y aura plus rien à craindre ensuite.

— Si je comprends bien le rôle que vous m'avez réservé dans tout ceci, repris-je, c'est : *primo*, de vous laisser disposer de tout ce qui est à nous pour assister nos infortunées voisines ; *secundo*, d'avoir toujours derrière la porte une grosse canne au service des épaules de M. Poisson, en cas d'attaque. Eh bien, voici, *primo*, un terme de ma rente que j'ai touché hier, et dont tu feras, comme de coutume, l'emploi que tu jugeras convenable ; *secundo*, voilà un assez bon rotin que je vais placer en sentinelle. »

Cela fait, j'allai me jeter sur mon lit, où je tombai, à

la lettre, endormi avant d'avoir pu achever de me déshabiller.

Je fus réveillé au bout de deux heures par Horace : — Que diable se passe-t-il chez toi? me dit-il. Avant d'ouvrir, on parlemente au guichet, on chuchote derrière la porte, on cache quelqu'un dans la cuisine, ou dans le bûcher, ou dans l'armoire, je ne sais où; et, quand je passe, on me rit au nez. Qui est-ce qu'on mystifie? Est-ce toi ou moi?

A mon tour, je me mis à rire. Je fis ma toilette, et j'allai prendre ma place au conseil délibératif que Marthe et Eugénie tenaient ensemble dans la cuisine. Je fus d'avis qu'il fallait se fier à Horace, ainsi qu'au petit nombre d'amis que j'avais l'habitude de recevoir. En remettant le secret de Marthe à leur honneur et à leur prudence, on avait beaucoup plus de chances de sécurité qu'en essayant de le leur cacher. Il était impossible qu'ils ne le découvrissent pas, quand même Marthe s'astreindrait à ne jamais passer de sa chambre dans la nôtre, et quand même je consignerais tous mes amis chez le portier. La consigne serait toujours violée; et il ne fallait qu'une porte entr'ouverte, une minute durant, pour que quelqu'un de nos jeunes gens entrevît et reconnût la belle Laure. Je commençai donc le chapitre des confidences solennelles par Horace, tout en lui cachant, ainsi que je le fis, à l'égard des autres, l'intérêt qu'Arsène portait à Laure, la part qu'il avait prise à son évasion, et jusqu'à leur ancienne connaissance. Laure, désormais redevenue Marthe, fut, pour Horace et pour tous nos amis, une amie d'enfance d'Eugénie, qui se garda bien de dire qu'elle ne la connaissait que depuis deux jours. Elle seule fut censée lui avoir offert une retraite et la couvrir de sa protection. Son chaperonnage était assez respectable; tous mes amis professaient à bon droit pour Eugénie une haute estime, et je ne me vantai jamais, comme on peut le croire, de mon ridicule accès de jalousie.

Cependant Eugénie ne me le pardonna pas aussi aisément que je m'en étais flatté. Je puis même dire qu'elle ne me l'a jamais pardonné. Quoiqu'elle fît, j'en suis convaincu, tous ses efforts pour l'oublier, elle y a toujours pensé avec amertume. Combien de fois ne me l'a-t-elle pas fait sentir, en niant énergiquement que l'amour d'un homme fût à la hauteur de celui d'une femme! — Le meilleur, le plus dévoué, le plus fidèle de tous, sera toujours prêt, disait-elle, à se méfier de celle qui s'est donnée à lui. Il l'outragera, sinon par des actes, du moins par la pensée. L'homme a pris sur nous dans la société un droit tout matériel; aussi toute notre fidélité, souvent tout notre amour, se résument pour lui dans un fait. Quant à nous, qui n'exerçons qu'une domination morale, nous nous en rapportons plus à des preuves morales qu'à des apparences. Dans nos jalousies, nous sommes capables de récuser le témoignage de nos yeux; et quand vous faites un serment, nous nous en rapportons à votre parole comme si elle était infaillible. Mais la nôtre est-elle donc moins sacrée? Pourquoi avez-vous fait de votre honneur et du nôtre deux choses si différentes? Vous frémiriez de colère si un homme vous disait que vous mentez. Et pourtant vous vous nourrissez de méfiance, et vous nous entourez de précautions qui prouvent que vous doutez de nous. A celui que des années de chasteté et de sincérité devraient rassurer à jamais, il suffit d'une petite circonstance inusitée, d'une parole obscure, d'un geste, d'une porte ouverte ou fermée, pour que toute confiance soit détruite en un instant.

Elle adressait tous ces beaux sermons à Horace, qui avait l'habitude de se poser pour l'avenir en Othello; mais, en effet, c'était sur mon cœur que retombaient ces coups acérés. « Où diable prend-elle tout ce qu'elle dit ? observait Horace. Mon cher, tu la laisses trop aller *au prêche* de la salle Taitbout. »

IX.

La situation de Paul Arsène à l'égard de Marthe était des plus étranges. Soit qu'il n'eût jamais osé lui exprimer son amour, soit qu'elle n'eût pas voulu le comprendre, ils en étaient restés, comme au premier jour, dans les termes d'une amitié fraternelle. Marthe ignorait le dévouement de ce jeune homme ; elle ne savait pas à quelles espérances il avait dû renoncer pour s'attacher à son sort. Il ne lui avait pas caché qu'il eût étudié la peinture ; mais il ne lui avait pas dit de quelles admirables facultés la nature l'avait doué à cet égard ; et d'ailleurs il attribuait son renoncement à la nécessité de faire venir ses sœurs et de les soutenir. Marthe ne possédait rien, et n'avait rien voulu emporter de chez M. Poisson. Elle comptait travailler, et les avances qu'elle acceptait, elle ne les attribuait qu'à Eugénie. Elle n'eût pas fui, appuyée sur le bras d'Arsène, si elle eût cru lui devoir d'autres services que de simples démarches auprès d'Eugénie, et un asile auprès de ses sœurs, qu'elle comptait bien indemniser en payant sa part des dépenses. En se dévouant ainsi, Paul avait brûlé ses vaisseaux, et il s'était ôté le droit de lui jamais dire : « Voilà ce que j'ai fait pour vous ; » car, dans l'apparence, il n'avait fait pour elle que ce qui est permis à la plus simple amitié.

Le pauvre enfant était si accablé d'ouvrage, et tenu de si près par son patron, qu'il ne put aller recevoir ses sœurs à la diligence. Marthe ne sortait pas, dans la crainte d'être rencontrée par quelqu'un qui pût mettre M. Poisson sur ses traces. Nous nous chargeâmes, Eugénie et moi, d'aller aider au débarquement de Louison et de Suzanne, nos futures voisines. Louison, l'aînée, était une beauté de village, un peu virago, ayant la voix haute, l'humeur chatouilleuse et l'habitude du commandement. Elle avait contracté cette habitude chez sa vieille tante infirme, qui l'écoutait comme un oracle, et lui laissait la gouverne de cinq ou six apprenties couturières, parmi lesquelles la jeune sœur Suzon n'était qu'une puissance secondaire, une sorte de ministre dirigeant les travaux, mais obéissant à la sœur aînée, sans appel. Aussi Louison avait-elle des airs de reine, et l'insatiable besoin de régner qui dévore les souverains.

Suzanne, sans être belle, était agréable et d'une organisation plus distinguée que celle de Louise. Il était facile de voir qu'elle était capable de comprendre tout ce que Louise ne comprendrait jamais. Mais Louise était, au-dessus et autour d'elle, comme une cloche de plomb, pour l'empêcher de se répandre au dehors et d'en recevoir quelque influence.

Elles accueillirent nos avances, l'une avec surprise et timidité, l'autre avec une raideur un peu brutale. Elles n'avaient aucune idée de la vie de Paris, et ne concevaient pas qu'il pût y avoir pour Arsène un empêchement impérieux de venir à leur rencontre. Elles remercièrent Eugénie d'un air préoccupé, Louise répétant à tout propos : « C'est toujours bien désagréable que Paul ne soit pas là !

Et Suzanne ajoutant, d'un ton de consternation :

— C'est-il drôle que Paul ne soit pas venu ! »

Il faut avouer que, venant pour la première fois de leur vie de faire un assez long voyage en diligence, se voyant aux prises avec les douaniers pour l'examen de leurs malles, ne sachant tout ce que signifiait ce bruit de voyageurs partants et arrivants, de chevaux qu'on attelait et dételait, d'employés, de facteurs et de commissionnaires, il était assez naturel qu'elles perdissent la tête et ressentissent un peu de fatigue, d'humeur et d'effroi. Elles s'humanisèrent en voyant que je venais à leur secours, que je veillais à leurs paquets, et que je réglais leurs comptes avec le bureau. A peine se virent-elles installées dans un fiacre avec leurs effets, leurs innombrables corbeilles et cartons (car elles avaient, suivant l'habitude des campagnards, traîné une foule d'objets dont le port surpassait la valeur), que Louison fourra la main jusqu'au coude dans son cabas, en criant : « Attendez, Monsieur ; attendez que je vous paie ! Qu'est-ce que vous avez donné pour nous à la diligence ? Attendez donc ! »

Elle ne concevait pas que je ne me fisse pas rembourser immédiatement l'argent que je venais de tirer de ma poche pour elles ; et ce trait de grandeur, que j'étais loin d'apprécier moi-même, commença à me gagner leur considération.

Nous montâmes dans un cabriolet de place, Eugénie et moi, afin de nous trouver en même temps qu'elles à la porte de notre domicile commun.

« Ah ! mon Dieu ! quelle grande maison ! s'écrièrent-elles en la toisant de l'œil ; elle est si haute, qu'on n'en voit pas le faîte. »

Elle leur sembla bien plus haute lorsqu'il fallut monter les quatre-vingt-douze marches qui nous séparaient du sol. Dès le second étage, elles montrèrent de la surprise ; au troisième, elles firent de grands éclats de rire ; au quatrième, elles étaient furieuses ; au cinquième, elles déclarèrent qu'elles ne pourraient jamais demeurer dans une pareille lanterne. Louise, découragée, s'assit sur la dernière marche en disant : — « En voilà-t-il une horreur de pays ! »

Suzanne, qui conservait plus d'envie de se moquer

que de s'emporter, ajouta : « Ça sera commode, hein ? de descendre et de remonter ça quinze fois par jour ! Il y a de quoi se casser le cou. »

Eugénie les introduisit tout de suite dans leur appartement. Elles le trouvèrent petit et bas. Une pièce donnait sur le prolongement de mon balcon. Louise s'y avança, et se rejetant aussitôt en arrière, se laissa tomber sur une chaise.

« Ah ! mon Dieu ! s'écria-t-elle, ça me donne le vertige ; il me semble que je suis sur la pointe de notre clocher. »

Nous voulûmes les faire souper. Eugénie avait préparé un petit repas dans mon appartement, comptant, à ce moment-là, leur présenter Marthe.

« Vous avez bien de la bonté, monsieur et madame, dit Louison en jetant un coup d'œil prohibitif à Suzanne ; mais nous n'avons pas faim. »

Elle avait l'air désespéré ; Suzanne s'était hâtée de défaire les malles et de ranger les effets, comme si c'était la chose la plus pressée du monde.

« Ah çà ! pourquoi donc trois lits ? fit observer tout à coup Louise. Paul va donc demeurer avec nous ? A la bonne heure !

— Non, Paul ne peut pas encore demeurer avec vous, lui répondis-je. Mais vous aurez une payse, une ancienne amie, qu'il voulait vous présenter lui-même...

— Tiens ! qui donc ça ? Nous n'avons pas grand'payse ici, que je sache. Comment donc qu'il ne nous en a rien marqué dans ses lettres ?...

— Il avait à vous dire là-dessus beaucoup de choses qu'il vous expliquera lui-même. En attendant, il m'a chargé de vous la présenter. Elle demeure déjà ici, et, pour le moment, elle apprête votre souper. Voulez-vous que je vous l'amène ?

— Nous irons bien la voir nous-mêmes, répondit Louison, dont la curiosité était fortement éveillée ; où donc est-ce qu'elle est, cette payse? »

Elle me suivit avec empressement.

« Tiens! c'est la Marton, cria-t-elle d'une voix âpre en reconnaissant la belle Marthe. Comment vous en va, Marton? Vous êtes donc veuve, que vous allez demeurer avec nous? Vous avez fait une vilaine chose, pas moins, de vous *ensauver* avec ce monsieur qui vous a *soulevée* à votre père. Mais enfin on dit que vous vous êtes mariée avec lui, et à tout péché miséricorde ! »

Marthe rougit, pâlit, et perdit contenance. Elle ne s'était pas attendue à un pareil accueil. La pauvre femme avait oublié ses anciennes compagnes, comme Arsène avait oublié ses sœurs. Le mal du pays fait cet effet-là à tout le monde : il transforme les objets de nos souvenirs en idéalités poétiques, dont les qualités grandissent à nos yeux, tandis que les défauts s'adoucissent toujours avec le temps et l'absence, et vont jusqu'à s'effacer dans notre imagination.

Et puis, lorsque Marthe avait quitté le pays cinq ans auparavant, Louise et Suzanne n'étaient que des enfants sans réflexion sur quoi que ce soit. Maintenant c'étaient deux dragons de vertu, principalement l'aînée, qui avait tout l'orgueil d'une beauté célèbre à deux lieues à la ronde et toute l'intolérance d'une sagesse incontestée. En quittant le terroir où elles brillaient de tout leur éclat, ces deux plantes sauvages devaient nécessairement (Arsène ne l'avait pas prévu) perdre beaucoup de leur charme et de leur valeur. Au village elles donnaient le bon exemple, rattachaient à des habitudes de labeur et de sagesse les jeunes filles de leur entourage. A Paris, leur mérite devait être enfoui, leurs préceptes inutiles, leur exemple inaperçu ; et les qualités nécessaires à leur nouvelle position, la bonté, la raison, la charité fraternelle, elles ne les avaient pas, elles ne pouvaient pas les avoir.

Il était bien tard pour faire ces réflexions. Le premier mouvement de Marthe avait été de s'élancer dans les bras de la sœur d'Arsène, le second fut d'attendre ses premières démonstrations, le troisième fut de se renfermer dans un juste sentiment de réserve et de fierté ; mais une douleur profonde se trahissait sur son visage pâli, et de grosses larmes roulaient dans ses yeux.

Je lui pris la main, et, la lui serrant affectueusement, je la fis asseoir à table ; puis je forçai Louise de s'asseoir auprès d'elle.

— Vous n'avez le droit de lui faire ni questions ni reproches, dis-je à cette dernière d'un ton ferme qui l'étonna et la domina tout d'un coup ; elle a l'estime de votre frère et la nôtre. Elle a été malheureuse, le malheur commande le respect aux âmes honnêtes. Quand vous aurez refait connaissance avec elle, vous l'aimerez, et vous ne lui parlerez jamais du passé.

Louison baissa les yeux, interdite et non pas convaincue. Suzanne, qui l'avait suivie par derrière, cédant à l'impulsion de son cœur, se pencha vers Marthe pour l'embrasser ; mais un regard terrible de Louise, jeté en dessous, paralysa son élan. Elle se borna à lui serrer la main ; et Eugénie, craignant que Marthe ne fût mal à l'aise entre ses deux compatriotes, se plaça auprès d'elle, affectant de lui témoigner plus d'amitié et d'égards qu'aux autres. Ce repas fut triste et gêné. Soit par dépit, soit que les mets ne fussent pas de son goût, Louison ne touchait à rien. Enfin, Arsène arriva, et, après les premiers embrassements, devinant, avec le sang-froid qu'il possédait au plus haut degré, ce qui se passait entre nous tous, il emmena ses deux sœurs dans une chambre, et resta plus d'une heure enfermé avec elles.

Au sortir de cette conférence, ils avaient tous le teint animé. Mais l'influence de l'autorité fraternelle, si peu contestée dans les mœurs du peuple de province, avait maté la résistance de Louise. Suzanne, qui ne manquait pas de finesse, voyant dans Arsène un utile contre-poids à l'autorité de sa sœur, n'était pas fâchée, je crois, de changer un peu de maître. Elle fit franchement des amitiés à Marthe, tandis que Louise l'accablait de politesses affectées très-maladroites et presque blessantes.

Arsène les envoya coucher presque aussitôt.

« Nous attendrons madame Poisson, dit Louise sans se douter qu'elle enfonçait un nouveau poignard dans le cœur de Marthe en l'appelant ainsi.

— Marthe n'a pas voyagé, répondit le Masaccio froidement ; elle n'est pas condamnée à dormir avant d'en avoir envie. Vous autres, qui êtes fatiguées, il faut aller vous reposer. »

Elles obéirent, et, quand elles furent sorties :

« Je vous supplie de pardonner à mes sœurs, dit-il à Marthe, certains préjugés de province qu'elles auront bientôt perdus, je vous en réponds.

— N'appelez point cela des préjugés, répondit Marthe. Elles ont raison de me mépriser : j'ai commis une faute honteuse. Je me suis livrée à un homme que je devais bientôt haïr, et qui n'était pas fait pour être aimé. Vos sœurs ne sont scandalisées que parce que mon choix était indigne. Si je m'étais fait enlever par un homme comme vous, Arsène, je trouverais de l'indulgence, et peut-être de l'estime dans tous les cœurs. Vous voyez bien que tous ceux qui approchent d'Eugénie la respectent. On la considère comme la femme de votre ami, quoiqu'elle ne se soit jamais fait passer pour telle ; et moi, quoique je prisse le titre d'épouse, tout le monde sentait que je ne l'étais point. En voyant quel maître farouche je m'étais donné, personne n'a cru que l'amour pût m'avoir jetée dans l'abîme. »

En parlant ainsi, elle pleurait amèrement, et sa douleur, trop longtemps contenue, brisait sa poitrine.

Arsène étouffa des sanglots prêts à lui échapper.

« Personne n'a jamais dit ni pensé de mal de vous, s'écria-t-il; quant à moi, je saurai bien faire partager à mes sœurs le respect que j'ai pour vous.

— Du respect! Est-il possible que vous me respectiez, vous! Vous ne croyez donc pas que je me sois vendue?

— Non! non! s'écria Paul avec force, je crois que vous avez aimé cet homme haïssable; et où est donc le crime? Vous ne l'avez pas connu, vous avez cru à son amour; vous avez été trompée comme tant d'autres. Ah! Monsieur, ajouta-t-il en s'adressant à moi, vous ne pensez pas non plus que Marthe ait jamais pu se vendre, n'est-ce pas? »

J'étais un peu gêné dans ma réponse. Depuis quelques jours que nous connaissions la situation de Marthe à l'égard de M. Poisson, nous nous étions déjà demandé plusieurs fois, Horace et moi, comment une créature si belle et si intelligente avait pu s'éprendre du *Minotaure*. Parfois nous nous étions dit que cet homme, si lourd et si grossier, avait pu avoir, quelques années auparavant, de la jeunesse et une certaine beauté; que ce profil de Vitellius, maintenant odieux, pouvait avoir eu du caractère avant l'invasion subite et désordonnée de l'embonpoint. Mais parfois aussi nous nous étions arrêtés à l'idée que des bijoux et des promesses, l'appât des parures et l'espoir d'une vie nonchalante avaient enivré cette enfant avant que l'intelligence et le cœur fussent développés en elle. Enfin nous pensions que son histoire pourrait bien ressembler à celle de toutes les filles séduites que les besoins de la vanité et les suggestions de la paresse précipitent dans le mal.

Malgré mon empressement à la rassurer, Marthe vit ce qui se passait en moi. Elle avait besoin de se justifier.

« Écoutez, dit-elle, je suis bien coupable, mais pas autant que je le parais. Mon père était un ouvrier pauvre et chagrin, qui cherchait dans le vin, comme tant d'autres, l'oubli de ses maux et de ses inquiétudes. Vous ne savez pas ce que c'est que le peuple, Monsieur! non, vous ne le savez pas! C'est dans le peuple qu'il y a les plus grandes vertus et les plus grands vices. Il y a là des hommes comme lui (et elle posait sa main sur le bras d'Arsène), et il y a aussi des hommes dont la vie semble livrée à l'esprit du mal. Une fureur sombre les dévore, un désespoir profond de leur condition alimente en eux une rage continuelle. Mon père était de ceux-là. Il se plaignait sans cesse, avec des juremenets et des imprécations, de l'inégalité des fortunes et de l'injustice du sort. Il n'était pas né paresseux ; mais il l'était devenu par découragement, et la misère régnait chez nous. Mon enfance s'est écoulée entre deux souffrances alternatives : tantôt une compassion douloureuse pour mes parents infortunés, tantôt une terreur profonde devant les emportements et les délires de mon père. Le grabat où nous reposions était à peu près notre seule propriété : tous les jours d'avides créanciers nous le disputaient. Ma mère mourut jeune par suite des mauvais traitements de son mari. J'étais alors enfant. Je sentis vivement sa perte, quoique j'eusse été la victime sur laquelle elle reportait les outrages et les coups dont elle était abreuvée. Mais il ne me vint pas dans l'idée d'insulter à sa mémoire et de me réjouir de l'espèce de liberté que sa mort me procurait. Je mettais toutes ses injustices sur le compte de la misère, aussi bien les siennes que celles de mon père. La misère était l'unique ennemi, mais l'ennemi commun, terrible, odieux, que, dès les premiers jours de ma vie, je fus habituée à détester et à craindre.

« Ma mère, en dépit de tout, était laborieuse et me forçait à l'être. Quand je fus seule et abandonnée à tous mes penchants, je cédai à celui qui domine l'enfance : je tombai dans la paresse. Je voyais à peine mon père ; il partait le matin avant que je fusse éveillée, et ne rentrait que tard le soir lorsque j'étais couchée. Il travaillait vite et bien ; mais à peine avait-il touché quelque argent, qu'il allait le boire ; et lorsqu'il revenait ivre au milieu de la nuit, ébranlant le pavé sous son pas inégal et pesant, vociférant des paroles obscènes sur un ton qui ressemblait à un rugissement plutôt qu'à un chant, je m'éveillais baignée d'une sueur froide et les cheveux dressés d'épouvante. Je me cachais au fond de mon lit, et des heures entières s'écoulaient ainsi, moi n'osant respirer, lui marchant avec agitation et parlant tout seul dans le délire ; quelquefois s'armant d'une chaise ou d'un bâton, et frappant sur les murs et même sur mon lit, parce qu'il se croyait poursuivi et attaqué par des ennemis imaginaires. Je me gardais bien de lui parler ; car une fois, du vivant de ma mère, il avait voulu me tuer, pour me préserver, disait-il, du malheur d'être pauvre. Depuis ce temps, je me cachais à son approche ; et souvent, pour éviter d'être atteinte par les coups qu'il frappait au hasard dans l'obscurité, je me glissais sous mon lit, et j'y restais jusqu'au jour, à moitié nue, transie de peur et de froid.

« Dans ce temps-là, je courais souvent dans les prairies qui entourent notre petite ville avec les enfants de mon âge ; nous y avons souvent joué ensemble, Arsène ; et vous savez bien que cette enfant, qui traînait toujours un reste de soulier attaché par une ficelle, en guise de cothurne, autour de la jambe, et qui avait tant de peine à faire rentrer ses cheveux indisciplinés sous un lambeau de bonnet, vous savez bien que cette enfant-là, craintive et mélancolique jusque dans ses jeux, était aussi pure et aussi peu vaine que vos sœurs. Mon seul crime, si c'en est un quand on a une existence si malheureuse, était de désirer, non la richesse, mais le calme et la douceur de mœurs que procure l'aisance. Quand j'entrais chez quelque bourgeois, et que je voyais la tranquillité polie de sa famille, la propreté de ses enfants, l'élégante simplicité de sa femme, tout mon idéal était de pouvoir m'asseoir pour lire ou pour tricoter sur une chaise propre dans un intérieur silencieux et paisible; et quand je m'élevais jusqu'au rêve d'un tablier de taffetas noir, je croyais avoir poussé l'ambition jusqu'à ses dernières limites. J'appris, comme toutes les filles d'artisan, le travail de l'aiguille; mais j'y fus toujours lente et maladroite. La souffrance avait étiolé mes facultés actives; je ne vivais que de rêverie, heureuse quand je n'étais pas rudoyée, terrifiée et presque abrutie quand je l'étais.

« Mais comment vous raconterai-je la principale et la plus affreuse cause de ma faute ? Le dois-je, Arsène, et ne ferai-je pas mieux d'encourir un peu plus de blâme, que de charger d'une si odieuse malédiction la tête de mon père ?

— Il faut tout dire, répondit Arsène, ou plutôt je vais le dire pour vous; car vous ne pouvez pas vous laisser accuser d'un crime quand vous êtes innocente. Moi, je sais tout, et je viens de le dire à mes sœurs, qui l'ignoraient encore. Son père, dit-il en s'adressant à nous (pardonnez-lui, mes amis; la misère est la cause de l'ivrognerie, et l'ivrognerie est la cause de tous nos vices), ce malheureux homme, avili, dégradé, privé de raison à coup sûr, conçut pour sa fille une passion infâme, et cette passion éclata précisément un jour où Marthe, ayant été remarquée à la danse sans le savoir, par un commis voyageur, avait excité le jalousie insensée de son père. Ce voyageur avait été très-empressé auprès d'elle ; il n'avait pas manqué, comme ils font tous à l'égard des jeunes filles qu'ils rencontrent dans les provinces, de lui parler d'amour et d'enlèvement. Marthe l'avait à peine écouté. Dès la nuit suivante il devait repartir, et la nuit suivante, au moment où il repartait, il vit une femme échevelée courir sur ses traces et s'élancer dans sa voiture. C'était Marthe qui fuyait, nouvelle Béatrix, les violences sinistres d'un nouveau Cenci. Elle aurait pu, direz-vous, prendre un autre parti, chercher un refuge ailleurs, invoquer la protection des lois ; mais dans ce cas-là, il fallait déshonorer son père, affronter la honte d'un de ces procès scandaleux d'où l'innocent sort parfois aussi souillé dans l'opinion que le coupable. Marthe crut avoir trouvé un ami, un protecteur, un époux même ; car le voyageur, voyant sa simplicité d'enfant, lui avait parlé de mariage. Elle crut pouvoir l'aimer par reconnaissance, et, même après qu'il l'eut trompée, elle crut lui devoir encore une sorte de gratitude.

— Et puis, reprit Marthe, mes premiers pas dans la vie avaient été marqués de scènes si terribles et de dangers si affreux, que je n'avais plus le droit d'être si difficile. J'avais changé de tyran. Mais le second, avec ses jalousies et ses emportements, avait une sorte d'éducation qui me le faisait paraître bien moins rude que le premier. Tout est relatif. Cet homme, que vous trouvez si grossier, et que moi-même j'ai trouvé tel à mesure que j'ai eu des objets de comparaison autour de moi, me paraissait bon, sincère, dans les commencements. La douceur exceptionnelle que j'avais acquise dans une vie si contrainte et si dure, encouragea et poussa rapidement à l'excès les instincts despotiques de mon nouveau maître. Je les supportai avec une résignation que n'auraient pas eue des femmes mieux élevées. J'étais en quelque sorte blasée sur les menaces et les injures. Je rêvais toujours l'indépendance, mais je ne la croyais plus possible pour moi. J'étais une âme brisée ; je ne sentais plus en moi l'énergie nécessaire à un effort quelconque, et sans l'amitié, les conseils et l'aide d'Arsène, je ne l'aurais jamais eue. Tout ce qui ressemblait à des offres d'amour, les simples hommages de la galanterie, ne me causaient qu'effroi et tristesse. Il me fallait plus qu'un amant, il me fallait un ami : je l'ai trouvé, et maintenant je m'étonne d'avoir si longtemps souffert sans espoir.

— Et maintenant vous serez heureuse, lui dis-je ; car vous ne trouverez autour de vous que tendresse, dévoûment et déférence.

— Oh! de votre part et de celle d'Eugénie, s'écria-t-elle en se jetant au cou de ma compagne, j'y compte ; et quant à l'amitié de celui-ci, ajouta-t-elle en prenant la tête d'Arsène entre ses deux mains, elle me fera tout supporter. »

Arsène rougit et pâlit tour à tour.

« Mes sœurs vous respecteront, s'écria-t-il d'une voix émue, ou bien...

— Point de menaces, répondit-elle, oh ! jamais de menaces à cause de moi. Je les désarmerai, n'en doutez pas ; et si j'échoue, je subirai leur petite morgue. C'est si peu de chose pour moi ! cela me paraît un jeu d'enfant. Sois sans inquiétude, cher Arsène. Tu as voulu me sauver, tu m'as sauvée en effet, et je te bénirai tous les jours de ma vie. »

Transporté d'amour et de joie, Arsène retourna au café Poisson, et Marthe alla doucement prendre possession de son petit lit auprès des deux sœurs, dont les vigoureux ronflements couvrirent le bruit léger de ses pas.

X.

Les sœurs d'Arsène se radoucirent en effet. Après quelques jours de fatigue, d'étonnement et d'incertitude, elles parurent prendre leur parti et s'associer, sans arrière-pensée, à la compagne qui leur était imposée. Il est vrai que Marthe leur témoigna une obligeance qui allait presque jusqu'à la soumission. Les bonnes manières qu'elle avait su prendre, jointes à sa douceur naturelle et à une sensibilité toujours éveillée et jamais trop expansive, rendaient son commerce le plus aimable que j'aie jamais rencontré dans une femme. Il n'avait fallu que deux ou trois jours pour inspirer à Eugénie et à moi une amitié véritable pour elle. Sa politesse imposait à l'altière Louison ; et lorsque celle-ci éprouvait le besoin de lui chercher noise, sa voix douce, ses paroles choisies, ses intentions prévenantes calmaient ou tout au moins mataient l'humeur querelleuse de la villageoise.

De notre côté, nous faisions notre possible pour réconcilier Louise et Suzanne avec ce Paris dont le premier aspect les avait tant irritées. Elles s'étaient imaginé, au fond de leur village, que Paris était un Eldorado où, relativement, la misère était ce que l'on considère comme richesse en province. Jusqu'à un certain point leur rêve était bien réalisé, car lorsqu'elles allaient en fiacre (je leur donnai deux ou trois fois ce plaisir luxueux), elles se regardaient l'une l'autre d'un air ébahi, en disant : « Nous ne nous gênons pas ici! nous roulons carrosse. » Et puis, la vue des moindres boutiques leur causait des éblouissements d'admiration. Le Luxembourg leur paraissait un lieu enchanté. Mais si la vue des objets nouveaux vint à bout de les distraire pendant quelques jours, elles n'en firent pas moins de tristes retours sur leur condition nouvelle, lorsqu'elles se retrouvèrent dans cette petite chambre au cinquième où leur vie devait se renfermer. Quelle différence, en effet, avec leur existence provinciale ! Plus d'air, plus de liberté, plus de causerie sur la porte avec les voisines ; plus d'intimité avec tous les habitants de la rue ; plus de promenade sur un petit rempart planté de marronniers, avec toutes les jeunes filles de l'endroit, après les journées de travail ; plus de danses champêtres le dimanche ! Aussitôt qu'elles furent installées au travail, elles virent bien qu'à Paris les jours étaient trop courts pour la quantité des occupations nécessaires, et que, si l'on gagnait le double de ce qu'on gagne en province, il fallait aussi dépenser le double et travailler le triple. Chacune de ces découvertes était pour elles une surprise fâcheuse. Elles ne concevaient pas non plus que la vertu des filles fût exposée à tant de dangers, et qu'il ne fallût pas sortir seules le soir, ni aller danser au bal public quand on voulait se respecter. « Ah ! mon Dieu ! s'écriait Suzanne consternée, le monde est donc bien méchant ici ? »

Mais cependant elles se soumirent, non sans murmure intérieur. Arsène les tenait en respect par de fréquentes exhortations, et elles ne manifestaient plus leur mécontentement avec la sauvagerie du premier jour. Ce voisinage de deux filles mal satisfaites et passablement malapprises eût été assez désagréable, si le travail, remède souverain à tous les maux quand il est proportionné à nos forces, ne fût venu tout pacifier. Grâce aux petites précautions qu'Eugénie avait prises d'avance, l'ouvrage arrivait, et elle songeait sérieusement, voyant l'estime et la confiance que lui témoignaient ses pratiques, à monter un atelier de couturière. Marthe n'était pas fort diligente, mais elle avait beaucoup de goût et d'invention. Louison cousait rapidement et avec une solidité cyclopéenne. Suzanne n'était pas maladroite. Eugénie ferait les affaires, essaierait les robes, dirigerait les travaux, et partagerait loyalement avec ses associées. Chacune, étant intéressée au succès du *phalanstère*, travaillerait, non à la tâche et sans conscience, comme font les ouvrières à la journée, mais avec tout le zèle et l'attention dont elle était susceptible. Cette grande idée souriait assez aux sœurs d'Arsène; restait à savoir si le caractère de Louison s'assouplirait assez pour rendre l'association praticable. Habituée à commander, elle était bouleversée de voir que cette fainéante de Marthe (comme elle l'appelait tout bas dans l'oreille de sa sœur) avait plus de génie qu'elle pour imaginer un ornement de manche, ou agencer les parties délicates d'un corsage. Lorsque, fidèle à ses traditions antédiluviennes, elle taillait à sa guise, et qu'Eugénie venait bouleverser ses plans et détruire toutes ses notions, la virago avait bien de la peine à ne pas lui jeter sa chaise à la tête. Mais une douce parole de Marthe et un malin sourire de Suzon faisaient rentrer toute cette colère, et elle se contentait de mugir sourdement, comme la mer après une tempête.

Pendant qu'on faisait dans nos mansardes cet essai important d'une vie nouvelle, Horace, retranché dans la sienne, se livrait à des essais littéraires. Dès que je fus un peu rendu à la liberté, j'allai le voir; car depuis plusieurs jours j'étais privé de sa société. Je trouvai son intérieur singulièrement changé. Il avait arrangé sa petite chambre garnie avec une sorte d'affectation. Il avait mis son couvre-pied sur sa table, afin de lui donner un air de bureau. Il avait placé un de ses matelas dans l'embrasure de la porte, afin d'intercepter les bruits du voisinage; et de son rideau d'indienne, roulé autour de lui, il s'était fait une robe de chambre, ou plutôt un manteau de théâtre. Il était assis devant sa table, les coudes en avant, la tête dans ses mains, la chevelure ébouriffée; et quand j'ouvris la porte, vingt feuillets manuscrits, soulevés par le courant d'air, voltigèrent autour de lui, et s'abattirent de tous côtés, comme une volée d'oiseaux effarouchés.

Je courus après eux, et en les rassemblant j'y jetai un regard indiscret. Tous portaient en tête des titres différents.

« C'est un roman, m'écriai-je, cela s'appelle *la Malédiction*, chapitre Ier! mais non, cela s'appelle *le Nouveau René*, Ier chapitre... Eh non! voici *Une Déception*, livre Ier. Ah! maintenant, cet autre, *le Dernier Croyant*, Ire partie... Eh mais! voici des vers! un poëme! chant Ier, *la Fin du monde*. Ah! une ballade! *la Jolie Fille du roi maure*, strophe Ire; et sur cette autre feuille, *la Création*, drame fantastique, scène Ire; et puis voici un vaudeville, Dieu me pardonne! *les Truands philosophes*, acte Ier; et par ma foi! encore autre chose! un pamphlet politique, page 1re. Mais si tout cela marche de front, tu vas, mon cher Horace, faire invasion dans la littérature. »

Horace était furieux. Il se plaignit de ma curiosité, et, m'arrachant des mains tous ces commencements, dont aucun n'avait été poussé au delà d'une demi-page, il les froissa, en fit une boule, et la jeta dans la cheminée.

« Quoi! tant de rêves, tant de projets, tant de conceptions entièrement abandonnées pour une plaisanterie? lui dis-je.

— Mon cher ami, si tu viens ici pour te divertir, répondit-il, je le veux bien! Causons, rions tant que tu voudras; mais si tu me railles avant que mon char soit lancé, je ne pourrai jamais remettre mes chevaux au galop.

— Je m'en vais, je m'en vais, dis-je en reprenant mon chapeau ; je ne veux pas te déranger dans le moment de l'inspiration.

— Non, non, reste, dit-il en me retenant de force ; l'inspiration ne viendra pas aujourd'hui. Je suis stupide, et tu viens à point pour me distraire de moi-même. Je suis harassé, j'ai la tête brisée. Il y a trois nuits que je n'ai dormi, et cinq jours que je n'ai pris l'air.

— Eh bien, c'est un beau courage, et je t'en félicite. Tu dois avoir quelque chose en train. Veux-tu me le lire ?

— Moi ! Je n'ai rien écrit. Pas une ligne de rédaction ; c'est une chose plus difficile que je ne croyais de se mettre à barbouiller du papier. Vraiment, c'est rebutant. Les sujets m'obsèdent. Quand je ferme les yeux, je vois une armée, un monde de créations se peindre et s'agiter dans mon cerveau. Quand je rouvre les yeux, tout cela disparaît. J'avale des pintes de café, je fume des pipes par douzaines, je me grise dans mon propre enthousiasme ; il me semble que je vais éclater comme un volcan. Et quand je m'approche de cette table maudite, la lave se fige et l'inspiration se refroidit. Pendant le temps d'apprêter une feuille de papier et de tailler ma plume, l'ennui me gagne ; l'odeur de l'encre me donne des nausées. Et puis cette horrible nécessité de traduire par des mots et d'aligner en pattes de mouches des pensées ardentes, vives, mobiles comme les rayons du soleil teignant les nuages de l'air ! Oh ! c'est un métier, cela aussi ! Où fuir le métier, grand Dieu ? Le métier me poursuivra partout !

— Vous avez donc la prétention, lui dis-je, de trouver une manière d'exprimer votre pensée qui n'ait pas une forme sensible ? Je n'en connais pas.

— Non, dit-il, mais je voudrais m'exprimer de prime abord, sans fatigue, sans effort, comme l'eau murmure et comme le rossignol chante.

— Le murmure de l'eau est produit par un travail, et le chant du rossignol est un art. N'avez-vous jamais entendu les jeunes oiseaux gazouiller d'une voix incertaine et s'essayer difficilement à leurs premiers airs ? Toute expression précise d'idées, de sentiments, et même d'instincts, exige une éducation. Avez-vous donc, dès le premier essai, l'espoir d'écrire avec l'abondance et la facilité que donne une longue pratique ? »

Horace prétendit que ce n'était ni la facilité ni l'abondance qui lui manquaient, mais que le temps matériel de tracer des caractères anéantissait toutes ses facultés. Il mentait, et je lui offris de sténographier sous sa dictée, tandis qu'il improviserait à haute voix. Il refusa, et pour cause. Je savais bien qu'il pouvait rédiger une lettre spirituelle et charmante au courant de la plume ; mais il me semblait bien que donner une forme tant soit peu étendue et complète à une idée quelconque demandait plus de patience et de travail. L'esprit d'Horace n'était certes pas stérile ; il avait raison de se plaindre du trop d'activité de ses pensées et de la multitude de ses visions ; mais il manquait absolument de cette force d'élaboration qui doit présider à l'emploi de la forme. Il ne savait pas travailler ; plus tard, j'appris qu'il ne savait pas souffrir.

Et puis ce n'était pas là le principal obstacle. Je crois que pour écrire il faut avoir une opinion arrêtée et raisonnée sur le sujet qu'on traite, sans compter une certaine somme d'autres idées également arrêtées pour appuyer ses preuves. Horace n'avait d'opinion affermie sur quoi que ce soit. Il improvisait ses convictions en causant, à mesure qu'il les développait, et il le faisait d'une façon assez brillante ; aussi en changeait-il souvent, et le Masaccio, en l'écoutant, avait coutume de répéter entre ses dents cet axiome proverbial : « Les jours se suivent et ne se ressemblent pas. »

Pourvu qu'on se borne à des causeries, on peut occuper et amuser ses auditeurs à ses risques et périls, en usant de ce procédé. Mais quand on fait de la parole un emploi plus solennel, il faut peut-être savoir un peu mieux ce qu'on prétend dire et prouver. Horace n'était pas embarrassé de le trouver dans une discussion ; mais ses opinions, auxquelles il ne croyait qu'au moment de les émettre, ne pouvaient pas échauffer le fond de son cœur, émouvoir son imagination, et opérer en lui ce travail intérieur, mystérieux, puissant, qui a pour résultat l'inspiration, comme l'œuvre des cyclopes, qui était manifestée par la flamme de l'Etna.

A défaut de convictions générales, les sentiments particuliers peuvent nous émouvoir et nous rendre éloquents ; c'est en général la puissance de la jeunesse. Horace ne l'avait pas encore ; et n'ayant ni ressenti les émotions passionnées ni vu leurs effets dans la société; en un mot, n'ayant appris ce qu'il savait que dans les livres, il ne pouvait être poussé ni par une révélation supérieure ni par un besoin généreux, au choix de tel ou tel récit, de telle ou telle peinture. Comme il était riche de fictions entassées dans son intelligence par la culture, et toutes prêtes à être fécondées quand sa vie serait complétée, il se croyait prêt à produire. Mais il ne pouvait pas s'attacher à ces créations fugitives qui ne remuaient pas son âme, et qui, à vrai dire, n'en sortaient pas, puisqu'elles étaient le produit de certaines combinaisons de la mémoire. Aussi manquaient-elles d'originalité, sous quelque forme qu'il voulût les résoudre, et il le sentait; car il était homme de goût, et son amour-propre n'avait rien de sot. Alors il raturait, déchirait, recommençait, et finissait par abandonner son œuvre pour en essayer une autre qui ne réussissait pas mieux.

Ne comprenant pas les causes de son impuissance, il se trompait en l'attribuant au dégoût de la forme. La forme était la seule richesse qu'il eût pu acquérir dès lors avec de la patience et de la volonté ; mais cela n'aurait jamais suppléé à un certain fonds qui lui manquait essentiellement, et sans lequel les œuvres littéraires les plus chatoyantes de métaphores, les plus chargées de tours ingénieux et charmants, n'ont cependant aucune valeur.

Je lui avais bien souvent répété ces choses, mais sans le convaincre. Après l'essai que, depuis plus d'un mois, il s'obstinait à faire, il s'aveuglait encore. Il croyait que le bouillonnement de son sang, l'impétuosité de sa jeunesse, l'impatience fiévreuse de s'exprimer, étaient les seuls obstacles à vaincre. Cependant, il avouait que tout ce qu'il avait essayé prenait, au bout de dix lignes ou de trois vers, une telle ressemblance avec les auteurs dont il s'était nourri, qu'il rougissait de ne faire que des pastiches. Il me montra quelques vers et quelques phrases qui eussent pu être signés Lamartine, Victor Hugo, Paul Courier, Charles Nodier, Balzac, voire Béranger, le plus difficile de tous à imiter, à cause de sa manière nette et serrée ; mais ces courts essais, qu'on aurait pu appeler des fragments de fragments, n'eussent été, dans l'œuvre de ses modèles, que des appendices servant d'ornement à des pensées individuelles, et cette individualité, Horace ne l'avait pas. S'il voulait émettre l'idée, on était choqué (et il l'était lui-même) du plagiat manifeste, car cette idée n'était point à lui : elle était à eux ; elle était à tout le monde. Pour y mettre son cachet, il eût fallu qu'il la portât dans sa conscience et dans son cœur, assez profondément et assez longtemps pour qu'elle y subît une modification particulière ; car aucune intelligence n'est identique à une autre intelligence, et les mêmes causes ne produisent jamais les mêmes effets dans l'une et dans l'autre ; aussi plusieurs maîtres peuvent-ils s'essayer simultanément à rendre un même fait ou un même sentiment, à traiter un même sujet, sans le moindre danger de se rencontrer. Mais pour qui n'a point subi cette cause, pour qui n'a pas vu ce fait ni éprouvé ce sentiment par lui-même, l'individualité, l'originalité, sont impossibles. Aussi se passa-t-il bien des jours encore sans qu'Horace fût plus avancé qu'à la première heure. Je dois dire qu'il y usa en pure perte le peu de volonté qu'il avait amassée pour sortir de l'inaction. Quand il fut harassé de fatigue, abreuvé de dégoût, presque malade, il sortit de sa retraite, et se répandit de nouveau au dehors, cherchant des distractions et voulant même essayer, disait-il, des passions, pour voir s'il réveillerait par là sa muse engourdie.

Cette résolution me fit trembler pour lui. S'embarquer sans but sur cette mer orageuse, sans aucune expérience pour se préserver, c'est risquer plus qu'on ne pense. Il s'était aventuré de même dans la carrière littéraire ; mais comme là il ne devait pas trouver de complice, le seul désastre qu'il eût éprouvé, c'était un peu d'encre et de temps perdus. Mais qu'allait-il devenir, aveugle lui-même, sous la conduite de l'*aveugle dieu* ?

Son naufrage ne fut pas aussi prompt que je le craignais. En fait de passions, ne se perd pas qui veut. Horace n'était point né passionné. Sa personnalité avait pris de telles dimensions dans son cerveau, qu'aucune tentation n'était digne de lui. Il lui eût fallu rencontrer des êtres sublimes pour éveiller son enthousiasme ; et, en attendant, il se préférait, avec quelque raison, à tous les êtres vulgaires avec lesquels il pouvait établir des rapports. Il n'y avait pas à craindre qu'il risquât sa précieuse santé avec des prostituées de bas étage. Il était incapable de rabaisser son orgueil jusqu'à implorer celles qui ne cèdent qu'à des offres considérables ou à des démonstrations d'engouement qui raniment leur cœur éteint et réveillent leur curiosité blasée. Il faisait profession pour celles-là d'un mépris qui allait jusqu'à l'intolérance la plus cruelle. Il ne comprenait pas le sens religieux et vraiment grand de *Marion Delorme*. Il aimait l'œuvre sans être pénétré de la moralité profonde qu'elle renferme. Il se posait en Didier, mais seulement pour une scène, celle où l'amant de Marion, étourdi de sa découverte, accable cette infortunée de ses sarcasmes et de ses malédictions ; et, quant au pardon du dénoûment, il disait que Didier ne l'eût jamais accordé s'il n'eût dû avoir, une minute après, la tête tranchée.

Ce qu'il y avait à craindre, c'est que, s'adressant à des existences plus précieuses, il ne les flétrît ou ne les brisât par son caprice ou son orgueil, et qu'il ne remplît la sienne propre de regrets ou de remords. Heureusement cette victime n'était pas facile à trouver. On ne trouve pas plus l'amour, quand on le cherche de sang-froid et de parti pris, qu'on ne trouve l'inspiration poétique dans les mêmes conditions. Pour aimer, il faut commencer par comprendre ce que c'est qu'une femme, quelle protection et quel respect on lui doit. A celui qui est pénétré de la sainteté des engagements réciproques, de l'égalité des sexes devant Dieu, des injustices de l'ordre social et de l'opinion vulgaire à cet égard, l'amour peut se révéler dans toute sa grandeur et dans toute sa beauté ; mais à celui qui est imbu des erreurs communes de l'infériorité de la femme, de la différence de ses devoirs avec les nôtres en fait de fidélité ; à celui qui ne cherche que des émotions et non un idéal, l'amour ne se révélera pas.

Et, à cause de cela, l'amour, ce sentiment que Dieu a fait pour tous, n'est connu que d'un bien petit nombre.

Horace n'avait jamais remué dans sa pensée cette grande question humaine. Il riait volontiers de ce qu'il ne comprenait pas, et, ne jugeant le saint-simonisme (alors en pleine propagande) que par ses côtés défectueux, il rejetait tout examen d'un pareil charlatanisme. C'était son expression ; et si elle était méritée à beaucoup d'égards, ce n'était du moins sous aucun rapport sérieux à lui connu. Il ne voyait là que les habits bleus et les fronts épilés des *pères* de la nouvelle doctrine, et c'en était assez pour qu'il déclarât absurde et menteuse toute l'idée saint-simonienne. Il ne cherchait donc aucune lumière, et se laissait aller à l'instinct brutal de la priorité masculine que la société consacre et sanctifie, sans vouloir tremper dans aucun pédantisme, pas plus, disait-il, dans celui des conservateurs que dans celui des novateurs.

Avec ces notions vagues et cette absence totale de dogme religieux et social, il voulait expérimenter l'amour, la plus religieuse des manifestations de notre vie morale, le plus important de nos actes individuels par rapport à la société ! Il n'avait ni l'élan sublime qui peut réhabiliter l'amour dans une intelligence hardie, ni la persistance fanatique, qui peut du moins lui conserver une apparence d'ordre et une espèce de vertu en suivant les traditions du passé.

Sa première passion fut pour la Malibran.

Il allait quelquefois au parterre des Italiens ; il emprunta de l'argent, et y alla toutes les fois que la divine cantatrice paraissait sur la scène. Certes, il y avait de quoi allumer son enthousiasme, et j'aurais désiré que cette adoration continue occupât plus longtemps son imagination. Elle l'eût préparé à recevoir des impressions plus durables et plus complètes. Mais Horace ne savait pas attendre. Il voulut réaliser son rêve, et il fit *des folies* pour madame Malibran, c'est-à-dire qu'il s'élança sous les roues de sa voiture (après l'avoir guettée à la sortie), sans toutefois se laisser faire aucun mal ; puis il jeta un ou deux bouquets sur la scène ; puis enfin il lui écrivit une lettre délirante, comme il avait écrit quelques semaines auparavant à madame Poisson. Il ne reçut pas plus de réponse cette fois que l'autre, et il ignora de même le sort de sa lettre, si on l'avait méprisée, si on l'avait reçue.

Je craignais que ce premier échec ne lui causât un vif chagrin. Il en fut quitte pour un peu de dépit. Il se moqua de lui-même pour avoir cru un instant que « l'orgueil « du génie s'abaisserait jusqu'à sentir le prix d'un hom- « mage ardent et pur. » Je le trouvai un jour écrivant une seconde lettre qui commençait ainsi : « Merci, femme, « merci ! vous m'avez désabusé de la gloire ; » et qui finissait par : « Adieu, Madame ! soyez grande, soyez enivrée « de vos triomphes ! et puissiez-vous trouver, parmi les « illustres amis qui vous entourent, un cœur qui vous « comprenne, une intelligence qui vous réponde ! »

Je le déterminai à jeter cette lettre au feu, en lui disant que probablement madame Malibran en recevait de semblables plus de trois fois par semaine, et qu'elle ne perdait plus son temps à les lire. Cette réflexion lui donna à penser.

« Si je croyais, s'écria-t-il, qu'elle eût l'infamie de montrer ma première lettre et d'en rire avec ses amis, j'irais la siffler ce soir dans *Tancrède;* car enfin elle chante faux quelquefois !

— Votre sifflet serait couvert sous les applaudissements, lui dis-je ; et s'il parvenait jusqu'aux oreilles de la cantatrice, elle se dirait, en souriant : « Voici un de mes billets doux qui me siffle ; c'est le revers du bouquet d'avant-hier. » Ainsi votre sifflet serait un hommage de plus au milieu de tous les autres hommages. »

Horace frappa du poing sur sa table.

« Faut-il que je sois trois fois sot d'avoir écrit cette lettre ! s'écria-t-il ; heureusement j'ai signé d'un nom de fantaisie, et si quelque jour j'illustre le nom obscur que je porte, *elle* ne pourra pas dire : « J'ai celui-là dans mes épluchures. »

XI.

Horace abandonna pour quelques instants les lettres et l'amour, et vint, après ces premières crises, se reposer sur le divan de mon balcon, en regardant d'un air de sultan les quatre femmes de nos mansardes, et en me cassant des pipes, selon son habitude.

Forcé de m'absenter une partie de la journée pour mes études et pour mes affaires, il fallait bien le laisser étendu sur mon tapis ; car, pour le tirer de sa superbe indolence, il eût fallu lui signifier que cela me déplaisait ; et, en somme, cela n'était pas. Je savais bien qu'il ne ferait pas la cour à Eugénie, que les sœurs d'Arsène lui casseraient la figure avec leurs fers à repasser s'il s'avisait de trancher du jeune seigneur libertin avec elles ; et comme je l'aimais véritablement, j'avais du plaisir à le retrouver quand je rentrais, et à lui faire partager notre modeste repas de famille.

Quant à Marthe, elle ne paraissait pas plus faire de lui une mention particulière dans ses secrètes pensées, que lorsqu'elle était l'objet de ses œillades au comptoir du café Poisson. Il lui rendait désormais la pareille, ne lui pardonnant pas d'avoir méprisé sa déclaration, que, dans le fait, elle n'avait pas reçue. Cependant il était toujours frappé, malgré lui, de son exquise manière d'être, de sa conversation sobre, sensée et délicate. Elle embellissait à vue d'œil. Toujours mélancolique, elle n'avait plus cette expression d'abattement que donne l'esclavage. M. Poisson l'avait déjà remplacée, et ne lui causait plus de crainte. Elle prenait avec nous l'air de la campagne le dimanche ; et sa santé, longtemps altérée, se consolidait par le régime doux et sain que je lui prescrivais, et qu'elle observait avec une absence de caprices et de révoltes rare chez une femme nerveuse. Sa présence attirait bien chez moi quelques amis de plus que par le passé ; Eugénie se chargeait d'éconduire ceux dont la sympathie était trop visiblement improvisée. Quant aux anciens, nous leur pardonnions d'être un peu plus assidus que de coutume. Ces petites réunions, où des étudiants hardis et espiègles dans la rue prenaient tout à coup, sous nos toits, des manières polies, une gaieté chaste et un langage sensé, pour complaire à d'honnêtes filles et à des femmes aimables, avaient quelque chose d'utile et de beau en soi-même. Il aurait fallu avoir le cœur froid et de l'esprit farouche pour ne pas goûter, dans cet essai de sociabilité bienveillante et pure, un plaisir d'une certaine élévation. Tous s'en trouvaient bien. Horace y devenait moins personnel et moins âpre. Nos jeunes gens y prenaient l'idée et le goût de mœurs plus douces que celles dont ailleurs ils recevaient l'exemple. Marthe y oubliait l'horreur de son passé ; Suzanne y riait de bon cœur, et s'y faisait un esprit plus juste que celui de la province. Louison y progressait moins que les autres ; mais elle y acquérait la puissance de contenir sa rude franchise, et, quoique toujours farouche dans son rigorisme, elle n'était pas fâchée d'être traitée comme une dame par des jeunes gens dont elle s'exagérait peut-être beaucoup l'élégance et la distinction.

Insensiblement Horace trouva un grand charme dans

la société de Marthe. Ne pouvant pas savoir si elle avait jamais reçu sa lettre, il eut l'esprit de se conduire comme un homme qui ne veut pas se faire repousser deux fois. Il lui témoigna une sorte de sympathie dévouée qui pouvait devenir de l'amour si on n'en arrêtait pas brusquement le progrès, et qui, en cas de résistance soutenue, était une réparation de bon goût pour le passé.

Cette situation est la plus favorable au développement de la passion. On y franchit de grandes distances d'une manière insensible. Quoique mon jeune ami ne fût disposé, ni par nature, ni par éducation, aux délicatesses de l'amour, il y fut initié par le respect dont il ne put se défendre. Un jour, il parla d'instinct le langage de la passion, et fut éloquent. C'était la première fois que Marthe entendait ce langage. Elle n'en fut pas effrayée comme elle s'était attendue à l'être; elle y trouva même un charme inconnu, et, au lieu de le repousser, elle s'avoua surprise, émue, demanda du temps pour comprendre ce qui se passait en elle, et lui laissa l'espérance.

Confident d'Horace, je l'étais indirectement d'Arsène par l'intermédiaire d'Eugénie. Je m'intéressais à l'un et à l'autre; j'étais l'ami de tous deux; si j'estimais davantage Arsène, je puis dire que j'avais plus d'amitié et d'attrait pour Horace. Entre ces deux poursuivants de la Pénélope dont j'étais le gardien, j'eusse été assez embarrassé de me prononcer, si j'avais eu un conseil à donner. Mon affection me défendait de nuire à l'un des deux; mais Eugénie éclaira ma conscience.

« Arsène aime Marthe d'un amour éternel, me dit-elle, et Horace n'a pour Marthe qu'une fantaisie. Dans l'un elle trouvera, quoi qu'elle fasse, un ami, un protecteur, un frère; l'autre se jouera de son repos, de son honneur peut-être; et l'abandonnera pour un nouveau caprice. Que votre amitié pour Horace ne soit pas puérile. C'est à Marthe que vous devez votre sollicitude tout entière. Malheureusement elle semble écouter cet écervelé avec plaisir ; cela m'afflige, et je crois que plus je dis de mal de lui, plus elle en pense de bien. C'est à vous de l'éclairer : elle croira plus en vous qu'en moi. Dites-lui qu'Horace ne l'aime pas et ne l'aimera jamais.»

Cela était bien difficile à prouver et bien téméraire à affirmer. Qu'en savions-nous après tout ? Horace était assez jeune pour ignorer même l'amour ; mais l'amour pouvait opérer une grande crise en lui, et mûrir tout à coup son caractère. Je convins que ce n'était pas à la noble Marthe de courir les hasards d'une pareille expérience, et je promis de tenter le moyen qu'Eugénie me suggéra, qui était de mener Horace dans le monde pour le distraire de son amour, ou pour en éprouver la force.

Dans le monde ! me dira-t-on, vous, un étudiant, un carabin ? Eh ! mon Dieu oui. J'avais, avec plusieurs nobles maisons, des relations, non pas assidues, mais régulières et durables, qui pouvaient toujours me mettre en rapport, à ma première velléité, avec ce que le faubourg Saint-Germain avait de plus brillant et de plus aimable. J'avais un unique habit noir qu'Eugénie me conservait avec soin pour ces grandes occasions, des gants jaunes qu'elle faisait servir trois fois à force de les frotter avec de la mie de pain, du linge irréprochable, moyennant quoi je sortais environ une fois par mois de ma retraite ; j'allais voir les anciens amis de ma famille, et j'étais toujours reçu à bras ouverts, quoiqu'on sût fort bien que je ne me piquais pas d'un ardent légitimisme. Le mot de l'énigme, et pardonnez-moi, cher lecteur, de n'avoir pas songé plus tôt à vous le dire, c'est que j'étais né gentilhomme et de très-bonne souche.

Fils unique et légitime du comte de Mont..., ruiné,

avant de naître, par les révolutions, j'avais été élevé par mon respectable père, l'homme le plus juste, le plus droit et le plus sage que j'aie jamais connu. Il m'avait enseigné lui-même tout ce qu'on enseigne au collége; et, à dix-sept ans, j'avais pu aller chercher à Paris avec lui mon diplôme de bachelier ès-lettres. Puis nous étions revenus ensemble dans notre modeste maison de province, et là il m'avait dit : — Tu vois que je suis attaqué d'infirmités très-graves; il est possible qu'elles m'emportent plus tôt que nous ne pensons, ou du moins qu'elles affaiblissent ma mémoire, ma volonté et mon jugement. Je veux employer ce peu de lucidité qui me reste à causer sérieusement avec toi de ton avenir, et t'aider à fixer tes idées.

« Quoi qu'en disent les gens de notre classe qui ne peuvent se consoler de la perte du régime de la dévotion et de la galanterie, le siècle est en progrès et la France marche vers des doctrines démocratiques que je trouve de plus en plus équitables et providentielles, à mesure que j'approche du terme où je retournerai nu vers celui qui m'a envoyé nu sur la terre. Je t'ai élevé dans le sentiment religieux de l'égalité des droits entre tous les hommes, et je regarde ce sentiment comme le complément historique et nécessaire du principe de la charité chrétienne. Il sera bon que tu pratiques cette égalité en travaillant, selon tes forces et tes lumières, pour acquérir et maintenir ta place dans la société. Je ne désire point pour toi que cette place soit brillante. Je te la désire indépendante et honorable. Le mince héritage que je te laisserai ne servira guère qu'à te donner les moyens d'acquérir une éducation spéciale; après quoi tu te soutiendras et tu soutiendras ta famille, si tu en as une, et si cette éducation a porté ses fruits. Je sais bien que les nobles de notre entourage me blâmeront beaucoup, dans les commencements, de donner à mon fils une profession, au lieu de le placer sous la protection d'un gouvernement. Mais un jour n'est pas loin peut-être où ils regretteront beaucoup d'avoir rendu les leurs propres uniquement à profiter des faveurs de la cour. Moi, j'ai appris dans l'émigration quelle triste chose c'est qu'une éducation de gentilhomme, et j'ai voulu t'enseigner d'autres arts que l'équitation et la chasse. J'ai trouvé en toi une docilité affectueuse dont je te remercie au nom de l'amour que je te porte, et tu me remercieras encore plus un jour de l'avoir mise à l'épreuve. »

Je passai deux ans près de lui, occupé à compléter mes premières études, et à développer les idées dont il m'avait donné le germe. Il me fit examiner les éléments de plusieurs sciences, afin de voir pour laquelle je me sentirais le plus d'aptitude. J'ignore si c'est la douleur de le voir continuellement souffrir sans pouvoir le soulager qui m'influença, mais il est certain qu'une vocation prononcée me poussa vers l'étude de la médecine.

Lorsque mon père s'en fut bien assuré, il voulut m'envoyer à Paris ; mais il était dans un si déplorable état de santé, que j'obtins de lui de rester encore quelques mois pour le soigner. Nous marchions, hélas ! vers une éternelle séparation. Son mal empirait toujours ; les mois et les saisons se succédaient sans lui apporter aucun soulagement, mais sans rien ôter à son courage. A chaque redoublement de la maladie, il voulait me renvoyer, disant que j'avais quelque chose de plus important à faire que de soigner un moribond, mais il céda à ma tendresse, et me permit de lui fermer les yeux. Un moment avant que d'expirer, il me fit renouveler le serment que je lui avais fait bien des fois d'entreprendre sur-le-champ mes études.

Je tins religieusement ma promesse, et, malgré la

douleur dont j'étais accablé, je poussai activement les préparatifs de mon départ. Il avait lui-même mis ordre à mes affaires, en affermant sa propriété pour neuf ans, afin que j'eusse un revenu assuré pendant mes années de travail à Paris. Et c'est ainsi que j'existais depuis quatre ans, vivant de mes trois mille francs de rente, et voyant approcher l'époque de mes examens sans avoir rien négligé pour obéir aux dernières volontés du meilleur des pères, et sans avoir interrompu mes anciennes relations avec celles de nos connaissances pour lesquelles il avait eu de l'estime et de l'affection.

De ce nombre était la comtesse de Chailly, qui, dans sa jeunesse, malgré la différence des fortunes, avait eu, disait-on, pour mon père des sentiments fort tendres. Une amitié loyale avait survécu à cet amour, et mon père, en mourant, m'avait dit : « N'abandonne jamais cette personne-là ; c'est la meilleure femme que j'aie rencontrée dans ma vie. »

Elle était effectivement aussi bonne que spirituelle. Quoique fort riche, elle n'avait aucune vanité, et quoique fort bien née, elle n'avait aucun préjugé aristocratique. Elle possédait plusieurs châteaux, l'un desquels touchait à la petite propriété de mon père, et c'est dans celui-là qu'elle passait les étés de préférence. Elle avait, en outre, un petit hôtel dans la rue de Varennes, et, comme elle aimait la causerie, elle y rassemblait une société assez agréable. L'étiquette et la morgue en étaient bannies ; on y voyait des gens du monde, tous appartenant à l'ancienne noblesse ou à l'opinion légitimiste, et en même temps quelques gens de lettres et des artistes de toutes les opinions. On pouvait professer là les idées les plus nouvelles ; mais le juste-milieu et la bourgeoisie parvenue ne trouvaient point grâce devant madame de Chailly ; elle s'arrangeait mieux, comme toutes les carlistes, des opinions républicaines et de la pauvreté fière et discrète.

Cette année-là elle avait été retenue à Paris par des affaires importantes, et quoique la saison fût avancée, elle ne se disposait pas encore à partir. Son cercle était fort restreint, et l'élément artiste et littéraire, qui ne va guère à la campagne qu'en automne (quand il y va), *donnait* plus dans son salon que l'élément noble. Elle m'accorda gracieusement la faveur de lui présenter un de mes amis, et un soir je lui menai Horace.

Celui-ci m'avait demandé fort ingénument des instructions sur la manière de se présenter dans le monde, et de s'y tenir convenablement. Ce n'était pas tout à fait la première fois qu'il lui arrivait de voir des personnes de cette classe; mais il n'ignorait pas qu'on a plus d'indulgence à la campagne qu'à Paris, et il tenait beaucoup à ne pas avoir l'air d'un rustre dans le salon de madame de Chailly. Il se faisait de ce qu'il appelait cette partie une sorte de fête; il se promettait d'observer, d'examiner et de recueillir des faits pour son prochain roman; et cependant il éprouvait bien quelques angoisses à l'idée de glisser sur un parquet bien ciré, d'écraser la patte d'un petit chien, de heurter lourdement quelque meuble, en un mot de faire le personnage ridicule de la comédie classique.

Quand il eut mis son bel habit, son plus beau gilet, des gants jaune-paille, et quand il eut brossé son chapeau, Eugénie, qui fondait de grandes espérances de salut pour Marthe de ce *début parmi les comtesses*, s'amusa à ajuster sa cravate avec plus de distinction qu'il ne savait le faire; elle lui fit rentrer deux pouces de manchette, lui apprit à ne pas mettre son chapeau sur l'oreille, et sut, en un mot, lui donner un air presque *comme il faut*. Il se prêta de fort bonne grâce à ses corrections, s'émerveillant de cette délicatesse de tact qui faisait deviner à une femme du peuple mille petites choses de goût dont il ne se fût jamais avisé tout seul, et s'étonna de l'indifférence, peut-être affectée, avec laquelle Marthe assistait à ces préparatifs. Au fond, Marthe s'inquiétait beaucoup de cette fantaisie d'aller dans le monde, et quoiqu'elle ne se fût point avoué qu'elle aimait Horace, elle avait le cœur serré d'une épouvante secrète. Il y eut un moment où Horace, riant aux éclats, et faisant la répétition de son entrée, s'approcha d'elle d'une manière comique, lui attribuant le rôle de la comtesse de Chailly. A ce moment-là, Marthe, frappée du salut respectueux qu'il lui adressait, devint tremblante; et se tournant vers moi,

« Vraiment, dit-elle, est-ce ainsi qu'on salue les grandes dames?

— Ce n'est pas mal, répondis-je, mais c'est encore un peu leste ; madame de Chailly est une personne âgée. Recommencez-moi cela, Horace. Et puis, tenez, quand vous vous retirerez, madame de Chailly vous invitera certainement à revenir ; elle vous adressera quelques paroles très-cordiales, et il est possible qu'elle vous tende la main, parce qu'elle a coutume d'être extrêmement maternelle pour mes amis. Vous devez alors prendre cette main du bout de vos doigts, et l'approcher de vos lèvres.

— Comme cela? » dit Horace en essayant de baiser la main de Marthe.

Marthe retira vivement sa main. Sa figure exprimait une vive souffrance.

« Comme cela, en ce cas? dit Horace en prenant la grosse main rouge de Louison, et en baisant son propre pouce.

— Voulez-vous bien finir vos bêtises? s'écria Louison toute scandalisée. On a bien raison de dire que le plus beau monde est le plus malhonnête. Voyez-vous ça ! cette vieille comtesse qui se fait baiser les mains par des jeunes gens ! Ah çà ! n'y revenez plus ; je ne suis pas comtesse, moi, et je vous campe le plus beau soufflet...

— Tout doux, ma colombe, répondit Horace en pirouettant, on n'a pas envie de s'y exposer. Allons, Théophile, partons-nous? Je me sens tout à fait à l'aise, et tu vas voir comme je saurai prendre des airs de marquis. Je vais bien m'amuser.»

Il fit son entrée beaucoup mieux que je ne m'y attendais. Il traversa une douzaine de personnes pour saluer la maîtresse de maison, sans gaucherie, et avec un air qui n'avait rien de trop dégagé ni de trop humble. Sa figure frappa tout le monde, et la vicomtesse de Chailly, belle-fille de ma vieille comtesse, ne lui témoigna, chose merveilleuse, aucune des méfiances hautaines qu'elle avait en général pour les nouveaux venus.

On venait de prendre le café, on passa au jardin, et l'on s'y distribua en deux groupes : l'un qui se promena avec la belle-mère, active et enjouée, l'autre qui s'assit autour de la bru, romanesque et nonchalante.

C'était un petit jardin à l'ancienne mode, avec des arbres taillés, des statues malingres, et un mince filet d'eau qu'on faisait jaillir quand la vicomtesse l'ordonnait. Elle prétendait aimer *ce bruit d'eau fraîche sous le feuillage quand la nuit tombait, parce qu'alors, ne voyant plus ce bassin misérable et cette eau verdâtre, elle pouvait se figurer être à la campagne auprès d'une eau libre et courante à travers les prés.*

En parlant ainsi, elle s'étendit sur une causeuse qu'on lui roula du salon sur le gazon un peu jauni du tapis vert. Un petit arbre exotique se penchait sur sa tête avec de faux airs de palmier. Sa cour, composée de ce qu'il y avait de plus jeune et de plus galant dans la société de ce jour-là, s'assit autour d'elle ; et l'on échangea, dans une béatitude un peu guindée, une foule de jolis propos qui ne signifiaient rien du tout. Ce groupe n'eût pas été celui que j'aurais choisi, si la nécessité de surveiller Horace dans sa première apparition ne m'eût forcé d'écouter l'esprit *cherché* de la vicomtesse, bien inférieur, selon moi, à l'esprit *chercheur* de sa belle-mère. Je craignais qu'Horace n'en fût bientôt las ; mais, à ma grande surprise, il y trouva un plaisir extrême, quoique son rôle y fût assez délicat et difficile à remplir.

En effet, ce n'était pas une petite épreuve pour son aplomb et son bon sens. Il était évident que, dès le premier coup d'œil, la vicomtesse avait pris une sorte d'intérêt à pénétrer en lui, pour savoir si *son ramage se rapportait à son plumage.* Au lieu de le tenir à distance jusqu'à ce qu'il eût fait preuve d'esprit à la pointe de l'épée, elle lui facilitait avec une complaisance sournoise l'occasion de montrer d'emblée s'il était un homme de sens ou un sot. Elle mit tout de suite la conversation sur des sujets où il était infaillible qu'il émettrait son sentiment, et l'attaqua indirectement sur la littérature, en jetant à la tête du premier venu cette question insidieuse : « Avez-vous lu la dernière pièce de vers de M. de Lamartine?

— *Est-ce à moi*, Madame, *que ce discours s'adresse?* demanda un jeune poëte monarchique et religieux qui s'était assis presque à ses pieds d'un air contemplatif.

— Comme vous voudrez, » répliqua la vicomtesse en faisant voltiger avec le vent de son éventail ses longues touffes de cheveux châtains roulés en spirales légères.

Le jeune poëte déclara qu'il trouvait les dernières *Méditations* très-faibles. Depuis qu'il avait perdu l'espoir d'imiter M. de Lamartine, il le rabaissait avec amertume.

La vicomtesse lui fit un peu sentir qu'elle connaissait son motif, et Horace, encouragé par un regard distrait qu'elle laissa tomber sur lui, hasarda quelques syllabes. Des trois ou quatre autres personnes qui le guettaient, trois au moins étaient, de fondation, les adorateurs de la vicomtesse, et par conséquent se sentaient assez mal disposés pour le nouveau venu, dont la crinière avantageuse et la parole accentuée annonçaient quelque prétention à la supériorité. On prit généralement parti contre lui, et même avec assez de malice, espérant qu'il se fâcherait et dirait quelque sottise.

L'attente ne fut qu'à moitié remplie. Il s'emporta, parla beaucoup trop haut, et mit plus d'obstination et d'âpreté qu'il n'était de bon goût et de bonne compagnie de le faire ; mais il ne dit point les sottises auxquelles on s'attendait.

Il en dit d'autres auxquelles on ne s'attendait pas, mais qui donnèrent la plus haute idée de son esprit à la vicomtesse et même à ses adversaires; car dans un certain monde superficiel et ennuyé, on vous pardonne plus aisément un paradoxe qu'une platitude, et, en faisant preuve d'originalité, on est certain d'être approuvé par plus d'une femme blasée.

Dirai-je toute ma pensée à cet égard? Je le dois à la vérité. Dussé-je être accusé de trahir les miens, ou du moins de me séparer d'intentions de la classe où je suis né, je suis forcé de déclarer ici que, sauf quelques exceptions, la société légitimiste était encore, en 1831, d'une médiocrité d'esprit incroyable. Cette ancienne causerie française, qu'on a tant vantée, est aujourd'hui perdue dans les salons. Elle est descendue de plusieurs étages ; et si l'on veut trouver encore quelque chose qui y ressemble, c'est dans les coulisses de certains théâtres ou dans certains ateliers de peinture qu'il faut aller la chercher. Là, vous entendez un dialogue plus trivial, mais aussi rapide, aussi enjoué, et beaucoup plus coloré que celui de l'ancienne bonne compagnie. Cela seul pourra donner à un étranger quelque idée de la verve et de la moquerie dont notre nation a eu si longtemps le monopole. Pour ne parler que de l'esprit qui se consomme abondamment dans les mansardes d'étudiant ou d'artiste, je puis bien dire qu'on en débite en une heure, entre jeunes gens animés par la fumée des cigares, de quoi défrayer tous les salons du faubourg Saint-Germain pendant un mois. Il faut l'avoir entendu pour le croire. Moi qui, sans prévention et sans parti pris, passais fréquemment d'une société à l'autre, j'étais confondu de la différence, et je m'étonnais souvent de voir certain bon mot faire le tour d'un salon comme un joyau précieux qu'on se passait de main en main, qui avait tant traîné chez nous que personne n'eût voulu le ramasser. Je ne parle pas de la bourgeoisie en général : elle a bien prouvé qu'elle avait plus d'esprit de conduite que la noblesse; quant à de l'esprit proprement dit, elle n'en a qu'à la seconde génération. Les parvenus de ce temps-ci ont poussé à l'ombre de l'industrie, dans l'atmosphère pesante des usines, l'âme toute préoccupée de l'amour du gain, et toute paralysée par une ambition égoïste. Mais leurs enfants, élevés dans les écoles publiques, avec ceux de la petite bourgeoisie, qui, à défaut d'argent, veut parvenir, elle aussi, par les voies de l'intelligence, sont en général, incomparablement plus cultivés, plus vifs et plus fins que les héritiers étiolés de l'aristocratie nobiliaire. Ces malheureux jeunes gens, hébétés par des précepteurs dont on enchaîne la liberté intellectuelle, à force de prescriptions religieuses et politiques, sont rarement intelligents, et jamais instruits. L'absence de cour, la perte des places et des emplois, le dépit causé par les triomphes d'une aristocratie nouvelle, achèvent de les effacer; et leur rôle, qui commence pourtant à devenir meilleur à mesure qu'ils le comprennent et l'acceptent, était, à l'époque de mon récit, le plus triste qu'il y eût en France.

Je n'ai rien dit du peuple, et le peuple français, surtout celui des grandes villes, passe pour infiniment spirituel. Je conteste l'épithète. L'esprit n'existe qu'à la condition d'être épuré par un goût que le peuple ne peut pas avoir, ce goût lui-même étant le résultat de certains vices de civilisation qui ne sont pas ceux du peuple. Le peuple n'a donc pas d'esprit, selon moi. Il a mieux que cela : il a la poésie, il a le génie. Chez lui la forme n'est rien, il n'use pas son cerveau à la chercher ; il la prend comme elle lui vient. Mais ses pensées sont pleines de grandeur et de puissance, parce qu'elles reposent sur un principe de justice éternelle, méconnu par les sociétés et conservé au fond de son cœur. Quand ce principe se fait jour, quelle qu'en soit l'expression, elle saisit et foudroie comme l'éclair de la vérité divine.

XII.

Horace parla beaucoup. Emporté comme il l'était toujours par le feu de la discussion, il défendit ses auteurs romantiques, qu'on lui contestait en masse et en détail. Il rompit des lances pour tous, et fut vivement soutenu par la vicomtesse de Chailly, qui se piquait d'éclectisme en matière d'art et de belles-lettres. Il faut avouer que les adversaires furent bien faibles, et je ne concevais pas comment Horace pouvait perdre son temps et ses paroles à leur tenir tête.

La vieille comtesse, qui passait et repassait avec ses amis dans une allée voisine, m'appela d'un signe.

« Tu as un ami bien bruyant, me dit-elle ; qu'a-t-il donc à tempêter de la sorte? Est-ce que ma belle-fille le raille? Prends garde à lui. Tu sais qu'elle est fort cruelle, et qu'elle abuse de son esprit avec ceux qui n'en ont pas.

— Rassurez-vous, chère maman, lui répondis-je (j'avais, depuis mon enfance, l'habitude de l'appeler ainsi), il a de l'esprit tout autant qu'il lui en faut pour se défendre, et même pour se faire goûter.

— Oui-da! m'aurais-tu amené un homme dangereux? Il est fort bien de sa personne, et il me paraît fort romantique. Heureusement Léonie n'est pas romanesque. Mais appelle-le un peu ici, que je jouisse à mon tour de son esprit. »

J'arrachai Horace (à son grand déplaisir) à l'auditoire qu'il avait captivé, et je restai un peu derrière la charmille pour écouter ce qu'on dirait de lui.

« C'est un drôle de corps que ce petit monsieur-là, dit la vicomtesse en reprenant le jeu de son éventail.

— C'est un fat, répondit le poëte légitimiste.

— Un fat! c'est être bien sévère, dit le vieux marquis de Vernes; je crois que *présomptueux* serait un mot plus juste. Mais c'est un jeune homme de beaucoup de mérite, qui pourra devenir homme d'esprit s'il voit le monde.

— Pour de l'esprit, il en a, reprit la vicomtesse.

— Parbleu! il en a à revendre, dit le marquis; mais il manque de tact et de mesure.

— Il m'amusait, reprit-elle; pourquoi donc maman s'en est-elle emparée? Vous ne vous prononcez pas, monsieur de Meilleraie? dit-elle à un jeune dandy qu'elle avait l'air de subjuguer.

— Mon Dieu! Madame, répondit celui-ci avec une aigreur froide, vous vous prononcez tellement vous-même, que je ne puis que baisser la tête et dire *amen.* »

La vicomtesse Léonie de Chailly n'avait jamais été belle ; mais elle voulait absolument le paraître, et à force d'art elle se faisait passer pour jolie femme. Du moins elle en avait tous les airs, tout l'aplomb, toutes les allures et tous les priviléges. Elle avait de beaux yeux verts d'une expression changeante qui pouvait, non charmer, mais inquiéter et intimider. Sa maigreur était effrayante et ses dents problématiques ; mais elle avait des cheveux superbes, toujours arrangés avec un soin et un goût remarquables. Sa main était longue et sèche, mais blanche comme l'albâtre, et chargée de bagues de tous les pays du monde. Elle possédait une certaine grâce qui imposait à beaucoup de gens. Enfin elle avait ce qu'on peut appeler une beauté artificielle.

La vicomtesse de Chailly n'avait jamais eu d'esprit ; mais elle voulait absolument en avoir, et elle faisait croire qu'elle en avait. Elle disait le dernier des lieux communs avec une distinction parfaite, et le plus absurde des paradoxes avec un calme stupéfiant. Et puis elle avait un procédé infaillible pour s'emparer de l'admiration et des hommages : elle était d'une flagornerie impudente avec tous ceux qu'elle voulait s'attacher, d'une causticité impitoyable pour tous ceux qu'elle voulait leur sacrifier. Froide et moqueuse, elle jouait l'enthousiasme et la sympathie avec assez d'art pour captiver de bons esprits accessibles à un peu de vanité. Elle se piquait de savoir, d'érudition et d'excentricité. Elle avait lu un peu de tout, même de la politique et de la philosophie ; et vraiment c'était curieux de l'entendre répéter, comme venant d'elle, à des ignorants ce qu'elle avait appris le matin dans un livre ou entendu dire la veille à quelque homme grave. Enfin, elle avait ce qu'on peut appeler une intelligence artificielle.

La vicomtesse de Chailly était issue d'une famille de financiers qui avait acheté ses titres sous la régence; mais elle voulait passer pour bien née, et portait des couronnes et des écussons jusque sur le manche de ses éventails. Elle était d'une morgue insupportable avec les jeunes femmes, et ne pardonnait pas à ses amis de faire des mariages d'argent. Du reste, elle accueillait assez bien les jeunes gens de lettres et les artistes. Elle tranchait avec eux de la patricienne tout à son aise, affectant devant eux seulement de ne faire cas que du mérite. Enfin, elle avait une noblesse artificielle, comme tout le reste, comme ses dents, comme son sein, et comme son cœur.

Ces femmes-là sont plus nombreuses qu'on ne pense dans le monde, et qui en a vu une les a toutes vues. Horace joignait au plaisir de la nouveauté une ingénuité si complète, qu'il prit au sérieux la vicomtesse à la première parole, et que la tête lui en tourna.

« Mon cher, c'est une femme adorable! me disait-il en revenant le soir dans les longues rues désertes du faubourg Saint-Germain; c'est un esprit, une grâce, un je ne sais quoi qui n'a pas de nom pour moi, mais qui me pénètre comme un parfum. Quel bijou précieux qu'une femme ainsi travaillée, ainsi façonnée à plaire par de longues études! Tu appelles cela de la coquetterie? Soit! va pour la coquetterie! C'est bien beau et bien aimable, dans tous les cas. C'est toute une science, cela, et une science au profit des autres. Je ne sais vraiment pas pourquoi l'on médit des coquettes : une femme qui est occupée d'un autre soin que celui de plaire n'est plus une femme à mes yeux. Certainement, voici la première femme véritable que je rencontre.

— Il y a pourtant des hommes à qui la vicomtesse déplaît, et, pour mon compte...

— C'est qu'elle veut déplaire à ces hommes-là ; elle ne les trouve pas dignes de la moindre attention. Elle a du discernement.

— Grand merci de l'application, » repris-je. Il ne m'entendit même pas ; il avait la cervelle remplie de la vicomtesse. Il ne se gêna pas pour en parler devant Marthe le lendemain, et dit contre les femmes simples et sévères des choses si dures, qu'elle en fut offensée et alla travailler dans une autre chambre.

« Cela marche à merveille, me dit tout bas Eugénie ; l'épreuve a réussi mieux que je n'espérais. Il a pris feu comme un brin de paille ; j'espère que Marthe est guérie. »

Arsène vint, et trouva Marthe plus affectueuse et plus gaie que de coutume, quoiqu'elle souffrît horriblement. Il nous annonça que sa présence au café Poisson n'étant plus nécessaire, il changeait de condition.

« Ah ! ah ! lui dit Horace, vous allez reprendre la peinture ?

— Peut-être le ferai-je plus tard, répondit le Masaccio ; mais pas maintenant. Mes sœurs n'ont pas encore assez d'ouvrage assuré pour l'année. Est-ce que vous ne pourriez pas me faire placer quelque part comme employé, pour tenir une comptabilité quelconque ? dans une régie de théâtre, dans une administration d'omnibus, que sais-je ? Vous avez des connaissances, vous autres !

— Mon cher, dit Horace, vous n'écrivez ni assez bien ni assez vite. Et puis, savez-vous la tenue des livres ?

— J'apprendrai, dit Arsène.

— Il ne doute de rien, dit Horace. Moi, si j'ai un conseil à vous donner, c'est de persévérer dans la condition que vous venez d'essayer ; vous vous en acquittez fort bien. Seulement vous avez un peu de fatigue. Servez dans une bonne maison, au lieu de servir dans un café ;

vous gagnerez beaucoup, et vous ne travaillerez guère. Si Théophile le veut, il peut vous placer chez quelque grand seigneur, ou seulement chez quelque brave dame du faubourg Saint-Germain. Est-ce que la comtesse ne le prendrait pas pour domestique, si tu le lui recommandais? Réponds donc, Théophile!

— C'est assez de domesticité comme cela, répondit Arsène, qui comprenait fort bien l'intention qu'avait Horace de le rabaisser aux yeux de Marthe; j'y reviendrai si je ne puis trouver mieux. Mais puisque c'est un état qu'on méprise...

— Qu'est-ce qui se permet de te mépriser? s'écria Louison tout en feu, en suivant la direction involontaire qu'avait prise le regard de Paul; est-ce que c'est vous, Marton, qui méprisez mon frère?

— Cousez donc! dit le Masaccio à Louison d'un ton sévère, pour faire baisser ses yeux menaçants levés sur Marthe.

— Mais enfin, reprit-elle, je trouve un peu drôle qu'on te méprise : je ne sais pas où on prend ce droit-là, et je ne vois pas en quoi mademoiselle Marton... »

Marthe regarda Arsène d'un air triste, et lui tendit la main pour l'apaiser. Il était prêt à éclater contre sa sœur.

« Elle est folle, » dit-il en haussant les épaules, et il s'assit auprès de Marthe en tournant le dos à Louison, dont les yeux se remplirent de larmes.

« C'est qu'aussi c'est indigne! s'écria-t-elle aussitôt qu'il fut parti. Voyez-vous, monsieur Théophile, je ne peux pas supporter cela de sang-froid. Mademoiselle Marthe et M. Horace, qui s'entendent fort bien, je vous assure, ne font pas autre chose que de *déconsidérer* mon frère.

— Vous êtes folle, répliqua Eugénie, et votre frère,

qui vous l'a dit, vous connaît bien. Jamais Marthe n'a dit un mot de Paul qui ne fût à son honneur et à sa louange.

— Je ne suis pas folle, s'écria Louison en sanglotant, et je veux que vous me jugiez tous. Je ne l'aurais pas dit devant lui, de crainte d'amener une querelle ; mais puisqu'il n'est plus là, et que voici les coupables (elle désignait alternativement Marthe, qui l'écoutait avec une pitié douloureuse, et Horace, qui, le dos étendu sur la commode et les jambes sur le dossier d'une chaise, ne daignait pas l'interrompre), je dirai ce que j'ai entendu, pas plus tard qu'avant-hier, lorsque *monsieur* et *madame* causaient en tête-à-tête, comme ça leur arrive assez souvent, Dieu merci ! elle dans une chambre, nous dans l'autre ; avec ça que c'est commode pour s'entendre sur l'ouvrage ! On va, on vient, ça promène ; et, comme dit cet autre, les amoureux ont du temps à perdre.

— Charmant ! charmant ! dit Horace en se soulevant sur son coude et en la regardant avec un calme plein de mépris : eh bien, poursuivez, fille d'Hérodias ! Je verrai ensuite à vous donner ma tête sur un plat pour votre souper. Qu'ai-je dit ? voyons, parlez donc, puisque vous écoutez aux portes.

— Oui, que j'écoute aux portes quand j'entends le nom de mon frère ! Et vous disiez comme cela que c'était bien dommage qu'il se fût fait valet, et qu'il était perdu. Et mademoiselle Marton, au lieu de vous traiter comme vous le méritiez pour ce mot-là, disait d'un petit air étonné : — Comment donc ? comment donc, perdu ? — Oui, que vous avez dit : il aurait beau changer de condition, maintenant, il lui resterait toujours quelque chose de laquais, un cachet de honte qui ne s'efface pas. Enfin comme pour dire, le voilà marqué comme un galérien.

— Si vous aviez écouté un peu plus longtemps, dit Marthe avec une douceur angélique, vous auriez entendu ma réponse : j'ai dit que quand cela serait vrai, Arsène ennoblirait la plus vile des conditions.

— Et quand vous auriez dit cela, est-ce beau? N'est-ce pas avouer que mon frère est dans une condition vile? Je voudrais bien savoir comment étaient faits vos ancêtres, et si nous n'avons pas tous été élevés à travailler pour vivre. »

Je coupai court à cette querelle, qui eût pu durer toute la nuit ; car il n'y a pas de gens plus difficiles à convaincre que ceux qui ne comprennent pas la valeur des mots, et qui en altèrent le sens dans leur imagination. J'envoyai coucher les deux sœurs, leur donnant tort, selon ma coutume, et les menaçant, pour la première fois, de me plaindre à Paul des amères tracasseries qu'elles suscitaient à leur compagne.

« Oui, oui! faites cela, répondit Louison en sanglotant sur le ton le plus aigu ; ce sera humain de votre part! Ce ne sera pas difficile car il en est si bien coiffé, de cette Marton, que quand nous aurons assez travaillé pour la nourrir, il nous mettra à la porte au premier mot qu'elle lui dira contre nous. Allez, allez, Messieurs, Mesdames, et vous, Marton! ce n'est pas beau de mettre la guerre entre frères et sœurs ; vous vous en repentirez au jugement dernier! J'en appelle au jugement de Dieu! »

Elle sortit d'un air tragique, entraînant Suzanne, nous jetant des imprécations, et poussant les portes avec fracas.

« Vous avez là pour compagnes d'abominables diablesses, dit Horace en rallumant son cigare avec tranquillité. Paul Arsène vous a rendu, mes pauvres amis, un étrange service. Il a déchaîné l'enfer dans votre intérieur.

— Quant à nous, nous n'en prendrions guère de souci personnel, répondit Eugénie ; ce sont des nuages qui passent. Mais c'est bien cruel pour toi, Marthe ; et si tu m'en croyais, il y aurait un remède à toutes les persécutions dont tu es victime.

— Je sais ce que tu veux dire, ma bonne Eugénie, dit Marthe en soupirant ; mais sois sûre que cela est impossible. D'ailleurs je serais encore bien plus odieuse aux sœurs d'Arsène, si...

— Si quoi ? demanda Horace, voyant qu'elle n'achevait pas sa phrase.

— Si elle l'épousait, dit Eugénie. Voilà ce qu'elle s'imagine ; mais elle se trompe.

— Si vous l'épousiez ? s'écria Horace, oubliant tout à coup la vicomtesse et revenant aux sentiments que naguère Marthe lui avait inspirés ; vous, épouser Arsène ! Qui donc a pu avoir une pareille idée ?

— C'est une idée fort raisonnable, reprit Eugénie, qui voulait saper de plus en plus dans sa base leur naissante inclination. Ils sont du même pays, de la même condition, et à peu de chose près du même âge. Ils se sont aimés dès leur enfance, et ils s'aiment encore. C'est un scrupule de délicatesse qui empêche Marthe de dire oui. Mais je le sais, moi, et je le lui dirai clairement, parce que le moment est venu de parler. C'est l'unique désir, l'unique pensée d'Arsène. »

L'attente d'Eugénie fut dépassée par l'effet que produisit cette déclaration. Marthe, devenue aux yeux d'Horace la fiancée de Paul Arsène, tomba si bas dans sa pensée, qu'il rougit d'avoir pu l'aimer. Humilié, blessé, et se croyant joué par elle, il prit son chapeau, et, le mettant sur sa tête avant que de sortir :

« Si vous parlez affaires, dit-il, je suis de trop, et je vais voir Odry, qui joue ce soir dans *l'Ours et le Pacha.* »

Marthe resta atterrée. Eugénie lui parla encore d'Arsène ; elle ne répondit pas, voulut se lever pour sortir, et tomba évanouie au milieu de la chambre.

« Ma pauvre amie, dis-je à Eugénie en l'aidant à relever sa compagne, nul ne peut détourner la destinée ! Tu as cru pouvoir préserver celle-ci. Il n'est déjà plus temps : Horace est aimé ! »

XIII.

Cette crise se termina par de longs sanglots. Quand Marthe fut plus calme, elle voulut reprendre ce sujet d'entretien, et manifesta une volonté qu'elle n'avait pas encore indiquée depuis deux mois que nous vivions ensemble. Elle parla de nous quitter, et d'aller habiter seule une mansarde, où nos relations d'amitié ne seraient plus attristées par l'humeur intolérante et intolérable de Louison.

« Vous continuerez à m'employer à vos travaux, dit-elle ; je viendrai chaque jour vous rapporter l'ouvrage que vous m'aurez confié. De cette manière, votre repos ne sera plus troublé par ma présence ; mais je sens que j'avais trop présumé de mes forces en croyant qu'il me serait possible de supporter ces querelles grossières et ces lâches accusations. Je vois que j'en mourrais. »

Nous sentions bien aussi qu'elle ne pouvait pas subir plus longtemps une pareille domination ; mais nous ne voulions pas l'abandonner aux ennuis et aux dangers de l'isolement. Nous résolûmes de nous expliquer avec Arsène, afin qu'il établît ses sœurs dans une autre maison. On resterait associé pour le travail, et Marthe, que nous aimions comme une sœur, ne cesserait point d'être notre voisine et notre commensale.

Mais cet arrangement ne la satisfit pas. Elle avait une

arrière-pensée que nous devinions fort bien : elle ne pouvait plus supporter la présence d'Horace, et voulait le fuir à tout prix. C'était bien la plus prompte manière de couper court à cet attachement dangereux ; mais comment faire comprendre à Arsène cette raison majeure qui devait porter la mort dans ses espérances ? Au point où en étaient encore les choses, Eugénie se flattait de tout réparer en gagnant du temps. Marthe guérirait ; Horace lui-même l'y aiderait par ses dédains, à mesure qu'il s'éprendrait de la vicomtesse de Chailly, et peu à peu Arsène se ferait écouter. Tels étaient les rêves qu'elle nourrissait encore. Le plus pressé était d'éloigner Louison et Suzanne, dont la société commençait à nous peser beaucoup à nous-mêmes, un instant de colère et de folie de leur part détruisant tout l'effet de nos jours de patience et de ménagements.

Ce fut Louison qui mit un terme à nos perplexités par un changement subit et imprévu.

Dès le lendemain, à l'aube naissante, elle alla chuchoter auprès du lit de sa sœur, si bas que Marthe, qui sommeillait à peine, et qui pensa qu'elles tramaient contre elle quelque noirceur, ne put rien entendre de ce qu'elles se confiaient. Mais tout à coup elle vit Louison s'approcher de son lit, se mettre à genoux, et lui dire en joignant les mains : « Marthe, nous vous avons offensée, pardonnez-nous. Tout le tort vient de moi. J'ai une mauvaise tête, Marton ; mais au fond, je vous plains, et je veux me corriger. Viens, Suzon, viens, ma sœur ; aide-moi à ôter à Marthe le chagrin que je lui ai fait. »

Suzanne s'approcha, mais avec une répugnance que Marthe attribua à un éloignement prononcé pour elle. Marthe était bonne et généreuse ; l'humilité de Louison la toucha si vivement, qu'elle lui jeta ses bras autour du cou, et lui pardonna de toute son âme, n'ayant plus le courage de l'affliger en suivant son projet de la veille, et ne sachant plus quel prétexte donner à la séparation dont, à cause d'Horace, elle éprouvait si vivement le besoin.

Nous fûmes tous fort émus du repentir de Louison, et nous passâmes cette journée dans des effusions de cœur qui parurent soulager Marthe d'une partie de sa tristesse.

Le soir, Eugénie, pour éviter de recevoir la visite d'Horace, qui s'était annoncé pour cette heure-là, nous proposa de faire un tour de promenade. Marthe accepta avec empressement, et nous étions déjà tous sur l'escalier, lorsque Louison dit qu'elle ne se sentait pas bien, et nous pria de la laisser à la maison.

— Je me coucherai de bonne heure, disait-elle, et demain je ne m'en ressentirai plus; je connais cela, c'est ma migraine.

Elle resta donc, et, au lieu de se coucher, elle passa sur le balcon. Ce n'était pas sans dessein. Horace, qui venait pour nous voir, et à qui le portier assurait que nous étions tous sortis, leva la tête, et vit une femme sur le balcon. Comme il était un peu myope, il s'imagina que ce devait être Marthe. L'idée lui vint de se venger par quelque cruel persiflage de ce qu'il appelait une *rouerie* de sa part; car il croyait que, s'entendant avec Arsène, elle avait accepté ses soins et accueilli à demi sa déclaration, pour le jouer ou mener de front deux intrigues.

Il monta l'escalier rapidement, et sonna tout essoufflé, le cœur gonflé d'un plaisir amer et cuisant; mais lorsqu'au lieu de Marthe, *la fille d'Hérodias* vint lui ouvrir la porte, il recula de trois pas, et ne se gêna pas pour jurer.

Louison ne s'effaroucha pas pour si peu; et, entrant

tout de suite en matière, elle lui adressa des excuses aussi douces et aussi polies qu'elle put le faire, pour la manière dont elle s'était conduite la veille avec lui.

Horace, tout émerveillé de cette conversion, lui promit d'oublier tout ; et trouvant qu'un peu de hardiesse lui donnerait, à ses propres yeux, un air don Juan qui compléterait son rôle à l'égard de Marthe, il appliqua un gros baiser de protection familière sur la joue vermeille et rebondie de la villageoise. Malgré sa pruderie habituelle, elle ne s'en fâcha point trop, et lui parla ainsi :

« Si j'avais tant d'humeur hier soir, monsieur Horace, c'est que je me trompais. Je m'étais imaginé, voyant mon frère si épris de mademoiselle Marthe, que celle-ci consentait à l'écouter en même temps qu'elle vous écoutait, et que vous vous entendiez tous les deux pour tromper mon pauvre Arsène.

— Je vous remercie de la supposition, répondit Horace ; permettez-moi de vous en témoigner ma reconnaissance en embrassant cette autre joue qui fait des reproches à sa voisine.

— Que celui-là soit le dernier, dit Louison en se laissant donner un second baiser, non sans rougir beaucoup : nous sommes bien assez raccommodés comme cela. Je me disais donc comme ça que c'était bien vilain de la part de Marthe d'écouter deux galants ; foi d'honnête fille, je ne savais pas que mon frère ne lui avait tant seulement pas dit un mot d'amourette.

— Ah ! dit Horace d'un air indifférent, c'est singulier ! »

Et il commença cependant à écouter avec intérêt.

« Eh ! pardine, vous le savez bien, peut-être, reprit Louison. Il paraît (et c'est même bien sûr) que Marton ne veut pas qu'on lui parle de se marier. Et puis, voyez-vous, Monsieur (je peux bien vous dire ça entre nous), Marton est fière, trop fière pour une fille qui n'a ni sou ni maille; mais ça a des idées de princesse, ça lit dans les livres, et ça voudrait filer le parfait amour avec un jeune homme bien mis et bien éduqué. Elle trouve mon pauvre frère trop commun, et d'ailleurs elle a la tête montée pour un autre que vous savez bien.

— Le diable m'emporte si je le sais, dit Horace étonné des gros yeux malins de Louison.

— Allons donc! dit-elle en le poussant du coude d'une façon toute rustique; vous n'êtes pas si simple, vous savez bien qu'elle est folle de vous.

— Vous ne savez ce que vous dites, Louison.

— Tiens! tiens! pourquoi donc qu'elle s'attife si bien depuis quelque temps? Et à qui donc est-ce qu'elle pense, quand elle passe la moitié de la nuit à soupirer et à geindre au lieu de dormir? Et pourquoi donc est-ce qu'elle est tombée en pâmoison hier soir après que vous êtes parti tout fâché?

— Elle est tombée évanouie? Quoi! que dites-vous là, Louison?

— Raide par terre; et des pleurs, et des sanglots! et la voilà maintenant qui veut s'en aller d'ici pour ne plus vous voir, parce qu'elle croit que vous ne la regarderez plus.

— Mais qui vous a donc dit tout cela, Louison?

— Ah! dame, Monsieur, on a des yeux et des oreilles! Ayez-en aussi, et vous verrez bien.

— Mais votre frère et Marthe s'aimaient dès l'enfance? ils devaient se marier?

— Ça n'est point; c'est une idée d'Eugénie. Elle veut les marier à présent, et Dieu sait ce qu'elle ne s'imagine point pour cela. Mais l'autre n'entend à rien, et vous n'avez qu'un mot à lui dire pour qu'elle parle clair et droit à mon frère.

— Et que ne l'a-t-elle fait plus tôt? Elle le trompe donc?

— Nenni, Monsieur; mais elle a bon cœur, et craint de lui faire de la peine. D'ailleurs, comme je vous le dis, mon frère ne lui a jamais rien demandé. C'est Eugénie qui fait tout cela comme une folle qu'elle est. Le beau service à rendre à Paul que de lui faire épouser une femme qui en a un autre dans son idée ! Ça ne se peut point. »

Quand nous rentrâmes (et notre promenade fut courte, car, étant à la veille de passer mes examens, je donnais au plus une heure par jour à mes plaisirs), nous trouvâmes Horace bien différent de ce qu'il nous avait paru la veille. Il vint à notre rencontre, et serra la main de Marthe avec une ardeur étrange. Le désir, sinon l'amour, était entré dans son esprit. Jusque-là l'incertitude du succès avait contrarié son orgueil et refroidi ses poursuites. Maintenant, sûr de son triomphe, il en jouissait d'avance avec une sorte de béatitude. Sa figure avait une expression émue et pensive qui l'embellissait singulièrement. Il était pâle; son regard humide et lent pénétrait la pauvre Marthe comme une flèche empoisonnée. Elle ne s'attendait pas à le voir ce soir-là; elle croyait le danger passé pour un jour; elle se sentit défaillir en lui abandonnant sa main tremblante, qu'il garda dans les siennes jusqu'à ce qu'Eugénie eût apporté la lampe.

Il s'assit en face d'elle, ne la quitta pas des yeux, et, tandis que j'écrivais dans une chambre voisine, la porte entr'ouverte, et que les femmes travaillaient autour de la table, il fit la conversation avec autant de goût et d'élégance que s'il eût été dans le salon de la vicomtesse de Chailly. Je n'avais pas le loisir de l'écouter; seulement j'entendais sa voix montée sur son diapason le plus sonore et le plus recherché. Eugénie me dit, le soir, que jamais elle ne l'avait vu aussi aimable, aussi coquet d'esprit que de langage, aussi près du naturel et de la bonhomie qu'il le fut pendant près de deux heures.

Marthe n'osait ni parler ni respirer; Eugénie ne se prêtait pas à soutenir la conversation, ne voulant pas faire briller son adversaire. Louison, toute radoucie, faisait seule l'office d'interlocuteur. Elle procédait toujours par questions; et, quelque niaises et hors de sens qu'elle les fît, Horace y répondait avec le charme d'une condescendance ingénieuse, et trouvait pour elle les explications les plus enjouées, parfois même les plus poétiques, comme celles qu'on donne aux enfants quand on les aime et qu'on veut se mettre à leur portée sans cesser d'être vrai.

Quoique Eugénie mît en œuvre toutes les ressources de son esprit pour l'interrompre, l'embrouiller et même le renvoyer, elle n'y réussit pas; et Marthe fut sous le charme, sans que rien pût l'en préserver. Penchée sur son ouvrage, le sein oppressé, l'œil voilé, elle hasardait parfois un regard timide; et rencontrant toujours celui d'Horace, elle détournait bien vite le sien avec une confusion pleine d'effroi et de délices.

C'était, je l'ai déjà dit, la première fois que Marthe était recherchée par une intelligence. La sienne, oisive et seule, dans une secrète et continuelle exaltation, avait renoncé à cet amour de l'âme que personne n'avait su lui exprimer. Le pauvre Arsène n'avait jamais osé, jamais pu parler que d'amitié. Sa personne n'avait aucune séduction, son langage aucune poésie, ou du moins aucun art. Les autres amours que Marthe avait inspirés étaient des fantaisies impertinentes qu'elle avait réprimées, ou des passions brutales qui l'avaient effrayée. Depuis le jour où Horace lui avait parlé d'amour, elle avait gardé dans son cerveau et dans son cœur comme le souvenir d'une musique enivrante. Elle y pensait le jour, elle en rêvait la nuit. Chaste et recueillie, elle n'aspirait pas à un plus grand bonheur qu'à celui de s'entendre encore dire les mêmes choses de la même manière. La pensée d'en être à jamais privée était déjà pour elle un regret aussi profond que si ce bonheur eût duré des années. Ce soir-là, elle eût donné sa vie pour être un seul instant avec lui, et pour recommencer le quart d'heure qu'elle avait vécu le jour de sa première ivresse. Horace comprit bien son silence.

« Marthe est perdue, me dit Eugénie quand tout le monde se fut retiré. Elle ne peut plus comprendre Arsène; l'amour de celui-là est trop simple pour des oreilles pleines des belles paroles de l'autre. Vous devriez mener Horace demain chez la vicomtesse.

— Tu vois bien qu'il ne lui faut qu'un jour pour l'oublier, répondis-je, car aujourd'hui il est certainement très-épris de Marthe. Mais pourquoi donc désespérer toujours de lui? Le jour où il aimera il sera transformé.

— Parle plus bas, reprit Eugénie. Il me semble qu'on doit nous entendre de l'autre côté du mur.

— C'est le lit de Louison qui se trouve là, et elle ronfle si bien...

— J'ai dans l'idée, répondit-elle, que cette fille n'est pas si simple qu'elle en a l'air, et qu'elle devine ce qu'elle ne comprend pas. »

Malgré la surveillance assidue d'Eugénie, des regards, des mots, des billets même, furent échangés entre Marthe et Horace. Je proposai à ce dernier de retourner chez la comtesse, il refusa. Je conseillai à Eugénie de ne plus chercher à contrarier cette passion, qui semblait vraie, et qui devenait plus ardente avec les obstacles. Louison était désormais la douceur et la bonté même. Elle témoignait à Marthe une amitié charmante; et Marthe s'y abandonnait d'autant plus volontiers, qu'elle favorisait son amour, et l'aidait à en faire mille petits mystères inutiles à la trop clairvoyante Eugénie.

Un jour, Eugénie, qui était fort souffrante, gronda Louison d'avoir envoyé Marthe à sa place en commission.

« Eh, pourquoi donc ne sortirait-elle pas comme une autre? dit Louison, affectant une grande surprise.

— Marthe est si jolie, qu'on va la regarder et la suivre dans la rue.

— Tiens! dit Louison avec une aigreur qui perça malgré elle, dirait-on pas qu'il n'y a qu'elle de jolie au monde? On me regarde bien aussi, moi; mais on ne me suit pas; on voit bien que ça ne prendrait pas... Et on ne suivra pas Marthe non plus, ajouta-t-elle en se reprenant, parce qu'on verra bien qu'elle n'encourage personne. »

Louison avait eu soin de dire à Marthe, la veille, de manière à ce qu'Horace seul l'entendît :

— C'est demain à midi que vous irez rue du Bac, au *petit Saint-Thomas,* pour ce petit coupon de jaconas qu'on nous a chargées d'assortir.

Il y avait eu quelque chose de si affecté dans la manière de ménager ainsi à Horace l'occasion de rencontrer Marthe dehors, que celle-ci en avait été épouvantée. En y réfléchissant, elle crut n'y voir qu'une étourderie de la part de sa compagne; et, quoique aux battements de son cœur, elle sentit bien qu'Horace l'attendrait au lieu désigné, elle voulut se persuader qu'il n'avait point fait attention aux paroles de Louise. Le lendemain, comme elle approchait du magasin, elle vit effectivement Horace qui flânait sur le trottoir en l'attendant. Elle passa près de lui; il ne l'arrêta pas, ne la salua point; mais il la regarda d'un air si passionné, que cet oubli des formes de la bienséance ordinaire fut un éloquent témoignage de l'amour qui le pénétrait. Elle lui sourit d'un air à la fois craintif, heureux et attendri ; et ce regard, ce sourire échangés, se prolongèrent autant que le permirent quelques pas d'une marche ralentie. Ce fut un siècle de bonheur pour tous deux.

Quoiqu'ils ne se fussent rien dit, Marthe, faisant ses emplettes à la hâte, était bien sûre de le retrouver sur le même trottoir, autour du vitrage du magasin. Elle l'y retrouva en effet ; et il l'attendait avec le projet de l'accompagner au retour, afin de pouvoir causer avec elle sans témoins. Mais au moment où il s'approchait et se préparait à passer doucement le bras de Marthe sous le sien, une voiture découverte s'arrêta devant la porte cochère qui fait face à la boutique. Un domestique galonné, qui était derrière la voiture en descendit, et entra dans la maison pour faire quelque message, tandis que la dame qui le lui avait donné se pencha pour regarder Horace en clignotant, comme si elle eût cherché à le reconnaître. Horace salua : c'était la vicomtesse de Chailly. Elle lui rendit son salut fort légèrement, d'un air de doute et d'incertitude ; puis elle prit son lorgnon, comme pour s'assurer qu'elle le connaissait. Horace ne jugea point nécessaire d'attendre l'effet de cette exploration un peu impertinente, et il se disposa à aborder Marthe. Mais ce maudit lorgnon ne le quittait pas. La vicomtesse se penchait à la portière à mesure qu'il s'éloignait, et la voiture était tournée de manière à ce qu'elle pût le suivre ainsi de l'œil jusqu'au détour de la rue. Horace ne s'en apercevait que trop, et il était au supplice. Marthe était mise très-simplement, mais avec une sorte de distinction qui lui donnait toute l'apparence d'une femme *comme il faut*. Mais, hélas ! elle portait un paquet dans un foulard, et c'était le cachet irrécusable de la grisette. Cette futile circonstance et l'indiscrète curiosité de la vicomtesse eurent assez d'empire sur la vanité d'Horace pour l'empêcher de céder au mouvement de son cœur. Il hésita, se reprit à dix fois, revint sur ses pas pour donner le change ; et quand la voiture fut repartie, il se remit à courir. Marthe, qui le croyait sur ses talons, avait jugé prudent de couper à sa droite par la rue de l'Université, pour éviter les nombreux passants de la rue du Bac. Elle comptait qu'il allait la rejoindre. Mais lorsqu'elle se retourna, elle ne vit personne derrière elle ; et Horace, remontant à toutes jambes la rue du Bac jusqu'à la Seine, ne la rencontra pas devant lui.

C'est ainsi que fut perdue pour lui l'occasion de faire écouter son amour. Mais Louison sut bien la lui faire retrouver.

Eugénie, à peine rétablie, fut forcée d'aller passer quelques jours à Saint-Germain, pour soigner une de ses sœurs qui était malade plus gravement. La mansarde resta confiée à Marthe. Horace y passa des journées entières. Louise et Suzanne eurent soin de ne pas les troubler. Abandonnée à son destin, Marthe écouta cet amour dont l'expression avait pour elle tant de charme et de puissance. Interrogé par moi, Horace me jura qu'il était bien sérieusement épris d'elle, et qu'il était capable de tous les dévouements pour le lui prouver. J'insinuai à Marthe qu'elle devait user de son influence pour le faire travailler ; car je voyais ses embarras grossir de jour en jour, et, si je n'eusse pourvu à ses moyens quotidiens d'existence, j'ignore où il eût pris de quoi dîner. Cette assistance que je lui donnais de bien bon cœur me mettait dans la délicate et ridicule position de n'oser lui reprocher sa paresse. Quand je hasardais un mot à cet égard, il me répondait d'un air désespéré : — C'est vrai ; je suis à ta charge, et tu dois bien me mépriser. Si j'essayais de récuser ce motif blessant pour nous deux, en invoquant son propre intérêt, son propre avenir, il me fermait encore la bouche en disant :

« Au nom du présent, je te supplie de ne pas me parler de l'avenir. J'aime, je suis heureux, je suis enivré, je me sens vivre. Comment et pourquoi veux-tu que je songe à autre chose qu'à ce moment fortuné où j'existe surabondamment? »

N'avait-il pas raison?—« Jusqu'ici, me dis-je, il y a eu dans son ambition quelque chose de trop personnel qui lui a montré l'avenir sous un jour d'égoïsme. A présent qu'il aime, son âme va s'ouvrir à des notions plus larges, plus vraies, plus généreuses. Le dévouement va se révéler, et, avec le dévouement, la nécessité et le courage de travailler. »

XIV.

Lorsque Eugénie fut de retour, et qu'elle vit ses efforts désormais inutiles, elle songea qu'il était temps d'informer Arsène de la vérité, ou tout au moins de la lui faire pressentir. Elle me demanda conseil sur la manière dont elle s'y prendrait; et, après que nous eûmes envisagé la question sous tous ses aspects, elle s'arrêta au parti suivant.

Ne se fiant plus aux murailles de sa mansarde, qu'elle disait avoir des oreilles, elle voulut surprendre Horace au milieu de ses pensées, par la solennité d'une démarche que sa bonne réputation et la dignité de son caractère lui donnaient le droit de risquer.

« Écoutez, lui dit-elle; vous avez su vous faire aimer; mais vous ne savez pas l'étendue des devoirs que vous avez contractés envers Marthe. Vous lui faites perdre la protection d'Arsène, protection courageuse et persévérante, qui ne lui eût jamais manqué et qui eût toujours porté ses fruits. Elle ne sait pas ce qu'elle lui doit, ce qu'elle lui aurait dû encore si elle ne se fût pas mise dans la nécessité de renoncer à son assistance. Mais moi, je vous le dirai, parce qu'il faut que vous sachiez tout. Arsène n'eût jamais abandonné la peinture, qu'il aimait passionnément, si sa pensée secrète n'eût été de mettre, grâce à son travail, Marthe à l'abri du besoin. Il n'eût jamais songé à faire venir ses sœurs de la province, si son unique but n'eût été de lui donner une société et une protection derrière laquelle sa protection à lui se serait toujours cachée. Enfin, à l'heure qu'il est, il vient d'obtenir un tout petit emploi dans les bureaux d'une société industrielle. Rien au monde n'est plus contraire à ses goûts, à ses habitudes d'activité, au mouvement rapide et généreux de son esprit; je le sais, et je crains qu'il n'y succombe. Mais je sais aussi qu'il veut gagner de l'argent, et qu'il en gagne assez pour subvenir indirectement à tous les besoins de Marthe, en ayant l'air de ne s'occuper que de ses sœurs. Je sais que nos petits travaux d'aiguille ne rapportent pas suffisamment pour faire vivre trois femmes (ma part prélevée) dans l'aisance, la propreté et la liberté où vivent Marthe et les sœurs d'Arsène. Tout ce que je sais, tout ce que je vous dis, Marthe l'ignore encore. Elle n'a jamais tenu un ménage par elle-même; elle a l'inexpérience d'un enfant à cet égard-là. Arsène la trompe, et nous l'y aidons, pour qu'elle ne connaisse ni les privations ni l'excès du travail. Par contre-coup, il faut aussi tromper les sœurs, sur la discrétion desquelles nous ne pouvons pas compter. Jusqu'ici je me suis chargée de la comptabilité; je leur ai fait croire à toutes que les recettes l'emportaient sur les dépenses, tandis que c'est le contraire qui est vrai. Mais cet état de choses ne peut durer désormais. Arsène s'est toujours flatté secrètement que Marthe prendrait pour lui une affection sérieuse, lorsque, revenue de ses terreurs et guérie de ses blessures, son âme s'ouvrirait à de plus douces impressions. J'ai partagé son illusion, je vous l'avoue, et j'ai fait tout mon possible pour préserver Marthe d'un autre attachement. Je n'ai pas réussi. Maintenant, dites-moi ce que vous feriez à ma place du secret d'Arsène, et quel conseil vous donneriez à l'un et à l'autre. »

Cette ouverture déconcerta beaucoup Horace. « Je suis sans fortune, dit-il; comment pourrai-je servir de protecteur à une femme, moi qui n'ai encore pu m'aider et me guider moi-même? »

Il se promena dans sa chambre avec agitation, et peu à peu ses idées se rembrunirent. « Je n'avais pas prévu tout cela, moi! s'écria-t-il avec un chagrin qui n'était pas sans mélange d'humeur. Je n'ai jamais songé à rien de pareil. Pourquoi faut-il absolument qu'entre deux êtres qui s'aiment, il y ait un protecteur et un protégé? Vous, Eugénie, qui réclamez toujours l'égalité pour votre sexe.....

—Oh! Monsieur, répondit-elle, je la réclame et je la pratique, bien qu'elle soit difficile à conquérir dans la société présente. Je sais borner mes besoins au peu que mon industrie me procure. Vous savez comment je vis avec Théophile, et vous savez par conséquent que je ne perds pas un jour, pas une heure. Mais savez-vous en quoi je le considère comme mon protecteur légitime et naturel? Si je tombais malade et que je fusse longtemps privée de travail, au lieu d'aller à l'hôpital, je trouverais dans son cœur un refuge contre l'isolement et la misère. Si un homme était assez lâche pour m'insulter, j'aurais un appui et un vengeur. Enfin, si je devenais mère... ajouta-t-elle en baissant les yeux par un sentiment de dignité pudique, et en les relevant sur lui avec fermeté pour lui faire sentir la conséquence possible de ses amours avec Marthe, mes enfants ne seraient pas exposés à manquer de pain et d'éducation. Voilà, Monsieur, pourquoi il importe à des femmes comme nous de trouver dans leurs amants de l'affection durable et un dévouement égal au leur.

— Eugénie, Eugénie, dit Horace en tombant sur une chaise, vous me jetez dans un grand trouble. Je ne suis pas l'amant de Marthe au point d'avoir réfléchi aux résultats sérieux de l'ivresse qui s'allume dans mon cerveau. Eh bien, chère Eugénie, je me confesse à vous, je m'accuse; je ne peux ni ne veux vous tromper. Je désire Marthe de toutes les forces de mon être, et je l'aime de toute la puissance de mon cœur; mais puis-je lui promettre d'être pour elle ce que Théophile est pour vous? Puis-je m'engager à la soustraire à tous les dangers, à tous les maux de l'avenir? Théophile est riche, en comparaison de moi; il a une petite fortune assurée; il peut travailler pour l'avenir. Et moi, qui n'ai que des dettes, il faudrait donc que je pusse travailler pour l'avenir, pour le présent et pour le passé en même temps!

— Mais Arsène n'a rien, reprit Eugénie, et en outre il soutient ses deux sœurs.

— Ah! s'écria Horace, frappé de l'allusion et entrant dans une sorte de fureur, il faudra donc que je me fasse garçon de café, moi! Non, il n'y a pas de femme au monde pour qui je me résoudrai à m'avilir dans une profession indigne de moi. Si Marthe s'imagine cela..

— Oh! Monsieur, ne blasphémez pas, dit Eugénie. Marthe ne s'imagine rien, car je lui ai fait un grand mystère de tout ceci; et le jour où elle saurait que de pareilles questions ont été soulevées à propos d'elle, je

suis sûre qu'elle nous fuirait tous dans la crainte d'être
à charge à quelqu'un d'entre nous. Je vois bien que
vous ne l'aimez pas ; car vous ne la comprenez guère, et
vous ne l'estimez nullement. Ah! pauvre Marthe, je savais bien qu'elle se trompait! »

Eugénie se leva pour s'en aller. Horace la retint.

« Et maintenant, dit-il, vous allez encore travailler
contre moi?

— Comme j'ai fait jusqu'ici, je ne vous le cache point.

— Vous allez me présenter comme un être odieux,
comme un monstre d'égoïsme, parce que je suis pauvre
au point de ne pouvoir entretenir une femme, et que je
me respecte au point de ne vouloir pas me faire laquais?
Ah! sans doute, si le mérite d'un homme se mesure au
poids de l'argent qu'il sait gagner, Paul Arsène est un
héros et moi un misérable!

— Il y a dans tout ce que vous dites, répliqua Eugénie, des idées insultantes pour Marthe et pour moi, auxquelles je ne daignerai plus répondre. Laissez-moi partir,
Monsieur. La vérité est dure ; mais il faudra que Marthe
l'apprenne, et qu'elle renonce dans le même jour à son
ami, à cause de vous, à vous, à cause d'elle-même.
Heureusement que nous lui resterons! Théophile saura
bien remplacer Arsène, avec plus de désintéressement
encore ; moi aussi, je travaillerai pour elle et avec elle ;
et jamais l'idée ne nous viendra que cela s'appelle *entretenir* une femme!

— Engénie, dit Horace en lui prenant les mains avec
feu, ne me jugez pas sans me comprendre. Vous vous
repentiriez un jour de m'avoir avili aux yeux de Marthe
et aux miens propres. Je n'ai pas les doutes infâmes que
vous m'attribuez. Je parle sans mesure et sans discernement peut-être ; mais aussi votre susceptibilité s'effa-
rouche pour des mots, et la mienne s'emporte à cause

du blessant parallèle que vous établissez toujours entre ce Masaccio et moi. Je n'ai pas l'instinct de l'imitation, j'ai horreur des modèles qui posent pour la vertu ; mais, sans rien affecter, sans rien jurer, je puis bien, ce me semble, pratiquer dans l'occasion le dévouement jusqu'au sacrifice. Que pouvez-vous savoir de moi, puisque je n'en sais rien moi-même ; je n'ai pas encore été mis à l'épreuve ; mais j'ai beau me tâter et m'interroger, je ne trouve en moi ni éléments de lâcheté ni germes d'ingratitude. Pourquoi donc me condamnez-vous d'avance ? Vous avez de cruelles préventions contre moi, Eugénie ; et je ne pourrai plus respirer, faire un pas, ou dire un mot, que vous ne les interprétiez à ma honte. Marthe ne pourra plus étouffer un soupir ou verser une larme qui ne me soient imputés. Enfin, nous ne pourrons plus exister l'un et l'autre sans que le nom d'Arsène soit suspendu sur nos têtes comme un arrêt. Cela gêne et contriste déjà tous les élans de mon cœur ; mon avenir perd sa poésie, et mon âme sa confiance. Cruelle Eugénie, pourquoi m'avez-vous dit toutes ces choses ?

— Et vous n'avez pas plus de courage que cela ? reprit Eugénie. Vous craignez de vous humilier en me disant que l'exemple d'Arsène ne vous effraie pas, et que vous vous sentez bien capable, comme lui, des plus grands actes d'abnégation pour l'objet de votre amour ?

— Mais que voulez-vous donc que je fasse ? A quoi faut-il m'engager ? Dois-je donc épouser ? Mais cela n'a pas le sens commun ! Je suis mineur, et mes parents ne me permettront jamais...

— Vous savez que je suis de la religion saint-simonienne à certains égards, répondit Eugénie, et que je ne vois dans le mariage qu'un engagement volontaire et libre, auquel le maire, les témoins et le sacristain ne donnent pas un caractère plus sacré que ne le font l'amour et la conscience. Marthe est, je le sais, dans les mêmes idées, et je crois que jamais elle ni moi ne vous parlerons de mariage légal. Mais il y a un mariage vraiment religieux, qui se contracte à la face du ciel ; et si vous reculez devant celui-là...

— Non, Eugénie, non, ma noble amie, s'écria Horace : celui-là n'a rien que je repousse. Je me plains seulement de la méfiance que vous me témoignez ; et, si vous la faites partager à votre amie, nous allons changer, grand Dieu ! la passion la plus spontanée et la plus vraie en quelque chose d'arrangé, de guindé et de faux, qui nous refroidira tous les deux. »

Pendant qu'Eugénie sondait ainsi avec une attention sévère le cœur d'Horace, à la même heure, au même instant, des atteintes plus profondes étaient portées à celui d'Arsène. Il était venu voir ses sœurs, ou plutôt Marthe, à la faveur de ce prétexte ; et Louison étant sortie à ce moment-là, Suzanne, qui était mécontente du despotisme de sa sœur aînée, avait résolu, elle aussi, de frapper un coup décisif. Elle prit Arsène à part.

« Mon frère, lui dit-elle, je vous demande votre protection, et je commence par réclamer le secret le plus profond sur ce que je vais vous confier. »

Arsène le lui ayant promis, elle lui raconta toute la conduite de Louison à l'égard de Marthe.

« Vous croyez, dit-elle, qu'elle s'est réconciliée de bonne foi avec Marton, et qu'elle ne lui cause plus aucun chagrin ? Eh bien, sachez qu'elle lui en prépare de bien plus grands, et qu'elle la hait plus que jamais. Voyant que vous l'aimiez, et qu'elle ne réussirait pas à vous détacher d'elle par des paroles, elle a résolu de l'avilir à vos yeux. Elle a voulu la perdre, et je crois bien qu'elle y a réussi déjà.

— L'avilir ! la perdre ! s'écria Paul Arsène. Est-ce ma sœur qui parle? est-ce de ma sœur que j'entends parler?

— Écoutez, Paul, reprit Suzanne, voici ce qui s'est passé. Louison a écouté, à travers la cloison de sa chambre, ce que M. Théophile et Eugénie se disaient dans la leur. Elle a appris de cette manière qu'Eugénie voulait vous faire épouser Marthe, et que Marthe commençait à aimer M. Horace. Alors elle m'a dit : — Nous sommes sauvées, et notre frère va bientôt savoir qu'on se joue de lui. Seulement il faut lui en fournir la preuve; et quand il aura découvert quelle femme perdue il nous a donnée pour compagnie, il la chassera, et il ne croira plus que nous. — Mais quelle preuve lui en donnerez-vous? lui ai-je dit; Marthe n'est pas une femme perdue. —Si elle ne l'est pas, elle le sera bientôt, je t'en réponds, a dit Louison. Tu n'as qu'à faire comme moi et à m'obéir en tout, et tu verras bien comme la folle donnera dans le panneau. Alors elle a fait semblant de demander pardon à Marthe, et elle s'est mise à dire toujours comme elle pour lui faire plaisir. Et puis elle a dit je ne sais quoi à M. Horace pour l'encourager à courtiser Marton; et puis elle disait toute la journée à Marton que M. Horace était un beau jeune homme, un brave jeune homme, et qu'à sa place elle ne le ferait pas tant languir ; et puis, enfin, elle leur ménageait des tête-à-tête, elle leur donnait l'occasion de se rencontrer dehors, et, tant qu'Eugénie a été malade, elle les a laissés exprès ensemble toute la journée dans une chambre, m'a emmenée dans l'autre, et deux ou trois fois Marthe est venue tout effrayée et tout émue auprès de nous, comme pour se réfugier, et cependant Louison lui fermait la porte au nez, et feignait de ne pas l'entendre frapper. Dieu sait ce qui est résulté de tout cela ! C'est toujours bien affreux de la part d'une fille comme Louison, qui me fait des sermons épouvantables quand l'épingle de mon fichu n'est pas attachée juste au-dessous du menton, et qui ne se laisserait pas prendre le bout du doigt par un homme, de jeter ainsi une pauvre fille dans les piéges du diable, et de favoriser un jeune homme dont certainement les intentions sont peu chrétiennes. Cela m'a fait beaucoup de honte pour elle et de peine pour Marthe. J'ai essayé de faire comprendre à celle-ci qu'on ne lui voulait pas de bien en agissant ainsi, et que M. Horace n'était qu'un enjôleur. Marthe a mal pris la chose, elle a cru que je la haïssais. Louison m'a menacée de me rouer de coups, si je disais un mot de plus, et Eugénie, me voyant triste, m'a reproché d'avoir de l'humeur. Enfin, le moment est venu où le coup qu'on vous prépare va vous arriver. N'en soyez pas surpris, mon frère, et montrez de l'indulgence à cette pauvre Marthe, qui n'est pas la plus coupable ici. »

Arsène sut renfermer la terrible émotion que lui causa cette confidence. Il douta quelque temps encore. Il se demanda si Louison était un monstre de perfidie, ou si Suzanne était une calomniatrice infâme; et, dans l'un comme dans l'autre cas, il se sentit blessé et atterré d'avoir un tel être dans sa famille. Il attendit que Louison fût rentrée, pour l'interroger d'un air calme et confiant sur les relations de Marthe avec Horace. « On m'a dit qu'ils s'aimaient, lui dit-il. Je n'y vois pas le moindre mal, et je n'ai pas le plus petit droit de m'en offenser. Mais j'aurais cru que, comme mes sœurs, vous m'en auriez averti plus tôt, puisque vous pensiez que j'y prenais grand intérêt. »

Louison vit bien que, malgré cet air résigné, Paul avait les lèvres pâles et la voix suffoquée. Elle crut qu'une jalousie concentrée était la seule cause de sa souffrance, et, se réjouissant de son triomphe, — Ah, dame! Paul, vois-tu lui dit-elle, on ne peut parler que quand on est sûr de son fait, et tu nous as si mal reçues quand nous avons voulu t'avertir ! Mais, à présent, je puis bien te parler franchement, si toutefois tu l'exiges, et si tu me promets que Marton ne le saura pas.

En parlant ainsi, elle tira de sa poche une lettre qu'Horace l'avait chargée de remettre à Marthe. Arsène ne l'eût pas ouverte lors même que sa vie en eût dépendu. D'ailleurs, dans ses idées simples et rigides, une lettre était par elle-même une preuve concluante. Il mit celle-là dans sa poche, et dit à Louison : « Il suffit, je te remercie; mon parti était déjà pris en venant ici. Je te donne ma parole d'honneur que Marthe ne saura jamais le service que tu viens de me rendre. »

Il passa dans mon cabinet, où je venais de rentrer moi-même, et, quelques instants après, Eugénie arriva. « Tenez, lui dit-il en lui remettant la lettre d'Horace, voici une lettre pour Marthe, que j'ai trouvée par terre dans la chambre de mes sœurs. C'est l'écriture de M. Horace ; je la connais.

— Paul, il est temps que je vous parle, dit Eugénie.

— Non, Mademoiselle, c'est inutile, dit Paul ; je ne veux rien savoir. Je ne suis pas aimé; le reste ne me regarde pas. Je n'ai jamais été importun, je ne le serai jamais. Je n'ai été indiscret qu'avec vous, en vous parlant souvent de moi, et en vous imposant la société de mes sœurs, qui ne vous a pas été toujours des plus agréables. Louison est difficile à vivre ; et l'occasion s'étant présentée de la placer ailleurs, je venais vous dire que, dès demain, je vous en débarrasse, ainsi que de Suzanne, en vous remerciant toutefois des bontés que vous avez eues pour elles, et en vous priant de me garder votre amitié, dont je viendrai toujours me réclamer le plus souvent qu'il me sera possible, tant que M. Théophile ne le trouvera pas mauvais.

— Vos sœurs ne me sont nullement à charge, répondit Eugénie. Suzanne a toujours été fort douce, et Louison l'est devenue depuis quelque temps. Je conçois que vos idées sur l'avenir ayant changé, vous vouliez rompre l'union que nous avions formée sous de meilleurs auspices; mais pourquoi vous tant presser?

— Il faut que mes sœurs s'en aillent bien vite, reprit Arsène. Elles ne sont peut-être pas aussi bonnes qu'elles en ont l'air, et je suis tout à fait en mesure de les établir. Écoutez, Eugénie, dit-il en la prenant à part, j'espère que vous garderez Marthe auprès de vous tant qu'elle n'aura pas pris un parti contraire, et que vous veillerez à ce que tous ses désirs soient satisfaits, tant qu'un autre ne s'en sera pas chargé. Voici une partie de la somme que j'ai touchée ce matin; destinez-la au même usage qu'à l'ordinaire, et, comme à l'ordinaire, gardez mon secret.

— Non, Paul, cela ne se peut plus, dit Eugénie. Ce serait avilir en quelque sorte la pauvre Marthe que de lui rendre encore de tels services après ce que vous savez. Il faut qu'elle apprenne enfin à qui elle doit le bien-être dont elle a joui jusqu'à présent, afin qu'elle vous en rende grâce et qu'elle y renonce à jamais.

— Eugénie, dit Paul vivement, si vous agissez ainsi, je ne pourrai plus remettre les pieds chez vous, et je ne pourrai jamais revoir Marthe. Elle rougirait devant moi, elle serait humiliée, elle me haïrait peut-être. Laissez-moi donc sa confiance et son amitié, puisque je ne dois jamais prétendre à autre chose. Quant à refuser pour elle les derniers services que je veux lui rendre, vous n'en avez pas le droit, pas plus que vous n'avez celui de trahir le secret que vous m'avez juré. »

J'appuyai ses résolutions auprès d'Eugénie, et il fut convenu que Marthe ne saurait rien. Elle rentra bientôt avec Horace, qu'elle avait attendu, je crois, sur l'escalier. Arsène lui souhaita le bonjour, et, parlant avec calme de choses générales, il l'observa attentivement ainsi qu'Horace, sans que ni l'un ni l'autre s'en aperçût; les amoureux ont, à cet égard-là, une faculté d'abstraction vraiment miraculeuse. Au bout d'un quart d'heure, Arsène se retira après avoir serré fortement la main de Marthe et avoir salué Horace tranquillement. Je compris le regard d'Eugénie, et je descendis avec lui. Je craignais que cette fermeté stoïque ne cachât quelque projet désespéré, d'autant plus qu'il faisait son possible pour m'éloigner. Enfin, ne pouvant plus lutter contre lui-même et contre moi, il s'appuya sur le parapet, et je le vis défaillir. Je le forçai d'entrer chez un pharmacien et d'y prendre quelques gouttes d'éther. Je lui parlai longtemps; il parut m'écouter, mais je crois bien qu'il ne m'entendit pas. Je le reconduisis chez lui, et ne le quittai que lorsque je l'eus vu se mettre au lit. Au bout de la rue, je fus assailli du souvenir tragique de tant de suicides nocturnes causés par des désespoirs d'amour; je revins sur mes pas, et rentrai chez lui. Je le trouvai assis sur son lit, suffoqué par des sanglots qui ne pouvaient trouver d'issue et qui le torturaient. Mes témoignages d'amitié firent tomber de ses yeux quelques larmes, qui le soulagèrent faiblement. Un peu revenu à lui, et voyant mon inquiétude :

« Tranquillisez-vous donc, Monsieur, me dit-il; je vous donne ma parole d'honneur que je serai *un homme*. Peut-être quand je serai seul pourrai-je pleurer; ce serait le mieux. Laissez-moi donc, et comptez sur moi. J'irai vous voir demain, je vous le jure. »

Quand je rentrai chez moi, je trouvai Marthe d'une

gaieté charmante. Horace, d'abord troublé par la présence de son rival, s'était battu les flancs pour être aimable, et celle qui l'aimait ne se faisait pas prier pour trouver son esprit ravissant. Elle ne s'était seulement pas doutée que Paul eût la mort dans l'âme, et mon visage altéré ne lui en donnait pas le moindre soupçon. O égoïsme de l'amour! pensai-je.

XV.

Dès le lendemain Arsène vint chercher ses sœurs; et, sans presque leur donner le temps de nous faire leurs adieux, il les emmena silencieusement dans le nouveau domicile qu'il leur avait préparé à la hâte.

— Maintenant, leur dit-il, vous êtes libres de me dire si vous voulez rester ici ou si vous aimez mieux retourner au pays.

— Retourner au pays? s'écria Louison stupéfaite; tu veux donc nous renvoyer, Paul? tu veux donc nous abandonner?

— Ni l'un ni l'autre, répondit-il; vous êtes mes sœurs, et je connais mon devoir. Mais j'ai cru que vous haïssiez la capitale et que vous désiriez partir.

Louison répondit qu'elle s'était habituée à la vie de Paris, qu'elle ne trouverait plus d'ouvrage au pays, puisque son départ lui avait fait perdre sa clientèle, et qu'elle désirait rester.

Depuis qu'à force d'écouter à travers la cloison, Louise avait surpris tous les secrets de notre ménage, elle s'était réconciliée avec le séjour de Paris, grâce aux avantages qu'elle avait cru pouvoir tirer du dévouement incomparable de son frère. Jusque-là elle n'avait pas connu Arsène; elle avait compté sur une sorte d'assistance, mais non pas sur un complet abandon de ses goûts, de sa liberté, de son existence tout entière. Elle n'avait pas compris non plus cette activité, ce courage, cette aptitude au gain, si l'on peut s'exprimer ainsi, qui se développaient en lui lorsqu'il était mû par une passion généreuse. Dès qu'elle sut tout le parti qu'on pouvait tirer de lui, elle le regarda comme une proie qui lui était assurée et qu'elle devait se mettre en mesure d'accaparer. Les seules passions qui gouvernent les femmes mal élevées, lorsqu'une grandeur d'âme innée ne contre-balance pas les impressions journalières, ce sont la vanité et l'avarice. L'une les mène au désordre, l'autre à l'égoïsme le plus étroit et le plus impitoyable. Louison, privée de bonne heure des soins d'une mère, sacrifiée à une marâtre, et abandonnée à de mauvais exemples ou à de mauvaises inspirations, devait subir l'une ou l'autre de ces passions funestes. Elle pencha par réaction vers celle que sa belle-mère n'avait pas, et, vertueuse par haine du vice qu'elle avait sous les yeux, elle se livra par instinct à celui que lui suggéraient la misère et les privations. Elle devint cupide ; et, ne songeant plus qu'à satisfaire ce besoin impérieux, elle y puisa une adresse et une fourberie dont son intelligence bornée n'eût pas semblé susceptible. C'est ainsi qu'elle avait poussé Marthe dans le piége, et que désormais elle se flattait de régner sans partage sur la conscience de son frère.

« Ce qu'il faisait pour nous, disait-elle tout bas à Suzanne, à cause de cette païenne, il le fera encore mieux quand il saura, grâce à nous, combien elle en était indigne. »

Suzanne n'avait pas, à beaucoup près, l'âme aussi noire que sa sœur ; mais, habituée à trembler devant elle, elle n'avait que des remords tardifs ou des réactions avortées. Arsène était bien loin de soupçonner la bassesse calculée des intentions de Louise. Il attribua son affreuse perfidie envers Marthe à une de ces haines de femme fondées sur le préjugé, l'intolérance religieuse et l'esprit de domination refoulé jusqu'à la vengeance. Il trouva bien une monstrueuse inconséquence entre sa conduite officieuse envers Horace et ses maximes de pudeur farouche ; il attribua ces contradictions à l'ignorance, à une dévotion mal entendue. Il en fut attristé profondément ; mais, plein de compassion et de courage, il résolut d'ensevelir dans le secret de son âme le crime de cette sœur altière et cruelle. Il se promit de la convertir peu à peu à des sentiments plus vrais et plus nobles ; et de ne lui faire de reproches que le jour où elle serait capable de comprendre sa faute et de la réparer. Par la suite il disait à Eugénie, informée malgré sa discrétion de ce qui s'était passé entre sa sœur et lui :

« Que voulez-vous ! si je vous eusse dit alors le mal qu'elle m'avait fait, vous l'auriez tous haïe et méprisée ; vous eussiez dit : C'est un monstre ! Et comme la perte de l'estime des honnêtes gens est le plus grand malheur qui puisse arriver, ma sœur m'a causé dans ce moment-là tant de pitié, que je n'ai presque pas eu de colère. »

Aussi lui montra-t-il une douceur pleine de tristesse, qu'elle prit pour un redoublement d'affection.

« Si vous désirez rester ici et que ce soit dans vos intérêts, leur dit-il, je ne m'y oppose pas. Je vous chercherai de l'ouvrage, et je vous soutiendrai en attendant. Nous ne sommes pas assez *fortunés* pour avoir des logements séparés ; je demeurerai avec vous. Voilà qui est convenu jusqu'à nouvel ordre.

— Qu'est-ce que tu veux dire avec ton nouvel ordre ? demanda Louison.

— Cela veut dire jusqu'à ce que vous puissiez vous passer de moi, répondit-il ; car ma vie n'est pas assurée contre la mort comme une maison contre l'incendie. Avisez donc peu à peu aux moyens de vous rendre indépendantes, soit par d'honnêtes mariages, soit en vous faisant, par votre intelligence et votre activité, une bonne clientèle.

— Sois sûr, dit Louison un peu déconcertée, en affectant de la fierté, que nous ne resterons pas à ta charge sans rien faire ; nous voulons au contraire te débarrasser de nous le plus tôt possible.

— Il ne s'agit pas de cela, reprit Arsène, qui craignit de l'avoir blessée. Tant que je serai vivant, tout ce qui est à moi est à vous ; mais, je vous l'ai dit, je ne suis pas immortel, et il faut songer...

— Mais quelles idées a-t-il donc aujourd'hui ! s'écria Louison en se retournant avec effroi vers Suzanne ; ne dirait-on pas qu'il veut se faire périr ? Ah çà, mon frère, est-ce que le chagrin te prend ? Est-ce que tu vas te faire de la peine pour cette...

— Je vous défends de jamais prononcer devant moi le nom de Marthe ! dit Arsène avec une expression qui fit pâlir les deux sœurs. Je vous défends de jamais me parler d'elle, même indirectement, soit en bien, soit en mal, entendez-vous ? La première fois que cela vous arrivera, vous me verrez sortir d'ici pour n'y jamais rentrer. Vous êtes averties.

— Il suffit, dit Louison terrassée, on s'y conformera. Mais ce n'est pas vous parler d'elle, Paul, que de vous conjurer de ne pas avoir de chagrin.

— Ceci ne regarde personne, reprit-il avec la même énergie, et je ne veux pas non plus qu'on m'interroge. J'ai parlé de mort tout à l'heure, et je dois vous dire que je ne suis pas homme à me suicider. Je ne suis pas un lâche ; mais le temps est à la guerre, et je ne dis pas qu'une révolution se déclarant, je n'y prendrais point part comme j'ai déjà fait l'année dernière. Ainsi, habituez-vous à l'idée de vous suffire un jour à vous-mêmes, comme d'honnêtes artisanes doivent et peuvent le faire. Je vais à mon bureau. Raccommodez vos nippes en attendant; car dans quelques jours vous aurez de l'ouvrage. Mais je vous défends d'en demander ou d'en accepter d'Eugénie. »

« Vois-tu, dit Louison à sa sœur dès qu'il fut sorti, tout a réussi comme je le voulais. Il déteste aussi Eugénie à présent. Il croit que c'est elle qui a perdu Marthe. »

Suzanne baissa la tête avec embarras, puis elle dit : « Il a le cœur bien gros; il ne pense qu'à mourir.

— Bah! c'est l'histoire du premier jour, reprit l'autre; tu verras que bientôt il n'y pensera plus. Arsène est fier; il ne voudra pas se faire de la peine pour une fille qui se moque de lui avec un autre, et tu verras aussi qu'il sera le premier à nous en parler, et à être content quand nous dirons du mal d'elle.

— C'est égal, je ne le ferai jamais, dit Suzanne.

— Oh! toi, *une sans cœur*, une sotte qui aurait tout supporté de la part de Marton sans rien dire! Tu as trop d'indulgence, Suzon. Si tu avais des principes, tu saurais qu'il ne faut pas être trop bonne pour les femmes sans mœurs. Tu verras, je te dis, qu'un jour n'est pas loin où mon frère te reprochera aussi ton indifférence sur ce chapitre-là.

— C'est égal, je te répète, dit Suzanne, que je ne me hasarderai jamais à lui dire un mot contre Marthe, quand même il aurait l'air de m'y encourager. Je suis bien sûre qu'il ne le supporterait pas. Essaies-en, puisque tu te crois si fine! »

La journée se passa en querelles, comme à l'ordinaire. Néanmoins, lorsque Arsène rentra, il trouva sa chambre bien rangée, tout son linge raccommodé, ses effets nettoyés, pliés, et les légumes du souper cuits et servis proprement. Louison lui fit sonner très-haut tous ces bons offices, et l'accabla de prévenances importunes, qu'il subit sans impatience. Elle s'efforça de l'égayer, mais elle ne put lui arracher un sourire ; à peine eut-il avalé quelques bouchées, qu'il sortit sans répondre aux questions qu'elle lui adressait. Il fut ainsi le lendemain, le surlendemain, et tous les jours suivants. Il agit avec tant d'esprit et de zèle, qu'il sut en peu de temps leur procurer de l'ouvrage, et il mit toujours à leur disposition, pour l'entretien de tous trois, les deux tiers de l'argent qu'il gagnait ; mais il fit une part de l'autre tiers, et elles n'en connurent jamais la destination. En vain Louison chercha jusque dans la paillasse de son lit, jusque sous les carreaux de sa chambre, pour voir s'il ne se faisait pas une bourse particulière, elle ne trouva rien ; en vain hasarda-t-elle d'adroites questions, elle n'obtint pas de réponse ; en vain essaya-t-elle de lui faire placer cet argent invisible en meubles, en linge, en objets qu'elle disait utiles au ménage, il fit la sourde oreille, ne les laissa manquer d'aucune chose nécessaire à leur entretien, mais se refusa constamment la moindre superfluité personnelle. Ce fut un grand souci pour Louison, qui, comptant pour rien de disposer de la majeure partie du bien de son frère, se creusait la cervelle pour arriver à la conquête du reste. Il lui semblait qu'Arsène commettait une injustice, presque un vol, en se réservant quelques écus pour un usage mystérieux. Elle n'en dormait pas ; et, si elle l'eût osé, elle eût manifesté le dépit qu'elle en ressentait ; mais avec sa douceur impassible et son silence glacé, Arsène la tenait sous une domination qu'elle n'avait pas prévue si austère. Il fallut pourtant s'y soumettre, renoncer à connaître le fond de ce cœur qui s'était fermé pour jamais, et à surprendre une pensée sur ce visage qui s'était pétrifié.

J'ai dit ces détails de son intérieur, quoique je n'y aie point pénétré à cette époque ; mais tout ce qui tient aux personnes dont je raconte ici l'histoire m'a été peu à peu dévoilé par elles-mêmes avec tant de précision, que je puis les suivre dans les circonstances de leur vie où je n'ai pris aucune part, avec la même fidélité que je ferai quant à celles où j'ai assisté personnellement.

Le départ des deux sœurs fut pour nous un véritable soulagement ; mais le mystère et la promptitude qu'Arsène avait mis à effectuer cette séparation furent longtemps inexplicables pour nous. Nous pensâmes d'abord qu'il voulait ne jamais revoir Marthe, et qu'il s'en ôtait courageusement l'occasion et le prétexte. Mais il revint nous voir comme à l'ordinaire ; et lorsque Marthe lui demanda l'adresse de ses sœurs, il éluda ses questions, et finit par lui dire qu'elles étaient placées chez une maîtresse couturière à Versailles. Je savais le contraire, parce que je les rencontrais quelquefois dans les alentours de la maison de commerce où Arsène était occupé ; leur affectation à m'éviter me faisait pressentir et respecter la volonté d'Arsène. Il fut impossible à Eugénie d'avoir le mot de cette énigme ; elle ne put même pas amener Arsène à une nouvelle explication sur ses sentiments secrets et sur ses résolutions à l'égard de Marthe. Effrayée du calme qu'il montrait, et craignant qu'il ne conservât un reste d'espérance trompeuse, elle essayait souvent de le désabuser ; mais il coupait court à tout entretien de ce genre, en lui disant à la hâte : « Je sais bien ! je sais bien ! inutile d'en parler. »

Du reste, pas un mot, pas un regard qui pût faire soupçonner à Marthe qu'elle était l'objet d'une passion ardente et profonde. Il joua si bien son rôle qu'elle se persuada n'avoir jamais été qu'une amie à ses yeux ; et nous-mêmes nous commençâmes à croire qu'il avait triomphé de son amour et qu'il était guéri.

Eugénie, qui prévoyait la confusion et le chagrin de Marthe lorsqu'elle apprendrait les services d'argent qu'il lui avait rendus à son insu, le força de reprendre celui qu'il avait apporté en dernier lieu. Désormais elle voulut rester chargée exclusivement de son amie, et cette charge était bien légère. Marthe était d'une sobriété excessive ; elle était vêtue avec une simplicité modeste, et elle aidait assidûment Eugénie dans son travail. La seule trace des bienfaits d'Arsène que nous n'eussions pas fait disparaître, de peur d'affliger trop cet excellent jeune homme, c'était un petit mobilier qu'il avait acquis pour elle, et qui se composait d'une couchette en fer, de deux chaises, d'une table, d'une commode en noyer, et d'une petite toilette qu'il avait choisie lui-même, hélas ! avec tant d'amour ! Nous faisions accroire à Marthe que ces meubles étaient à nous, et que nous les lui prêtions. Elle agréait nos soins avec tant de candeur et de charme, que nous eussions été heureux de les lui faire agréer toute notre vie ; mais il n'en devait pas être ainsi. Un mauvais génie planait sur la destinée de Marthe : c'était Horace.

Après la déclaration formelle d'Eugénie, il s'était attendu à une lutte avec Arsène. Il était fort humilié d'avoir un semblable rival ; et cependant, comme il le savait très-fin, très-hardi, très-estimé de nous tous, et de Marthe la première, c'en était assez pour qu'il acceptât cette lutte. Quelques jours auparavant, il eût abandonné la partie plutôt que de commettre son esprit élégant et cultivé avec la malice un peu crue et un peu rustique du Masaccio ; mais à ce moment-là, son amour était arrivé à un paroxysme fébrile, et il n'eût pas rougi de disputer l'objet de ses désirs à M. Poisson lui-même.

A la grande surprise de tous, Paul Arsène parut calme jusqu'à l'indifférence, et Horace pensa qu'Eugénie avait beaucoup exagéré son amour. Mais lorsqu'il sut que Paul n'ignorait plus le sien, et lorsque je lui eus raconté dans quelles angoisses de douleur j'avais surpris ce courageux jeune homme, il commença à s'inquiéter de sa persévérance à reparaître devant lui, et de l'espèce de tranquillité triomphante qu'il semblait jouer pour le braver. Sa jalousie s'alluma; les plus étranges soupçons s'éveillèrent dans son esprit, et il les laissa paraître. Marthe n'y comprit rien d'abord : sa conscience était trop pure pour qu'elle pût s'offenser de doutes qui n'avaient pas de sens pour elle. Le sombre dépit d'Horace la troubla sans l'éclairer. Eugénie eut la délicatesse de ne pas se mêler de ce qui se passait entre eux, mais elle espéra qu'en s'apercevant de l'outrage qui lui était fait, Marthe se relèverait fière et blessée.

Dans ses accès de jalousie, Horace me pria, par dépit, de le conduire chez madame de Chailly. Il y retourna deux ou trois fois, et affecta de trouver la vicomtesse de plus en plus adorable. Ce furent autant de blessures dans le cœur de Marthe; mais l'amour naissant est comme un serpent fraîchement coupé par morceaux, qui trouve en soi la force de se rapprocher et de se réunir. Aux tristesses, aux insomnies, aux querelles vives et amères, succédèrent les raccommodements pleins d'exaltation et d'ivresse; aux serments de ne plus se voir, les serments de ne se jamais quitter. Ce fut un bonheur plein d'orages et mêlé de beaucoup de larmes; mais ce fut un bonheur plein d'intensité et rendu plus vif par les réactions.

Un jour qu'Horace avait voulu railler et dénigrer Arsène en son absence, et que Marthe le défendait avec chaleur, il prit son chapeau, comme il faisait dans ses emportements, et partit sans dire mot à personne. Marthe savait bien qu'il reviendrait le lendemain, et qu'il demanderait pardon de ses torts; mais elle était de ces âmes tendres et passionnées qui ne savent pas attendre fièrement la fin d'une crise douloureuse. Elle se leva, jeta son châle sur ses épaules, et s'élança vers la porte.

« Que faites-vous donc? lui dit Eugénie.

— Vous le voyez, répondit Marthe hors d'elle-même, je cours après lui.

— Mais, mon amie, vous n'y songez pas; n'encouragez pas de semblables injustices, vous vous en repentirez.

— Je le sais bien, dit Marthe; mais c'est plus fort que moi, il faut que je l'apaise.

— Il reviendra de lui-même, laissez-lui-en du moins le mérite.

— Il reviendra demain!

— Eh bien! oui, demain, certainement.

— Demain, Eugénie? Vous ne savez pas ce que c'est que d'attendre jusqu'à demain! Passer toute la nuit avec la fièvre, avec le cœur gonflé, avec une insomnie qui compte les heures, les minutes, avec cette horrible pensée impossible à chasser : il ne m'aime pas! et celle-ci plus affreuse encore : il n'est pas bon, il n'est pas généreux, je ne devrais pas l'aimer! Oh! non, vous ne connaissez pas cela, vous.

— Mon Dieu, s'écria Eugénie, vous comprenez que vous avez tort de l'aimer, et quand il vous vient une lueur de raison, vous êtes impatiente de la perdre.

— Laissez-moi la perdre bien vite, dit Marthe; car cette clarté est la plus intolérable souffrance qu'il y ait au monde. » Et, se dégageant des bras d'Eugénie, elle s'élança dans l'escalier et disparut comme un éclair.

Eugénie n'osa pas la suivre, dans la crainte d'attirer les regards sur elle et d'occasionner un scandale dans la maison. Elle espéra qu'au bas de l'escalier ces amants insensés se rencontreraient, et qu'au bout de quelques instants elle les verrait revenir ensemble. Mais Horace, furieux, marchait avec une rapidité extrême. Marthe le voyait à dix pas; elle n'osait pas l'appeler sur le quai, elle n'avait pas la force de courir. A chaque pas, elle se sentait prête à défaillir; elle le voyait frapper de sa canne sur le parapet, dans un mouvement de rage irréfrénable. Elle se remettait à le suivre, ne songeant plus à sa souffrance personnelle, mais à celle de son amant. Il renversa deux ou trois passants, en fit crier et jurer une demi-douzaine en les heurtant, monta la rue de La Harpe, et arriva à l'hôtel de Narbonne, où il demeurait, sans s'apercevoir que Marthe était sur ses traces et avait failli dix fois le joindre. Au moment où il prenait sa clef et son bougeoir des mains de la portière, il vit le visage refrogné de celle-ci regarder par-dessus son épaule :

« Où allez-vous donc, Mam'selle? » dit-elle d'une voix courroucée à une personne qui s'apprêtait à monter l'escalier sans rien lui dire.

Horace se retourna, et vit Marthe, sans chapeau, sans gants, et pâle comme la mort. Il la saisit dans ses bras, l'enleva à demi, et lui jetant son châle sur la tête, comme un voile pour la soustraire aux regards, il l'entraîna dans l'escalier, et la conduisit légèrement jusqu'à sa chambre. Là, il se jeta à ses pieds. Ce fut toute l'explication. Le sujet même de la querelle fut oublié dans ce premier instant. — Oh! que je suis heureux, s'écria-t-il dans un délire d'amour; te voilà, tu es avec moi, nous sommes seuls! Pour la première fois de la vie, je suis seul avec toi, Marthe! Comprends-tu mon bonheur?

— Laisse-moi partir, dit Marthe effrayée; Eugénie m'a peut-être suivie, peut-être Arsène. Mon Dieu! est-ce un rêve! J'ai vu quelque part, en te suivant, la figure d'Arsène, je ne sais où. Non, je n'en suis pas sûre... peut-être!... C'est égal, tu m'aimes, tu m'aimes toujours! Allons-nous-en, reconduis-moi.

— Oh! pas encore! pas encore! disait Horace; encore un instant! Si Eugénie vient, je ne réponds pas; si Arsène vient, je le tue. Reste ainsi, reste encore un instant!

Cependant Eugénie seule, inquiète, épouvantée, comptait les minutes, allait du palier à la fenêtre, et ne voyait pas revenir Marthe. Enfin elle entend monter l'escalier. C'est elle, enfin!... Non, c'est le pas d'un homme.

Elle se réjouit de la pensée que c'était moi, et qu'elle allait pouvoir m'envoyer à la recherche de Marthe. Elle courut au-devant de moi; mais au lieu de moi, c'était Arsène.

« Où donc est Marthe? dit-il d'une voix éteinte.

— Elle est sortie pour un instant, dit Eugénie, troublée; elle va rentrer tout de suite.

— Sortie toute seule à la nuit? dit Arsène; vous l'avez laissée sortir ainsi?

— Elle va rentrer avec Théophile, dit Eugénie, éperdue.

— Non! non! elle ne rentrera pas avec Théophile, dit Arsène en se laissant tomber sur une chaise. Ne vous donnez pas la peine de me tromper, Eugénie; elle ne rentrera pas même avec Horace. Elle rentrera seule, elle rentrera désespérée.

— Vous l'avez donc vue?

— Oui, je l'ai vue qui courait sur le quai du côté de la rue de la Harpe.

— Et Horace n'était pas avec elle?

— Je n'ai vu qu'elle.

— Et vous ne l'avez pas suivie?

— Non; mais je vais l'attendre, » dit-il.

Et il se leva précipitamment.

« Mais pourquoi n'avez-vous pas couru après elle? dit Eugénie ; pourquoi êtes-vous venu ici?

— Ah! je ne sais plus, dit Arsène d'un air égaré. J'avais une idée, pourtant!... Oui, oui, c'est cela : je voulais vous demander, Eugénie, si c'était la première fois qu'elle sortait seule, le soir, ou seule avec lui?... Dites, est-ce la première fois?

— Oui, c'est la première fois, dit Eugénie. Marthe est encore pure, j'en fais le serment. Pourquoi, mon Dieu, n'avoir pas couru après elle?

— Oh! il est peut-être temps encore de tuer ce misérable! s'écria Arsène avec fureur. » Et, bondissant comme un chat sauvage, il s'élança dehors.

Eugénie comprit les suites funestes que pouvait avoir une telle aventure. Épouvantée, elle se mit à courir aussi après Arsène. Heureusement je montais l'escalier, et je les arrêtai tous deux.

« Où allez-vous donc? leur dis-je ; que signifient ces figures bouleversées?

— Retenez-le, suivez-le, me dit à la hâte Eugénie, en voyant qu'Arsène m'échappait déjà. Marthe est partie avec Horace, et Paul va faire quelque malheur; allez! »

Je courus à mon tour après le Masaccio, et je le rejoignis. Je m'emparai de son bras, mais sans pouvoir le retenir, quoique je fusse beaucoup plus grand et plus musculeux que lui. La colère avait tellement décuplé ses forces qu'il m'entraînait comme il eût fait d'un enfant.

J'appris par ses exclamations entrecoupées ce qui s'était passé, et je vis l'imprudence qu'Eugénie avait commise. La réparer par un mensonge était le seul moyen qui me restât pour empêcher un événement tragique.

« Comment pouvez-vous croire, lui dis-je, que ce soit

la première fois qu'ils sortent ensemble? c'est au moins la dixième. »

Cette assertion tomba sur lui comme l'eau sur le feu. Il s'arrêta court, et me regarda d'un air sombre.

« Êtes-vous bien sûr de ce que vous dites? me demanda-t-il d'une voix déchirante.

— J'en suis certain. Elle est sa maîtresse depuis plus d'un mois.

— Eugénie m'a donc trompé?

— Non, mais on trompe Eugénie.

— Sa maîtresse! Il ne veut donc pas l'épouser, l'infâme!

— Qu'en savez-vous? lui dis-je, ne songeant qu'à le calmer et à l'éloigner; Horace est un homme d'honneur, et ce que Marthe voudra, il le voudra aussi.

— Vous êtes sûr qu'il est un homme d'honneur! Jurez-moi cela sur le vôtre. »

A force d'assurances évasives et de réponses indirectes, je réussis à lui rendre la raison. Il me remercia du bien que je lui faisais, et il me quitta, en me jurant qu'il allait rentrer aussitôt chez lui.

Dès que je l'eus vu prendre cette direction, je courus à l'hôtel de Narbonne; je m'informai d'Horace. « Il est là-haut enfermé avec une demoiselle ou une dame, répondit la portière, enfin avec ce que vous voudrez. Mais je vais la faire descendre; je n'entends pas qu'il y ait du scandale ici. »

Je la priai de parler plus bas, et je l'y engageai par les *arguments irrésistibles* de Figaro. Elle m'expliqua que la dame était jolie, qu'elle avait de longs cheveux noirs et un châle écarlate. Je redoublai mes arguments, et j'obtins la promesse qu'elle ne ferait point de bruit, et qu'elle laisserait repartir la fugitive, à quelque heure que ce fût de la nuit, sans lui adresser une parole et sans faire part à personne de ce qu'elle avait vu.

Quand je fus tranquille à cet égard, je revins rassurer Eugénie. Je ne pus me défendre de rire un peu de sa consternation. Arsène mis à la raison et hors de cause, le dénoûment un peu brusque, mais inévitable, des amours de Marthe et d'Horace, me semblait moins surprenant et moins sombre que ne le voulait voir ma généreuse amie. Elle me gronda beaucoup de ce qu'elle appelait ma légèreté.

Voyez-vous, me dit-elle, depuis qu'elle l'aime, elle me fait l'effet d'être condamnée à mort ; et à présent je ne ris pas plus que je ne ferais si je la voyais monter à l'échafaud. »

Nous attendîmes une partie de la nuit. Marthe ne rentra pas. Le sommeil finit par triompher de notre sollicitude.

A l'aube naissante, la porte de l'hôtel de Narbonne s'ouvrit et se referma plus doucement encore après avoir laissé passer une femme qui couvrait sa tête d'un châle rouge. Elle était seule, et fit quelques pas rapidement pour s'éloigner. Mais bientôt elle s'arrêta, faible et brisée, au coin d'une borne, et s'appuya pour ne pas tomber. Cette femme, c'était Marthe.

Un homme la reçut dans ses bras : c'était Arsène.

« Quoi ! seule ! seule ! lui dit-il; il ne vous a pas seulement accompagnée !

— Je le lui ai défendu, dit Marthe d'une voix mourante; j'ai craint d'être rencontrée avec lui, et puis je n'ai pas voulu qu'il me revît au jour ! Je voudrais ne le revoir jamais ! Mais que fais-tu ici à cette heure, Paul ?

— Je n'ai pu dormir, répondit-il, et je suis venu vous attendre pour vous ramener; quelque chose m'avait dit que vous sortiriez de chez lui seule et désespérée. »

XVI.

Marthe était si confuse et si éperdue qu'elle ne voulait plus rentrer.

« Conduisez-moi auprès de vos sœurs, disait-elle à Arsène ; elles, du moins, ne sauront pas où j'ai passé la nuit.

— Vous n'avez pas d'amie plus fidèle et plus dévouée qu'Eugénie, répondit Arsène ; n'aggravez pas votre position par une plus longue absence. Venez, je vous accompagnerai jusque chez elle, et je vous réponds qu'elle ne vous adressera pas un reproche. »

Il la reconduisit jusqu'à la porte de sa chambre. Elle voulut s'y enfermer seule et y pleurer à son aise avant de nous revoir ; mais au moment de quitter Arsène, avec qui elle avait épanché son cœur comme s'il n'eût été que son frère, elle se ressouvint tout à coup qu'il avait pour elle un amour moins calme : elle l'avait oublié, habituée qu'elle était à compter sur un dévouement aveugle de sa part.

« Eh bien, Arsène, lui dit-elle avec un accent profond ; regrettes-tu maintenant de ne m'avoir pas épousée?

— Je le regretterai toute ma vie, répondit-il.

— Ne me parle pas ainsi, Arsène, dit-elle ; tu me déchires. Oh! que ne puis-je t'aimer comme tu le désires et comme tu le mérites! Mais Dieu me hait et me maudit! »

Quand elle fut seule, elle se jeta tout habillée sur son lit, et pleura amèrement. Eugénie, qui l'entendait sangloter à travers la cloison, frappa vainement à sa porte ; elle ne répondit pas. Inquiète, et craignant qu'elle ne fût en proie à ces convulsions nerveuses auxquelles elle était sujette, Eugénie prit plusieurs clefs, les essaya dans la serrure ; en trouva une qui ouvrit, et s'élança auprès d'elle. Elle la trouva la face enfoncée dans son traversin, et les mains crispées dans ses belles tresses noires toutes ruisselantes de larmes.

« Marthe, lui dit Eugénie en la pressant sur son sein, pourquoi donc cette douleur? Est-ce du regret pour le passé, est-ce la crainte de l'avenir? Tu as disposé de toi, tu étais libre, personne n'a le droit de t'humilier. Pourquoi te caches-tu au lieu de venir à moi, qui t'ai attendue avec tant d'inquiétude et qui te retrouve toujours avec tant de joie?

— Chère Eugénie, j'ai plus que des regrets, j'ai de la honte et des remords, répondit Marthe en l'embrassant. Je n'ai pas disposé de moi dans la liberté de ma conscience et dans le calme de ma volonté. J'ai cédé à des transports que je ne partageais pas, glacée que j'étais par le souvenir des injures récentes et par l'appréhension de nouveaux outrages. Eugénie! Eugénie! il ne m'aime pas; j'ai le profond sentiment de mon malheur! Il a de la passion sans amour, de l'enthousiasme sans estime, de l'effusion sans confiance. Il est jaloux parce qu'il ne croit point en moi, parce qu'il me juge indigne d'inspirer un amour sérieux, et incapable de le partager.

— C'est parce qu'il en est indigne et incapable lui-même! s'écria Eugénie.

— Non, ne dites pas cela; tout vient de moi, de ma destinée misérable. Lui, qui n'a point encore aimé, lui dont le cœur est aussi vierge que les lèvres, il méritait de rencontrer une femme aussi pure que lui.

— C'est pour cela, dit Eugénie en haussant les épaules, qu'il s'était épris de la vicomtesse de Chailly, qui a trois amants à la fois!

— Cette femme-là du moins, répliqua Marthe, a pour elle l'intelligence, une brillante éducation, et toutes les séductions de la naissance, des belles manières et du luxe.

Moi, je suis obscure, bornée, ignorante ; je sais à peine lire, je ne sais que comprendre ; mais je ne puis rien exprimer, je n'ai pas une idée à moi, je ne pourrai en aucun moment dominer le cœur et l'esprit d'un homme comme lui ! Oh ! il me l'a bien fait sentir, il me l'a bien dit cette nuit dans l'emportement de nos querelles, et à présent je vois que j'étais folle de me plaindre de lui. C'est moi seule que je dois accuser, c'est ma vie passée que je dois maudire.

— Eh quoi ! en êtes-vous là ? dit Eugénie consternée. Il a déjà fait le maître et le supérieur à ce point ? J'aurais pensé que, du moins, pendant la première ivresse, il se serait oublié un peu lui-même, pour ne voir et n'admirer que vous ; et, au lieu d'être à vos pieds pour vous remercier de cette preuve d'amour et de confiance si solennelle que nous donnons quand nous ouvrons nos bras et notre âme sans réserve, déjà il s'est levé en dominateur miséricordieux, pour vous honorer de son indulgence et de son pardon ! En vérité, Marthe, tu as raison d'être honteuse : car tu es bien humiliée...

— Ne dis pas cela, Eugénie. Si tu avais vu son trouble, sa souffrance, ses pleurs, et comme il me disait humblement et tendrement parfois ces choses si cruelles ! Non, il ne savait pas le mal qu'il me faisait, il n'y songeait pas. Il souffrait tant lui-même ! Il n'avait qu'une pensée, celle de se débarrasser de soupçons qui le torturaient ; et lorsqu'il m'accusait, c'était pour être rassuré par mes réponses. Mais moi, je n'avais pas la force de le faire. J'étais si effrayée de voir ce noble orgueil, cette pure jeunesse, cette grande intelligence, qui exigeaient tant de moi, et qui avaient le droit de tant exiger ; et je me sentais si peu de chose pour répondre à tout cela ! J'étais vais sentiment. « Qu'as-tu donc? me disait-il, tu n'es pas heureuse dans mes bras! Tu es sombre, préoccupée ; tu penses donc à un autre? » Alors il s'imaginait que j'avais des rapports secrets avec Paul Arsène, et il me suppliait de le chasser d'ici, et de ne jamais le revoir. J'y aurais consenti, oui, j'aurais eu cette faiblesse, s'il eût persisté à me le demander avec tendresse. Mais, dès mon premier mouvement d'hésitation, il me laissait voir un dépit et une aigreur qui me rendaient la force de lui résister ; car, moi aussi, je prenais du dépit, je devenais amère. Et nous nous sommes dit des choses bien dures, qui me sont restées sur le cœur comme une montagne !

— Tu avais raison de dire qu'il ne t'aime pas, reprit Eugénie ; mais tu te trompes quand tu t'imagines que c'est à cause de toi et de ton passé. Le mal ne vient que de son orgueil à lui, et d'un fonds d'égoïsme que tu vas encourager par ta faiblesse. L'homme qui a le cœur fait pour aimer ne se demande pas si l'objet de son amour est digne de lui. Du moment qu'il aime, il n'examine plus le passé ; il jouit du présent, et il croit à l'avenir. Si sa raison lui dit qu'il y a dans ce passé quelque chose à pardonner, il pardonne dans le secret de son cœur, sans faire sonner sa générosité comme une merveille. Cet oubli des torts est si simple, si naturel à celui qui aime! Arsène t'a-t-il jamais accusée, lui? Ne t'a-t-il pas toujours défendue contre toi-même, comme il t'aurait défendue contre le monde entier?

— Je douterais même d'Arsène, dit Marthe en soupirant. Je crois qu'en amour on est humble et généreux tant qu'on est repoussé ; mais le bonheur rend exigeant et cruel. Voilà ce qui m'arrive avec Horace. Durant ces heures de la nuit que nous avons passées ensemble, il y avait une alternative continuelle de douceur et de fierté mes pieds pour me calmer ; mais, à peine m'avait-il amenée à m'humilier devant lui, qu'il m'accablait de nouveau. Ah ! je crois que l'amour rend méchant !

— Oui, l'amour des méchants, » répliqua Eugénie en secouant tristement la tête.

Eugénie était injuste ; elle ne voyait pas la vérité mieux que Marthe. Toutes deux se trompaient, chacune à sa manière. Horace n'était ni aussi respectable ni aussi méchant qu'elles se l'imaginaient. Le triomphe le rendait volontiers insolent ; il avait cela de commun avec tant d'autres, que si on voulait condamner rigoureusement ce travers, il faudrait mépriser et maudire la majeure partie de notre sexe. Mais son cœur n'était ni froid ni dépravé. Il aimait certainement beaucoup ; seulement, l'éducation morale de l'amour lui ayant manqué, ainsi qu'à tous les hommes, comme il n'était pas du petit nombre de ceux dont le dévouement naturel fait exception, il aimait seulement en vue de son propre bonheur, et, si je puis m'exprimer ainsi, pour l'amour de lui-même.

Il vint dans la journée ; et, au lieu d'être confus devant nous, il se présenta d'un air de triomphe que je trouvai moi-même d'assez mauvais goût. Il s'attendait à des plaisanteries de ma part, et il s'était préparé à les recevoir de pied ferme. Au lieu de cela, je me permis de lui faire des reproches,

« Il me semble, lui dis-je en l'emmenant dans mon cabinet, que tu aurais pu avoir avec Marthe des entrevues secrètes qui ne l'eussent pas compromise. Cette nuit passée dehors sans préparation, sans prétexte, pourra faire beaucoup jaser les gens de la maison. »

Horace reçut fort mal cette observation.

— J'admire fort, dit-il, que tu prennes tant d'ombrage pour elle, lorsque tu vis publiquement avec Eugénie !

— C'est pour cela qu'Eugénie est respectée de tout ce

qui m'entoure, répondis-je. Elle est ma sœur, ma compagne, ma maîtresse, ma femme, si l'on veut. De quelque façon qu'on envisage notre union, elle est absolue et permanente. Je me suis fait fort de la rendre acceptable à tous ceux qui m'aiment, et d'entourer Eugénie d'assez d'amis dévoués pour que le cri de l'intolérance n'arrive pas jusqu'à ses oreilles. Mais je n'ai pas levé le voile qui couvrait nos secrètes amours avant de m'être assuré par la réflexion et l'expérience de la solidité de notre affection mutuelle. Après une première nuit d'enivrement, je n'ai pas présenté Eugénie à mes camarades en leur disant : « Voici ma maîtresse, respectez-la à cause de moi. » J'ai caché mon bonheur jusqu'à ce que j'aie pu leur dire avec confiance et loyauté : « Voici ma femme, elle est respectable par elle-même. »

— Eh bien, moi, je me sens plus fort que vous, dit Horace avec hauteur. Je dirai à tout le monde : « Voici mon amante, je veux qu'on la respecte. Je contraindrai les récalcitrants à se prosterner, s'il me plaît, devant la femme que j'ai choisie. »

— Vous n'y parviendrez pas ainsi, eussiez-vous le bras invincible des antiques *pourfendeurs* de la chevalerie. Au temps où nous vivons, les hommes ne se craignent pas entre eux ; et on ne respectera votre amante, comme vous l'appelez, qu'autant que vous la respecterez vous-même.

— Mais vous êtes singulier, Théophile ! En quoi donc ai-je outragé celle que j'aime ? Elle est venue se jeter dans mes bras, et je l'y ai retenue une heure ou deux de plus qu'il ne convenait d'après votre code des convenances. Vraiment, j'ignorais que la vertu et la réputation d'une femme fussent réglées comme le pouvoir des recors, d'après le lever et le coucher du soleil.

— Ce sont là de bien mauvaises plaisanteries, lui dis-je.

pour une journée aussi solennelle que celle-ci devrait l'être dans l'histoire de vos amours. Si Marthe en prenait aussi légèrement son parti, j'aurais peu d'estime pour elle. Mais elle en juge tout autrement, à ce qu'il me paraît, car elle n'a pas cessé de pleurer depuis ce matin. Je ne vous demande pas la cause de ses larmes ; mais n'irez-vous pas la lui demander avec un visage moins riant et des manières moins dégagées ?

— Écoutez, Théophile, dit Horace en reprenant son sérieux, je vais vous parler franchement, puisque vous m'y contraignez. L'amitié que j'ai pour vous me défendait de provoquer une explication que votre sévérité envers moi rend indispensable. Sachez donc que je ne suis plus un enfant, et que s'il m'a plu jusqu'ici de me laisser traiter comme tel, ce n'est pas un droit que vous ayez acquis irrévocablement et que je ne puisse pas vous ôter quand bon me semblera. Je vous déclare donc aujourd'hui que je suis las, extrêmement las, de l'espèce de guerre qu'Eugénie et vous faites, au nom de M. Paul Arsène, à mes amours avec Marthe. Je n'agis pas aussi légèrement que vous le croyez en mettant de côté toute feinte et toute retenue à cet égard. Il est bon que vous sachiez tous, vous et vos amis, que Marthe est ma maîtresse et non celle d'un autre. Il importe à ma dignité, à mon honneur, de n'être pas admis ici en surnuméraire, mais d'être bien pour vous, pour eux, pour Marthe, pour tout le monde et pour moi-même, l'amant, le seul amant, c'est-à-dire le maître de cette femme. Et comme depuis quelque temps, grâce au singulier rôle que vous me faites jouer, grâce aux prétentions obstinées de M. Paul Arsène, grâce à la protection peu déguisée que lui accorde Eugénie (grâce à votre neutralité, Théophile), grâce à l'amitié équivoque qui règne entre Marthe et lui, grâce enfin à mes propres soupçons, qui me font cruellement souffrir, je ne sais plus où j'en suis, ni ce que je suis ici, j'ai résolu de savoir enfin à quoi m'en tenir, et de bien dessiner ma position. C'est pour cela que je me présente ici ce matin, la tête levée, et que je viens vous dire à tous, sans tergiversation et sans ambiguïté : « Marthe a passé cette nuit dans mes bras, et si quelqu'un le trouve mauvais, je suis prêt à connaître de ses droits, et a lui céder les miens, s'ils ne sont pas les mieux fondés. »

— Horace, lui dis-je en le regardant fixement, si telle est votre pensée ce matin, à la bonne heure, je l'accepte ; mais si c'était celle que vous aviez hier soir en retenant Marthe auprès de vous pour la compromettre, c'est un calcul bien froid pour un homme aussi ardent que vous le paraissez, et je vois là plus de politique que de passion.

— La passion n'exclut point une certaine diplomatie, répondit-il en souriant. Vous savez bien, Théophile, que j'ai commencé ma vie par la politique. Si je deviens homme de sentiment, j'espère qu'il me restera pourtant quelque chose de l'homme de réflexion. Mais rassurez-vous, et ne vous scandalisez pas ainsi. Je vous avoue qu'hier soir j'ai été fort peu diplomate, que je n'ai pensé à rien, et que j'ai cédé à l'ivresse du moment. Mais ce matin, en me résumant, j'ai reconnu qu'au lieu d'un sot repentir je devais avoir le contentement et l'énergie d'un amant heureux.

— Ayez-les donc, lui dis-je, mais faites que votre visage et votre contenance n'expriment pas autre chose que ce que vous éprouvez ; car, en ce moment, vous avez, malgré vous, l'air d'un fat. »

J'étais irrité en effet par je ne sais quoi de vain et d'arrogant qu'il avait ce jour-là, et que, pour toute l'affection que je lui portais, j'eusse voulu lui ôter. Je craignais que Marthe n'en fût blessée ; mais la pauvre femme n'avait plus cette force de réaction. Elle fut intimidée, abattue et comme saisie d'un frisson convulsif à son approche. Il la rassura par des manières plus douces et plus tendres; mais il y eut entre eux une gêne extrême. Horace désirait d'être seul avec elle; et Marthe, retenue par un sentiment de honte, n'osait plus nous quitter pour lui accorder un tête-à-tête. Il espéra quelques instants qu'elle aurait le courage de le faire, et il suscita divers prétextes, qu'elle feignit de ne pas comprendre. Eugénie craignait de paraître affectée en leur cédant la place, et sur ces entrefaites Paul Arsène arriva.

Malgré tout l'empire que ce dernier exerçait sur lui-même, et quoiqu'il se fût bien préparé à la possibilité de rencontrer Horace, il ne put dissimuler tout à fait l'espèce d'horreur qu'il lui inspirait. Horace vit l'altération soudaine de son visage pâli et affaissé déjà par les angoisses de la nuit; et, saisi d'un transport d'orgueil insurmontable, il leva fièrement la tête, et lui tendit la main de l'air d'un souverain à un vassal qui lui rend hommage. Arsène, dans sa généreuse candeur, ne comprit pas ce mouvement, et, l'attribuant à un sentiment tout opposé, il saisit et pressa énergiquement la main de son rival, avec un regard de douleur et de franchise qui semblait dire : « Vous me promettez de la rendre heureuse, je vous en remercie. »

Cette muette explication lui suffit. Après s'être informé de la santé de Marthe, et lui avoir serré la main aussi avec effusion, il échangea quelques mots de causerie générale avec nous, et se retira au bout de cinq minutes.

XVII.

Horace n'était pas réellement jaloux d'Arsène au point d'être inquiet des sentiments de Marthe pour lui, mais il craignait qu'il n'y eût entre eux, dans le passé, un engagement plus intime qu'elle ne voulait l'avouer. Il pensait que, pour être si fidèlement dévoué à une femme qui vous sacrifie, il fallait conserver, ou une espérance, ou une reconnaissance bien fondée ; et ces deux suppositions l'offensaient également. Depuis qu'Eugénie lui avait révélé tout le dévouement d'Arsène, il avait pris encore plus d'ombrage. Ainsi qu'il l'avait naïvement avoué, il était blessé d'un parallèle qui ne lui était pas avantageux dans l'esprit d'Eugénie, et qui lui deviendrait funeste dans celui de Marthe, s'il devait être continuellement sous ses yeux. Et puis notre entourage voyait confusément ce qui se passait entre eux. Ceux qui n'aimaient pas Horace se plaisaient à douter de son triomphe, du moins ils affectaient devant lui de croire à celui d'Arsène. Ceux qui l'aimaient blâmaient Marthe de ne pas se prononcer ouvertement pour lui en chassant son rival, et ils le faisaient sentir à Horace. Enfin, d'autres jeunes gens qui, n'étant pour nous que de simples connaissances, ne venaient pas chez nous et jugeaient de nous avec une légèreté un peu brutale, se permettaient sur Marthe ces propos cruels que l'on pèse si peu et qui se répandent si vite. Obéissant à cette jalousie non raisonnée que l'on éprouve pour tout homme heureux en amour, ils rabaissaient Marthe, afin de rabaisser le bonheur d'Horace à leurs propres yeux. Plusieurs de ceux-là, qui avaient fait la cour à la beauté du café Poisson, se vengeaient de n'avoir pas été écoutés, en disant que ce n'était pas une conquête si difficile et si glorieuse, puisqu'elle écoutait un hâbleur comme Horace. Quelques-uns même disaient qu'elle avait eu pour amant son premier garçon de café. Enfin, je ne sais quel esprit fut assez bas, et quelle langue assez grossière, pour émettre l'opinion qu'elle était à la fois la maîtresse d'Arsène, celle d'Horace et la mienne.

Ces calomnies n'arrivèrent pas alors jusqu'à moi ; mais on eut l'imprudence de les répéter à Horace. Il eut la faiblesse d'en être impressionné, et il ne songea bientôt plus qu'à éblouir et terrasser ses détracteurs par une démonstration irrécusable de son triomphe sur tous ses rivaux vrais ou supposés. Il tourmenta Marthe si cruellement qu'il lui fit un crime et un supplice de la vie tranquille et pure qu'elle menait auprès de nous. Il voulut qu'elle se montrât seule avec lui au spectacle et à la promenade. Ces témérités affligeaient Eugénie, et ne lui paraissaient que d'inutiles bravades contre l'opinion. Tout ce qu'elle tentait pour empêcher son amie de s'y prêter poussait à bout l'impatience et l'aigreur d'Horace.

« Jusqu'à quand, disait-il à Marthe, resterez-vous sous l'empire de ce chaperon incommode et hypocrite, qui se scandalise dans les autres de tout ce qui lui semble personnellement légitime ? Comment pouvez-vous subir les admonestations pédantes de cette prude, qui n'est pas sans vues intéressées, j'en suis certain, et qui regarde comme l'amant préférable celui qui peut donner à sa maîtresse le plus de bien-être et de liberté ? Si vous m'aimiez, vous la réduiriez promptement au silence, et vous ne souffririez pas qu'elle m'accusât sans cesse auprès de vous. Puis-je être satisfait quand je vois ce tiers indiscret s'immiscer dans tous les secrets de notre amour ? Puis-je être tranquille lorsque je sais que votre unique amie est mon ennemie jurée, et qu'en mon absence elle vous aigrit et vous met en garde contre moi ? »

Il exigea qu'elle éloignât tout à fait Paul Arsène, et il y eut dans cette expulsion qu'il lui imposait quelque chose de bien particulier. Il craignait beaucoup le ridicule qui s'attache aux jaloux, et l'idée que le Masaccio pourrait se glorifier de lui avoir causé de l'inquiétude lui était insupportable. Il voulut donc que Marthe agît comme de propos délibéré et sans paraître subir aucune influence étrangère. Il rencontra de sa part beaucoup d'opposition à cette exigence injuste et lâche ; mais il l'y amena insensiblement par mille tracasseries impitoyables. Elle n'avait plus le droit de serrer la main de son ami, elle ne pouvait plus lui sourire. Tout devenait crime entre eux : un regard, un mot, lui étaient reprochés amèrement. Si Arsène, obéissant à une habitude d'enfance, la tutoyait en causant, c'était la preuve flagrante d'une ancienne intrigue entre eux. Si, lorsque nous nous promenions tous ensemble, elle acceptait le bras d'Arsène, Horace prenait un prétexte ridicule, et nous quittait avec humeur, disant tout bas à Marthe qu'il ne se souciait pas de passer pour l'antagoniste de Paul, et que c'était bien assez de succéder à un M. Poisson, sans partager encore avec son laquais. Quand Marthe se révoltait contre ces persécutions iniques, il la boudait durant des semaines entières ; et l'infortunée, ne pouvant supporter son absence, allait le chercher, et lui demander pour ainsi dire pardon des torts dont elle était victime. Mais si elle offrait alors d'avoir une franche explication avec le Masaccio, avant de le renvoyer :

« C'est cela, s'écriait Horace, faites-moi passer pour un fou, pour un tyran ou pour un sot, afin que M. Paul Arsène aille partout me railler et me diffamer ! Si vous agissez ainsi, vous me mettrez dans la nécessité de lui chercher querelle et de le souffleter, quelque beau matin, en plein café. »

Épuisée de cette lutte odieuse, Marthe prit un jour la main d'Arsène, et la portant à ses lèvres :

« Tu es mon meilleur ami, lui dit-elle, tu vas me rendre un dernier service, le plus pénible de tous pour toi, et surtout pour moi. Tu vas me dire un éternel adieu. Ne m'en demande pas la raison ; je ne peux pas et je ne veux pas te la dire.

— C'est inutile, j'ai deviné depuis longtemps, répondit Arsène. Comme tu ne me disais rien, je pensais que mon devoir était de rester tant que tu semblerais désirer ma protection. Mais puisqu'au lieu de t'être utile, elle te nuit, je me retire. Seulement, ne me dis pas que c'est pour toujours, et promets-moi que quand tu auras besoin de moi, tu me rappelleras. Tu n'auras qu'un mot à dire, un geste à faire, et je serai à tes ordres. Tiens, Marthe, si tu veux, je passerai tous les jours sous ta fenêtre : tu n'as qu'à y attacher un mouchoir, un ruban, un signe quelconque, le même jour tu me verras accourir. Promets-moi cela. »

Marthe le promit en pleurant ; Arsène ne revint plus. Mais ce n'était pas assez pour satisfaire l'orgueil d'Horace. Un jour que, suivant sa coutume, il avait emmené Marthe chez lui, nous l'attendîmes en vain pour souper, et nous reçûmes d'elle, le soir, le billet suivant :

« Ne m'attendez pas, chers et dignes amis. Je ne rentrerai plus dans votre maison. J'ai découvert que je n'y devais pas mon bien-être à votre seule générosité, mais que Paul y avait longtemps contribué, et qu'il y contribue encore, puisque tous les meubles que vous m'avez soi-disant prêtés lui appartiennent. Vous comprenez que, sachant cela, je n'en puis plus profiter. D'ailleurs, le monde est si méchant qu'il calomnie les affections les plus vertueuses. Je ne veux pas vous répéter les vils propos dont je suis l'objet. J'aime mieux, en les faisant cesser et en m'arrachant avec douleur d'auprès de vous, ne vous parler que de mon éternelle reconnaissance pour vos bontés envers moi, et de l'attachement inaltérable que vous porte à jamais

« Votre amie, MARTHE. »

« Voici encore une lâcheté d'Horace, s'écria Eugénie indignée. Il lui a révélé un secret que j'avais confié à son honneur.

— Ces sortes de choses échappent, malgré soi, dans l'emportement de la colère, lui répondis-je ; et c'est le résultat d'une querelle entre eux.

— Marthe est perdue, reprit Eugénie, perdue à jamais ! car elle appartient sans réserve et sans retour à un méchant homme.

— Non pas à un méchant homme, Eugénie, mais à quelque chose de plus funeste pour elle, à un homme faible que la vanité gouverne. »

J'étais outré aussi, et je me refroidis extrêmement pour Horace. Je pressentais tous les maux qui allaient fondre sur Marthe, et je tentai vainement de les détourner. Toutes nos démarches furent infructueuses. Horace, prévoyant que nous ne lui abandonnerions pas sa proie sans la lui disputer, avait changé immédiatement de domicile. Il avait loué, dans un autre quartier, une chambre où il vivait avec Marthe, si caché, qu'il nous fallut plus d'un mois pour les découvrir. Quand nous y fûmes parvenus, il était trop tard pour les faire changer de résolution et d'habitudes. Nos représentations ne servirent qu'à les irriter contre nous. Horace exerçait sur sa maîtresse un tel empire, que désormais elle nous retira toute sa confiance. Oubliant qu'elle nous avait longtemps raconté tous ses griefs contre lui, elle voulait nous faire croire désormais à son bonheur, et nous reprochait de lui supposer gratuitement des souffrances dont son visage portait déjà l'empreinte profonde. Prévoyant bien qu'elle allait manquer, qu'elle manquait déjà d'argent et d'ouvrage, nous ne pûmes lui faire accepter le plus léger service. Elle repoussa même nos offres avec une sorte de hauteur qu'elle ne nous avait jamais témoignée.

— Je craindrais, nous dit-elle, qu'un bienfait d'Arsène ne fût encore caché derrière le vôtre ; et, quoique je sache combien votre conduite envers moi a été généreuse, je vous confesse que j'ai de la peine à vous pardonner les trop justes méfiances que cet état de choses a inspirées à Horace contre moi.

Eugénie poussa la constance de son dévouement envers sa malheureuse compagne jusqu'à l'héroïsme ; mais tout fut inutile. Horace la détestait et indisposait Marthe contre elle ; toutes ces avances furent reçues avec une froideur voisine de l'ingratitude. A la fin, nous en fûmes blessés et fatigués ; et, voyant qu'on nous fuyait, nous évitâmes de devenir importuns. Dans le courant de l'hiver qui suivit, nous nous vîmes à peine trois fois ; et au printemps, un jour que je rencontrai Horace, je vis clairement qu'il affectait de ne pas me reconnaître, afin de se soustraire à un moment d'entretien. Nous nous regardâmes comme définitivement brouillés, et j'en souffris beaucoup, Eugénie encore davantage ; elle ne pouvait prononcer le nom de Marthe sans que ses yeux s'emplissent de larmes.

XVIII.

Horace avait pris, dans les romans où il avait étudié la femme, des idées si vagues et si diverses sur l'espèce en général, qu'il jouait avec Marthe comme un enfant ou comme un chat joue avec un objet inconnu qui l'attire et l'effraie en même temps. Après les sombres et délirantes figures de femmes dont le romantisme avait rempli l'imagination des jeunes gens, l'élément féminin du dix-huitième siècle, *le Pompadour*, comme on commençait à dire, arrivait dans sa primeur de résurrection, et faisait passer dans nos rêves des beautés plus piquantes et plus dangereuses. Jules Janin donnait, je crois, vers cette époque, la définition ingénieuse du *joli*, dans le goût, dans les arts, dans les modes ; il la donnait à tout propos, et toujours avec grâce et avec charme. L'école de Hugo avait embelli le *laid*, et le vengeait des proscriptions pédantesques du *beau* classique. L'école de Janin ennoblissait le *maniéré* et lui rendait toutes ses séductions, trop longtemps niées et outragées par le mépris un peu brutal de nos souvenirs républicains. Sans qu'on y prenne garde, la littérature fait de ces miracles. Elle ressuscite la poésie des époques antérieures ; et, laissant dormir dans le passé tout ce qui fut pour les intelligences du passé l'objet de justes critiques, elle nous apporte, comme un parfum oublié, les richesses méconnues d'un goût qui n'est plus à discuter, parce qu'il ne règne plus arbitrairement. L'art, quoiqu'il se pose en égoïste (*l'art pour l'art*), fait de la philosophie progressive sans le savoir. Il fait sa paix avec les fautes et les misères du passé, pour enregistrer, ainsi qu'en un musée, les monuments de la conquête.

Horace ayant une des imaginations les plus impressionnables de cette époque si impressionnable déjà, vivant plus de fiction que de réalité, regardait sa nouvelle maîtresse à travers les différents types que ses lectures lui avaient laissés dans la tête. Mais quoique ce fussent des types charmants dans les poëmes et dans les romans, ce n'étaient point des types vrais et vivants dans la réalité présente. C'étaient des fantômes du passé, riants ou terribles. Alfred de Musset avait pris pour épigraphe de ses belles esquisses le mot de Shakspeare : *Perfide comme l'onde;* et quand il traçait des formes plus pures et plus idéales, habitué à voir dans les femmes de tous les temps les dangereuses *filles d'Ève*, il flottait entre un coloris frais et candide et des teintes sombres et changeantes qui témoignaient de sa propre irrésolution. Ce poëte enfant avait une immense influence sur le cerveau d'Horace. Quand celui-ci venait de lire *Portia* ou *la Camargo*, il voulait que la pauvre Marthe fût l'une ou l'autre. Le lendemain, après un feuilleton de Janin, il fallait qu'elle devînt à ses yeux une élégante et coquette patricienne. Enfin, après les chroniques romantiques d'Alexandre Dumas, c'était une tigresse qu'il fallait traiter en tigre ; et après *la Peau de chagrin* de Balzac, c'était une mystérieuse beauté dont chaque regard et chaque mot recélait de profonds abîmes.

Au milieu de toutes les fantaisies d'autrui, Horace oubliait de regarder le fond de son propre cœur et d'y chercher, comme dans un miroir limpide, la fidèle image de son amie. Aussi, dans les premiers temps, fut-elle cruellement ballottée entre les femmes de Shakspeare et celles de Byron.

Cette appréciation factice tomba enfin, quand l'intimité lui montra dans sa compagne une femme véritable de notre temps et de notre pays, tout aussi belle peut-être dans sa simplicité que les héroïnes éternellement vraies des grands maîtres, mais modifiée par le milieu où elle vivait, et ne songeant point à faire du modeste ménage d'un étudiant de nos jours la scène orageuse d'un drame du moyen âge. Peu à peu Horace céda au charme de cette affection douce et de ce dévouement sans bornes dont il était l'objet. Il ne se raidit plus contre des périls imaginaires ; il goûta le bonheur de vivre à deux, et Marthe lui devint aussi nécessaire et aussi bienfaisante qu'elle lui avait semblé lui devoir être funeste. Mais ce bonheur ne le rendit pas expansif et confiant : il ne le ramena pas vers nous ; il ne lui inspira aucune générosité à l'égard de Paul Arsène. Horace ne rendit jamais à Marthe la justice qu'elle méritait dans le passé aussi bien que dans le présent ; et, au lieu de reconnaître qu'il l'avait mal comprise, il attribua à sa domination jalouse la victoire qu'il croyait remporter sur le souvenir du Masaccio. Marthe aurait désiré lui inspirer une plus noble confiance : elle souffrait de voir toujours le feu de la colère et de la haine prêt à se rallumer au moindre mot qu'elle hasarderait en faveur de ses amis méconnus. Elle rougissait des précautions minutieuses et assidues qu'elle était forcée de prendre pour maintenir le calme de son esclavage, en écartant toute ombre de soupçon. Mais comme elle n'avait aucune velléité d'indépendance étrangère à son amour, comme, à tout prendre, elle voyait Horace satisfait de ses sacrifices et fier de son dévouement, elle se trouvait heureuse aussi ; et pour rien au monde elle n'eût voulu changer de maître.

Cet état de choses constituait un bonheur incomplet, coupable en quelque sorte ; car aucun des deux amants n'y gagnait moralement et intellectuellement, ainsi qu'il l'aurait dû faire dans les conditions d'un plus pur amour. Je crois qu'on doit définir passion noble celle qui nous élève et nous fortifie dans la beauté des sentiments et la grandeur des idées ; passion mauvaise, celle qui nous ramène à l'égoïsme, à la crainte et à toutes les petitesses de l'instinct aveugle. Toute passion est donc légitime ou criminelle, suivant qu'elle amène l'un ou l'autre résultat, bien que la société officielle, qui n'est pas le vrai consentement de l'humanité, sanctifie souvent la mauvaise en proscrivant la bonne.

L'ignorance où, la plupart du temps, nous naissons et mourons par rapport à ces vérités, fait que nous subissons les maux qu'entraîne leur violation, sans savoir d'où vient le mal et sans en trouver le remède. Alors nous nous acharnons à alimenter la cause de nos souffrances, croyant les adoucir par des moyens qui les enveniment sans cesse.

C'est ainsi que vivaient Marthe et Horace : lui croyant arriver à la sécurité en redoublant d'ombrage et de précautions pour régner sans partage ; elle, croyant calmer cette âme inquiète en lui faisant sacrifice sur sacrifice, et donnant par là chaque jour plus d'extension à sa douloureuse tyrannie ; car dans toutes les espèces de despotisme, l'oppresseur souffre au moins autant que l'opprimé.

Le moindre échec devait donc troubler cette fragile félicité ; et, la jalousie apaisée, la satiété devait s'emparer d'Horace. Il en fut ainsi dès que son existence redevint difficile. Un ennemi veillait à sa porte, c'était la misère. Pendant trois mois il avait réussi à l'écarter, en confiant à Marthe une petite somme que ses parents lui avaient envoyée en surplus de sa pension. Cette somme, il l'avait demandée pour payer des dettes *imprévues*, dont il n'osait avouer qu'une très-petite partie, tant elles dépassaient le budget de sa famille ; et au lieu de la consacrer à amortir cette portion de la dette, il l'avait attribuée aux besoins journaliers de son nouveau ménage, accordant à peine aux créanciers quelques légers *à-compte*, dont ils avaient bien voulu se contenter. Son tailleur était le moins compromis dans cette banqueroute imminente. J'avais donné ma caution, et je commençais à m'en repentir un peu, car les dépenses allaient leur train, et chaque fois qu'on présentait le mémoire à Horace, il se tirait d'affaire par des promesses et des commandes nouvelles, toujours plus considérables à mesure que la dette augmentait : il n'avait plus le droit de limiter le dandysme que ce fournisseur, bien avisé dans ses propres intérêts, venait chaque jour lui imposer. Quand je vis qu'il y avait spéculation de la part de ce dernier et légèreté inouïe de la part d'Horace, je me crus en droit de borner ma caution aux dépenses faites, et de signifier au tailleur qu'elle ne s'étendrait pas aux dépenses à faire. Déjà j'étais engagé pour plus d'une année de mon petit revenu; je prévoyais une gêne dont je me ressentis, en effet, pendant dix ans, et que je n'avais pas le droit d'imposer à des êtres plus chers et plus précieux que ce nouvel ami, si peu soigneux de son honneur et du mien. Quand il sut mes réserves, il fut indigné de ce qu'il appelait ma méfiance, et m'écrivit une lettre pleine d'orgueil et d'amertume, pour m'annoncer qu'il ne voulait plus recevoir de moi aucun service, qu'il avait subi ma protection à son insu et par oubli total de mes offres et de mes démarches, qu'il me priait de ne plus me mêler de ses affaires, et que le tailleur serait payé dans huit jours. Il fut payé effectivement, mais ce fut par moi; car Horace oublia aussi vite les promesses qu'il venait de lui faire que celles qu'il avait acceptées de moi; et je m'efforçai d'oublier de même sa lettre insensée, à laquelle je ne répondis point.

Mais les autres créanciers, que je ne pouvais tenir en respect, vinrent l'assaillir. C'étaient de bien petites dettes, à coup sûr, qui feraient sourire un dissipateur de la Chaussée-d'Antin; mais tout est relatif, et ces embarras étaient immenses pour Horace. Marthe ignorait tout. Il ne lui permettait pas de travailler pour vivre et lui cachait sa situation, afin qu'elle n'eût pas de remords. Il avait une telle aversion pour tout ce qui eût pu lui rappeler la grisette, que c'était tout au plus s'il lui laissait coudre ses propres ajustements. Il eût mieux aimé, quant à lui, porter son linge en lambeaux, que de voir l'objet de son amour y faire des reprises. Il fallait que la modeste Marthe ne s'occupât que de lecture et de toilette, sous peine de perdre toute poésie aux yeux d'Horace, comme si la beauté perdait de son prix et de son lustre en remplissant les conditions d'une vie naïve et simple.

Il fallut que pendant trois mois elle jouât le rôle de Marguerite devant ce Faust improvisé ; qu'elle arrosât des fleurs sur sa fenêtre ; qu'elle tressât plusieurs fois par jour ses longs cheveux d'ébène, vis-à-vis d'un miroir *gothique* dont il avait fait l'emplette pour elle, à un prix beaucoup trop élevé pour sa bourse ; qu'elle apprît à lire et à réciter des vers ; enfin qu'elle posât du matin au soir dans un tête-à-tête nonchalant. Et quand elle avait cédé à ses caprices, Horace ne s'apercevait pas que ce n'était pas la vraie et ingénue Marguerite, allant à l'église et à la fontaine, mais une Marguerite de vignette, une héroïne de keepsake.

Le moment vint pourtant où il fallut avouer à Marguerite que Faust n'avait pas de quoi lui donner à dîner, et que Méphistophélès n'interviendrait pas dans les affaires. Horace, après avoir longtemps gardé son secret avec courage, après avoir épuisé une à une, pendant plusieurs semaines, la petite bourse de ses amis, après avoir simulé pendant plusieurs jours un manque d'appétit qui lui permettait de laisser quelques aliments à sa compagne, fut pris tout à coup d'un excès de désespoir ; et, à la suite d'une journée de silence farouche, il confessa son désastre avec une solennité dramatique que ne comportait pas la circonstance. Combien d'étudiants se sont endormis gaiement à jeun deux fois par semaine, et combien de maîtresses patientes et robustes ont partagé leur sort sans humeur et sans effroi ! Marthe était née dans la misère ; elle avait grandi et embelli en dépit des angoisses fréquentes d'une faim mal apaisée. Elle s'effraya beaucoup de la tragédie que jouait très-sérieusement Horace ; mais elle s'étonna qu'il fût embarrassé du dénouement. « J'ai là encore deux petits pains de seigle, lui dit-elle ; ce sera bien assez pour souper, et demain matin j'irai porter mon châle au Mont-de-Piété. J'en aurai vingt francs, qui nous feront vivre plus d'une semaine, si tu veux me permettre de conduire notre ménage avec économie.

— Avec quel horrible sang-froid tu parles de ces choses-là! s'écria Horace en bondissant sur sa chaise. Ma situation est ignoble, et je ne comprends pas que tu veuilles la partager. Quitte-moi, Marthe, quitte-moi. Une femme comme toi ne doit pas demeurer vingt-quatre heures auprès d'un homme qui ne sait pas la soustraire à de tels abaissements. Je suis maudit!

— Vous ne parlez pas sérieusement, reprit Marthe. Vous quitter parce que vous êtes pauvre? Est-ce que je vous ai jamais cru riche! J'ai toujours bien prévu qu'un moment viendrait où vous seriez forcé de me laisser reprendre mon travail; et si j'ai consenti à être à votre charge, c'est que je comptais sur la nécessité qui me rendrait bientôt le droit de m'acquitter envers vous. Allons, j'irai demain chercher de l'ouvrage, et dans quelques jours je gagnerai au moins de quoi assurer le pain quotidien.

— Quelle misère! s'écria de nouveau Horace, irrité de voir sa fierté vaincue. Et quand tu auras pourvu aux exigences de la faim, en quoi serons-nous plus avancés? irons-nous mettre un à un nos effets au Mont-de-Piété?

— Pourquoi non, s'il le faut?

— Et les créanciers?

— Nous vendrons ces bijoux que vous m'avez donnés bien malgré moi, et ce sera toujours de quoi gagner du temps.

— Folle! ce sera une goutte d'eau dans la mer. Tu n'as aucune idée de la vie réelle, ma pauvre Marthe; tu vis dans les nues, et tu crois que l'on se tire d'affaire par une péripétie de roman.

— Si je vis dans les romans et dans les nues, c'est

vous qui l'exigez, Horace. Mais laissez-moi en descendre, et vous verrez bien que je n'y ai pas perdu le goût du travail et l'habitude des privations. Est-ce que je suis née dans l'opulence? Est-ce que je n'ai jamais manqué de rien, pour avoir le droit de me montrer difficile?

— Eh bien, voilà, dit Horace, ce qui m'humilie, ce qui me révolte. Tu étais née dans la misère; je ne m'en souvenais pas, parce que je te voyais digne d'occuper un trône. Je conservais le parfum de ta noblesse naturelle avec un soin jaloux. Je prenais plaisir à te parer, à préserver ta beauté comme un dépôt précieux qui m'a été confié. A présent il faudra donc que je te voie courir dans la crotte, marchander avec des bourgeoises pour quelques sous; faire la cuisine, balayer la poussière, gâter et empuantir tes jolis doigts, veiller, pâlir, porter des savates et rapiécer tes robes, être enfin comme tu voulais être au commencement de notre union? Pouah! pouah! tout cela me fait horreur, rien que d'y penser. Ayez donc une vie poétique et des idées élevées au sein d'une pareille existence! Je ne pourrai jamais rêver, jamais penser, jamais écrire. S'il faut que je vive de la sorte, j'aime mieux me brûler la cervelle.

— Depuis trois mois que nous menons une vie de princes, vous n'écrivez pas, dit Marthe avec douceur. Peut-être la nécessité vous donnera-t-elle un élan imprévu. Essayez, et peut-être que vous allez vous illustrer et vous enrichir tout à coup.

— Elle me sermonne et me raille par-dessus le marché! s'écria Horace en frappant de sa botte au milieu de la bûche, hélas! la dernière bûche qui brûlait encore dans la cheminée.

— Dieu m'en préserve! répondit Marthe; je voulais vous consoler en vous disant que je ne suis pas fière, et que le jour où vous serez dans l'aisance, je ne rougirai pas d'en profiter. Mais, en attendant, laissez-moi travailler, Horace, voyons, je vous en supplie, laissez-moi vivre comme je l'entends.

— Jamais! reprit-il avec énergie, jamais je ne consentirai à ce que tu redeviennes une grisette, une femme d'étudiant; cela ne se peut pas, j'aime mieux que tu me quittes.

— Voilà une affreuse parole que vous répétez pour la troisième fois. Vous ne m'aimez donc plus, que la misère vous effraie avec moi?

— O mon Dieu! est-ce pour moi que je la crains? Est-ce que je n'ai pas traversé déjà plusieurs fois des crises désespérées? est-ce que je sais seulement si j'en ai souffert? Je ne me souviens pas même comment j'ai fait pour en sortir.

— C'est donc pour moi que vous vous inquiétez! Eh bien, rassurez-vous: l'inaction à laquelle vous me condamnez me pèse et me tue; le travail, en même temps qu'il détournera la misère, rendra ma vie plus douce et mon cœur plus gai.

— Mais ce travail dont tu parles et cette misère que tu nargues, c'est tout un; oui, Marthe, c'est la même chose pour moi. Non, non, c'est impossible que je souffre cela! Je trouverai, j'inventerai quelque chose. J'emprunterai le dernier écu du petit Paulier, et j'irai à la roulette. Peut-être gagnerai-je un million!

— Ne le faites pas, Horace, au nom du ciel, n'essayez pas de cette affreuse ressource!

— Tu veux bien aller au Mont-de-Piété, toi? Au Mont-de-Piété! avec les femmes les plus viles, avec les filles perdues! Ce serait la première fois de ta vie, n'est-ce pas? réponds, Marthe! Dis-moi que tu n'y as jamais été.

— Quand j'y aurais été, je n'en serais pas plus humiliée pour cela. C'est une ressource dont toute honte est pour la société. On y voit plus de mères de famille que de filles perdues, croyez-moi, et bien des pauvres créatures y ont jeté leur dernière nippe plutôt que de se vendre.

— Ah! tu y as été, Marthe! Je vois que tu y as été! Tu en parles avec une aisance qui me prouve que ce ne serait pas la première fois... Mais pourquoi donc y as-tu été? Tu ne manquais de rien avec M. Poisson, et ensuite Arsène ne t'y aurait pas laissée aller! »

Et, au lieu de songer au dévouement tranquille de sa maîtresse, Horace se creusait la cervelle pour lui chercher dans le passé quelque faute qui aurait pu la réduire aux expédients qu'elle venait d'imaginer pour le sauver.

« Je vous jure, lui dit Marthe, sur le visage de qui le nom de M. Poisson accolé à celui d'Arsène venait de faire passer un nuage de honte et de douleur, que j'irai demain pour la première fois de ma vie.

— Mais qui t'a donné cette idée d'y aller?

— J'ai lu ce matin, dans les *Mémoires de la Contemporaine*, une scène qu'elle raconte de sa misère. Elle avait été porter là son dernier joyau, et en voyant une pauvre femme qui pleurait à la porte parce qu'on refusait de prendre son gage, elle partagea avec elle les dix francs qu'elle venait de recevoir. C'est bien beau, n'est-ce pas?

— Quoi? dit Horace, je n'ai pas écouté. Tu me racontes des histoires, comme si j'avais l'esprit aux histoires! »

On a remarqué avec raison que les malheurs et les contrariétés se tenaient par la main pour nous assaillir sans relâche au milieu des mauvaises veines. Horace rêvait au moyen d'écarter le dernier créancier avec lequel il avait eu, deux heures auparavant, une conférence orageuse, lorsque M. Chaignard, propriétaire de l'hôtel garni qu'il occupait alors, vint lui réclamer deux mois arriérés d'un loyer de deux chambres à vingt francs par quinzaine. Horace, déjà mal disposé, le reçut avec hauteur, et, pressé par lui, menacé, poussé à bout, le menaça à son tour de le jeter par les fenêtres. Chaignard, qui n'était pas brave, se retira en annonçant une invasion à main armée pour le lendemain.

« Tu vois bien qu'il faut aller au Mont-de-Piété demain, pour empêcher un scandale, dit Marthe en s'efforçant de le calmer par ses caresses. Si tu te laisses mettre dehors, les autres créanciers deviendront plus pressants, et il n'y aura pas moyen de gagner du temps.

— Eh bien! tu n'iras pas, dit Horace, c'est moi qui irai. J'y porterai ma montre.

— Quelle montre? tu n'en as pas.

— Quelle montre? celle de ma mère! Ah! malédiction! il y a longtemps qu'elle y est, et sans doute elle y restera. Ma pauvre mère! si elle savait que sa belle montre, sa vieille montre, sa grosse montre, est là au milieu des guenilles, et que je n'ai pas de quoi la retirer!

— Si je mettais à la place la chaîne que tu m'as donnée? dit Marthe timidement.

— Tu ne tiens guère aux gages de mon amour, dit Horace en arrachant la chaîne qui était accrochée à la cheminée, et en la roulant dans ses mains avec colère. Je ne sais ce qui me retient de la jeter par la fenêtre. Au moins quelque mendiant en profiterait, au lieu que demain elle ira tomber dans le gouffre de l'usure, sans nous profiter à nous-mêmes. Belle ressource, ma foi! Allons, j'ai des habits encore bons; j'ai un manteau surtout dont je peux bien me passer.

— Ton manteau! par le froid qu'il fait! quand l'hiver commence!

— Et que m'importe? Tu veux y mettre ton châle, toi!

— Je ne m'enrhume jamais, et tu l'es déjà. D'ailleurs, est-ce qu'un homme peut aller mettre ses habits au Mont-de-Piété? Passe pour une montre, c'est du superflu! mais le nécessaire! Si quelqu'un te rencontrait?

— Oh! si Arsène me rencontrait, il dirait: Voilà celui qui s'est chargé de Marthe; elle doit être bien malheureuse, la pauvre Marthe! Peut-être le dit-il déjà?

— Comment pourrait-il dire ce qui n'est pas?

— Que sais-je? Enfin avoue qu'il aurait un beau triomphe, s'il savait à quoi nous sommes réduits?

— Mais nous n'irons pas nous en vanter, à quoi bon?

— Bah! tu vas sortir demain, tu vas courir tous les jours pour de l'ouvrage: tu ne seras pas longtemps sans le rencontrer, il rôde toujours par ici... Tu le sais bien, Marthe, ne fais pas l'étonnée. Eh bien! tu le verras; il te fera des questions, et tu lui diras tout dans un jour de douleur. Car tu en auras de ces jours-là, ma pauvre enfant! Tu ne prendras pas toujours la chose aussi philosophiquement qu'aujourd'hui.

— Hélas! je prévois en effet des jours de douleur, répondit Marthe; mais la misère n'en sera que la cause indirecte. Votre jalousie va augmenter.»

Ses yeux se remplirent de larmes, Horace les essuya avec ses lèvres, et s'abandonna aux transports d'un amour plus fiévreux que délicat, ce soir-là surtout.

XIX.

Marthe était levée depuis longtemps quand Horace se réveilla. Il était tard. Horace avait bien dormi; il avait l'esprit calme et reposé. Des idées plus riantes lui vinrent, lorsqu'il entendit les moineaux s'entre-appeler sur les toits, où le soleil d'une belle matinée d'hiver faisait fondre la neige de la veille. « Ah! ah! dit-il, on a faim et froid là-haut? c'est encore pis que chez nous. Si tu n'as plus de pain, ma pauvre Marthe, tes habitués n'auront plus de miettes, et ils se plaindront de toi.

— Cela n'arrivera pas, dit Marthe; je leur ai gardé une partie de mon souper d'hier au soir, un peu de pain de seigle. Ces messieurs ne sont pas difficiles, ils ont fort bien déjeuné.

— Ils sont plus avancés que nous, n'est-ce pas?

— Qu'est-ce que cela fait? dit Marthe; nous dînerons mieux ce soir.

— Tu parles de dîner, c'est toujours une consolation pour qui a bonne envie de déjeuner. Ah çà, tu as donc été au Mont-de-Piété?

— Pas encore, tu me l'as presque défendu hier. J'attends ta permission.

— Je te croyais déjà revenue, » dit Horace en bâillant.

Marthe se réjouit de ce changement d'humeur, qu'elle attribuait à de plus sages idées, et qui n'était autre chose que le résultat d'un appétit plus impérieux. Elle jeta son vieux châle rouge sur ses épaules, et plia le neuf dans une belle feuille de papier; puis, craignant qu'Horace ne vînt à se raviser, elle se hâta de sortir. Mais au bout de quelques minutes, elle rentra pâle et consternée : M. Chaignard l'avait forcée de remonter l'escalier en lui disant, d'une manière peu courtoise, qu'il ne souffrirait pas qu'on emportât le moindre effet de chez lui tant que le loyer ne serait pas payé. Horace, indigné de cette insulte, s'élança sur l'escalier, où M. Chaignard grommelait encore, et une discussion violente s'engagea entre eux. Chaignard fut d'autant plus ferme qu'il avait des témoins. Prévoyant l'orage, il s'était flanqué de son portier et d'une espèce de conseil qui avait un faux air d'huissier. Ces deux acolytes jouaient, l'un le rôle de défenseur de la personne sacrée du maître, l'autre celui de pacificateur, prêt cependant à verbaliser. Horace sentit bien qu'il n'avait pas le droit pour lui, et qu'il faudrait finir par capituler; mais il se donnait la satisfaction d'accabler le pauvre Chaignard d'épithètes mordantes, et de lui reprocher sa lésinerie dans les termes les plus âcres et les plus blessants qu'il pouvait imaginer. Tout ce qu'il dépensa d'esprit et de verve bilieuse en cette circonstance eût été en pure perte, si le bruit n'eût attiré quelques auditeurs malins, dont la présence vengea son amour-propre. Chaignard était rouge, écumant, furieux; l'huissier, ne voyant point à mordre sur des voies de fait d'une espèce aussi délicate que des sarcasmes, attendait d'un air attentif quelque mot plus tranché qui constituât un délit d'offense punissable par la loi. Le portier, qui n'aimait pas son maître, riait, dans sa barbe grise et sale, des plaisantes réponses d'Horace; et quelques étudiants avaient entre-bâillé les portes de leurs chambres, pour jouir de ce dialogue pittoresque. Enfin une de ces portes, s'ouvrant tout à fait, laissa voir une grande figure hérissée de poils roux, enveloppée dans un vieux couvre-pied d'où sortaient deux jambes maigres et velues. Le possesseur de cette figure bizarre et de ces jambes démesurées n'était autre que l'illustre Jean Laravinière, président des bousingots, installé depuis la veille dans une chambre à quinze francs par mois, entre-sol délicieux, suivant lui, dont il était obligé d'ouvrir la porte et la fenêtre lorsqu'il étendait les deux bras pour passer sa redingote.

— Voilà bien du tapage, monsieur mon propriétaire, dit-il au bouillant Chaignard. Vous risquez une attaque d'apoplexie; mais c'est là le moindre inconvénient : le pire, c'est de réveiller à huit heures du matin un de vos locataires qui n'est rentré qu'à six.

— De quoi vous mêlez-vous? s'écria Chaignard hors de lui.

— Sont-ce là vos manières? sont-ce là vos mœurs, mons Chaignard? reprit Laravinière; vous n'aurez pas longtemps l'honneur de ma présence et le bénéfice de mon loyer dans votre hôtel, si vous traitez ainsi devant moi les enfants de la patrie !

— La patrie veut qu'on paie ses dettes, s'écria Chaignard; je suis lieutenant de la garde nationale...

— Je le sais bien, répliqua Laravinière avec sang-froid; c'est pour cela que je vous engage à vous calmer.

— Et je connais mes devoirs de citoyen, continua Chaignard.

— En ce cas, nous nous entendrons avec vous, reprit Laravinière; je connais beaucoup M. Horace Dumontet, et s'il lui faut une caution auprès de vous, je lui offre la mienne.»

J'ignore jusqu'à quel point la garantie de Laravinière rassura le propriétaire; mais il ne demandait qu'un prétexte pour couper court à la scène désagréable dont il venait d'être le plastron. L'orage s'apaisa, et jusqu'à nouvel ordre chacun se retira dans son appartement.

Au bout d'un quart d'heure, Jean Laravinière ayant quitté ce qu'il appelait son costume de Romain, pour une mise plus moderne et plus décente, il alla frapper à la porte d'Horace. Depuis qu'Horace vivait avec Marthe, il avait eu soin d'écarter toutes ses connaissances, à la réserve de deux ou trois amis qui ne pouvaient lui inspirer de jalousie, et qui avaient pour lui cette admiration respectueuse qu'un jeune homme intelligent et présomptueux inspire toujours à une demi-douzaine de camarades plus simples et plus modestes. On peut même dire, en passant, que la principale cause de l'orgueil qui ronge la plupart des jeunes talents de notre époque, c'est l'engouement naïf et généreux de ceux qui les entourent. Mais cette réflexion est ici hors de propos. Laravinière n'était point au nombre des admirateurs d'Horace; il n'avait d'engouement que dans l'ordre des capacités politiques. S'il venait le trouver sous prétexte de rire avec lui de M. Chaignard, il avait probablement d'autres motifs que celui de renouer une liaison qui n'avait jamais été bien intime, et qui depuis deux ou trois mois semblait totalement abandonnée de part et d'autre.

Horace avait toujours éprouvé un profond dédain pour ces républicains tout d'une pièce (c'est ainsi qu'il les appelait) qui professaient une sorte de mépris pour les arts, pour les lettres, et même pour les sciences, et qui, un peu entachés de babouvisme, n'étaient pas éloignés de l'idée d'abattre les palais pour mettre des chaumières à la place. Une telle brusquerie de moyens était inconciliable avec les besoins d'élégance et les rêves de grandeur individuelle que nourrissait Horace. Il tenait donc Laravinière pour un de ces instruments de destruction que des révolutionnaires plus prudents laissent volontiers mettre en avant, mais auxquels ils n'aimeraient pas à confier leur avenir personnel.

Quoi qu'il en soit, il le reçut à bras ouverts, sans trop savoir pourquoi. Horace se sentait bien disposé; il était en train de rire : il venait de raconter à sa compagne les moqueries dont il avait accablé le pauvre Chaignard, et il était bien aise de lui présenter un témoin de sa victoire. Et puis, qui de vous ne l'a pas éprouvé, jeunes gens au sort précaire? quand on est dans la détresse, un visage connu, quel qu'il soit, donne toujours une lueur de courage ou de sécurité qui dispose à la bienveillance.

En voyant Marthe, Jean fit un pas en arrière, mur-

mura quelques excuses, et parut vouloir se retirer ; mais Horace le retint, le présenta à sa compagne, qui lui tendit la main en souvenir d'une rencontre nocturne où il l'avait protégée et respectée, et qui lui demanda en souriant le récit de la scène avec M. Chaignard.

Quand ils se furent assez égayés sur ce chapitre, Laravinière attira Horace dans le corridor, et lui dit : « D'après ce qui s'est passé tout à l'heure, je vois que vous êtes dans une de ces crises financières que nous connaissons tous par expérience. Je ne vous offre pas de solder M. Chaignard, je ne le pourrais pas, et d'ailleurs quelques procédés évasifs suffiront pour le museler jusqu'à nouvel ordre. Mais si vous étiez à court de ces quelques écus toujours nécessaires, et souvent introuvables au moment où on en a le plus besoin, je puis partager avec vous les cinq ou six qui me restent.

Horace hésita. Il avait souvent assez mal parlé de Laravinière à Marthe et à moi ; il lui avait gardé une sorte de rancune pour l'assistance qu'il s'était vanté d'avoir donné à la fugitive du café Poisson ; enfin il lui répugnait d'accepter les services d'un homme qu'il connaissait à peine. Mais en pensant à la pauvre Marthe, qui n'avait pas déjeuné, il se ravisa, et accepta avec une franche gratitude.

« A charge de revanche, lui dit Laravinière. Vous ne me devez pas de remercîments : quand nous changerons de position, nous changerons de rôle. Chacun son tour.

— C'est bien ainsi que je l'entends, répondit Horace, qui dès qu'il eut l'argent dans sa poche, se sentit plus froid et plus contraint avec Laravinière.

Le Mont-de-Piété, ce véritable calvaire de la détresse, fut donc évité ce jour-là. Marthe insista néanmoins pour aller chercher de l'ouvrage ; et après qu'Horace lui eut fait jurer qu'elle ne s'adresserait pas à Eugénie, il la laissa prendre des mesures pour s'en procurer. Elle n'y réussit pas vite, et le succès de ses démarches ne fut pas très-brillant. Cependant, au bout de quelques semaines, elle put pourvoir, ainsi qu'elle l'avait annoncé, au pain quotidien ; quelques nouvelles avances de Laravinière pourvurent au reste, et Horace songea sérieusement à travailler aussi pour payer ses dettes.

Malgré les efforts de l'un et les résolutions de l'autre, ces deux amants tombèrent dans une gêne toujours croissante. Marthe s'y résigna avec une sorte de satisfaction mélancolique. Au milieu de ses fatigues, elle était fière d'être désormais la pierre angulaire de l'existence de son amant; car il faut bien avouer que, sans elle, le dîner eût souvent fait défaut. Elle avait, en de certains moments, assez d'empire sur lui pour obtenir qu'il fît prendre patience à ses créanciers par quelques sacrifices. Et puis, les créanciers d'un étudiant sont de meilleure composition que ceux d'un dandy. Ils savent bien qu'avec le fils du bourgeois, ce qui est différé n'est pas perdu, et que, rentré dans sa famille, le jeune citoyen de province tient à honneur de payer ses dettes. Cela se fait lentement ; mais enfin, dans cette classe, il n'y a pas de banqueroute réelle, et le désordre n'est que momentané. Horace put donc encore trouver assez de crédit chez ses fournisseurs pour paraître avec une certaine élégance. Mais chose étrange, et cependant chose infaillible ! son goût pour la dépense augmenta en raison de l'inquiétude et des contrariétés qui en furent le résultat. Les caractères légers ont cela de particulier, que les obstacles et les privations irritent leur soif de jouissances, et redoublent leur audace à se les procurer. Après avoir confessé à sa scrupuleuse compagne le véritable état de ses affaires, après lui avoir laissé lire les lettres de doux reproches et de plaintes bien fondées que sa mère lui écrivait, il n'était plus possible de lui faire illusion, et de l'arracher à son travail, à son plan d'économie consciencieuse et sévère. C'eût été encourir le blâme de Marthe, et Horace tenait à être admiré tout autant qu'à être aimé. Il fallut donc qu'il s'accoutumât à la voir reprendre ses humbles habitudes, et qu'il jouât auprès d'elle le rôle d'un stoïque. Mais ce rôle lui pesait horriblement, et dès lors cet intérieur dont il avait fait ses délices cessa de lui plaire. L'ennui l'emporta sur la jalousie. Il était de ces organisations d'artistes voluptueux chez qui l'amour succombe à la réalité prosaïque. Le tableau de ce ménage austère et pauvre devint trop lugubre pour sa riante imagination. Au lieu de puiser dans l'exemple de Marthe le courage de travailler, il sentit le travail lui devenir plus lourd, plus impossible que jamais. Il avait froid dans cette petite chambre mal chauffée; et le froid, qui n'engourdissait pas les doigts diligents de Marthe, paralysait le cerveau du jeune homme. Et puis cette nourriture sobre, que Marthe préparait elle-même avec assez de soin et de propreté pour aiguiser l'appétit, n'était ni assez substantielle ni assez abondante pour alimenter les forces d'un homme de vingt ans, habitué à ne se rien refuser. Il adressait alors à sa ménagère patiente des reproches dont la grossièreté le faisait rougir de lui-même et pleurer l'instant d'après, mais qui recommençaient le lendemain. Il l'accusait de parcimonie mesquine; et lorsqu'elle répondait, les yeux pleins de larmes, qu'elle n'avait que vingt sous par jour pour entretenir la table, il lui demandait parfois avec âcreté ce qu'elle avait fait des cent francs qu'il lui avait remis la semaine précédente : il oubliait qu'il avait repris cet argent peu à peu sans le compter, et qu'il l'avait dépensé dehors en babioles, en spectacles, en glaces, en déjeuners et en prêts à ses amis. Car Horace était la générosité même : il n'aimait pas à restituer, mais il aimait à donner; et tandis qu'il oubliait de rendre dix francs à un pauvre diable qui avait des bottes percées, il faisait le magnifique avec un joyeux compagnon qui lui en demandait quarante pour régaler sa maîtresse. Il prenait des bains parfumés, et donnait cent sous au garçon qui l'avait massé; il jetait une pièce d'or à un petit ramoneur pour voir ses joyeuses cabrioles et se faire appeler *mon prince;* il achetait à Marthe une robe de soie qui lui était fort inutile, vu qu'elle manquait d'une robe d'indienne; il louait des chevaux de selle pour aller courir au bois de Boulogne; enfin le peu d'argent qu'après mille pressurages sur les besoins de sa famille, madame Dumontet réussissait à lui envoyer, était gaspillé en trois jours, et il fallait retourner aux pommes de terre, à la retraite forcée, et aux bâillements mélancoliques du ménage.

Cependant un témoin juste et sincère assistait au lent supplice que subissait la pauvre Marthe. C'était Jean le bousingot, dont la présence dans la maison n'était pas une chose aussi fortuite qu'il le laissait croire. Jean était dévoué corps et âme à un homme qui, ne pouvant approcher du triste sanctuaire où pâlissait l'objet de son amour, voulait du moins veiller à la dérobée et lui continuer sa mystérieuse sollicitude. Cet homme c'était Paul Arsène. Au profond abattement qu'il avait d'abord éprouvé, avait succédé une pensée de dévouement politique. Il s'était toujours dit qu'il lui resterait assez de force pour se faire casser la tête au nom de la république. En conséquence, il était allé trouver le seul homme qu'il connût dans le mouvement organisé, et Jean l'avait reçu à bras ouverts.

XX.

A cette époque, l'association politique la plus importante et la mieux organisée était celle des *Amis du peuple*. Plusieurs des chefs qui la représentaient avaient joué déjà un rôle dans la charbonnerie ; ceux-là et d'autres plus jeunes en ont joué un plus brillant depuis 1830. Parmi ces hommes, qui ont surgi et grandi durant cette période de dix années, et qui ont déjà des noms historiques, la société des *Amis du peuple* comptait Trélat, Guinard, Raspail, etc. ; mais celui qui exerçait le plus de prestige sur les jeunes gens des Écoles tels que Laravinière, et sur les jeunes républicains populaires tels que Paul Arsène, c'était Godefroy Cavaignac. Presque seul, il n'avait pas cette suffisance puérile qui perce chez la plupart des hommes remarquables de notre temps, et qui fait chez eux de l'affectation une seconde nature. Sa grande taille, sa noble figure, quelque chose de chevaleresque répandu dans ses manières et dans son langage, sa parole heureuse et franche, son activité, son courage et son dévouement, tout cela eût suffi pour enflammer la tête du belliqueux Jean, et pour échauffer le cœur du généreux Arsène, quand même Godefroy n'eût pas émis les idées sociales les plus complètes, les plus logiques, je dirai même les plus philosophiques qui aient pris une forme à cette époque dans les sociétés populaires. Ce président des *Amis du peuple* a seul professé dans ces clubs ce qu'on peut appeler les doctrines ; doctrines qui, à beaucoup d'égards, ne satisfaisaient pas encore le secret instinct d'Arsène et les vastes aspirations de son âme vers l'avenir, mais qui, du moins, marquaient un progrès immense, incontestable, sur le libéralisme de la Restauration. Suivant Arsène, et suivant le jugement toujours sévère et méfiant du peuple, les autres républicains étaient un peu trop occupés de renverser le pouvoir, et point assez d'asseoir les bases de la république; lorsqu'ils l'essayaient, c'était plutôt des règlements et une discipline qu'ils imaginaient, que des lois morales et une société nouvelle. Cavaignac, tout en faisant cette belle opposition qu'il a si largement et si fortement développée l'année suivante jusque devant la pâle et menteuse opposition de la chambre, s'occupait à mûrir des idées, à poser des principes. Il songeait à l'émancipation du peuple, à l'éducation publique gratuite, au libre vote de tous les citoyens, à la modification progressive de la propriété, et il ne renfermait pas, comme certains républicains d'aujourd'hui, ces deux principes nets et vastes dans l'hypocrite question d'*organisation du travail* et de *réforme électorale;* mots bien élastiques, si l'on n'y prend garde, et dont le sens est susceptible de se resserrer autant que de s'étendre. En 1832, on ne craignait pas comme aujourd'hui de passer pour *communiste*, ce qui est devenu l'épouvantail de toutes les opinions de ce temps-ci. Un jury acquitta Cavaignac, après qu'il eut dit, entre autres choses d'une admirable hardiesse : « Nous ne contestons pas le droit « de propriété. Seulement nous mettons au-dessus « celui que la société conserve, de le régler suivant le « plus grand avantage commun. » Dans ce même discours, le plus complet et le plus élevé parmi tous ceux des procès politiques de l'époque [1], Cavaignac dit encore : « Nous lui contestons (*à votre société officielle*) le « monopole des droits politiques; et ne croyez pas que « ce soit seulement pour le revendiquer en faveur des

---

1. Procès du droit d'association, décembre 1832.

« capacités. Selon nous, quiconque est utile est capable.
« Tout service entraîne un droit. »

Arsène assistait à ce procès; il écouta avec une émotion contenue; et, tandis que la plupart des auditeurs, subjugués par le magnétisme qu'exerce toujours sur les masses le débit et l'aspect de l'orateur, éclataient en applaudissements passionnés, il garda un profond silence; mais il était le plus pénétré de tous, et il n'entendit pas, ce jour-là, les autres plaidoiries [1]. Il s'absorba entièrement dans les idées que Godefroy avait éveillées en lui, et il se retira plein de celle-ci, qu'il vint me répéter mot à mot :

« La religion, comme nous l'entendons, nous, c'est
« le droit sacré de l'humanité. Il ne s'agit plus de pré-
« senter au crime un épouvantail après la mort, au
« malheureux une consolation de l'autre côté du tom-
« beau. Il faut fonder en ce monde la morale et le bien-
« être, c'est-à-dire l'égalité. Il faut que le titre d'homme
« vaille à tous ceux qui le portent un même respect re-
« ligieux pour leurs droits, une pieuse sympathie pour
« leurs besoins. Notre religion, à nous, c'est celle qui
« changera d'affreuses prisons en hospices pénitentiaires,
« et qui, au nom de l'inviolabilité humaine, abolira la
« peine de mort... Nous n'adoptons plus une foi qui met
« tout au ciel, qui réduit l'égalité devant Dieu à cette
« égalité posthume que le paganisme proclamait aussi
« bien que le christianisme; etc. »

« Théophile, s'écria Arsène en mettant sa main dans la mienne, voilà de grandes paroles et une idée neuve, du moins pour moi. Elle me donne tant à réfléchir, que

---

[1]. C'est pourtant dans la même séance que Plocque dit ces belles paroles : « Est-ce que le dénûment et le besoin ne peuvent pas logiquement « réclamer la faculté de se constituer leurs représentants, avocats de la « faim, de la misère, et de l'ignorance ? »

tout mon passé, c'est-à-dire tout ce que j'ai cru jusqu'à ce jour, se bouleverse à mes propres yeux.

— Ce n'est pas une idée qui soit absolument propre à l'orateur que vous venez d'entendre, lui répondis-je: c'est une idée qui appartient au siècle, et qui a été déjà émise sous plusieurs formes. On pourrait même dire que c'est l'idée qui a dominé nos révolutions depuis cent ans, et l'humanité tout entière depuis qu'elle existe, par une instinctive révélation de son droit, plus puissante que les théories religieuses de l'ascétisme et du renoncement. Mais c'est toujours une chose neuve et grande que de voir le droit humain, pris à son point de vue religieux, proclamé par un révolutionnaire. Il y avait bien assez longtemps que vos républicains oubliaient de donner à leurs théories la sanction divine qu'elles doivent avoir. Moi, qui suis *légitimiste*, ajoutai-je en souriant.....

— Ne parlez pas comme cela, reprit vivement Paul Arsène, vous n'êtes pas légitimiste dans le sens qu'on attache à ce mot; vous sentez que la légitimité est dans le droit du peuple.

— C'est la vérité, Arsène, je le sens profondément; et quoique mon père fût attaché, de fait et par délicatesse de conscience, aux hommes du passé, plus il approchait de la tombe, plus il s'élevait à la conception et au respect des institutions de l'avenir. Croyez-vous qu'il fût le seul dans cette génération d'intelligences? Croyez-vous que Châteaubriand ne se soit pas dit cent fois que Dieu est au-dessus des rois, dans le même sens que Cavaignac vous proclamait aujourd'hui le droit de la société au-dessus de celui des riches?

— A la bonne heure, dit Arsène. Il est donc vrai que nous avons droit au bonheur en cette vie, que ce n'est pas un crime de le chercher, et que Dieu même nous en fait un devoir? Cette idée ne m'avait pas encore frappé. J'étais partagé entre un sentiment révolutionnaire qui me rendait presque athée, et des retours vers la dévotion de mon enfance qui me rendaient compatissant jusqu'à la faiblesse. Ah! si vous saviez comme j'ai été froidement cruel aux trois journées au milieu de mon délire! Je tuais des hommes, et je leur disais : Meurs, toi qui as fait mourir! Sois tué, toi qui tues! Cela me paraissait l'exercice d'une justice sauvage; mais je m'y sentais forcé par une impulsion surnaturelle. Et puis, quand je fus calmé, quand je m'agenouillai sur les tombes de juillet, je pensai à Dieu, à ce Dieu de soumission et d'humilité qu'on m'avait enseigné, et je ne savais plus où réfugier ma pensée. Je me demandais si mon frère était damné pour avoir levé la main contre la tyrannie, et si je le serais pour avoir vengé mon frère et mes frères les hommes du peuple. Alors j'aimais mieux ne croire rien ; car je ne pouvais comprendre qu'au nom de Jésus crucifié, il fallût se laisser mettre en croix par les délégués de ses ministres. Voilà où nous en sommes, nous autres enfants de l'ignorance : athées ou superstitieux, et souvent l'un et l'autre à la fois. Mais à quoi songent donc nos instituteurs, les chefs républicains, de ne pas nous parler de ce qui est le fond même de notre être, le mobile de toutes nos actions! Nous prennent-ils pour des brutes, qu'ils ne nous promettent jamais que la satisfaction de nos besoins matériels? Croient-ils que nous n'ayons pas des besoins plus nobles, celui d'une religion, tout aussi bien qu'ils peuvent l'avoir? Ou bien est-ce qu'ils ne l'ont pas eux? Est-ce qu'ils seraient plus grossiers, plus incrédules que nous? Allons, ajouta-t-il, Godefroy Cavaignac sera mon prêtre, mon prophète; j'irai lui demander ce qu'il faut croire sur tout cela.

— Il ne pourra que vous dire d'excellentes choses, cher Arsène, lui répondis-je ; mais ne croyez pas, encore une fois, que le seul foyer des idées nouvelles soit dans cette opinion. Elevez votre esprit à une conception plus vaste du temps où nous vivons. Ne vous donnez pas exclusivement à tel ou tel homme comme à la vérité incarnée ; car les hommes sont mobiles. Quelquefois en croyant progresser, ils reculent ; en croyant s'améliorer, ils s'égarent. Il y en a même qui perdent leur générosité avec leur jeunesse, et qui se corrompent étrangement ! Mais attachez-vous à ces mêmes idées dont vous cherchez la solution. Instruisez-vous en buvant à différentes sources. Voyez, lisez, comparez, et réfléchissez. Votre conscience sera le lien logique entre plusieurs notions contradictoires en apparence. Vous verrez que les hommes probes ne diffèrent pas tant sur le fond des choses que sur les mots ; qu'entre ceux-là un peu d'amour-propre jaloux est quelquefois le seul obstacle à l'unité de croyances ; mais qu'entre ceux-là et les hommes du pouvoir, il y a l'immense abîme qui sépare la privation de la jouissance, le dévouement de l'égoïsme, le droit de la force.

— Oui, il faudrait s'instruire, dit Arsène. Hélas ! si j'avais le temps ! Mais quand j'ai passé ma journée entière à faire des chiffres, je n'ai plus la force de lire ; mes yeux se ferment malgré moi, ou bien j'ai la fièvre ; et, au lieu de suivre avec l'esprit ce que je lis avec les yeux, je poursuis mes propres divagations en tournant des pages que j'ai remplies moi-même. Il y a longtemps que j'ai envie d'apprendre ce que c'est que le *fouriérisme*. Aujourd'hui, Cavaignac l'a cité, ainsi que la *Revue Encyclopédique* et les *saint-simoniens*. Il a dit de ces derniers, qu'au milieu de leurs erreurs, ils avaient soutenu avec dévouement des idées utiles, et développé le principe d'association. Eugénie, j'irai les entendre prêcher. »

Eugénie était là sur son terrain ; c'était une adepte assez fervente de la réhabilitation des femmes. Elle commença à endoctriner son ami le Masaccio, ce qu'elle n'avait pas fait encore ; car elle était de ces esprits délicats et prudents qui ne risquent pas leur influence à moins d'une occasion sûre. Elle savait attendre comme elle savait choisir. Elle ne m'avait pas parlé dix fois de ses croyances saint-simoniennes ; mais elle ne l'avait jamais fait sans produire sur moi une grande impression. Je connaissais mieux qu'elle peut-être, par l'examen et par la lecture, le fort et le faible de cette philosophie ; mais j'admirais toujours avec quelle pureté d'intention et quelle finesse de tact elle savait éliminer tacitement des discussions où s'élaborait la doctrine des adeptes secondaires, tout ce qui révoltait ses instincts nobles et pudiques, pour conclure souvent *à priori*, des secrètes élucubrations des maîtres, ce qui répondait à sa fierté naturelle, à sa droiture et à son amour de la justice. Je me disais parfois que cette femme forte et intelligente appelée par les *apôtres* à formuler les droits et les devoirs de la femme, c'eût été Eugénie. Mais, outre que sa réserve et sa modestie l'eussent empêchée de monter sur un théâtre où l'on jouait trop souvent la comédie sociale au lieu du drame humanitaire, les saint-simoniens, dans la déviation inévitable où leurs principes se trouvaient alors, l'eussent jugée, ceux-ci trop rigide, ceux-là trop indépendante. Le moment n'était pas venu. Le saint-simonisme accomplissait une première phase, qui devait laisser une lacune avant la seconde. Eugénie le sentait, et prévoyait qu'il faudrait encore dix ans, vingt ans d'arrêt peut-être, avant que la marche progressive du saint-simonisme pût être reprise.

Paul Arsène, frappé de ce qu'elle lui fit entrevoir dans une première conversation, alla écouter les prédications saint-simoniennes. Il se lia avec de jeunes apôtres ; et sans avoir précisément le temps de s'instruire, il se mit au courant de la discussion, et s'y forma un jugement, des sympathies, des espérances. Ce fut une rapide et profonde révolution dans la vie morale de cet enfant du peuple, qui jusque-là n'était pas sans préjugés, et qui dès lors les perdit ou acquit du moins la force de les combattre en lui-même. L'amour qu'il nourrissait encore, faute d'avoir pu l'étouffer (car il y avait fait son possible), se retrempa à cette source d'examen qu'il n'avait pas encore abordée, et prit un caractère encore plus calme et plus noble, un caractère religieux pour ainsi dire.

En effet, jusque-là Marthe n'avait été pour lui que l'objet d'une passion tenace, invincible. Il l'avait maudite cent fois, cette passion qui puisait des forces nouvelles dans tout ce qui eût dû la détruire ; mais comme elle régnait là sur une grande âme, bien qu'elle y fût mystérieuse, incompréhensible pour celui-là même qui la ressentait, elle n'y produisait que des résultats magnanimes, une générosité sans exemple et sans bornes. Aussi quels affreux combats cette âme fière et rigide se livrait ensuite à elle-même ! Comme Arsène rougissait d'être ainsi l'esclave d'un attachement que l'austérité un peu étroite de son éducation populaire lui apprenait à réprouver ! Lui dont les mœurs étaient si pures, épris à ce point de l'ex-maîtresse de M. Poisson, de la maîtresse actuelle d'un autre ! Jamais il n'eût voulu profiter de l'espèce de faiblesse et d'entraînement que cette conduite de Marthe lui laissait entrevoir, pour arracher, en secret, à la reconnaissance, à l'amitié exaltée, des faveurs qu'il aurait voulu devoir seulement à l'amour exclusif et durable. Mais malgré le peu d'espoir qui lui restait, il se surprenait toujours à désirer la fin de cet amour pour Horace, et à caresser le rêve d'un mariage légal avec Marthe. C'est là que l'attendaient pour le faire souffrir ses anciens préjugés, le blâme de ses pareils, l'indignation de sa sœur Louise, l'effroi de sa sœur Suzanne, la crainte du ridicule, une sorte de mauvaise honte, toute puissante parfois sur des caractères élevés ; car elle leur est enseignée par l'opinion, comme le respect de soi-même et des autres. C'est alors qu'Arsène essayait d'arracher son amour de son sein, comme une flèche empoisonnée. Mais sa nature évangélique s'y refusait : il était forcé d'aimer. La haine et le mépris qu'il appelait à son secours ne voulaient pas entrer dans ce cœur plein d'indulgence, parce qu'il était plein de justice.

Durant cet hiver qu'il passa loin de Marthe et qu'il consacra à étudier du mieux qu'il put la religion, la nature et la société, sous les nouveaux aspects qui s'ouvraient devant lui de toutes parts ; tour à tour et à la fois fouriériste, républicain, saint-simonien et chrétien (car il lisait aussi l'*Avenir* et vénérait ardemment M. Lamennais), Arsène, s'il ne put réussir à bâtir une philosophie de toutes pièces, épura son âme, éleva son esprit, et développa son grand cœur d'une manière prodigieuse. J'en étais frappé chaque jour davantage, et, d'une semaine à l'autre, j'admirais ces progrès rapides. J'avais fini par découvrir sa retraite ; et, affrontant l'accueil revêche de sa sœur aînée, j'allais quelquefois, le soir, le surprendre au milieu de ses méditations. Tandis que les deux sœurs travaillaient en échangeant les idées les plus niaises, lui, assis au bout de la table, la tête dans ses mains, un livre ouvert entre ses coudes, et les yeux à demi fermés, étudiait ou rêvait à la lueur d'une triste lampe dont la clarté arrivait à peine jusqu'à lui. A voir son teint jaune, ses yeux fatigués, son attitude morne, on l'eût pris pour un homme usé par la fatigue et la misère ; mais dès qu'il parlait, son regard reprenait du feu, son front de la sérénité, et son langage révélait une énergie de mieux en mieux trempée. Je l'emmenais faire un tour de promenade sur les quais, et là, tout en fumant nos cigares de la régie, nous devisions ensemble. Quand nous avions passé en revue les idées générales, nous en venions à nos sentiments individuels; et il me disait souvent, à propos de Marthe : « L'avenir est à moi ; le règne d'Horace ne saurait durer longtemps. Le pauvre enfant ne comprend pas le bonheur qu'il possède, il n'en jouit pas, il n'en profitera pas ; et vous verrez que Marthe apprendra ce que c'est qu'un véritable amour, en éprouvant tout ce qui manque de grandeur et de vérité à celui qu'elle inspire maintenant. Voyez-vous, mon ami, j'ai remporté une grande victoire le jour où j'ai compris que ce qu'on appelle les fautes d'une femme étaient imputables à la société et non à de mauvais penchants. Les mauvais penchants sont rares; Dieu merci ; ils sont exceptionnels, et Marthe n'en a que de bons. Si elle a choisi Horace au lieu de moi, c'est qu'alors je n'étais pas digne d'elle et qu'Horace lui a semblé plus digne. Incertain et farouche, tout en m'offrant à elle avec dévouement, je ne savais pas lui dire ce qu'elle eût aimé à entendre. Le souvenir de ses malheurs m'inspirait de la pitié seulement; elle le sentait, et elle voulait du respect. Horace a su lui exprimer de l'enthousiasme ; elle s'y est trompée, mais la faute n'en est point à elle. Maintenant, je saurais bien lui dire ce qui doit fermer ses anciennes blessures, rassurer sa conscience, et lui donner en moi la confiance qu'elle n'a pas eue. Mon austérité lui a fait peur, elle a craint mes reproches ; elle n'a eu pour moi que cette froide estime qu'inspire un homme sage et passablement humain. Elle avait besoin d'un appui, d'un sauveur, d'un initiateur à une vie nouvelle, toute d'exaltation et de charité. Je le répète, Horace, avec ses beaux yeux et ses grands mots, lui est apparu en révélateur de l'amour. Elle l'a suivi. *Mea culpa !* »

Je trouvais Arsène injuste envers lui-même, à force de générosité. Il fallait bien faire, dans l'aveuglement de Marthe, la part d'une certaine faiblesse et d'une sorte de vanité qui est, chez les femmes, le résultat d'une mauvaise éducation et d'une fausse manière de voir. Chez Marthe particulièrement, c'était l'effet d'une absence totale d'instruction et de jugement dans cet ordre d'idées, si nécessaires et si négligées d'ailleurs chez les femmes de toutes les classes.

Marthe avait tout appris dans les romans. C'était mieux que rien, on peut même dire que c'était beaucoup ; car ces lectures excitantes développent au moins le sentiment poétique et ennoblissent les fautes. Mais ce n'était pas assez. Le récit émouvant des passions, le drame de la vie moderne, comme nous le concevons, n'embrasse pas les causes, et ne peint que des effets plus contagieux que profitables aux esprits sevrés de toute autre culture. J'ai toujours pensé que les bons romans étaient fort utiles, mais comme un délassement et non comme un aliment exclusif et continuel de l'esprit.

Je faisais part de cette observation au Masaccio, et il en tirait la conséquence que Marthe était d'autant plus innocente qu'elle était plus bornée à certains égards. Il se promettait de l'instruire un jour de la vraie destinée qui convient aux femmes ; et lorsqu'il me développait ses idées sur ce point, j'admirais qu'il eût su, ainsi qu'Eugénie, rejeter du saint-simonisme tout ce qui n'était pas applicable à notre époque, pour en tirer ce sentiment apostolique et vraiment divin de la réhabilitation et de l'émancipation du genre humain dans la *personne femme*.

J'admirais aussi la belle organisation de ce jeune homme qui, aux facultés perceptives de l'artiste, joignait d'une manière si imprévue les facultés méditatives. C'était à la fois un esprit d'analyse et de synthèse ; et quand je le regardais marcher à côté de moi, avec ses habits râpés, ses gros souliers, son air commun et ses manières *peuple*, je me demandais, en véritable anatomiste phrénologue que j'étais, pourquoi je voyais les livrées du luxe et les grâces de l'élégance orner autour de nous tant d'êtres disgraciés du ciel, portant au front des signes évidents de la dégradation intellectuelle, physique et morale.

XXI.

Le bon Laravinière n'était pas, à beaucoup près, un aussi grand philosophe. Sa tête était plus haute que large, c'est dire qu'il avait plus de facultés pour l'enthousiasme que pour l'examen. Il n'y avait de place dans cette cervelle ardente que pour une seule idée, et la sienne était l'idée révolutionnaire. Brave et dévoué avec passion, il se reposait du soin de l'avenir sur les nombreuses idoles dont il avait meublé son Panthéon républicain : Cavaignac, Carrel, Arago, Marrast, Trélat, Raspail, le brillant avocat Dupont, et *tutti quanti*, composaient le comité directeur de sa conscience sans qu'il eût beaucoup songé à se demander si ces hommes supérieurs sans doute, mais incertains et incomplets comme les idées du moment, pourraient s'accorder ensemble pour gouverner une société nouvelle. Le bouillant jeune homme voulait le renversement de la puissance bourgeoise, et son idéal était de combattre pour en hâter la chute. Tout ce qui était de l'opposition avait droit à son respect, à son amour. Son mot favori était : « Donnez-moi de l'ouvrage. »

Il se prit pour Arsène d'une vive amitié, non qu'il comprît toute la beauté de son intelligence, mais parce que sous les rapports de bravoure intrépide et de dévouement absolu où il pouvait le juger, il le trouva à la hauteur de son propre courage et de sa propre abnégation. Il s'étonna beaucoup de voir qu'il cultivait, avec une sorte de soin, une passion qui n'était pas payée de retour ; mais il céda affectueusement à ce qu'il appelait la fantaisie d'Arsène, en allant demeurer sous le même toit que la belle Marthe, et en provoquant une sorte de confiance et d'intimité de la part d'Horace. C'était un rôle assez délicat pour un homme aussi franc que lui. Pourtant il s'en tira d'une manière aussi loyale que possible, en ne témoignant point à Horace une amitié qu'il ne ressentait en aucune façon. Suivant les instructions d'Arsène, il fut obligeant, sociable et enjoué avec lui ; rien de plus. L'amour-propre confiant d'Horace fit le reste. Il s'imagina que Laravinière était attiré vers lui par son esprit et le charme qu'il exerçait sur tant d'autres. Cela eût pu être ; mais cela n'était pas. Laravinière le traitait comme un mari qu'on ne veut pas tromper, mais que l'on ménage et que l'on se concilie pour cultiver l'amitié ou l'agréable société de sa femme. Dans toutes les conditions de la vie cela se pratique en tout bien tout honneur, et non-seulement Laravinière n'avait pas de prétentions pour lui-même, mais encore il avait fait ses réserves avec Arsène, en lui déclarant que, ne voulant pas agir en traître, il ne parlerait jamais à Marthe ni contre son amant, ni en faveur d'un autre. Arsène l'entendait bien ainsi ; il lui suffisait d'avoir tous les jours des nouvelles de Marthe, et d'être averti à temps de la rupture qu'il prévoyait et qu'il attendait entre elle et Horace, pour conserver cette forte et calme espérance dont il se nourrissait.

Laravinière voyait donc Marthe tous les jours, tantôt seule, tantôt en présence d'Horace, qui ne lui faisait pas l'honneur d'être jaloux de lui ; et tous les soirs il voyait Arsène, et parlait avec lui de Marthe un quart d'heure durant, à la condition qu'ils parleraient ensuite de la république pendant une demi-heure.

Quoique Jean ne se fût pas posé en surveillant, il lui fut impossible de ne pas observer bientôt l'aigreur et le refroidissement d'Horace envers la pauvre Marthe, et il en fut choqué. Il n'avait pas plus réfléchi sur la nature et le sort de la femme qu'il ne l'avait fait sur les autres questions fondamentales de la société ; mais, chez cet homme, les instincts étaient si bons, que la réflexion n'eût rien trouvé à corriger. Il avait pour les femmes un respect généreux, comme l'ont en général les hommes braves et forts. La tyrannie, la jalousie et la violence sont toujours des marques de faiblesse. Jean n'avait jamais été aimé. Sa laideur lui inspirait une extrême réserve auprès des femmes qu'il eût trouvées dignes de son amour ; et quoique à la rudesse de son langage et de ses manières, on ne l'eût jamais soupçonné d'être timide, il l'était au point de n'oser lever les yeux sur Marthe qu'à la dérobée. Cette méfiance de lui-même était parfaitement déguisée sous un air d'insouciance, et il ne parlait jamais de l'amour sans une espèce d'emphase satirique dont il fallait rire malgré soi. Les femmes en concluaient généralement qu'il était une brute ; et cet arrêt une fois prononcé contre lui, il eût fallu au pauvre Jean un grand courage et une grande éloquence pour le faire révoquer. Il le sentait bien, et le besoin d'amour qu'il avait refoulé au fond de son cœur était trop délicat pour qu'il voulût l'exposer aux doutes moqueurs qu'eût provoqués une première explication. Faute de pouvoir abjurer un instant le rôle qu'il s'était fait, il s'était donc condamné à ne fréquenter que des femmes trop faciles pour lui inspirer un attachement sérieux, mais qu'il traitait cependant avec une douceur et des égards auxquels elles n'étaient guère habituées.

Ceci est l'histoire de bien des hommes. Une fierté singulière les empêchait de se montrer tels qu'ils sont, et ils portent toute leur vie la peine d'une innocente dissimulation dans laquelle on les oblige à persister. Mais comme le naturel perce toujours, malgré l'espèce de mépris railleur que notre bousingot professait pour les sentiments romanesques, il ne pouvait voir humilier et affliger une femme, quelle qu'elle fût, sans une profonde indignation. S'il voyait une prostituée frappée dans la rue par un de ces hommes infâmes qui leur sont associés, il prenait parti héroïquement pour elle, et la protégeait au péril de sa vie. A plus forte raison avait-il peine à se contenir lorsqu'il voyait une femme délicate recevoir de ces blessures qui sont plus cruelles au cœur d'un être noble que les coups ne le sont aux épaules d'un être avili. Dès les commencements de son séjour dans la maison Chaignard, il vit sur les joues de Marthe la trace de ses larmes; il surprit souvent Horace dans des accès de colère que ce dernier avait bien de la peine à réprimer devant lui. Peu à peu Horace, s'habituant à le considérer comme un témoin sans conséquence, s'habitua aussi à ne plus se contraindre, et Laravinière ne put rester longtemps impassible spectateur de ses emportements. Un jour il le trouva dans une véritable fureur : Horace avait passé la nuit au bal de l'Opéra; il avait les nerfs agacés, et regardait comme une injure de la part de Marthe, comme un empiétement sur sa liberté, comme une tentative de despotisme, qu'elle lui eût adressé quelques reproches sur cette absence prolongée. Marthe n'était pas jalouse, ou, du moins, si elle l'était, elle n'en laissait jamais rien paraître ; mais elle avait été inquiète toute la nuit, parce qu'Horace lui avait promis de rentrer à deux heures. Elle avait craint une querelle, un accident, peut-être une infidélité. Quoi qu'elle eût souffert, elle ne se plaignait que de ne pas avoir été avertie, et sa figure altérée disait assez les angoisses de son insomnie cruelle.

« N'est-ce pas odieux, je vous le demande, dit Horace en s'adressant à Laravinière, d'être traité comme un enfant par sa bonne, comme un écolier par son précepteur? Je n'ai pas le droit de sortir et de rentrer à l'heure qu'il me plaît! Il faut que je demande une permission ; et si je m'oublie un peu, je trouve que le délai expiré est devant moi comme un arrêt, comme la mesure exacte et compassée du temps où il m'est permis de me distraire. Voilà qui est plaisant! je me ferai signer un permis avec un dédit de tant par minute.

— Vous voyez bien qu'elle souffre ! lui dit Laravinière à demi-voix.

— Parbleu ! et moi, croyez-vous que je sois sur des roses? reprit Horace à voix haute. Est-ce que des souffrances puériles et injustes doivent être caressées, tandis que des souffrances poignantes et légitimes comme les miennes s'enveniment de jour en jour?

— Je vous rends donc bien malheureux, Horace! dit Marthe en levant sur lui, d'un air de douleur sévère, ses grands yeux d'un bleu sombre. En vérité, je ne croyais pas travailler ici à votre malheur.

— Oui, vous me rendez malheureux, s'écria-t-il, horriblement malheureux! Si vous voulez que je vous le dise en présence de Jean, votre éternelle tristesse rend mon intérieur odieux. C'est à tel point que quand j'en sors, je respire, je m'épanouis, je reviens à la vie ; et que, quand j'y rentre, ma poitrine se resserre et je me sens mourir. Votre amour, Marthe, c'est la machine pneumatique, cela étouffe. Voilà pourquoi, depuis quelque temps, vous me voyez moins souvent.

— Je crois que vous faites une erreur de date, répondit Marthe, à qui la fierté blessée rendit le courage. Ce n'est pas ma tristesse continuelle qui vous a forcé à vous absenter; c'est votre absence continuelle qui m'a forcée à être triste.

— Vous l'entendez, Laravinière! dit Horace, qui avait besoin de trouver une excuse dans la conscience d'autrui, et à qui l'air soucieux de Jean faisait craindre un jugement sévère. Ainsi c'est parce que je sors, parce que je mène la vie qui sied à un homme, parce que je fais de mon indépendance l'usage qui me convient, que je suis condamné à trouver, en rentrant, un visage bouleversé, un sourire amer, des doutes, des reproches, de la froideur, des accusations, des sentences! Mais c'est le plus affreux supplice qui soit au monde!

— Je vois, dit Laravinière en se levant, que vous êtes tous les deux fort à plaindre. Écoutez; si vous voulez m'en croire, vous vous quitterez.

— C'est tout ce qu'il désire! s'écria Marthe en mettant ses deux mains sur son visage.

— Et c'est ce que vous demandez formellement par la bouche de Laravinière, reprit Horace avec emportement.

— Un instant, dit Laravinière. Ne me faites pas jouer ici un personnage que je désavoue. Je n'ai reçu en particulier les confidences d'aucun de vous, et ce que je viens de dire, je l'ai dit de mon propre mouvement, parce que c'est mon opinion. Vous ne vous convenez pas, vous ne vous êtes jamais convenu; vous marchez de l'engouement à la haine, et vous feriez mieux de mettre le pardon et l'amitié entre vous.

— J'accorde que ce beau discours soit une inspiration et une improvisation de Laravinière, dit Horace; au moins, Marthe, vous me direz si c'est l'expression de votre pensée?

— Il a pu aisément la supposer, la deviner peut-être, répondit-elle avec dignité, en vous entendant m'accuser de votre malheur. »

Ce n'est pas ainsi qu'Horace l'entendait. Il voulait bien que Marthe fût délaissée par lui; mais il ne voulait pas être quitté par elle. La force qu'elle montrait en ce moment, et que la présence d'un tiers lui avait inspirée, causa à Horace un des plus violents accès de dépit qu'il eût encore éprouvés. Il se leva, brisa sa chaise, donna un libre cours à sa colère et à son chagrin. L'ancienne jalousie même se réveilla, le nom abhorré de M. Poisson revint sur ses lèvres comme une vengeance; et celui d'Arsène allait s'en échapper, lorsque Laravinière, prenant le bras de Marthe, lui dit avec force :

— Vous avez choisi pour votre défenseur un enfant sans raison et sans dignité; à votre place, Marthe, je ne resterais pas un instant de plus chez lui.

— Emmenez-la donc chez vous, Monsieur! dit Horace avec un mépris sanglant, j'y consens de grand cœur; car je comprends maintenant ce qui se passe entre elle et vous.

— Chez moi, Monsieur, reprit Jean avec calme, elle serait honorée et respectée, tandis que chez vous elle est humiliée et insultée. Ah! grand Dieu! ajouta-t-il avec une émotion subite, si j'avais été aimé d'une femme comme elle, seulement un jour, je ne l'aurais oublié de ma vie...

Et la voix lui manqua tout à coup, comme si tout son cœur eût été prêt à s'échapper dans une parole. Il y avait tant de vérité dans son accent, que la jalousie feinte ou subite d'Horace s'évanouit à l'instant même ; l'émotion de Laravinière le gagna par un effet sympathique ; et obéissant à une de ces réactions auxquelles nous portent souvent les scènes violentes, il fondit en larmes ; et lui tendant la main avec effusion :

« Jean, lui dit-il, vous avez raison. Vous avez un grand cœur, et moi je suis un lâche, un misérable. Demandez pardon pour moi à cette pauvre femme dont je ne suis pas digne. »

Cette franche et noble résolution termina la querelle, et gagna même le cœur sincère de Jean.

« A la bonne heure, dit-il en mettant la main de Marthe dans celle d'Horace, vous êtes meilleur que je ne croyais, Horace ; il est beau de savoir reconnaître ses torts aussi vite et aussi généreusement que vous venez de le faire. Certainement Marthe ne demande qu'à les oublier. »

Et il s'enfuit dans sa chambre, soit pour n'être pas témoin de la joie de Marthe, soit pour cacher l'essor d'une sensibilité qu'il était habitué à réprimer.

Malgré ce beau dénoûment, des scènes semblables se répétèrent bientôt, et devinrent de plus en plus fréquentes. Horace aimait la dissipation ; il y cédait avec une légèreté effrénée. Il ne pouvait plus passer une seule soirée chez lui ; il ne vivait qu'au parterre des Italiens et de l'Opéra. Là il était condamné à ne point briller ; mais c'était pour lui une jouissance que de lever les yeux sur ces femmes qui étalent, dans les loges, leur beauté ou leur luxe devant une foule de jeunes gens pauvres, avides de plaisir, d'éclat et de richesse. Il connaissait par leurs noms toutes les femmes à la mode dont les titres, l'argent et l'orgueil semblaient mettre une barrière infranchissable à sa convoitise. Il connaissait leurs loges, leurs équipages et leurs amants ; il se tenait au bas de l'escalier pour les voir défiler devant lui lentement, les épaules mal cachées par des fourrures qui tombaient parfois tout à fait en l'effleurant, et qui bravaient audacieusement l'audace de ses regards. Jean-Jacques Rousseau n'a rien dit de trop en peignant l'impudence singulière des femmes du grand monde ; mais c'était une brutalité philosophique dont Horace ne songeait guère à être complice. Son ambition hardie n'était pas blessée de ces regards froids et provoquants par lesquels cette espèce de femmes semble vous dire : « Admirez, mais ne touchez pas. » Le regard effronté d'Horace semblait leur répondre : « Ce n'est pas à moi que vous diriez cela. » Enfin, les émotions de la scène, la puissance de la musique, la contagion des applaudissements, tout, jusqu'à la fantasmagorie du décor et l'éclat des lumières, enivrait ce jeune homme, qui, après tout, n'avait en cela d'autre tort que d'aspirer aux jouissances offertes et retirées sans cesse par la société aux pauvres, comme l'eau à la soif de Tantale.

Aussi, lorsqu'il rentrait dans sa mansarde obscure et délabrée, et qu'il trouvait Marthe froide et pâle, assoupie de fatigue auprès d'un feu éteint, il éprouvait un malaise où le remords et le dépit se combattaient douloureusement. Alors, à la moindre occasion, l'orage recommençait; et Marthe, n'espérant pas guérir d'une passion aussi funeste, désirait et appelait la mort avec énergie.

Dans ces sortes de secrets domestiques, dès qu'on a laissé tomber le premier voile on éprouve de part et d'autre le besoin d'invoquer le jugement d'un tiers; on le recherche, tantôt comme un confident, tantôt comme un arbitre. Laravinière fut médiateur dans les commencements. Il était fâché de se sentir entraîné à prendre part dans la querelle, et il avouait à Arsène que, malgré ses résolutions de neutralité, il était obligé de contracter avec Horace une sorte d'amitié. En effet, ce dernier lui témoignait une confiance et lui prouvait souvent une générosité de cœur qui l'engageait de plus en plus. Horace avait, en dépit de tous ses défauts, des qualités séduisantes ; il était aussi prompt à se radoucir qu'il l'était à s'emporter. Une parole sage trouvait toujours le chemin de sa raison ; une parole affectueuse trouvait encore plus vite celui de son cœur. Au milieu d'un débordement inouï d'orgueil et de vanité, il revenait tout à coup à un repentir modeste et ingénu. Enfin, il offrait tour à tour le spectacle des dispositions et des instincts les plus contraires, et la dispute que nous avons rapportée en gros ci-dessus résume toutes celles qui suivirent, et que Laravinière fut appelé à terminer.

Cependant, lorsque ces disputes se furent renouvelées un certain nombre de fois, Laravinière, obéissant, ainsi qu'Arsène le lui avait conseillé, à la spontanéité de ses impressions, se sentit porté à moins d'indulgence envers Horace. Il y a, dans le retour fréquent d'un même tort, quelque chose qui l'aggrave et qui lasse la patience des âmes justes. Peu à peu Laravinière fut tellement fatigué de la facilité avec laquelle Horace s'accusait lui-même et demandait pardon, que son admiration pour cette facilité se changea en une sorte de mépris. Il arriva enfin à ne voir en lui qu'un hâbleur sentimental, et à sentir sa conscience dégagée de cette affection dont il n'avait pu se défendre. Cet arrêt définitif était bien sévère, mais il était inévitable de la part d'un caractère aussi ferme et aussi égal que l'était celui de Jean.

« Mon pauvre camarade, dit-il à Horace un jour que celui-ci invoquait encore son intervention, je ne peux pas vous laisser ignorer davantage que je ne m'intéresse plus du tout à vos amours. Je suis fatigué de voir d'un côté une folie et de l'autre une faiblesse incurable. Je devrais dire peut-être faiblesse et folie de part et d'autre ; car il y a de la monomanie chez Marthe à vous aimer si constamment, et chez vous il y a une faiblesse misérable dans toutes ces parades de violence dont vous nous *régalez*. Je vous ai cru d'abord égoïste, et puis je vous ai cru bon. Maintenant je vois que vous n'êtes ni bon ni mauvais ; vous êtes froid, et vous aimez à vous démener dans un orage de passions factices ; vous avez une nature de comédien. Quand nous sommes là à nous émouvoir de vos trépignements, de vos déclamations et de vos sanglots, vous vous amusez à nos dépens, j'en suis certain. Oh ! ne vous fâchez pas, ne roulez pas les yeux comme Bocage dans Buridan, et ne serrez pas le poing. J'ai vu cela si souvent, qu'à tout ce que vous pourriez faire ou dire je répondrais *connu !* Je suis un spectateur usé, et désormais aussi froid qu'un homme qui a ses entrées au théâtre. Je sais que vous êtes puissant dans le drame ; mais je sais toutes vos pièces par cœur. Si vous voulez que je vous écoute, reprenez votre sérieux, jetez votre poignard, et parlez-moi raison. Dites-moi prosaïquement que vous n'aimez plus votre maîtresse parce qu'elle vous ennuie, et autorisez-moi à le lui faire comprendre avec tous les égards et les ménagements qui lui sont dus. C'est alors seulement que je vous rendrai mon estime et que je vous croirai un homme d'honneur.

— Eh bien, dit Horace avec une rage concentrée, je consens à vous parler froidement, très-froidement ; car je sais me vaincre, et commence par vous dire sérieusement et tranquillement que vous me rendrez raison de toutes les insultes que vous venez de me faire...

— Allons au fait, reprit Jean. C'est la dixième fois depuis un mois que vous me provoquez ; et c'eût été vous rendre service que de vous prendre au mot ; mais j'ai un meilleur emploi à faire de mon sang que de le compromettre avec un maladroit comme vous. Rappelez-vous donc que je fais sauter votre fleuret toutes les fois que nous nous amusons à l'escrime, et en conséquence souffrez que je refuse votre nouveau défi.

— Je saurai vous y contraindre, dit Horace pâle comme la mort.

— Vous m'insulterez publiquement? vous me donnerez un soufflet? mais avec un croc-en-jambe et un revers de mon *frère-jean*... Dieu m'en préserve, Horace! ces façons-là sont bonnes avec les mouchards et les gendarmes. Tenez, quoique je ne vous aime plus, j'ai encore pour vous quelque chose qui me ferait supporter de vous un acte de folie plutôt que d'y répondre. Taisez-vous donc. Je vous préviens que je ne me défendrai pas, et qu'il y aurait lâcheté de votre part à m'attaquer.

— Mais qui donc ici attaque et provoque? qui donc est lâche, trois fois lâche, de vous ou de moi? Vous m'accablez d'outrages, vous me traitez avec le dernier mépris, et vous dites que vous ne m'accorderez point de réparation! Ah! dans ce moment, je comprends le duel des Malais, qui déchirent leurs propres entrailles en présence de leur ennemi.

— Voilà une belle phrase, Horace, mais c'est encore de la déclamation; car je ne suis pas votre ennemi; et je jure que je ne veux pas vous insulter. Je vous donne une leçon amicale, et vous pouvez bien la recevoir, puisque vous êtes venu si souvent la chercher. Il y a longtemps que je vous l'épargne et que j'accepte de votre part des excuses dont je ne crois pas avoir jamais abusé contre vous.

— Vous en abusez horriblement dans ce moment-ci; vous me faites rougir de l'abandon et de la loyauté de cœur que j'ai eus avec vous.

— Je n'en abuse pas, puisque c'est pour vous empêcher de vous humilier de nouveau que je vous défends d'y revenir.

— Mon Dieu! mon Dieu! qu'ai-je donc fait, s'écria Horace en pleurant de rage et en se tordant les mains, pour être traité de la sorte?

— Ce que vous avez fait, je vais vous le dire, répondit Laravinière. Vous avez fait souffrir et dépérir une pauvre créature qui vous adore et que vous n'estimez seulement pas.

— Moi! je n'estime pas Marthe! Osez-vous dire que je n'estime pas la femme à qui j'ai donné ma jeunesse, ma vie, la virginité de mon cœur?

— Je ne pense pas que ce soit à titre de sacrifice que vous l'ayez fait, et, dans tous les cas, je suis peu disposé à vous en plaindre.

— Parce que vous ne comprenez rien à l'amour. C'est vous qui êtes un être froid et sans intelligence des passions.

— C'est possible, dit Jean avec un sourire mêlé d'amertume; mais je ne fais pas le semblant du contraire. Eh bien, expliquez-moi donc, en ce cas, en quoi vous êtes si à plaindre?

— Jean, s'écria Horace, vous ne savez pas ce que c'est que d'aimer pour la première fois, et d'être aimé pour la seconde ou troisième.

— Ah! nous y voilà, dit Laravinière en haussant les épaules. La Vierge Marie était seule digne de monsieur Horace Dumontet! *Connu!* mon cher. Vous l'avez dit assez souvent devant moi à cette pauvre Marthe. Mais dire ces choses-là, voyez-vous, en avoir seulement la pensée, prouve qu'on était digne tout au plus de mademoiselle Louison. Quelle vanité et quelle erreur sont les vôtres! Il y a certaines femmes perdues qui valent mieux que certains adolescents.

— Jean, vous êtes un grossier, un brutal, un insolent personnage.

—Oui, mais je dis la vérité. Il y a des cœurs purs sous des robes souillées, et des cœurs corrompus sous des gilets magnifiques. »

Horace déchira son gilet de velours cramoisi et en jeta les lambeaux à la figure de Laravinière. Jean les esquiva, et les poussant du bout de son pied :

« C'est cela, dit-il ; comme si vous n'étiez pas assez endetté avec votre tailleur !

— Je le suis avec vous, Monsieur, dit Horace. Je ne l'avais pas oublié ; mais je vous remercie de me le rappeler.

— Si vous vous en souvenez, tant mieux, dit Laravinière avec insouciance ; il y a dans les prisons de pauvres patriotes qui en profiteront pour acheter des cigares. Allons, rallumez le vôtre, et parlons un peu sans nous fâcher. Que vous ayez eu envers Marthe des torts incontestables, vous ne pouvez pas le nier ; et moi, sachant que vous êtes un enfant gâté, que vous avez pour vous l'esprit, les belles paroles et une superbe figure, je vous excuse jusqu'à un certain point. Je sais bien que c'est le privilége des beaux garçons, comme celui des belles femmes, d'avoir des caprices ; je ne peux pas exiger que vous ayez la sagesse d'un homme comme moi, qui ressemble à un sanglier plus qu'à un chrétien, et dont la face a été labourée un jour qu'il grêlait des hallebardes. Mais ce que je ne vous pardonne pas, c'est d'aimer à faire souffrir ; c'est de ne pas rompre une liaison dont vous êtes dégoûté ; c'est de manquer de franchise, en un mot, et de ne pas vouloir guérir le mal que vous avez fait.

— Mais je l'aime, cette femme que je fais souffrir ! je ne puis m'en séparer ! je ne m'habituerais pas à vivre sans elle !

— Quand même cela serait vrai (et j'en doute, puisque vous vous arrangez de manière à rester avec elle le moins que vous pouvez), votre devoir serait de vaincre un amour qui lui est nuisible.

— Quand je le voudrais, elle n'y consentirait jamais.

— En êtes-vous bien sûr?

— Elle se tuera si je l'abandonne.

— Si vous l'abandonnez froidement et brutalement, c'est possible ; mais si vous le faites par loyauté, par dévouement, au nom de l'honneur, au nom de votre amour même...

— Jamais! jamais Marthe ne se résignera à me perdre, je le sais trop.

— Voilà de la fatuité. Autorisez-moi à lui parler avec la même franchise que je viens d'avoir avec vous, et nous verrons.

— Jean ! encore un coup, vous avez des vues sur elle !

— Moi? Il faudrait pour cela trois choses : 1° qu'il n'y eût plus un seul miroir dans l'univers; 2° que Marthe perdît la vue ; 3° qu'elle et moi n'eussions aucun souvenir de ma figure.

— Mais quelle obstination avez-vous à nous séparer?

— Je vais vous le dire sans détour : j'ai des vues pour un autre.

— Vous êtes chargé de la séduire ou de l'enlever? Pour quel prince russe ou pour quel don Juan du Café de Paris?

— Pour le fils d'un cordonnier, pour Paul Arsène.

— Comment, vous le voyez?

— Tous les jours.

— Et vous m'en avez fait mystère?.... Voilà qui est étrange !

— C'est fort simple, au contraire. Je savais que vous ne l'aimez pas, et je ne voulais pas vous entendre mal parler de lui, parce que je l'aime.

— Ainsi vous êtes le Mercure de ce Jupiter, qui déjà s'est changé en pluie de gros sous pour me supplanter ?

— Triple insulte pour *lui*, pour *elle* et pour *moi*. Grand merci ! C'était dans votre rôle ? Vous l'avez très-bien dit ! Si j'étais claqueur, je me pâmerais d'admiration.

— Mais enfin, Laravinière, c'est à me rendre fou ! Vous agissez ici contre moi, vous me trahissez, vous parlez pour un autre. Et moi qui me fiais à vous !

— Et vous aviez raison, Monsieur. Je n'ai jamais prononcé le nom d'Arsène devant Marthe. Et quant à vous brouiller avec elle, je n'ai jamais fait que le contraire. Aujourd'hui je renonce à vous réconcilier : mon cœur et ma conscience me le défendent. Ou je quitte la maison aujourd'hui pour ne plus revoir ni vous ni Marthe, ou je l'engage, avec votre autorisation, à rompre un engagement qui vous pèse et qui la tue.»

Horace, vaincu par la rude franchise et la fermeté impitoyable de Laravinière, mis au pied du mur, et ne sachant plus comment faire pour regagner l'estime de cet homme dont il craignait le jugement, promit de réfléchir à sa proposition, et demanda quelques jours pour prendre un parti définitif. Mais les jours s'écoulèrent, et il ne sut se décider à rien.

XXII.

Il ne mentait pas en disant que Marthe lui était nécessaire. Il avait horreur de la solitude, et il avait besoin du dévouement d'autrui, deux choses qui lui rendaient Marthe plus précieuse encore qu'il n'osait le dire à Laravinière ; car celui-ci n'était plus disposé à se faire illusion sur son compte, et, s'il eût deviné le véritable motif de cette persévérance, il l'eût taxé d'égoïsme et d'exploitation. Marthe était plus facile à tromper ou à contenter. Il lui suffisait qu'Horace lui dît un mot de crainte ou de regret à l'idée de séparation, pour qu'elle acceptât héroïquement toutes les souffrances attachées à cette union malheureuse.

« Il a plus besoin de moi qu'on ne pense, disait-elle ; sa santé n'est pas si forte qu'elle le paraît. Il a de fréquentes indispositions par suite d'une irritabilité des nerfs qui m'a fait parfois craindre, sinon pour sa vie, du moins pour sa raison. A la moindre douleur, il s'exaspère d'une façon effrayante. Et puis il est distrait, nonchalant ; il ne sait pas s'occuper de lui-même : si je n'étais pas là, au milieu de ses rêveries et de ses divagations, il oublierait de dormir et de manger. Sans compter qu'il n'aurait jamais la précaution et l'attention de mettre tous les jours vingt sous de côté pour dîner. Enfin, il m'aime, malgré toutes ses boutades. Il m'a dit cent fois, dans ces moments d'abandon et de repentir où l'on est vraiment soi-même, qu'il préférerait souffrir encore mille fois plus de son amour que de guérir en cessant d'aimer. »

C'est ainsi que Marthe parlait à Laravinière ; car ce dernier, voyant qu'Horace ne se décidait à rien, avait rompu la glace avec elle, après avoir bien et dûment averti Horace de ce qu'il allait faire. Horace, qui l'avait pris, pour ses amères critiques, en une véritable aversion, prévoyant qu'il faudrait désormais en venir à des querelles sérieuses pour l'éloigner, l'avait mis ironiquement au défi de lui voler le cœur de Marthe, et lui donnait désormais carte blanche auprès d'elle. Quoiqu'il fût outré de l'aplomb dédaigneux avec lequel Jean procédait ouvertement contre lui, il ne le craignait pas. Il le savait maladroit, timide, plus scrupuleux et plus compatissant qu'il ne voulait le paraître ; et il sentait bien que d'un mot il détruirait, dans l'esprit de son indulgente amie, tout l'effet du plus long discours possible de Laravinière. Il en fut ainsi, et il se donna la peine de regagner son empire sur Marthe, comme s'il se fût agi de gagner un pari. Combien d'amours malheureuses se sont ainsi prolongées et comme ranimées avec effort dans des cœurs lassés ou éteints, par la crainte de donner un triomphe à ceux qui en prédisaient la fin prochaine ! Le repentir et le pardon, dans ces cas-là, ne sont pas toujours très-désintéressés, et il y a plus de loyauté qu'on ne pense à braver le scandale d'une rupture devenue nécessaire.

Laravinière travaillait donc en pure perte. Depuis qu'il avait résolu de sauver Marthe, elle était plus que jamais ennemie de son propre salut. Il vit bientôt qu'au lieu de l'amener au dessein qu'il avait conçu, il la fortifiait dans le dessein contraire. Il avoua à Arsène qu'au lieu de le servir, il avait empiré sa situation ; et il rentra dans sa neutralité, se consolant avec l'idée que Marthe apparemment n'était pas aussi malheureuse qu'il l'avait jugé.

Il eût, à cette époque, quitté l'hôtel de M. Chaignard, si des raisons étrangères à nos deux amants ne lui eussent rendu ce domicile plus sûr et plus propice qu'aucun autre à certains projets qui l'occupaient secrètement. Pourquoi ne le dirais-je pas aujourd'hui, que le brave Jean n'est plus à la merci des hommes, et que ceux qui partagèrent son sort sont, aussi bien que lui, soit par la mort, soit par l'absence, à l'abri de toute persécution ? Jean conspirait. Avec qui, je l'ai toujours ignoré, et je l'ignore encore. Peut-être conspirait-il tout seul ; je ne pense pas qu'il fût exploité, séduit, ni entraîné par personne. Avec le caractère ardent que je lui connaissais et l'impatience d'agir qui le dévorait, j'ai toujours pensé qu'il était homme plutôt à gourmander la prudence des chefs de son parti et à outrepasser leurs intentions, qu'à se laisser devancer par eux dans une entreprise à main armée. Ma situation ne me permettait pas d'être son confident. A quel point Arsène le fut, je ne l'ai pas su davantage, et je n'ai pas cherché à le savoir. Ce qu'il y a de certain, c'est qu'Horace, entrant brusquement dans la chambre de Laravinière, un jour que celui-ci avait oublié de s'enfermer, il le trouva environné de fusils de munition qu'il venait de tirer d'une grande malle, et qu'il inspectait en homme versé dans l'entretien des armes. Dans la même malle, il y avait des cartouches, de la poudre, du plomb, un moule, tout ce qui était nécessaire pour envoyer le possesseur de ces dangereuses reliques devant un jury, et de là en place de Grève ou au Mont-Saint-Michel. Horace était précisément dans une heure de spleen et d'abandon. Il avait encore de ces moments-là avec Laravinière, quoiqu'il se fût promis de n'en plus avoir.

« Oui-da ! s'écria-t-il en le voyant refermer précipitamment son coffre, jouez-vous ce jeu-là? Eh bien ! ne vous en cachez pas. Je sympathise avec cette manière de voir; et si vous voulez, en temps et lieu, me confier une de ces clarinettes, je suis très-capable d'en jouer aussi.

— Dites-vous ce que vous pensez, Horace? répondit Jean en attachant sur lui ses petits yeux verts et brillants comme ceux d'un chat. Vous m'avez si souvent raillé amèrement pour mon emportement révolutionnaire, que je ne sais pas si je puis compter sur votre discrétion. Cependant, quelque peu de sympathie que vous inspirent mon projet et ma personne, quand vous vous rappellerez qu'il y va de ma tête, vous ne vous amuserez pas, j'espère, à me plaisanter tout haut sur mon goût pour les armes à feu.

— J'espère, moi, que vous n'avez aucune crainte à cet égard ; et je vous répète que, loin de vous critiquer, je vous approuve et vous envie. Je voudrais, moi aussi, avoir une espérance, une conviction assez forte pour me faire hacher à coups de sabre derrière une barricade.

— Eh! si le cœur vous en dit, vous pouvez vous adresser à moi. Voyez, Horace, est-ce que ne voilà pas une plume avec laquelle un jeune poëte comme vous pourrait écrire une belle page et se faire un nom immortel?»

En parlant ainsi, il soulevait une carabine assez jolie qu'il s'était réservée pour son usage particulier. Horace la prit, la pesa dans sa main, en fit jouer la batterie, puis s'assit en la posant sur ses genoux, et tomba dans une rêverie profonde.

« A quoi bon vivre dans ce temps-ci? s'écria-t-il lorsque Laravinière, achevant de serrer ses dangereux trésors, lui ôta doucement son arme favorite; n'est-ce pas une vie d'avortement et d'agonie? N'est-ce pas un leurre infâme que cette société nous fait, lorsqu'elle nous dit : Travaillez, instruisez-vous, soyez intelligents, soyez ambitieux, et vous parviendrez à tout! et il n'y aura pas de place si haute à laquelle vous ne puissiez vous asseoir! Que fait-elle, cette société menteuse et lâche, pour tenir ses promesses? Quels moyens nous donne-t-elle de développer les facultés qu'elle nous demande et d'utiliser les talents que nous acquérons pour elle? Rien! Elle nous repousse, elle nous méconnaît, elle nous abandonne, quand elle ne nous étouffe pas. Si nous nous agitons pour parvenir, elle nous enferme ou nous tue; si nous restons tranquilles, elle nous méprise ou nous oublie. Ah! vous avez raison, Jean, grandement raison de vous préparer à un glorieux suicide!

— Oh! si vous croyez que je songe à ma gloire et à celle de mes amis, vous vous trompez beaucoup, dit Laravinière. Je suis très-content de la société en ce qui me concerne. J'y jouis d'une indépendance absolue, et j'y savoure une fainéantise délicieuse. Je la traverse en véritable bohémien, et je n'y ai qu'une affaire, qui est de conspirer pour son renversement; car le peuple souffre, et l'honneur appelle ceux qui se sont dévoués pour lui. Il en sera ce que Dieu voudra!

— Le peuple! voilà un grand mot, reprit Horace; mais, soit dit sans vous offenser, je crois que vous vous souciez aussi peu de lui qu'il se soucie de vous. Vous aimez la guerre et vous la cherchez; voilà tout, mon cher président : chacun obéit à ses instincts. Voyons, pourquoi aimeriez-vous le peuple?

— Parce que j'en suis.

— Vous en êtes sorti, vous n'en êtes plus. Le peuple sent si bien que vous avez des intérêts différents des siens, qu'il vous laisse conspirer tout seul, ou peu s'en faut.

— Vous ne savez rien de cela, Horace, et je n'ai pas à m'expliquer là-dessus; mais soyez sûr que je suis sincère quand je dis : « J'aime le peuple. » Il est vrai que j'ai peu vécu avec lui, que je suis une espèce de bourgeois, que j'ai des goûts épicuriens qui me gêneront si nous avons un jour un régime spartiate qui prohibe la bière et le *caporal*. Mais qu'importe tout cela? Le peuple, c'est le droit méconnu, c'est la souffrance délaissée, c'est la justice outragée. C'est une idée, si vous voulez; mais c'est l'idée grande et vraie de notre temps. Elle est assez belle pour que nous combattions pour elle.

— C'est une idée que l'on retournera contre vous quand vous l'aurez proclamée.

— Et pourquoi donc, à moins que je ne la désavoue? Et pourquoi le ferais-je? comment pourrais-je changer? Est-ce qu'une idée meurt comme une passion, comme un besoin? La souveraineté de tous sera toujours un droit : l'établir ne sera pas l'affaire d'un jour. Il y a bien de l'ouvrage pour toute ma vie, quand même je ne trouverais pas la mort au commencement. »

Ce n'était pas la première fois qu'ils débattaient leurs théories à cet égard. Jean y avait toujours eu le dessous, quoiqu'il eût pour lui la vérité et la conviction ; il n'avait pas l'intelligence assez prompte et assez subtile pour repousser toutes les objections et toutes les moqueries de son adversaire. Horace voulait aussi la république, mais il la voulait au profit des talents et des ambitions. Il disait que le peuple trouverait le sien à remettre ses intérêts aux mains de l'intelligence et du savoir ; que le devoir d'un chef serait de travailler au progrès intellectuel et au bien-être du peuple ; mais il n'admettait pas que ce même peuple dût avoir des droits sur l'action des hommes supérieurs, ni qu'il pût en faire un bon usage. Beaucoup d'aigreur entrait souvent dans ces discussions, et le grand argument d'Horace contre les démocrates bourgeois, c'est qu'ils parlaient toujours, et n'agissaient jamais.

Quand il eut acquis la preuve que Laravinière jouait un rôle actif, ou était prêt à le jouer, il conçut pour lui plus d'estime, et se repentit de l'avoir blessé. Tout en continuant de contester le principe d'une révolution en faveur du peuple, il crut à cette révolution, et désira d'y prendre part, afin d'y trouver de la gloire, des émotions, et un essor pour son ambition trompée par le régime constitutionnel. Il demanda à Jean sa confiance, se réconcilia avec lui ; et, soit qu'il y eût alors une apparence de sympathie chez les masses, soit que Laravinière se fît des illusions gratuites, Horace crut à un mouvement efficace, s'engagea par serment auprès de Jean à s'y jeter au premier appel, et se tint prêt à tout événement. Il se procura un fusil, et fit des cartouches avec une ardeur et une joie enfantines. Dès lors il fut plus calme, plus sédentaire, et d'une humeur plus égale. Ce rôle de conspirateur l'occupait tout entier. Ce rôle ranimait son espoir abattu; il le vengeait secrètement de l'indifférence de la société envers lui; il lui donnait une contenance vis-à-vis de lui-même, une attitude vis-à-vis de Jean et de ses camarades. Il aimait à inquiéter Marthe, à la voir pâlir lorsqu'il lui faisait pressentir les dangers auxquels il brûlait de s'exposer. Il se pleurait aussi un peu d'avance, et répandait des fleurs sur sa tombe; il fit même son épitaphe en vers. Quand il rencontra madame la vicomtesse de Chailly à l'Opéra, et qu'elle le salua fort légèrement, il s'en consola en pensant qu'elle viendrait peut-être l'implorer lorsqu'il serait un homme puissant, un grand orateur ou un publiciste influent dans la république.

Soit que les événements qui approchaient ne fussent pas prévus par d'autres que par lui, soit que des circonstances cachées en eussent retardé l'accomplissement, Laravinière n'avait eu autre chose à faire que de fourbir ses fusils, dans l'attente d'une révolution, lorsque le choléra vint éclater dans Paris, et distraire douloureusement les masses de toute préoccupation politique.

J'étais à l'ambulance, roulé dans mon manteau, par une de ces froides nuits du printemps qui semblaient donner plus d'intensité au fléau, et j'attendais, en volant à *l'ennemi* un quart d'heure de mauvais sommeil, qu'on vînt m'appeler pour de nouveaux accidents, lorsque je sentis une main se poser sur mon épaule. Je me réveillai brusquement, et me levant par habitude, je fus prêt à suivre la personne qui me réclamait, avant d'avoir ouvert tout à fait mes yeux appesantis par la fatigue. Ce fut seulement lorsqu'elle passa auprès de la lanterne rouge suspendue à l'entrée de l'ambulance, que je crus la reconnaître, malgré le changement qui s'était opéré en elle.

« Marthe ! m'écriai-je, est-ce donc vous ! Et pour qui venez-vous me chercher, grand Dieu?

— Pour qui voulez-vous que ce soit? dit-elle en joignant les mains. Oh ! venez tout de suite, venez avec moi ! »

J'étais déjà en route avec elle.

« Est-il gravement attaqué? lui demandai-je chemin faisant.

— Je n'en sais rien, me dit-elle ; mais il souffre beaucoup, et son esprit est tellement frappé, que je crains tout. Il y a plusieurs jours qu'il a des pressentiments, et aujourd'hui il m'a dit à plusieurs reprises qu'il était perdu. Cependant il a bien dîné, il a été au spectacle, et en rentrant il a soupé.

— Et quels accidents?

— Aucun; mais il souffre, et il m'a dit avec tant de force de courir à l'ambulance, que la frayeur s'est emparée de moi tout à coup, et je puis à peine me soutenir.

— En effet, Marthe, vous avez le frisson. Appuyez-vous sur mon bras.

— Oh ! c'est seulement un peu de froid !

— Vous êtes à peine vêtue pour une nuit aussi froide ; enveloppez-vous de mon manteau.

— Non, non, cela nous retarderait, marchons !

— Pauvre Marthe ! vous êtes maigrie, lui dis-je tout en marchant vite, et en regardant à la lueur blafarde des réverbères, ses joues amincies, que creusait encore l'ombre de ses cheveux noirs flottants au gré de la bise.

—Je suis pourtant très-bien portante, » me dit-elle d'un air préoccupé. Puis tout à coup, par une liaison d'idées qui ne s'était pas encore faite en elle : Dites-moi donc plutôt, s'écria-t-elle vivement, comment se porte Eugénie.

— Eugénie va bien, lui dis-je; elle ne souffre que d'avoir perdu votre amitié.

— Ah! ne dites pas cela! répondit-elle avec un accent déchirant. Mon Dieu! épargnez-moi ce reproche-là! Dieu sait que je ne le mérite pas! Dites-moi plutôt qu'elle m'aime toujours.

— Elle vous aime toujours tendrement, chère Marthe.

— Et vous aimez toujours Horace? reprit Marthe, oubliant tout ce qui lui était personnel, et me tirant par le bras pour me faire courir.

Je courus, et nous fûmes bientôt près de lui. Il fit un cri perçant en me voyant, et se jetant dans mes bras :

« Ah! maintenant je puis mourir, s'écria-t-il avec chaleur; j'ai retrouvé mon ami. » Et il retomba sur son fauteuil, pâle et brisé, comme s'il était près d'expirer.

Je fus très-effrayé de cette prostration. Je tâtai son pouls, qui était à peine sensible. Je l'examinai, je le fis coucher, je l'interrogeai attentivement, et je me disposai à passer la nuit près de lui.

Il était malade en effet. Son cerveau était en proie à une exaspération douloureuse, tous ses nerfs étaient agités; il avait une sorte de délire, il parlait de mort, de guerre civile, de choléra, d'échafaud; et mêlant, dans ses rêves, les diverses idées qui le possédaient, il me prenait tantôt pour un croque-mort qui venait le jeter dans la fatale *tapissière*, tantôt pour le bourreau qui le conduisait au supplice. A ces moments d'exaltation succédaient des évanouissements, et quand il revenait à lui-même, il me reconnaissait, pressait mes mains avec énergie, et s'attachant à moi, me suppliait de ne pas l'abandonner, et de ne pas le laisser mourir. Je n'en avais pas la moindre envie, et je me mettais à la torture pour deviner son mal; mais quelque attention que j'y apportasse, il m'était impossible d'y voir autre chose qu'une excitation nerveuse causée par une affection morale. Il n'y avait pas le moindre symptôme de choléra, pas de fièvre, pas d'empoisonnement, pas de souffrance déterminée. Marthe s'empressait autour de lui avec un zèle dont il ne semblait pas s'apercevoir, et, en la regardant, j'étais si frappé de son air de dépérissement et d'angoisse, que je la suppliai d'aller se coucher. Je ne pus l'y faire consentir. Cependant, à la pointe du jour, Horace s'étant calmé et endormi, elle tomba à son tour assoupie sur un fauteuil au pied du lit. J'étais au chevet, vis-à-vis d'elle, et je ne pouvais m'empêcher de comparer la figure d'Horace, pleine de force et de santé, avec celle de cette femme que j'avais vue naguère si belle, et qui n'était plus devant mes yeux que comme un spectre.

J'allais m'endormir aussi, lorsque, sans réveiller personne, Laravinière entra sur la pointe du pied, et vint s'asseoir près de moi. Il avait passé lui-même la nuit auprès d'un de ses amis atteint du choléra, et, en rentrant, il avait appris que Marthe était allée à l'ambulance pour Horace. « Qu'a t-il donc? » me demanda-t-il en se penchant vers lui pour l'examiner. Quand je lui eus avoué que je n'y voyais rien de grave, et que cependant il m'avait occupé et inquiété toute la nuit, Jean haussa les épaules. « Voulez-vous que je vous dise ce que c'est? me dit-il en baissant la voix encore davantage : c'est une panique, rien de plus. Voilà deux ou trois fois qu'il nous a fait des scènes pareilles; et si j'avais été ici ce soir, Marthe n'aurait pas été, tout effrayée, vous déranger. Pauvre femme! elle est plus malade que lui.

— C'est ce qui me semble. Mais vous me paraissez, vous, bien sévère pour mon pauvre Horace?

— Non; je suis juste. Je ne prétends pas qu'Horace soit ce qu'on appelle un lâche; je suis même sûr qu'il est brave, et qu'il irait résolument au feu d'une bataille ou d'un duel. Mais il a ce genre de lâcheté commun à tous les hommes qui s'aiment un peu trop : il craint la maladie, la souffrance, la mort lente, obscure et douloureuse qu'on trouve dans son lit. Il est ce que nous appelons *douillet*. Je l'ai vu une fois tenir tête, dans la rue, à des gens de mauvaise mine qui voulaient l'attaquer, et que sa bonne contenance a fait reculer; mais je l'ai vu aussi tomber en défaillance pour une petite coupure qu'il s'était faite au bout du doigt en taillant sa plume. C'est une nature de femme, malgré sa barbe de Jupiter Olympien. Il pourrait s'élever à l'héroïsme, il ne supporte pas un *bobo*.

— Mon cher Jean, répondis-je, je vois tous les jours des hommes dans toute la force de l'âge et de la volonté, qui passent pour fermes et sages, et que la pensée du choléra (et même de bien moindres maux) rend pusillanimes à l'excès. Ne croyez pas qu'Horace soit une exception. Les exceptions seules affrontent la maladie avec stoïcisme.

— Aussi ne fais-je point, reprit-il, le procès à votre ami; mais je voudrais que cette pauvre Marthe s'habituât à ses manières, et ne prît pas l'alarme toutes les fois qu'il lui passe par la tête de se croire mort.

— Est-ce donc là, demandai-je, la cause de son air triste et accablé?

— Oh! ce n'en est qu'une entre toutes. Mais je ne veux pas faire ici le délateur. Je me suis abstenu jusqu'à présent de vous dire ce qui se passait. Puisque vous voilà revenu chez eux, vous en jugerez bientôt par vous-même.

XXIII.

En effet, étant revenu le lendemain m'assurer de l'état

de parfaite santé où se trouvait Horace, j'obtins de lui, sans la provoquer beaucoup, la confidence de ses chagrins. « Eh bien, oui, me dit-il, répondant à une observation que je lui faisais, je suis mécontent de mon sort, mécontent de la vie, et, pourquoi ne le dirais-je pas? tout à fait las de vivre. Pour une goutte de fiel de plus qui tomberait dans ma coupe, je me couperais la gorge.

— Cependant hier, en vous croyant pris du choléra, vous me recommandiez vivement de ne pas vous laisser mourir. J'espère que vous vous exagérez à vous-même votre spleen d'aujourd'hui.

— C'est qu'hier j'avais mal au cerveau, j'étais fou, je tenais à la vie par un instinct animal; aujourd'hui que je retrouve ma raison, je retrouve l'ennui, le dégoût et l'horreur de la vie. »

J'essayai de lui parler de Marthe, dont il était l'unique appui, et qui peut-être ne lui survivrait pas s'il consommait le crime d'attenter à ses jours. Il fit un mouvement d'impatience qui allait presque jusqu'à la fureur; il regarda dans la chambre voisine, et s'étant assuré que Marthe n'était pas rentrée de ses courses du matin, « Marthe! s'écria-t-il; eh bien, vous nommez mon fléau, mon supplice, mon enfer! Je croyais, après toutes les prédictions que vous m'avez faites à cet égard, qu'il y allait de mon honneur de vous cacher à quel point elles se sont réalisées; eh bien, je n'ai pas ce sot orgueil, et je ne sais pas pourquoi, quand je retrouve mon meilleur, mon seul ami, je lui ferais mystère de ce qui se passe en moi. Sachez donc la vérité, Théophile : j'aime Marthe, et pourtant je la hais; je l'idolâtre, et en même temps je la méprise; je ne puis me séparer d'elle, et pourtant je n'existe que quand je ne la vois pas. Expliquez cela, vous qui savez tout expliquer, vous qui mettez l'amour en théorie, et qui prétendez le soumettre à un régime comme les autres maladies.

— Cher Horace, lui répondis-je, je crois qu'il me serait facile de constater du moins l'état de votre âme. Vous aimez Marthe, j'en suis bien certain ; mais vous voudriez l'aimer davantage, et vous ne le pouvez pas.

— Eh bien, c'est cela même ! s'écria-t-il. J'aspire à un amour sublime, je n'en éprouve qu'un misérable. Je voudrais embrasser l'idéal, et je n'étreins que la réalité.

— En d'autres termes, repris-je en essayant d'adoucir par un ton caressant ce que mes paroles pouvaient avoir de sévère, vous voudriez l'aimer plus que vous-même, et vous ne pouvez pas même l'aimer autant. »

Il trouva que je traitais sa douleur un peu plus cavalièrement qu'il ne l'eût souhaité ; mais tout ce qu'il me dit pour modifier une opinion qui ne lui semblait pas à la hauteur de sa souffrance, ne servit qu'à m'y confirmer. Marthe rentra, et Horace, obligé de sortir à son tour, me laissa avec elle. Ce que je voyais de leur intérieur ne m'inspirait guère l'espoir de leur être utile. Pourtant je ne voulais pas les quitter sans m'être bien assuré que je ne pouvais rien pour adoucir leur infortune.

Je trouvais Marthe aussi peu disposée à me laisser pénétrer dans son cœur, qu'Horace avait été prompt à m'ouvrir le sien. Je devais m'y attendre : elle était l'offensée, elle avait de justes sujets de plainte contre lui, et une noble générosité la condamnait au silence. Pour vaincre ses scrupules, je lui dis qu'Horace s'était accusé devant moi, et m'avait confessé tous ses torts : c'était la vérité. Horace ne s'était pas épargné ; il m'avait dévoilé ses fautes, tout en se défendant de la cause égoïste que je leur assignais. Mais cet encouragement ne changea rien aux résolutions que Marthe semblait avoir prises ; je remarquai en elle une sorte de courage sombre et de désespoir morne que je n'aurais pas cru conciliables avec l'enthousiaste mobilité et la sensibilité expansive que je lui connaissais. Elle excusa Horace, me dit que la faute était toute à la société, dont l'opinion implacable flétrit à jamais la femme tombée, et lui défend de se relever en inspirant un véritable amour. Elle refusa de s'expliquer sur son avenir, me parla vaguement de religion et de résignation. Elle refusa également l'offre que je lui fis de lui amener Eugénie, en disant que ce rapprochement serait bientôt brisé par les mêmes causes qui avaient amené la désunion; et tout en protestant de son affection profonde pour mon amie, elle me conjura de ne point lui parler d'elle. La seule idée qui me parut arrêtée dans son cerveau, parce qu'elle y revint à plusieurs reprises, fut celle d'un devoir qu'elle avait à remplir, devoir mystérieux, et dont elle ne détermina point la nature.

En examinant avec attention sa contenance et tous ses mouvements, je crus observer qu'elle était enceinte; elle était si peu disposée à la confiance, que je n'osai pas l'interroger à cet égard, et me réservai de le faire en temps opportun.

Quand je l'eus quittée, le cœur attristé profondément de sa souffrance, je passai par hasard devant un café où Horace avait l'habitude d'aller lire les journaux; et comme il y était en ce moment, il m'appela et me força de m'asseoir près de lui. Il voulait savoir ce que Marthe m'avait dit; et moi, je commençai par lui demander si elle n'était pas enceinte. Il est impossible de rendre l'altération que ce mot causa sur son visage. « Enceinte! s'écria-t-il; de quoi parlez-vous là, bon Dieu? Vous la croyez enceinte? Elle vous a dit qu'elle l'était? Malédiction de tous les diables! il ne me faudrait plus que cela!

— Qu'aurait donc de si effrayant une pareille nouvelle? lui dis-je. Si Eugénie m'en annonçait une semblable, je m'estimerais bien heureux! — Il frappa du poing sur la table, si fort qu'il fit trembler toute la faïence de l'établissement.

— Vous en parlez à votre aise, dit-il; vous êtes philosophe d'abord, et ensuite vous avez trois mille livres de rente et un état. Mais moi, que ferais-je d'un enfant? à mon âge, avec ma misère, mes dettes, et mes parents, qui seraient indignés! Avec quoi le nourrirais-je? avec quoi le ferais-je élever? Sans compter que je déteste les marmots, et qu'une femme en couches me représente l'idée la plus horrible!... Ah! mon Dieu! vous me rappelez qu'elle lit l'*Émile,* sans désemparer depuis quinze jours! C'est cela, elle veut nourrir son enfant! elle va lui donner une éducation à la Jean-Jacques, dans une chambre de six pieds carrés! Me voilà père, je suis perdu! »

Son désespoir était si comique, que je ne pus m'empêcher d'en rire. Je pensai que c'était une de ces boutades sans conséquence qu'Horace aimait à lancer, même sur les sujets les plus sérieux, rien que pour donner un peu de mouvement à son esprit, comme à un cheval ardent qu'on laisse caracoler avant de lui faire prendre une allure mesurée. J'avais bonne opinion de son cœur, et j'aurais cru lui faire injure en lui remontrant gravement les devoirs que sa jeune paternité allait lui imposer. D'ailleurs je pouvais m'être trompé. Si Marthe eût été dans la position que je supposais, Horace eût-il pu l'ignorer? Nous nous séparâmes, moi riant toujours de son aversion sarcastique pour les marmots, et lui continuant à déclamer contre eux avec une verve inépuisable.

Je trouvai en rentrant chez moi une liste de malades qui s'étaient fait inscrire. J'étais reçu médecin depuis l'automne précédent, et je commençais ma carrière par la sinistre et douloureuse épreuve du choléra. J'avais donc tout à coup une clientèle plus nombreuse que je ne l'aurais désiré, et je fus tellement accaparé pendant plusieurs jours, que je ne revis Horace qu'au bout d'une quinzaine. Ce fut sous l'influence d'un événement étrange qui coupait court à toutes ses amères facéties sur la progéniture.

Il entra chez moi un matin, pâle et défait.

« Est-elle ici? fut le premier mot qu'il m'adressa.

— Eugénie? lui dis-je; oui, certainement, elle est dans sa chambre.

— Marthe! s'écria-t-il avec agitation. Je vous parle de Marthe; elle n'est point chez moi, elle a disparu. Théophile, je vous le disais bien, que je devrais me couper la gorge; Marthe m'a quitté, Marthe s'est enfuie avec le désespoir dans l'âme, peut-être avec des pensées de suicide. »

Il se laissa tomber sur une chaise, et, cette fois, son épouvante et sa consternation n'avaient rien d'affecté. Nous courûmes chez Arsène. Je pensais que cet ami fidèle de Marthe avait pu être informé par elle de ses dispositions. Nous ne trouvâmes que ses sœurs, dont l'air étonné nous prouva sur-le-champ qu'elles ne savaient rien, et qu'elles ne pressentaient pas même le motif de la visite d'Horace. Comme nous sortions de chez elles, nous rencontrâmes Paul, qui rentrait. Horace courut à sa rencontre, et, se jetant dans ses bras par un de ces élans spontanés qui réparaient en un instant toutes ses injustices :

« Mon ami, mon frère, mon cher Arsène! s'écria-t-il dans l'abondance de son cœur, dites-moi où *elle* est, vous le savez, vous devez le savoir. Ah! ne me punissez pas de mes crimes par un silence impitoyable. Rassurez-moi; dites-moi qu'elle vit, qu'elle s'est confiée à vous. Ne me croyez pas jaloux, Arsène. Non, à cette heure, je jure Dieu que je n'ai pour vous qu'estime et affection. Je consens à tout, je me soumets à tout! soyez son appui, son sauveur, son amant. Je vous la donne, je vous la confie; je vous bénis si vous pouvez, si vous devez lui donner du bonheur; mais dites-moi qu'elle n'est pas morte, dites-moi que je ne suis pas son bourreau, son assassin! »

Quoique Marthe n'eût pas été nommée, comme il n'y avait qu'*elle* au monde qui pût intéresser Arsène, il comprit sur-le-champ, et je crus qu'il allait tomber foudroyé. Il fut quelques instants sans pouvoir répondre. Ses dents claquaient dans sa bouche, et il regardait Horace d'un air hébété, en retenant dans sa main froide et fortement contractée la main que ce dernier lui avait tendue. Il ne fit aucune réflexion. Un mélange d'effroi et d'espoir le jetait dans une sorte de délire farouche. Il se mit à courir avec nous. Nous allâmes à la Morgue; Horace avait eu déjà la pensée d'y aller; il n'en avait pas eu le courage. Nous y entrâmes sans lui; il s'arrêta sous le portique, et s'appuya contre la grille pour ne pas tomber, mais évitant de tourner ses regards vers cet affreux spectacle, qu'il n'aurait pu supporter s'il lui eût offert parmi les victimes de la misère et des passions l'objet de nos recherches. Nous pénétrâmes dans la salle, où plusieurs cadavres, couchés sur les tables fatales, offraient aux regards la plus hideuse plaie sociale, la mort violente dans toute son horreur, la preuve et la conséquence de l'abandon, du crime ou du désespoir. Arsène sembla retrouver son courage au moment où celui d'Horace faiblissait; il s'approcha d'une femme qui reposait là avec le cadavre de son enfant enlacé au sien; il souleva d'une main ferme les cheveux noirs que le vent rabattait sur le visage de la morte, et comme si sa vue eût été troublée par un nuage épais, il se pencha sur cette face livide, la contempla un instant, et la laissant retomber avec une indifférence qui, certes, ne lui était pas habituelle :

« Non, » dit-il d'une voix forte ; et il m'entraîna pour répéter vite à Horace ce *non*, qui devait le soulager momentanément.

Au bout de quelques pas, Arsène s'arrêtant :

« Montrez-moi encore, lui dit-il, le billet qu'elle vous a laissé. »

Ce billet, Horace nous l'avait communiqué. Il le remit de nouveau à Paul, qui le relut attentivement. Il était ainsi conçu :

« Rassurez-vous, cher Horace, je m'étais trompée. Vous n'aurez pas les charges et les ennuis de la paternité ; mais après tout ce que vous m'avez dit depuis quinze jours, j'ai compris que notre union ne pouvait pas durer sans faire votre malheur et ma honte. Il y a longtemps que nous avons dû nous préparer mutuellement à cette séparation, qui vous affligera, j'en suis sûre, mais à laquelle vous vous résignerez, en songeant que nous nous devions mutuellement cet acte de courage et de raison. Adieu pour toujours. Ne me cherchez pas, ce serait inutile. Ne vous inquiétez pas de moi, je suis forte et calme désormais. Je quitte Paris ; j'irai peut-être dans mon pays. Je n'ai besoin de rien, je ne vous reproche rien. Ne gardez pas de moi un souvenir amer. Je pars en appelant sur vous la bénédiction du ciel. »

Cette lettre n'annonçait pas des projets sinistres ; cependant elle était loin de nous rassurer. Moi surtout, j'avais trouvé naguère chez Marthe tous les symptômes d'un désespoir sans ressource, et cette farouche énergie qui conduit aux partis extrêmes.

« Il faut, dis-je à Horace, faire encore un grand effort sur vous-même, et nous raconter textuellement ce qui s'est passé entre vous depuis quinze jours; d'après cela, nous jugerons de l'importance que nous devons laisser à nos craintes. Peut-être les vôtres sont exagérées. Il est impossible que vous ayez eu envers Marthe des procédés assez cruels pour la pousser à un acte de folie. C'est un esprit religieux, c'est peut-être un caractère plus fort que vous ne le pensez. Parlez, Horace; nous vous plaignons trop pour songer à vous blâmer, quelque chose que vous ayez à nous dire.

— Me confesser devant lui? répondit Horace en regardant Arsène. C'est un rude châtiment; mais je l'ai mérité, et je l'accepte. Je savais bien qu'il l'aimait, lui, et que son amour était plus digne d'elle que le mien. Mon orgueil souffrait de l'idée qu'un autre que moi pouvait lui donner le bonheur que je lui déniais; et je crois que, dans mes accès de délire, je l'aurais tuée plutôt que de la voir sauvée par lui!

— Que Dieu vous pardonne! dit Arsène; mais avouez jusqu'au bout. Pourquoi la rendiez-vous si malheureuse? Est-ce à cause de moi? Vous savez bien qu'elle ne m'aimait pas!

— Oui, je le savais! dit Horace avec un retour d'orgueil et de triomphe égoïste; mais aussitôt ses yeux s'humectèrent et sa voix se troubla. Je le savais, continua-t-il, mais je ne voulais seulement pas qu'elle t'estimât, noble Arsène! C'était pour moi une injure sanglante que la comparaison qu'elle pouvait faire entre nous deux au fond de son cœur. Vous voyez bien, mes amis, que, dans ma vanité, il y avait des remords et de la honte.

— Mais enfin, reprit Arsène, elle ne me regrettait pas assez, elle ne pensait pas assez à moi, pour qu'il lui en coûtât beaucoup de m'oublier tout à fait?

— Elle vous a longtemps défendu, répondit Horace, avec une énergie qui me portait à la fureur. Et puis tout à coup elle ne m'a plus parlé de vous, elle s'y est résignée avec un calme qui semblait me braver et me mépriser intérieurement. C'est à cette époque que la misère m'a contraint à lui laisser reprendre son travail et, quoique j'eusse vaincu en apparence ma jalousie, je n'ai jamais pu la voir sortir seule, sans conserver un soupçon qui me torturait. Mais je le combattais, Arsène ; je vous jure qu'il m'arrivait bien rarement de l'exprimer. Seulement quelquefois, dans des accents de colère, je laissais échapper un mot indirect, qui paraissait l'offenser et la blesser mortellement. Elle ne pouvait pas supporter d'être soupçonnée d'un mensonge, d'une dissimulation si légère qu'elle fût dans ma pensée. Sa fierté se révoltait contre moi tous les jours dans une progression qui me faisait craindre son changement ou son abandon. Pourtant, depuis quelques semaines, j'étais plus maître de moi, et, injuste qu'elle était ! elle prenait ma vertu pour de l'indifférence. Tout à coup une malheureuse circonstance est venue réveiller l'orage. J'ai cru Marthe enceinte ; Théophile m'en a donné l'idée, et j'en ai été consterné. Épargnez-moi l'humiliation de vous dire à quel point le sentiment paternel était peu développé en moi. Suis-je donc dans l'âge où cet instinct s'éveille dans le cœur de l'homme ? et puis l'horrible misère ne fait-elle pas une calamité de ce qui peut être un bonheur en d'autres circonstances ? Bref, je suis rentré chez moi précipitamment, il y a aujourd'hui quinze jours, en quittant Théophile, et j'ai interrogé Marthe avec plus de terreur que d'espérance, je l'avoue. Elle m'a laissé dans le doute ; et puis, irritée des craintes chagrines que je manifestais, elle me déclara que si elle avait le bonheur de devenir mère, elle n'irait pas implorer pour son enfant l'appui d'une paternité si mal comprise et si mal acceptée par les hommes de *ma condition*. J'ai vu là un appel tacite vers vous, Arsène, je me suis emporté ; elle m'a traité avec un mépris accablant. Depuis ces quinze jours, notre vie a été une tempête continuelle, et je n'ai pu éclaircir le doute poignant qui en était cause. Tantôt elle m'a dit qu'elle était grosse de six mois, tantôt qu'elle ne l'était pas, et, en définitive, elle m'a dit que si elle l'était, elle me le cacherait, et s'en irait élever son enfant loin de moi. J'ai été atroce dans ces débats, je le confesse avec des larmes de sang. Lorsqu'elle niait sa grossesse, j'en provoquais l'aveu par une tendresse perfide, et lorsqu'elle l'avouait, je lui brisais le cœur par mon découragement, mes malédictions, et, pourquoi ne dirais-je pas tout? par des doutes insultants sur sa fidélité, et des sarcasmes amers sur le bonheur qu'elle se promettait de donner un héritier à mes dettes, à ma paresse et à mon désespoir. Il y avait pourtant des moments d'enthousiasme et de repentir où j'acceptais cette destinée avec franchise et avec une sorte de courage fébrile ; mais bientôt je retombais dans l'excès contraire, et alors Marthe, avec un dédain glacial, me disait : « Tranquillisez-vous donc; je vous ai trompé pour voir quel homme vous étiez. A présent que j'ai la mesure de votre amour et de votre courage, je puis vous dire que je ne suis pas grosse, et vous répéter que si je l'étais, je ne prétendrais pas vous associer à ce que je regarderais comme mon unique bonheur en ce monde. »

« Que vous dirai-je? chaque jour la plaie s'envenimait. Avant-hier la mésintelligence fut plus profonde que la veille, et puis hier, elle le fut à un excès qui m'eût semblé devoir amener une catastrophe, si nous n'eussions pas été comme blasés l'un et l'autre sur de pareilles douleurs. A minuit, après une querelle qui avait duré deux mortelles heures, je fus si effrayé de sa pâleur et de son abattement, que je fondis en larmes. Je me mis à genoux, j'embrassai ses pieds, je lui proposai de se tuer avec moi pour en finir avec ce supplice de notre amour, au lieu de le souiller par une rupture. Elle ne me répondit que par un sourire déchirant, leva les yeux au ciel, et demeura quelques instants dans une sorte d'extase. Puis, elle jeta ses bras autour de mon cou, et pressa longtemps mon front de ses lèvres desséchées par une fièvre lente. « Ne parlons plus de cela, me dit-elle ensuite en se levant : ce que vous craignez tant n'arrivera pas. Vous devez être bien fatigué, couchez-vous ; j'ai encore quelques points à faire. Dormez tranquille ; je le suis, vous voyez ! »

« Elle était bien tranquille en effet ! Et moi, stupide et grossier dans ma confiance, je ne compris pas que c'était le calme de la mort qui s'étendait sur ma vie. Je m'endormis brisé, et je ne m'éveillai qu'au grand jour. Mon premier mouvement fut de chercher Marthe, pour la remercier à genoux de sa miséricorde. Au lieu d'elle, j'ai trouvé ce fatal billet. Dans sa chambre rien n'annonçait un départ précipité. Tout était rangé comme à l'ordinaire ; seulement la commode qui contenait ses pauvres hardes était vide. Son lit n'avait pas été défait : elle ne s'était pas couchée. Le portier avait été réveillé vers trois heures du matin par la sonnette de l'intérieur ; il a tiré le cordon comme il fait machinalement dans ce temps de choléra, où, à toute heure, on sort pour chercher ou porter des secours. Il n'a vu sortir personne, il a entendu refermer la porte. Et moi je n'ai rien entendu. J'étais là, étendu comme un cadavre, pendant qu'elle accomplissait sa fuite, et qu'elle m'arrachait le cœur de la poitrine pour me laisser à jamais vide d'amour et de bonheur. »

Après le douloureux silence où nous plongea ce récit, nous nous livrâmes à diverses conjectures. Horace était persuadé que Marthe ne pouvait pas survivre à cette séparation, et que si elle avait emporté ses hardes, c'était pour donner à son départ un air de voyage, et mieux cacher son projet de suicide. Je ne partageais plus sa terreur. Il me semblait voir dans toute la conduite de Marthe un sentiment de devoir et un instinct d'amour maternel qui devaient nous rassurer. Quant à Arsène, après que nous eûmes passé la journée en courses et en recherches minutieuses autant qu'inutiles, il se sépara d'Horace, en lui serrant la main d'un air contraint, mais solennel. Horace était désespéré. « Il faut, lui dit Arsène, avoir plus de confiance en Dieu. Quelque chose me dit au fond de l'âme qu'il n'a pas abandonné la plus parfaite de ses créatures, et qu'il veille sur elle. »

Horace me supplia de ne pas le laisser seul. Étant obligé de remplir mes devoirs envers les victimes de l'épidémie, je ne pus passer avec lui qu'une partie de la nuit. Laravinière avait couru toute la journée, de son côté, pour retrouver quelque indice de Marthe. Nous attendions avec impatience qu'il fût rentré. Il rentra à une heure du matin sans avoir été plus heureux que nous; mais il trouva chez lui quelques lignes de Marthe, que la poste avait apportées dans la soirée. « Vous m'avez témoigné tant d'intérêt et d'amitié, lui disait-elle, que je ne veux pas vous quitter sans vous dire adieu. Je vous demande un dernier service : c'est de rassurer Horace sur mon compte, et de lui jurer que ma position ne doit lui causer d'inquiétude, ni au physique ni au moral. Je crois en Dieu, c'est ce que je puis dire de mieux. Dites-le aussi à *mon frère* Paul. Il le comprendra. »

Ce billet, en rendant à Horace une sorte de tranquillité, réveilla ses agitations sur un autre point. La jalousie revint s'emparer de lui. Il trouva dans les derniers mots que Marthe avait tracés un avertissement et comme une promesse détournée pour Paul Arsène. « Elle a eu, en s'unissant à moi, dit-il, une arrière-pensée qu'elle a toujours conservée et qui lui revenait dans tous les mécontentements que je lui causais. C'est cette pensée qui lui a donné la force de me quitter. Elle compte sur Paul, soyez-en sûrs ! Elle conserve encore pour notre liaison un certain respect qui l'empêchera de se confier tout de suite à un autre. J'aime à croire, d'ailleurs, que Paul n'a pas joué la comédie avec moi aujourd'hui, et qu'en m'aidant à chercher Marthe jusqu'à la Morgue, il n'avait pas au fond du cœur l'égoïste joie de la savoir vivante et résignée.

— Vous ne devez pas en douter, répondis-je avec vivacité ; Arsène souffrait le martyre, et je vais tout de suite, en passant, lui faire part de ce dernier billet, afin qu'il repose en paix, ne fût-ce qu'une heure ou deux.

— J'y vais moi-même, dit Laravinière ; car son chagrin m'intéresse plus que tout le reste. » Et sans faire attention au regard irrité que lui lançait Horace, il lui reprit le billet des mains, et sortit.

« Vous voyez bien qu'ils sont tous d'accord pour me jouer ! s'écria Horace furieux. Jean est l'âme damnée de Paul, et l'entremetteur sentimental de cette chaste intrigue. Paul, qui doit si bien comprendre, au dire de Marthe, comment et pourquoi elle *croit en Dieu* (mot d'ordre que je comprends bien aussi, allez !...), Paul va courir en quelque lieu convenu, où il la trouvera ; ou bien il dormira sur les deux oreilles, sachant qu'après deux ou trois jours donnés aux larmes qu'elle croit me devoir, l'infidèle orgueilleuse l'admettra à offrir ses consolations. Tout cela est fort clair pour moi, quoique arrangé avec un certain art. Il y a longtemps qu'on cherchait un prétexte pour me répudier, et il fallait me donner tort. Il fallait qu'on pût m'accuser auprès de mes amis, et se rassurer soi-même contre les reproches de la conscience. On y est parvenu ; on m'a tendu un piège en feignant, c'est-à-dire en *feignant de feindre* une grossesse. Vous avez été innocemment le complice de cette belle machination; on connaissait mon faible : on savait que cette éventualité m'avait toujours fait frémir. On m'a fourni l'occasion d'être lâche, ingrat, criminel... Et quand on a réussi à me rendre odieux aux autres et à moi-même, on m'abandonne avec des airs de victime miséricordieuse! C'est vraiment ingénieux! Mais il n'y aura que moi qui n'en serai pas dupe; car je me souviens comment on a abandonné le *Minotaure*, et comment on s'est tenu caché pour laisser passer la première bourrasque de colère et de chagrin. Lui aussi, le pauvre imbécile, a cru à un suicide! lui aussi, il a été à la police et à la Morgue! lui aussi, sans doute, a trouvé un billet d'adieu et de belles phrases de pardon au bout d'une trahison consommée avec Paul Arsène! Je pense que c'est un billet tout pareil au mien; le même peut servir dans toutes les circonstances de ce genre!... »

Horace parla longtemps sur ce ton avec une âcreté inouïe. Je le trouvai en cet instant si absurde et si injuste, que, n'ayant pas le courage de le blâmer hautement, mais ne partageant nullement ses soupçons, je gardai le silence. Après tout, comme j'étais forcé de le laisser à lui-même jusqu'au lendemain, j'aimais mieux le voir ranimé par des dispositions amères que terrassé par l'inquiétude insupportable de la journée. Je le quittai sans lui rien dire qui pût influencer son jugement.

XXIV.

Lorsque je revins le revoir dans l'après-midi, je le trouvai au lit avec un peu de fièvre et une violente agitation nerveuse. Je m'efforçai de le calmer par des remontrances assez sévères; mais je cessai bientôt, en voyant qu'il ne demandait qu'à être contredit afin d'exhaler tout son ressentiment. Je lui reprochai d'avoir plus de dépit que de douleur. Alors il me soutint qu'il était au désespoir ; et à force de parler de son chagrin, il en ressentit de violents accès : la colère fit place aux sanglots. En cet instant Arsène entra. Le généreux jeune homme, sans s'inquiéter des soupçons injurieux d'Horace, que Laravinière ne lui avait pas cachés, venait tâcher de lui faire un peu de bien en les dissipant. Il y mit tant de grandeur et de dignité, qu'Horace se jeta dans son sein, le remercia avec enthousiasme, et, passant de l'aversion la plus puérile à la tendresse la plus exaltée, le pria d'être *son frère, son consolateur, son meilleur ami, le médecin de son âme malade et de son cerveau en délire.*

Quoique nous sentissions bien, Arsène et moi, qu'il y avait de l'exagération dans tout cela, nous fûmes attendris des paroles éloquentes qu'il sut trouver pour nous intéresser à son malheur, et nous voulûmes passer le reste de la journée avec lui. Comme il n'avait plus de fièvre, et qu'il n'avait rien pris la veille, je l'emmenai dîner avec Arsène chez le brave Pinson. Nous rencontrâmes Laravinière en chemin, et je l'emmenai aussi. D'abord notre repas fut silencieux et mélancolique comme le comportait la circonstance ; mais peu à peu Horace s'anima. Je le forçai de boire un peu de vin pour réparer ses forces et rétablir l'équilibre entre le principe sanguin et le principe nerveux. Comme il était ordinairement sobre dans ses boissons, il éprouva plus rapidement que je ne m'y attendais les effets de deux ou trois verres de bordeaux, et alors il devint expansif et plein d'énergie. Il nous témoigna à tous trois un redoublement d'amitié que nous accueillîmes d'abord avec sympathie, mais qui bientôt déplut un peu à Paul, et beaucoup à Laravinière. Horace ne s'en aperçut pas, et continua à s'enthousiasmer, à les prôner l'un et l'autre sans qu'ils sussent trop à propos de quoi. Insensiblement le souvenir de Marthe venant se mêler à son effusion, il se livra à l'espérance de la retrouver, jeta au ciel ce brûlant défi, se vanta de l'apaiser, de la rendre heureuse, et, pour nous faire partager sa confiance, nous entretint de la passion qu'il avait su lui inspirer et nous en peignit l'ardeur et le dévouement avec un orgueil peu convenable. Arsène pâlit plusieurs fois en entendant parler de la beauté et des grâces ineffables de Marthe en style de roman, avec une chaleur pleine de vanité. Le fait est qu'Horace, retenu jusqu'alors par le peu d'encouragement et d'approbation que nous avions donné à son triomphe sur Marthe, avait souffert de le savourer toujours en silence. Maintenant qu'un intérêt commun nous avait fortuitement conduits à lui parler à cœur ouvert, à l'interroger, à l'écouter et à discuter avec lui sur ce sujet délicat, maintenant qu'il voyait toute l'estime et toute l'affection que nous portions à celle qu'il avait si mal appréciée, il éprouvait une vive satisfaction d'amour-propre à nous entretenir d'elle, et à repasser en lui-même la valeur du trésor qu'il venait de perdre. C'était un prétexte pour faire briller ce trésor devant nous sans fatuité coupable, et il était facile de voir qu'il était à demi consolé de son désastre par le droit qu'il en prenait de rappeler son bonheur. Quoique Arsène fût au supplice, il l'écouta, et l'aida même à cet épanchement imprudent avec un courage étrange. Quoique le sang lui montât au visage à chaque instant, il semblait être résolu à étudier Marthe dans l'imagination d'Horace comme dans un miroir qui la lui révélait sous une face nouvelle. Il voulait surprendre le secret de cet amour que son rival avait eu le bonheur d'inspirer. Il savait bien comment il l'avait perdu, car il connaissait le côté sérieux du caractère de Marthe ; mais ce côté romanesque qui s'était laissé dominer par la passion d'un insensé, il l'analysait et le commentait dans sa pensée en l'entendant dépeindre par cet insensé lui-même. Plusieurs fois il pressa le bras de Laravinière pour l'empêcher d'interrompre Horace, et quand il en eut assez appris, il lui dit adieu sans amertume et sans mépris, quoique tant de légèreté et de forfanterie déplacée lui inspirât bien quelque secrète pitié.

A peine nous eut-il quittés, que Laravinière, cédant à une indignation longtemps comprimée, fit à Horace quelques observations d'une franchise un peu dure. Horace était, comme on dit, tout à fait monté. Il avalait du café mêlé de rhum, quoique je me plaignisse de cet excès de zèle à outrepasser ma prescription. Il leva la tête avec surprise en voyant la muette attention de Laravinière se changer en critiques assez sèches. Mais il n'était déjà plus d'humeur à supporter humblement un reproche : l'accès de repentir et de modestie était passé, la gloriole avait repris le dessus. Il répondit au froid dédain de Laravinière par des sarcasmes amers sur l'amour ridicule et malavisé qu'il lui supposait pour Marthe; il eut de l'esprit, il acheva de s'enivrer avec la verve de ses réponses et de ses attaques. Il devint blessant; il prit de la colère en s'efforçant de rire et de dénigrer. Ce dîner eût fini fort mal si je ne fusse intervenu pour couper court à une discussion des plus envenimées.

— Vous avez raison, me dit Laravinière en se levant, j'oubliais que je parlais à un fou.

Et, après m'avoir serré la main, il lui tourna le dos. Je ramenai Horace chez lui : il était complétement gris, et ses nerfs plus irrités qu'avant. Il eut un nouvel accès de fièvre, et comme j'étais forcé d'aller encore à mes malades, je craignis de le laisser seul. Je descendis chez Laravinière, qui venait de rentrer de son côté, et le priai de monter chez Horace.

— Je le veux bien, dit-il; je le fais pour vous, et puis

aussi pour Marthe, qui me le recommanderait si elle le savait tant soit peu malade. Quant à lui personnellement, voyez-vous, il ne m'inspire pas le moindre intérêt, je vous le déclare. C'est un fat qui se drape dans sa douleur, et qui en a infiniment moins que vous et moi.

Aussitôt que je fus sorti, Jean s'installa auprès du lit de son malade, et le regarda attentivement pendant dix minutes. Horace pleurait, criait, soupirait, se levait à demi, déclamait, appelait Marthe tantôt avec tendresse, tantôt avec fureur. Il se tordait les mains, déchirait ses couvertures et s'arrachait presque les cheveux. Jean le regardait toujours sans rien dire et sans bouger, prêt à s'opposer aux actes d'un délire sérieux, mais résolu de n'être pas dupe d'une de ces scènes de drame qu'il lui attribuait la faculté de jouer froidement au milieu de ses malheurs les plus réels.

A mes yeux (et je crois l'avoir connu aussi bien que possible), Horace n'était pas, comme le croyait Jean, un froid égoïste. Il est bien vrai qu'il était froid ; mais il était passionné aussi. Il est bien vrai qu'il avait de l'égoïsme; mais il avait en même temps un besoin d'amitié, de soins et de sympathie qui dénotait bien l'amour des semblables. Ce besoin était si puissant chez lui, qu'il était porté jusqu'à l'exigence puérile, jusqu'à la susceptibilité maladive, jusqu'à la domination jalouse. L'égoïste vit seul; Horace ne pouvait vivre un quart d'heure sans société. Il avait de la personnalité, ce qui est bien différent de l'égoïsme. Il aimait les autres par rapport à lui; mais il les aimait, cela est certain, et on eût pu dire sans trop sophistiquer que, ne pouvant s'habituer à la solitude, il préférait l'entretien du premier venu à ses propres pensées, et que, par conséquent, il préférait en un certain sens les autres à lui-même.

Lorsque Horace avait du chagrin, il n'avait qu'un

moyen de s'étourdir, et ce moyen était également bon pour ramener à lui les cœurs qu'il avait blessés, et pour dissiper sa propre souffrance : il se fatiguait. Cette fatigue singulière, qui agissait sur le moral aussi bien que sur le physique, consistait à donner à son chagrin un violent essor extérieur par les paroles, par les larmes, les cris, les sanglots, même par les convulsions et le délire. Ce n'était pas une comédie, comme le croyait Laravinière ; c'était une crise vraiment rude et douloureuse dans laquelle il entrait à volonté. On ne peut pas dire qu'il en sortît de même. Elle se prolongeait quelquefois au delà du moment où il en avait senti le ridicule ou la fatigue ; mais il suffisait d'un très-petit accident extérieur pour la faire cesser. Un reproche ferme, une menace de la personne qu'il prenait pour consolateur ou pour victime, l'offre subite d'un divertissement, une surprise quelconque, une petite contusion ou une mince écorchure attrapée en gesticulant ou en se laissant tomber, c'en était assez pour le ramener de la plus violente exaltation à la tranquillité la plus docile, et c'était là pour moi la meilleure preuve que ces émotions n'étaient pas jouées ; car dans le cas où il eût été aussi grand acteur que Jean le prétendait, il eût ménagé plus habilement le passage de la feinte à la réalité. Laravinière était impitoyable avec lui, comme les gens qui se gouvernent et se possèdent le sont avec ceux qui s'exaltent et s'abandonnent. S'il eût exercé les fonctions de médecin ou d'infirmier, il eût vite appris qu'il est entre les enfants et les fous une variété d'hommes à la fois ardents et faibles, irritables et dociles, énergiques et indolents, affectés et naïfs, en un mot froids et passionnés, comme je l'ai dit plus haut, et comme je tiens à le dire encore pour constater un fait dont l'observation n'est pas rare, bien qu'il soit communément regardé comme invraisemblable. Ces hommes-là sont souvent médiocres, et ils sont parfois d'une intelligence supérieure. C'est en général l'organisation nerveuse et compliquée des artistes qui présente plus ou moins ces phénomènes. Quoiqu'ils s'épuisent à ce fréquent abus de leurs facultés exubérantes, on les voit rechercher avec une sorte d'avidité fatale tous les moyens possibles d'excitation, et provoquer volontairement ces orages qui n'ont que trop de véritable violence. C'est ainsi qu'Horace faisait usage du délire et du désespoir, comme d'autres font usage d'opium et de liqueurs fortes. « Il n'a qu'à se secouer un peu, disait Jean, aussitôt la fureur vient comme par enchantement, et vous le croiriez possédé de mille passions et de dix mille diables. Mais menacez-le de le quitter, et vous le verrez se calmer tout à coup comme un enfant que sa bonne menace de laisser sans chandelle. » Jean ne songeait pas qu'il y a à Bicêtre des fous furieux qui se tueraient si on les laissait faire, et que la menace d'un peu d'eau froide sur la tête rend tout à coup craintifs et silencieux.

« Mais, disait-il, Horace fait tout ce bruit-là pour qu'on l'entende, et quand personne ne se dérange, il prend son parti de dormir ou d'aller se promener. » C'était malheureusement la vérité, et, sous ce rapport, le pauvre enfant était inexcusable. Ses crises lui faisaient du bien : elles attiraient à lui l'intérêt, les soins, le dévouement; et alors les personnes qui lui étaient attachées faisaient mille efforts et trouvaient mille moyens de le distraire et de le consoler. L'un le flattait, et relevait par là son orgueil blessé; un autre le plaignait, et le rendait intéressant à ses propres yeux; un troisième le menait au spectacle malgré lui, et remédiait par les amusements qu'il lui procurait à l'ennui que lui imposait son dénûment. Enfin, il aimait à être malade, comme font les petits collégiens pour aller à l'infirmerie prendre du repos et des friandises, et, comme un conscrit qui se mutile pour ne pas aller à l'armée, il se fût fait beaucoup de mal pour se soustraire à un devoir pénible.

Malheureusement pour lui, il eut affaire cette nuit-là au plus sévère de ses gardiens. Il le savait, mais il se flattait de le vaincre et de le dominer par un grand déploiement de souffrance. Il augmenta volontairement sa fièvre et se rendit aussi malade qu'il lui fut possible. Laravinière fut cruel. « Écoutez, lui dit-il d'un ton glacial, je n'ai aucune pitié de vous. Vous avez mérité de souffrir, et vous ne souffrez pas autant que vous le méritez. Je blâme toute votre conduite, et je méprise des remords tardifs. Vous avez des flatteurs, des séides, je le sais ; mais je sais aussi que s'ils vous avaient vu d'aussi près que moi, au lieu de passer la nuit à vous veiller, comme je fais, ils iraient faire des gorges chaudes. Moi qui vous maltraite tout en vous gardant le secret de vos misères, je vous rends de plus grands services que tous ces niais qui vous gâtent en vous admirant. Mais écoutez bien un dernier avis. Ces gens-là apprendront à vous connaître, et ils vous mépriseront ; et vous serez le but de leurs quolibets si vous ne commencez bien vite à être un homme et à vous conduire en conséquence ; car il ne sied pas à un homme de pleurer et de se ronger les poings pour une femme qui le quitte. Vous avez autre chose à faire, et vous n'y songez pas. Une révolution se prépare, et si vous êtes las de la vie comme vous le dites, il y a là un moyen très-simple de mourir avec honneur et avec fruit pour les autres hommes. Voyez si vous voulez vous asphyxier comme une grisette abandonnée, ou vous battre comme un généreux patriote. »

Ce furent là les seules consolations qu'Horace reçut du président des bousingots, et il fallut bien les accepter. Il était trop tard pour en nier la logique et l'opportunité ;

car avant la fuite de Marthe, avant ce grand désespoir qu'il en ressentait, il s'était engagé, soit par amour-propre, soit par ennui, soit par ambition, à prendre part à la première affaire. Au dire de Jean, cette occasion ne tarderait pas à se présenter. Horace l'appela hautement de ses vœux; et Jean, dont le faible était de tout pardonner, à la condition qu'on prendrait un fusil pour moyen d'expiation, lui rendit promptement son estime, sa confiance et son dévouement. Il consentit pendant plusieurs jours à le soigner, à le promener, à l'exciter par les préparatifs de cette grande journée que chaque jour il lui promettait pour le lendemain, et Horace, recommençant les apprêts de sa mort, cessa de pleurer Marthe, et n'osa plus parler d'elle.

Un mois s'était écoulé depuis la disparition de cette jeune femme. Aucun de nous n'avait rien découvert sur son compte; et ce profond silence de sa part, dont Eugénie et Arsène surtout s'étaient flattés d'être exceptés, nous rejeta dans une morne épouvante. Je commençai à croire qu'elle avait été cacher loin de Paris un suicide, ou tout au moins une maladie grave, une mort douloureuse, et je n'osai plus me livrer avec mes amis aux commentaires que je faisais intérieurement. Je crois que le même découragement s'était emparé des autres. Je ne voyais presque plus Arsène. Horace ne prononçait plus le nom de l'infortunée, et semblait nourrir des projets sinistres qu'il me faisait entrevoir d'un air tragique et sombre. Eugénie pleurait souvent à la dérobée. Laravinière était plus conspirateur que jamais, et la politique l'absorbait entièrement.

Sur ces entrefaites, madame de Chailly la mère m'écrivit que le choléra venait de faire irruption dans la petite ville que ses propriétés avoisinaient. Elle tremblait, non pour elle-même (elle n'y songeait seulement pas), mais pour ses amis, pour sa famille, pour ses paysans, et m'engageait de la manière la plus pressante et la plus affectueuse à venir passer dans le pays cette triste époque. Il n'y avait pas de médecin dans nos campagnes; le choléra cessait à Paris. Je vis un devoir d'humanité et d'amitié en même temps à remplir, car tous les anciens amis de mon père étaient menacés. Je me disposai à partir et à emmener Eugénie.

Horace vint à plusieurs reprises me faire ses adieux. Il me félicitait de pouvoir quitter *cette affreuse Babylone*. Il enviait mon sort à tous les égards; il eût bien désiré pouvoir *s'en aller* avec moi. Enfin, je vis qu'il avait besoin de s'épancher; et, suspendant pour quelques heures mes apprêts de départ, je l'emmenai au Luxembourg, et le priai de s'expliquer. Il se fit prier beaucoup, quoiqu'il mourût d'envie de parler. Enfin il me dit:

« Eh bien, il faut vous ouvrir mon cœur, quoiqu'un serment terrible me lie. Je ne puis agir en aveugle dans une circonstance aussi grave; il me faut un bon conseil, et vous seul pouvez me le donner. Voyons! mettez-vous à ma place : si vous étiez engagé sur la vie, sur l'honneur, sur tout ce qu'il y a de sacré, à partager les convictions et à seconder les efforts d'un homme en matière politique, et si tout à coup vous aperceviez que cet homme se trompe, qu'il va commettre une faute, compromettre sa cause... je dis plus, si vos idées avaient dépassé les siennes, et que ses principes fussent devenus absurdes à vos yeux dessillés, pensez-vous qu'il aurait le droit de vous mépriser; pensez-vous que quelqu'un au monde aurait celui de vous blâmer, pour avoir délaissé l'entreprise et rompu avec ses moteurs à la veille d'y mettre la main? Dites, Théophile; ceci est bien sérieux. Il y va de ma réputation, de ma conscience, de tout mon avenir.

— D'abord, lui dis-je, je suis heureux de vous entendre parler de votre avenir ; car il y a un mois que je m'effraie de vos idées sombres et de vos continuelles pensées de mort. Maintenant vous me prenez pour arbitre à propos d'un fait ou d'un sentiment politique. Me voilà bien embarrassé ; vous savez combien ma position est fausse sur ce terrain-là : fils de gentilhomme, ami et parent de légitimistes, j'ai une sorte de dignité extérieure assez délicate à garder. Bien que mes principes, mes certitudes, ma foi, mes sympathies soient encore plus démocratiques peut-être que ceux de Laravinière et consorts, je ne puis, chose étrange et pénible, leur donner la main pour faire un seul pas avec eux. J'aurais l'air d'un transfuge ; je serais méprisé dans le camp où j'ai été élevé ; je serais repoussé avec méfiance de celui où je viendrais me présenter. Mon sort est celui d'un certain nombre de jeunes gens sincères qui ne peuvent désavouer du jour au lendemain la religion de leurs pères, et qui pourtant ont le cœur chaud et le bras solide. Ils sentent que la cause du passé est perdue, qu'elle ne mérite pas d'être disputée plus longtemps, que la victoire des novateurs est juste et sainte. Ils voudraient pouvoir arborer les couleurs nouvelles de l'égalité, qu'ils aiment et qu'ils pratiquent. Mais il y a là une question de convenances qu'on ne leur permet pas de violer, et que, de toutes parts, on les force à respecter, quoique, de toutes parts, on sache aussi bien qu'eux qu'elle est arbitraire, vaine et injuste. Je suis donc forcé de m'abstraire de tout concours à l'action politique ; et quand je serai électeur, j'ignore absolument s'il me sera possible de voter avec l'impartialité et le discernement que je voudrais apporter à cette noble fonction. En un mot, je me suis retranché jusqu'à nouvel ordre, et qui sait pour combien d'années, dans un jugement philosophique des hommes et des choses de mon temps. C'est une souffrance profonde parfois, quand je me souviens que j'ai vingt-cinq ans, et que j'ai l'ardeur et le courage de ma jeunesse ; c'est aussi une jouissance infinie quand je considère que les passions politiques, avec leurs erreurs, leurs égarements, leurs crimes involontaires, me sont pour longtemps interdites, et que je puis garder sans lâcheté ma religion sociale dans toute sa candeur. Mais comment voulez-vous qu'un homme ainsi séparé de vos mouvements et isolé de vos agitations vous montre la direction que vous devez prendre, vous, républicain de nature, de position, et pour ainsi dire de naissance ?

— Tout ce que vous dites là, reprit Horace, me donne beaucoup à penser. Il y a donc une autre manière d'aimer la république et d'en pratiquer les principes, que de se jeter en aveugle et à corps perdu dans les mouvements partiels qui préparent sa venue ? Oui, certes, je le savais bien, je le sentais bien, et il y a longtemps que j'y songe ! il est une région de persévérance et d'action philosophique au-dessus de ces orages passagers ! il est un point de vue plus vrai, plus pur, plus élevé que toutes les déclamations et les conspirations émeutières !

— Je n'ai tranché ainsi la question, répondis-je, que par rapport à moi et à cause de ma situation pour ainsi dire exceptionnelle dans le mouvement présent. J'ignore ce que je ferais à votre place ; cependant, je puis vous dire que si j'étais royaliste, légitimiste et catholique, comme la plupart des jeunes gens de ma caste, je n'hésiterais pas à me joindre à la duchesse de Berri, comme à un principe.

— Vous feriez la guerre civile ? dit Horace ; eh bien, voilà ce qu'on me propose, voilà où l'on veut m'entraîner. Et moi je répugne à de tels moyens, et j'attends mieux de la Providence.

— A la bonne heure ! En ce cas, vous renoncez à jouer

un rôle actif; car une révolution parlementaire ne peut manquer de durer au moins un siècle, au point où en sont les choses.

— Un siècle! Le peuple n'attendra pas un siècle! s'écria Horace, oubliant la question personnelle pour la question générale.

— Soyez donc d'accord avec vous-même, lui dis-je : ou il y aura des révolutions violentes, et par conséquent des conflits rapides et énergiques entre les citoyens, ou bien il y aura de longs débats de paroles, une lutte patiente de principes, un progrès sûr, mais lent, où nous n'aurons rien à faire, vous et moi, qu'à profiter pour notre compte des enseignements de l'histoire. C'est déjà beaucoup, et je m'en contente.

— Ce sera plus prompt que vous ne croyez, et pour ma part je compte bien aider à l'œuvre, soit par la parole, soit par les écrits, si je puis trouver une tribune ou un journal.

— En ce cas, vous n'hésitez pas à vous retirer de toute émeute, et j'approuve votre fermeté courageuse, car la tentation est forte, et moi-même qui ne puis y prendre part, j'ai souvent de la peine à y résister.

— Oui, sans doute, ce sera un grand courage, dit Horace avec un peu d'emphase; mais je l'aurai, parce que je dois l'avoir. Ma conscience me fait d'amers reproches de m'être laissé entraîner à ces projets incendiaires; je lui obéis. Vous m'avez rendu un grand service, Théophile, de m'avoir expliqué à moi-même. Je vous en remercie. »

Je ne voyais pas trop en quoi j'avais éclairci Horace sur un point qu'il avait posé nettement dès le commencement de l'explication; et, le trouvant si bien d'accord avec lui-même, j'allais le quitter, lorsqu'il me retint.

« Vous n'avez pas répondu à ma question, me dit-il.

— Vous ne m'en avez point fait que je sache, répondis-je.

— Pardieu ! reprit-il, je vous ai demandé si quelqu'un de mes amis ou de mes prétendus coopinionnaires, si Jean le bousingot, par exemple, pourrait s'arroger le droit de me blâmer en me voyant renoncer aux folies de la conspiration émeutière, pour rentrer dans cette voie plus large et plus morale dont je n'aurais jamais dû sortir.

— D'après ce que vous me dites, je vois, répondis-je, que vous avez commis une faute. Vous vous êtes lié par des promesses à quelque affiliation...

— C'est mon secret, » reprit-il précipitamment. Puis il ajouta : « Je ne connais ni affiliation, ni conspiration ; mais Laravinière est un fou, un exalté, comme bien vous savez. Il n'en fait aucun mystère à ses amis, et personne n'ignore qu'il est en avant dans toutes les bagarres de faubourg. Vous devez bien pressentir que nous n'avons pas habité la même maison pendant plusieurs mois, sans qu'il m'entretînt de ses rêves révolutionnaires. Dans un moment de désespoir de toutes choses et de complet abandon de moi-même, j'ai désiré des émotions, des combats, des dangers et, pourquoi ne l'avouerais-je pas, une mort tragique, à laquelle se serait attachée quelque gloire. Je me suis livré comme un enfant, et, si je m'arrête aujourd'hui, il ne manquera pas de dire que je recule. Dans son héroïsme grossier, il m'accusera d'avoir peur, et je serai forcé peut-être de me battre avec lui pour lui prouver que je ne suis point un lâche.

— Dieu nous préserve d'un pareil incident ! m'écriai-je. Il vous faut éviter à tout prix la nécessité de vous couper la gorge avec un de vos meilleurs amis. Mais je ne crois pas qu'il y mette la violence et la brutalité que vous supposez. Une franche et loyale explication de vos idées, de vos principes et de vos résolutions, lui fera juger plus sainement de votre caractère.

— Malheureusement, reprit Horace, Jean n'a ni idées ni principes. Ses résolutions ardentes sont le résultat de ses instincts belliqueux, de son tempérament sanguin, comme vous diriez. Il ne me comprendra pas, et il m'accusera ; et puis il y a un danger beaucoup plus grave que celui de l'irriter et de croiser l'épée avec lui : c'est le bruit qu'il va faire de ma prétendue défection parmi ses compagnons, bousingots, braillards et tracassiers, qui ne savent que déclamer dans les estaminets, détonner *la Marseillaise*, échanger quelques horions avec les sergents de ville, et se dissiper avec la fumée du premier coup de fusil. Je suppose que leurs folles entreprises réussissent, que le peuple prenne parti pour eux et avec eux un beau matin, que le gouvernement bourgeois soit culbuté, et qu'un essai de république commence ; ces jeunes gens-là, véritables mouches du coche, vont se faire passer pour des héros. Il y a tant de charlatanisme en ce monde, et les mouvements révolutionnaires favorisent si bien cette sale puissance, qu'on les proclamera peut-être les sauveurs de la patrie. Ils auront donc un pied à l'étrier ; et moi je serai rejeté bien loin, et taxé par eux de m'être caché dans les caves au jour du danger. Voyez ! les choses les plus bouffonnes ont parfois des résultats sérieux. Savez-vous que les principaux chefs de l'opposition de 1830 ont perdu beaucoup de leur influence sur les masses pour avoir désavoué l'émeute au 27 juillet, et pour avoir à peine compris, le 28, que c'était une révolution ? A plus forte raison, moi, jeune homme obscur, qui n'ai encore pour m'étayer et me développer que ce misérable noyau d'étudiants bousingots, serai-je entaché et comme flétri, au début de ma carrière, par les souvenirs arrogants et les accusations stupides de ces gens-là? Qu'en pensez-vous? Voilà ce que je vous demande.

— Je vous répondrai, mon cher Horace, que tout est possible, mais qu'il y a un moyen sûr d'échapper à de pareilles accusations : c'est d'être logique, et de ne prendre part à aucune action violente, le lendemain beaucoup moins encore que la veille. Vous êtes philosophe comme moi, ou révolutionnaire comme l'ami Jean. Il n'y a pas de terme moyen. Si vous conservez vos rêves d'ambition, vous avez besoin de l'opinion des masses. Vous n'avez encore pour milieu qu'une coterie ; il faut plaire à cette coterie, marcher avec elle, et lui obéir afin de la convaincre, de l'éblouir et de la dominer plus tard. Si vous pensez comme moi, que le moment n'est pas venu pour les hommes sérieux de voir réaliser leurs principes ; si vous croyez (comme vous l'avez dit en commençant cette conversation) que les entreprises où l'on vous pousse compromettent la cause de la liberté, il faut être bien résolu d'avance à ne pas chercher des avantages personnels dans un résultat inespéré. Il faut remettre votre carrière politique à des temps plus éloignés. Vous êtes jeune, vous verrez peut-être arriver le triomphe de la civilisation par des moyens conformes à vos principes de morale. »

Horace ne me répondit rien, et revint avec moi tout rêveur et tout triste. En arrivant à ma porte, il me remercia de mes avis, les déclara logiques et rationnels, et me quitta sans me dire à quel parti il s'arrêtait. Je partais le lendemain matin.

Dans la soirée, inquiet de la manière dont nous nous étions séparés, et craignant qu'il ne se portât à quelque résolution dangereuse, j'allai chez lui, mais je ne le trouvai pas, et M. Chaignard me dit de l'air le plus gracieux :

« M. Dumontet est parti pour la province depuis une

heure, il a reçu une lettre de ses parents ; madame sa mère est à l'extrémité. Le pauvre jeune homme est parti tout bouleversé. Il m'a laissé la moitié de ses effets en dépôt. Sans doute il reviendra dans peu de jours. »

Je montai chez Laravinière. « Avez-vous vu Horace ? lui demandai-je — Non, me dit-il ; mais Louvet l'a vu monter en diligence d'un air aussi peu affligé que s'il allait hériter d'un oncle, au lieu d'enterrer sa mère. — Vraiment, vous le haïssez trop, m'écriai-je ; vous êtes cruel pour lui : Horace est un bon fils, il adore sa mère.

— Sa mère ! répondit Jean en levant les épaules ; elle n'est pas plus malade que vous et moi. »

Il ne voulut pas s'expliquer davantage.

XXV.

Le choléra fit assez de ravages dans la ville voisine de nos campagnes ; mais il ne passa point la rivière, et les habitants de la rive gauche, desquels nous faisions partie, furent préservés. Dans l'attente d'une irruption toujours possible, je restai dans ma petite propriété, voyant tous les jours la famille de Chailly, dont le château était situé à la distance d'un quart de lieue, et veillant avec sollicitude sur ma vieille amie la comtesse, et sur ses petits-enfants dont elle était beaucoup plus occupée que leur mère, la merveilleuse vicomtesse Léonie. Cette dernière, quoique fort bienveillante pour moi dans ses manières, me déplaisait de plus en plus. Ce n'est pas qu'elle manquât d'esprit, ni de caractère. Elle avait certaines qualités brillantes à l'extérieur, qui attiraient également les gens très-affectés et les gens très-ingénus : ceux-ci, la prenant de bonne foi pour la femme supérieure qu'elle voulait être, et ceux-là souscrivant à ses prétentions, moyennant une convention tacite, passée avec elle, d'être reconnus pour hommes supérieurs eux-mêmes. Elle avait à Chailly comme à Paris, une petite cour assez ridicule, et même plus ridicule qu'à Paris; car elle la recrutait de plusieurs gentilshommes campagnards, élégants frelatés dont elle se moquait cruellement avec les élégants de meilleur aloi qu'elle avait amenés de Paris. Ces pauvres jeunes gens du cru se guindaient pour être à la hauteur de son bel esprit, et n'en étaient que plus sots; mais ils montaient à cheval avec elle, la suivaient à la chasse, bourdonnaient sur sa piste, ou papillonnaient autour de son étrior, sans s'apercevoir qu'ils n'étaient accueillis que pour faire nombre au cortége, et afin que les femmes de la province eussent à dire, avec dépit, que la vicomtesse accaparait tous les hommes du département.

La comtesse, habituée à la haute tolérance de la bonne compagnie, menait une vie à part dans le château. Elle surveillait les enfants, les précepteurs et gouvernantes, les travaux de la terre et l'ordre de la maison. Alerte et vigilante, malgré son grand âge, elle était si nécessaire à l'indolente Léonie, qu'elle en obtenait des égards et des gracieusetés où l'affection n'entrait cependant pour rien. Le vicomte, son fils, était un personnage fort nul, indulgent par insouciance, et très-disposé à tout permettre à sa femme à condition qu'elle ne le gênerait en rien. Riche et borné, il était plus occupé à dépenser son bien avec des demoiselles de l'Opéra qu'à le faire prospérer avec sa mère. Il était presque toujours à Paris, et, pour se faire pardonner ses absences un peu équivoques, il s'acquittait scrupuleusement des nombreuses emplettes de toilette dont le chargeait la vicomtesse. C'était là le véritable lien conjugal entre eux, et le secret de leur bonne intelligence. Le pauvre homme aimait ses enfants instinctivement, et sa mère avec plus de tendresse qu'il n'en avait jamais eu pour personne;

mais il ne la comprenait pas, et il était incapable de donner à ses enfants une bonne direction. Tout dans cette famille respirait extérieurement l'union et l'harmonie, quoique en réalité ce ne fût pas une famille, et que, sans le dévouement absolu et infatigable de la vieille femme qui en était le chef et la providence, il n'eût pas été possible aux autres de vivre vingt-quatre heures sous le même toit.

J'étais depuis peu de jours dans le pays, lorsque je reçus un billet d'Horace, daté de sa petite ville. « Ma mère est sauvée, me disait-il. Je retourne à Paris la semaine prochaine ; je passe à vingt lieues de chez vous. Si vous y êtes encore, je puis faire un détour et aller causer avec vous quelques heures sous les tilleuls qui vous ont vu naître. Un mot, et je trace mon itinéraire en conséquence. »

Eugénie fit une petite moue quand je lui dis que j'avais répondu à ce billet par une invitation empressée ; mais lorsque Horace arriva, elle ne lui en fit pas moins les honneurs de notre humble manoir avec l'obligeance digne et simple dont elle ne pouvait se départir.

Madame Dumontet n'avait pas été aussi gravement malade que son mari l'avait écrit à Horace sous l'influence d'une première inquiétude. Le choléra n'avait pas été par là, et Horace avait trouvé sa mère presque rétablie ; mais il n'avait pu s'arracher tout à coup des bras de ses parents, et s'il eût voulu les croire, il aurait passé avec eux le reste de l'été.

« Mais cette petite ville m'est devenue intolérable, dit-il, et j'ai senti cette fois plus vivement que jamais que j'en ai fini avec mon pauvre pays. Quelle existence, mon ami, que cette économie sordide à l'abri de laquelle on végète là, sans honneur, sans jouissance et sans utilité! Quelles gens que ces provinciaux, envieux, ignares, encroûtés et vains ! S'il me fallait rester parmi eux trois mois entiers, je vous jure que je me brûlerais la cervelle. »

Le fait est que les habitudes modestes, l'esprit de contrôle un peu taquin, et l'obscurité un peu forcée des petites villes, étaient inconciliables avec les goûts et les besoins que l'éducation avait créés à Horace. Ses bons parents avaient tout fait pour qu'il en fût ainsi, et cependant ils étaient naïvement stupéfaits du résultat de leur ambition. Ils ne comprenaient rien aux énormes dépenses de ce jeune homme qu'ils voyaient si dédaigneux des plaisirs de leur endroit, le bal public, le café, les actrices ambulantes, la chasse, etc. Ils s'affligeaient de l'ennui mortel qui le gagnait auprès d'eux, et qu'il n'avait pas la force de leur cacher. Son intolérance pour leur prudence en matière de politique, son mépris acerbe pour leurs vieux amis, son dégoût devant les caresses et les avances des parents campagnards, sa mélancolie sans cause avouée, ses déclamations contre le siècle de l'argent (avec de si grands besoins d'argent), son humeur sombre et inégale, ses mystérieuses réticences lorsqu'il était question de femmes, d'amour ou de mariage, c'étaient là autant de chagrins profonds et dévorants pour eux, et surtout pour la pauvre mère, qui voulait découvrir en lui quelque cause de malheur exceptionnel, inouï, ne voyant pas que les autres enfants de sa province, élevés comme lui, maudissaient comme lui leur sort.

Quelques heures d'entretien avec Horace m'apprirent toute l'anxiété de sa famille, tout l'ennui qu'il en avait ressenti, et tous les torts qu'il avait eus, quoiqu'il ne me les avouât qu'en les présentant comme des conséquences inévitables de sa position. Il était *obsédé* des questions inquiètes que son père s'était permis de lui faire sur ses études et sur ses projets. Il était *supplicié* par les recommandations et les instances de sa mère, relativement à son travail et à sa dépense. Enfin, après avoir récriminé, déclamé, pleuré de rage et de tendresse en me peignant l'amour aveugle et inintelligent des chers et insupportables auteurs de ses jours, il conclut à un besoin immodéré de se distraire, afin de secouer tous ses dégoûts, et il me demanda de le mener au château de Chailly, où il avait appris qu'une belle partie de chasse se préparait.

Une heure après, il fut invité par la comtesse elle-même, qui vint, au milieu de sa promenade, se reposer un instant chez moi, comme elle le faisait souvent. Elle avait compris Eugénie au premier coup d'œil, et avait conçu pour elle une bienveillante sympathie. Horace fut frappé de l'amicale familiarité avec laquelle cette grande dame s'assit auprès de la fille du peuple, de la maîtresse du carabin, et lui parla simplement et affectueusement. Il remarqua aussi le bon sens et la dignité qu'Eugénie mit dans cet entretien avec la comtesse. A partir de ce jour il eut pour elle un respect qui se démentit rarement, et abjura presque toutes ses anciennes préventions.

L'arrivée d'Horace au château fut une bonne fortune pour la vicomtesse, qui commençait à s'ennuyer de son entourage, et qui se souvenait d'avoir trouvé de l'esprit et de l'originalité à ce jeune homme. Elle lui fit d'agréables reproches de l'avoir négligée à Paris.

« Vous avez trouvé notre maison ennuyeuse, lui dit-elle avec ce ton où la flatterie tenait de si près à la moquerie qu'il était difficile de savoir jamais laquelle des deux l'emportait; nous le serons peut-être moins ici; et d'ailleurs à la campagne, on est moins difficile.

— C'est cette considération qui m'a donné le courage de me présenter devant vous, Madame » répondit

Horace avec une humilité impertinente qui ne fut pas mal reçue.

La vicomtesse ne se connaissait pas plus en véritable esprit qu'en véritable mérite. Elle ne cherchait dans un homme qu'une seule capacité, celle qui consiste à savoir louer et aduler une femme. Au premier coup d'œil elle se rendait compte de l'effet qu'elle pouvait produire sur l'esprit d'un nouveau venu ; et s'il n'y avait pas de prise pour elle sur cet esprit-là, elle ne se donnait point de peine inutile, et le traitait tout de suite en ennemi. En cela consistait tout son tact. Elle ne se compromettait vis-à-vis de personne, et ne reculait devant aucune inimitié. Elle savait se faire assez de partisans pour ne pas craindre les adversaires. Pour juger les hommes qui l'approchaient, elle n'avait donc qu'un poids et qu'une mesure : quiconque ne l'appréciait pas était tenu, sans retour et sans appel, pour un butor, un cuistre ou un sot ; quiconque la remarquait et cherchait à se faire remarquer par elle, était noté et enrôlé d'avance dans la brigade de ses favoris ou de ses protégés. Les manières timides, l'émotion d'un jeune adorateur, lui plaisaient ; mais l'audace d'un fat entreprenant lui plaisait davantage. Froide et maladive, elle ne pouvait pas être tout à fait galante ; mais elle était coquette et dissolue à sa manière, et donnait de prétendus droits sur son cœur, toutes sortes d'espérances, et de minces faveurs, à plusieurs hommes à la fois, tout en ayant l'habileté de faire croire à chacun qu'il était le premier et le dernier qu'elle eût aimé ou qu'elle dût aimer. Comme il n'est point de méchant caractère qui n'ait, comme on dit, les qualités de ses défauts, on pouvait dire, à sa louange, qu'elle n'avait pas d'hypocrisie avec le monde, et qu'elle n'affectait pas les principes qu'elle n'avait pas. Elle montrait beaucoup d'indépendance dans ses idées et d'excentricité dans sa conduite. Elle ne croyait à aucune vertu ; mais, ne blâmant aucun vice, elle parlait des autres femmes avec plus de loyauté que ne le font ordinairement les femmes du monde. Elle le faisait sans ménagement et sans malice, ne se piquant pas de pudeur à cet égard, et n'en ayant pas plus que de passion.

Horace ne songea pas même à douter de cette supériorité féminine qui recherchait son hommage. Il l'accepta d'emblée, non-seulement parce qu'elle était riche, patricienne, courtisée et parée, et que tout cela était neuf et séduisant pour lui, mais encore parce qu'il avait absolument la même manière de juger les gens, et de les prendre, comme elle, en affection ou en antipathie selon qu'il était goûté ou dédaigné. Dès le premier jour où le regard de la vicomtesse avait croisé le sien, ce mutuel besoin de l'admiration d'autrui qui les possédait s'était manifesté. Leurs vanités réciproques s'étaient prises corps à corps, se défiant et s'attirant comme deux champions avides de mesurer leurs forces et de se glorifier aux dépens l'un de l'autre.

La vicomtesse songea toute la nuit aux trois toilettes qu'elle ferait le lendemain. D'abord elle apparut dès le matin sur le perron, en robe de chambre si blanche, si fine, si flottante, qu'elle rappelait Desdemona chantant la romance du Saule. Puis, pendant qu'on apprêtait les chevaux, elle se costuma en amazone du temps de Louis XIII, risquant une plume noire sur l'oreille, qui eût été de mauvais goût au bois de Boulogne, et qui était fort piquante et fort gracieuse au fond des bois de Chailly. Au retour de la chasse, elle fit une toilette de campagne d'un goût exquis, et se couvrit de tant de parfums qu'Horace en eut la migraine.

Quant à lui, il s'était levé avant le jour pour s'équiper en chasseur convenable, et grâce à ma garde-robe, il s'improvisa un costume qui ne sentait pas trop le basochien de Paris. Je le prévins que mon cheval était un peu vif, et l'engageai à le traiter doucement. Ils partirent en assez bonne intelligence; mais quand le cavalier fut sous le feu des regards de la châtelaine, il ne tint compte de mes avis, et eut de rudes démêlés avec sa monture. La galerie remarqua qu'il ne savait nullement gouverner un cheval.

« Vous montez en casse-cou, mon cher, lui cria familièrement le comte de Meilleraie, adorateur principal de la vicomtesse; vous vous ferez écraser contre la muraille. »

Horace trouva la leçon de mauvais goût, et, pour prouver qu'il la méprisait, il fit cabrer son cheval avec rage. Il était hardi et solide, quoiqu'il eût peu de leçons de manége, et sachant bien qu'il ne pouvait lutter d'art et de science avec les écuyers expérimentés et pédants qui entouraient la vicomtesse, il voulut du moins les éclipser par son audace. Il réussit à effrayer la dame de ses pensées, au point qu'elle le supplia en pâlissant d'avoir plus de prudence. L'effet était produit, et le triomphe d'Horace sur tous ses rivaux fut assuré. Les femmes prisent plus le courage que l'adresse. Les hommes soutinrent que c'était un genre détestable, et qu'aucun d'eux ne voudrait prêter son cheval à un pareil fou; mais la vicomtesse leur dit qu'aucun d'eux n'oserait faire de pareilles folies et risquer sa vie avec autant d'insouciance. Comme elle voyait fort bien que toute cette crânerie d'Horace était en son honneur, elle lui en sut un gré infini, et s'occupa de lui seul tout le temps de la chasse. Horace l'y aida merveilleusement en ne la quittant presque pas, et en montrant pour la chasse en elle-même toute l'indifférence qu'il y portait. Il ne savait pas plus chasser que manier un cheval, et comme il n'y eût fait que des fautes, il affecta un profond mépris pour cette passion grossière.

« Pourquoi êtes-vous donc venu? lui dit madame de Chailly, qui voulait provoquer une réponse galante.

— J'y viens pour être auprès de vous, » répondit-il sans façon.

C'était plus que n'avait attendu la vicomtesse. Mais les circonstances servaient bien Horace; car cette brusque déclaration qu'il lui jetait à la tête, et qu'un peu plus de savoir-vivre lui eût fait tourner plus délicatement, sembla à celle qui la recevait l'effet d'une passion violente et prête à tout oser. Cette femme, d'une beauté contestable et d'un cœur problématique, n'avait jamais été aimée. On l'avait attaquée et poursuivie par curiosité ou par amour-propre. Jamais on ne l'avait désirée, et elle ne désirait rien tant elle-même que d'inspirer un amour emporté, dût-il compromettre la réputation de délicatesse, de goût et de fierté qu'elle avait travaillé à se faire. Elle espérait peut-être qu'un tel amour éveillerait en elle les émotions d'un enthousiasme qu'elle ne connaissait pas. Mais ce qu'il y a de certain, c'est que son imagination était satisfaite à tous autres égards; que sa vanité était blasée sur les triomphes de l'esprit et de la coquetterie, et qu'elle n'avait jamais éprouvé les transports que la beauté allume et que la passion entretient. Elle était lasse d'adulations, de soins et de fadeurs. Elle voulait voir faire des folies pour elle ; elle voulait, non plus de l'excitation, mais de l'enivrement, et Horace semblait tout disposé à ce rôle d'amant furieux et téméraire dont la nouveauté devait faire cesser la langueur et l'ennui des vulgaires amours.

Cette pauvre femme avait eu cependant un ami dans sa vie, et elle l'avait conservé. C'était le marquis de Vernes, qui, à l'âge de cinquante ans, avait été son premier amant. Il y avait de cela une vingtaine d'années, et le monde ne l'avait pas su, ou n'en avait jamais été certain. Ami de la maison, ce roué habile avait profité des premiers sujets de dépit que l'infidélité du vicomte de Chailly avait donnés à sa femme. Il avait été le confident des chagrins de Léonie, et il en avait abusé pour séduire une enfant sans expérience, qui le regardait comme un père et se fiait à lui. Jusque-là cette infortunée n'avait eu d'autre défaut que la vanité ; cet affreux début dans la vie, avec un vieux libertin, développa des vices dans son cœur et dans son intelligence. Elle eut horreur de sa chute, se sentit avilie, et se crut perdue à jamais, si, à force de science et de coquetterie, elle ne parvenait à s'en relever. Le marquis l'y aida ; non qu'il fût accessible au remords, mais parce que, dans l'espèce de morale qu'il s'était faite de ses vices, il tenait à honneur de ne pas flétrir une femme aux yeux du monde et aux siens propres. C'était un homme singulier, mystérieux, profond en ruses, et d'une dissimulation froide, au milieu de laquelle régnait une sorte de loyauté. Né pour la diplomatie, mais éloigné de cette carrière par les événements de sa vie, il avait fait servir sa puissance secrète à satisfaire ses passions, non sans vanité, du moins sans scandale. Par exemple, il se piquait d'être ce que les femmes du monde appellent un *homme sûr ;* et bien qu'à son regard doucereusement cynique, à ses propos délicatement obscènes, à son ton finement dogmatique en matière de galanterie, on reconnût en lui le libertin supérieur, le débauché de premier ordre, jamais le nom d'une de ses maîtresses, fût-elle morte depuis quarante ans en odeur de sainteté, ne s'était échappé de ses lèvres ; jamais une femme n'avait été compromise par lui. Éconduit, il ne s'était jamais plaint ; trahi, il ne s'était jamais vengé. Aussi le nombre de ses conquêtes avait été fabuleux, quoiqu'il eût toujours été fort laid. N'aimant point par le cœur, et sachant bien qu'il ne devait ses triomphes qu'à son adresse, il n'avait jamais été aimé; mais partout il s'était rendu nécessaire, et avait conservé ses droits plus longtemps que ne le font les hommes qu'on aime, et qui nuisent à la réputation et au repos. Tant qu'il désirait, il était le persécuteur le plus dangereux du monde, et fascinait par une audace persévérante et glacée. Dès qu'il possédait, il redevenait non-seulement inoffensif, mais encore utile et précieux. Il se conduisait généreusement, faisait les actes du dévouement le plus délicat, travaillait à réparer l'existence de la femme qu'il avait souillée, en un mot, relevait en public, par sa tenue, ses discours et sa conduite, la réputation de celle qu'il avait perdue en secret. Il faisait tout cela froidement, systématiquement, soumettant toutes ses intrigues à trois phases bien distinctes, tromper, soumettre et conserver. Au premier acte, il inspirait la confiance et l'amitié; au second, la honte et la crainte; au troisième, la reconnaissance et même une sorte de respect: bizarre résultat de l'amour à la fois le plus déloyal et le plus chevaleresque qui soit jamais passé par une cervelle humaine.

La vicomtesse Léonie avait été une des dernières victimes du marquis. Désormais elle était la femme à laquelle il se montrait le plus dévoué. Le drame immonde de la séduction avait été aussi plus sérieux pour lui, avec elle, qu'avec la plupart des autres. Il n'avait pas trouvé chez elle le moindre entraînement, et il avait été forcé d'attaquer et de flatter sa vanité, plus ingénieusement et plus patiemment peut-être qu'il ne l'avait fait de sa vie. Sa triste victoire avait excité chez Léonie un dégoût profond, un ressentiment amer, voisin de la haine et de la fureur. Elle l'avait menacé de dévoiler sa conduite à sa famille, de demander vengeance à son mari, même de se faire justice elle-même en le poignardant. Cette réaction violente n'était pas chez elle l'effet de la vertu outragée, mais celui de la vanité blessée et humiliée. Elle, si hautaine et si éprise d'elle-même, appartenir à un homme vieux, laid et froid ! Elle en faillit mourir, et ce fut là le plus grand chagrin de sa vie. Le marquis en fut effrayé, lui qui ne l'avait jamais été ; aussi travailla-t-il à la rassurer et à la relever à ses propres yeux avec un soin et un zèle qui dépassaient tous ses miracles précédents en ce genre. Pour rien au monde il n'eût voulu laisser dans une âme si dédaigneuse et si vindicative un souvenir odieux. Il alla jusqu'à jouer le remords, le désespoir et la passion, et il le fit si bien, que la vicomtesse crut être le premier amour de ce vieillard blasé. Son premier soin fut de lui trouver et de lui donner un amant qui consolât son amour-propre, et il y parvint sans que cet homme se doutât de son plan et s'aperçût de son concours. Léonie ne savait pas que le marquis avait agi ainsi avec toutes les femmes dont il avait voulu rester l'ami ; et puis il fit pour elle cette différence, qu'avec les autres il avait parlé en philosophe du dix-huitième siècle, et qu'avec elle il parla en héros du dix-neuvième. Il feignit de se sacrifier, de s'arracher le cœur en se donnant un rival ; et comme elle aimait à se croire capable d'inspirer un sentiment sublime, elle accepta le rôle nouveau qu'il venait de créer pour elle. De son côté, il y goûta le plaisir d'inspirer une reconnaissance exaltée ; et ils jouèrent ensemble cette comédie tout le reste de leur vie. Il fut le confident résigné de tous ses caprices et l'entremetteur sentimental de toutes ses intrigues. Trop vieux désormais pour prétendre au partage, il s'en consola en se voyant prôné et cajolé ouvertement par une femme qui eût rougi d'avouer l'origine de leur intimité, mais qui le déclarait l'homme le plus remarquable, le plus grand esprit, et le plus beau caractère qu'elle eût jamais rencontré. Les femmes de seconde et de troisième jeunesse, qui avaient connu le marquis à leurs dépens, n'étaient pas dupes de cette amitié filiale ; mais elles ne se vantaient pas d'en avoir deviné la cause ; et lorsqu'il arrivait à quelqu'une d'entre elles de dire *amen* à tous les éloges que décernait Léonie au marquis, c'était quelque chose d'assez curieux que la contenance chaste et calme de ces deux femmes qui espéraient se tromper réciproquement, et qui savaient très-bien l'amer secret l'une de l'autre.

Il ne fallut qu'une journée au marquis pour deviner le penchant de la vicomtesse pour Horace. Comme, au point de vue de la prudence, qui est toute la morale du monde, il ne lui avait jamais donné que de bons conseils, il vit d'abord cette inclination d'un mauvais œil. Il ne pouvait pas suivre la chasse ; mais il lut sur le front du jeune roturier, lorsqu'au retour celui-ci aida la vicomtesse à descendre de cheval, que ses espérances avaient couru le grand galop. Il pénétra dans les appartements de Léonie pendant qu'elle se faisait coiffer par une de ces soubrettes comme il en reste peu, devant lesquelles on ne se gêne pas. Assister à la toilette des dames était un privilége de l'ancien régime auquel l'âge du marquis l'autorisait encore.

« Ah çà ! ma chère enfant, dit-il à Léonie, j'espère que si vous vous coiffez pour ce beau brun qui nous est tombé des nues, vous n'allez pas du moins vous coiffer de lui. C'est un garçon de bonne mine, et qui cause bien, j'en tombe d'accord ; mais c'est un homme qui ne vous convient pas.

— Comme je suis habituée à vos plaisanteries, je ne me défendrai pas de cette supposition, répondit la vicomtesse en riant ; mais dites-moi toujours pourquoi cet homme-là ne me conviendrait pas.

— Vous le savez bien, vous la femme la plus clairvoyante et la plus perspicace de la terre.

— Ma perspicacité ne m'a rien dit; car je n'ai pas fait à lui la moindre attention.

— En ce cas, je vais vous le dire, reprit le marquis, à qui ce mensonge n'en imposait nullement : ce monsieur-là est un homme de rien, un être commun, une *espèce* en un mot.

— Cher ami, ceci n'a pas de sens pour moi, dit la vicomtesse; vous oubliez toujours que je date mes opinions et mes idées d'après la révolution.

— Je date d'auparavant, et je n'ai cependant pas plus de préjugés que vous, ma chère vicomtesse; mais il y a des faits, et je les observe. Les gens d'une certaine classe peuvent avoir des qualités qui nous manquent; mais ils ont aussi des défauts que nous n'avons pas, et qui ne peuvent pas transiger avec les nôtres. Je ne leur refuse ni le talent, ni l'instruction, ni l'énergie; mais je leur refuse positivement le savoir-vivre.

— Est-ce que ce garçon en a manqué? dit la vicomtesse d'un air distrait; je n'y ai pas pris garde.

— Il n'en a pas manqué encore; il n'en manquera pas, tant qu'il ne s'agira que de se tenir parmi vos humbles serviteurs. Il ne pourrait, dans cette situation, que manquer parfois d'usage, et vous savez que je n'attache pas d'importance à de telles misères; mais si vous l'éleviez à une hauteur pour laquelle il n'est point fait, vous le verriez bientôt, comme tous ses pareils en pareil cas, manquer de tact, de réserve, de goût et de tenue, et vous auriez bientôt à rougir de lui.

— Mais vraiment, s'écria la vicomtesse avec un rire forcé, vous en parlez comme d'une chose arrêtée dans ma pensée, et je n'ai pas seulement songé à regarder comment il a le nez fait. »

Horace avait dans le marquis un dangereux adversaire, et, s'il s'en fût douté, il l'aurait certainement indisposé encore plus par sa hauteur et ses bravades. Mais le pauvre enfant était trop candide pour soupçonner l'empire qu'exerçait le vieux roué sur l'esprit de sa belle vicomtesse. Il s'en méfiait si peu, qu'il céda à cette bienveillante admiration que lui inspiraient les gens de qualité. Malgré tout son républicanisme, Horace était aristocrate dans l'âme. On pouvait lui appliquer le mot pittoresque du Misanthrope : « *La qualité l'entête.* » Il éprouvait pour ce monde-là une tolérance politique sans bornes, une sympathie de nature. Il ne pouvait voir un crime dans les habitudes d'élévation et de grandeur, lui qui était dévoré du besoin de ces choses, et qui se sentait fait pour en prendre sa part. Il admirait donc la bonne compagnie sans la respecter; il désirait s'y mettre à l'unisson par ses manières, et il s'y essayait avec la pleine confiance d'y réussir bien vite. Cette facilité à se transformer, cette absence de roideur et de crainte, lui donnaient véritablement un grand charme. Il faisait vingt gaucheries dont pas une ne déplaisait, parce qu'il s'en apercevait le premier et en riait de bonne grâce, ne demandant pas pardon d'ignorer ce qu'on ne lui avait pas appris, déclarant à qui voulait l'entendre qu'il n'avait jamais vu le monde, et ne montrant ni fausse honte ni sot orgueil. Le laisser-aller de la campagne venait à son secours. La vicomtesse affectait de pousser ce sans-gêne aussi loin qu'il était possible, et de friser le mauvais ton dans son enjouement avec une mesure toujours exquise. Elle riait de tout son cœur des maladresses du nouveau venu, après les avoir bien provoquées; mais elle n'en riait que devant lui et avec lui; et il mettait de son côté tant de bonhomie et d'ouverture de cœur, que, malgré toutes les préventions de l'entourage, il gagna en un jour toutes les sympathies, même celle du comte de Meilleraie, qui ne prit de lui aucun ombrage, se confiant dans la supériorité de ses belles manières. Par malheur, le comte attribuait à ces manières une importance dont la vicomtesse ne faisait plus aucun cas depuis douze heures. Horace était cent fois plus aimable, avec sa tenue étourdie et dégagée, que le comte avec son dandysme et son dandinage. Ce dernier mot fut celui dont elle se servit pour expliquer à Horace, qui le lui demandait naïvement, ce que signifiait littéralement le premier.

Malgré la fatigue de la journée, on veilla longtemps au salon ; à minuit on prit le thé, et à deux heures du matin on causait encore avec animation autour de la table chargée de fruits et de friandises sur lesquels Horace faisait main basse sans cérémonie. Le comte de Meilleraie, qui savait combien Léonie était romantique (au point de déclarer que lord Byron, qu'elle n'avait jamais vu, était le seul homme qu'elle eût aimé), se réjouissait de voir celui qui l'avait inquiété le matin se présenter sous un aspect aussi prosaïque. Il le bourrait de pâtisseries et de confitures, enchanté de voir la vicomtesse rire aux éclats de cette voracité d'écolier, et plein d'amicale gratitude pour Horace, qui se prêtait si bien à ce rôle d'homme sans conséquence. Mais la vicomtesse riait pour la première fois de sa vie sans ironie; elle comprenait qu'Horace se dévouait à la divertir pour être admis, n'importe à quel prix, dans son intimité. Elle l'avait entendu parler mieux qu'aucun des hommes par lesquels il se laissait maintenant plaisanter; elle l'avait vu à la chasse franchir des fossés et des barrières devant lesquels tous avaient reculé, parce qu'il y avait en effet dix chances contre une de s'y briser. Elle savait donc qu'il était supérieur à eux tous en esprit et en courage. Avec ces avantages-là, accepter le dernier rôle pour lui faire plaisir, c'était, selon elle, un acte de dévouement admirable et la preuve d'un amour sans bornes.

XXVI.

Mais celui qui, après elle, se laissa le plus gagner à l'apparente bonhomie d'Horace, fut son antagoniste déclaré, le vieux marquis de Vernes. Avec celui-là, Horace ne joua pas de rôle ; il s'engoua sur-le-champ de ce caractère de grand seigneur, de ces gravelures princières, et de cette insolence leste et brillante qui lui apportaient un reflet des mœurs d'autrefois. Pour quiconque n'a vu les marquis du bon temps que sur la scène, voir poser dans la vie réelle un échantillon de cette race perdue est une véritable bonne fortune. Horace, sans songer que les courtisans de la royauté absolue avaient dégénéré dans leur genre, tout aussi bien que les preux de la féodalité, crut voir un Lauzun ou un Créqui dans le marquis de Vernes. Peu s'en fallut qu'il n'y vît, en d'autres moments, un duc de Saint-Simon. Ce qu'il y a de certain, c'est qu'il se prit pour lui d'un respect et d'une admiration qui se résumaient dans le désir de l'égaler et de le copier autant que possible. Horace avait une telle mobilité d'esprit, il était si impressionnable, qu'il ne pouvait se défendre de l'imitation. Il n'y avait pas trois jours qu'il allait au château, que déjà il s'essayait devant nous à prononcer du bord des lèvres comme le marquis, et qu'il me conjura de lui donner une des tabatières de mon père afin de s'exercer à semer élégamment du tabac sur sa chemise, copiant l'indolence gracieuse du vieillard, aussi bien que pouvait le faire un étudiant de seconde année, c'est-à-dire de la façon la plus ridicule du monde. Eugénie l'en avertit, et le mortifia beaucoup ; car il avait oublié que le modèle était assez près de nous pour ôter à son plagiat toute apparence d'originalité. Mais il n'en resta pas moins décidé à singer le marquis devant tous ceux qui ne pourraient pas faire, comme nous, la comparaison du maître avec l'écolier.

Grâce à une des anomalies nombreuses de son caractère, tandis qu'il nous rendait témoins de ses tentatives d'affectation, à un quart de lieue de là, sous les yeux de la vicomtesse, il déployait tous les charmes de la simplicité. Qui eût pu deviner que c'était là encore un rôle, et toujours une manière d'être arrangée pour l'effet? Horace avait, certes, une ingénuité réelle ; mais il s'en servait et s'en débarrassait suivant l'occurrence. Quand elle lui réussissait, il s'y laissait aller, et il était *lui-même*, c'est-à-dire adorable. Quand elle lui nuisait, il entrait dans n'importe quel rôle, avec une facilité inconcevable, et il dominait quand il n'avait pas affaire à trop forte partie. Ce jeu-là eût été bien dangereux avec le vieux marquis, qui en savait plus long que lui, et encore plus avec la vicomtesse, élève du vieux roué, et capable de lutter avec avantage contre son maître lui-même. Aussi Horace, prenant le parti d'être naturel, les séduisit tous deux. Le marquis n'aimait pas les jeunes gens, bien que, dans la société des femmes auxquelles il s'était voué, il fût forcé de vivre sans cesse au milieu d'eux; mais Horace lui témoigna tant de sympathie, l'écouta si avidement, s'égaya de si grand cœur à ses vieilles anecdotes, lui fit tant de questions, lui demanda tant de conseils, en un mot le prit si aveuglément pour guide et pour arbitre, que le vieillard, plus vain encore que méfiant, s'engoua de lui à son tour, et déclara, même à la vicomtesse, que c'était-là le plus aimable, le plus spirituel et le meilleur jeune homme de toute la génération nouvelle.

Horace, se voyant goûté, se livra entièrement. Il prit le marquis pour confident, et le conjura de lui enseigner à plaire à la vicomtesse. Alors il se passa dans l'esprit du maître quelque chose d'assez étrange ; il devint pensif, sérieux, presque mélancolique ; et frappant sur l'épaule de son élève,

« Jeune homme, lui dit-il, vous me mettez là dans une situation bien délicate. Donnez-moi quelques heures pour y songer, et jusqu'à ce soir pour vous répondre. »

Le ton solennel du marquis, auquel il était loin de s'attendre, enflamma la curiosité d'Horace. D'où vient que cet homme qui, dans les épanchements railleurs, faisait si bon marché de toute morale, prenait un air grave quand il s'agissait de Léonie ? Était-elle donc une femme à part, même aux yeux de ce contempteur de toute pudeur humaine ? Jusque-là elle lui avait semblé dégagée de préjugés (c'est ainsi qu'elle appelait ce que d'autres appellent principes), et Horace, qui n'en avait aucun en fait d'amour, goûtait fort cette manière de voir. Mais de ce qu'elle n'imposait aucun frein à ses penchants, était-ce à dire qu'elle pût en avoir d'assez prononcés pour favoriser un nouveau venu au milieu d'une phalange d'aspirants mieux fondés en titre ? N'avait-elle point fait un choix parmi ceux-là ? Le comte de Meilleraie n'était-il pas son amant ? Était-il possible de le supplanter, et toutes ces avances qu'on semblait lui faire n'étaient-elles pas un piége qu'on lui tendait pour le forcer à se ranger au plus vite parmi les amants rebutés ?

Pendant qu'Horace interrogeait ainsi sa destinée, le marquis rêvait de son côté à la conduite qu'il tracerait à son jeune ami. Dans ce moment-là, le vieux diplomate était complétement dupe de son disciple. Il le jugeait si candide, si passionné, si généreux, qu'il était effrayé des conséquences de son amour pour une femme aussi habile, aussi froide, aussi personnelle que l'était la vicomtesse. Il craignait des orages qu'il ne pourrait plus conjurer ; et comme toute la tactique enseignée par lui à Léonie consistait à se préserver toujours du scandale, il ne savait comment concilier l'espèce d'affection qu'il avait réellement pour elle, et la vive sympathie que l'amour-propre flatté lui avait fait concevoir pour Horace.

Pour la première fois de sa vie peut-être, il prit le parti d'être sincère, comme si la franchise d'Horace eût exercé sur lui le même magnétisme que sa propre rouerie exerçait sur ce jeune homme.

« Tenez, lui dit-il en parcourant avec lui, au clair de la lune, les allées désertes du jardin anglais, je vais vous parler net. Je crois, de toute mon âme, que vous êtes épris de la vicomtesse, et je ne crois pas impossible qu'elle vienne à vous écouter. Mais si, malgré vos agitations (et vos espérances, que je devine fort bien), vous êtes encore capable d'écouter un bon conseil, vous renoncerez à pousser votre pointe dans ce cœur-là.

— J'y renoncerai si vous avez de bonnes raisons à me donner, répondit Horace ; et vous n'en devez pas manquer, monsieur le marquis, car vous avez pesé les vôtres toute la journée.

— Vous ne voulez pas me croire sur parole, et vous abstenir, sauf à deviner plus tard mes raisons vous-même ?

— Comment pouvez-vous me demander pareille chose, vous qui connaissez si bien le cœur humain ? Plein de foi en vous, je vous promettrais en vain ce que je ne pourrais pas tenir.

— Eh bien, je vais tâcher de vous convaincre. Avez-vous déjà aimé ?

— Oui.

— Quelle espèce de femme ?

— Une femme obscure comme moi, mais belle, intelligente et dévouée.

— Fidèle?

— Je le crois.

— Fûtes-vous jaloux?

— Comme un fou, ou, pour mieux dire, comme un sot.

— Comment l'avez-vous quittée?

— Ne me le demandez pas; j'ai été ridicule ou odieux, je ne sais pas lequel.

— Mais est-ce fini avec elle?

— Vous voulez me forcer à vous dire une chose dont le souvenir me navre, et dont vous ne me conseillerez pas de rire, j'en suis certain : elle s'est suicidée.

— Ah! voilà qui est bien, très-bien, dit le marquis avec beaucoup de sérieux; je vous félicite. Cela ne m'est jamais arrivé. Un suicide! C'est superbe cela, mon cher, à votre âge. Qu'on le sache, et toutes les femmes sont à vous. Oui-da! vous êtes appelé à une belle carrière! Puisqu'il en est ainsi, je vous conseille de prendre votre temps et de choisir. Dites-moi : comment avez-vous pris ce suicide? avez-vous été très-frappé?

— Monsieur le marquis, dit Horace, ceci passe la plaisanterie. Je ne conçois pas que vous m'interrogiez sur un sujet si délicat; mais dussiez-vous me mépriser pour ma faiblesse, je vous dirai que j'ai été bien près de me brûler la cervelle. Riez maintenant, si vous voulez.

— Mais vous ne l'avez pas fait? continua le marquis poursuivant toujours son interrogatoire avec le plus grand sang-froid. Vous n'avez pas pris des pistolets? Vous ne vous êtes pas blessé? Allons, dites, vous n'avez pas fait une pareille niaiserie? »

Horace resta interdit, partagé entre l'indignation que lui inspirait le calme cynique de son maître, et le besoin de voir excuser sa propre légèreté. Le marquis reprit avec la même aisance :

« Vous étiez donc bien amoureux ?

— Au contraire, répondit Horace, je ne l'étais pas assez. C'était une femme trop parfaite : je m'ennuyais de la vie avec elle.

— Et elle s'est tuée pour vous rattacher à l'existence ? C'est bien beau de sa part. Ah çà ! exigez-vous qu'à l'avenir on se tue pour vous ? »

Horace, qui n'avait fait cet aveu amplifié du suicide de Marthe que par un mouvement de vanité, sentit qu'il avait fait là une sottise ; le marquis l'en avertissait par ses railleries. Confus et irrité, il se laissa accabler quelques instants en silence. Enfin, n'y pouvant plus tenir,

« Monsieur le marquis, dit-il, j'espérais mieux de votre supériorité. Il n'y a pas de gloire à écraser un pauvre diable quand on est grand seigneur, et un enfant quand on a des cheveux blancs. Vous me trouvez fat et ridicule d'aspirer à la vicomtesse. Eh bien, si vous êtes autorisé à vous moquer de moi...

— Que feriez-vous dans ce cas-là ? dit le marquis vivement.

— Que pourrais-je faire vis-à-vis d'une femme et d'un....

— Et d'un vieillard ? dit le marquis en achevant la phrase d'Horace avec calme. Eh bien, voyons ! vous vous retireriez tout penaud ?

— Peut-être que non, monsieur le marquis, répondit Horace avec énergie ; peut-être accepterais-je le défi, sauf à en sortir vaincu ; mais du moins je ne céderais pas sans combattre.

— A la bonne heure, dit le marquis en lui tendant la main. Voilà comme j'aime à entendre parler. Maintenant écoutez-moi. Je ne me moque pas, je vous estime, et je vous plains ; car vous avez encore trop d'illusions et de fougue pour ne pas jouer à vos dépens la comédie, ou, si vous voulez que je parle d'une façon plus moderne, le *drame* des passions. Vous n'avez pas d'expérience, mon cher ami.

— Je le sais bien, et c'est pour cela que je vous demandais conseil.

— Eh bien, je vous conseille de vous en tenir encore pendant cinq ou six ans aux femmes enthousiastes et folles qui se tuent par amour ou par dépit. Quand vous en aurez détruit ou désolé une douzaine, vous serez mûr pour la grande entreprise, conçue par vous témérairement aujourd'hui, d'attaquer une femme du monde.

— C'est une leçon? je l'accepte ; mais je la veux entière et sérieuse, afin d'en pouvoir profiter. Voyons, sans dédain, sans méchanceté, Monsieur, une femme du monde est donc bien forte, bien invincible pour un homme qui n'est pas du monde?

— Tout au contraire. Rien n'est si facile que de vaincre comme vous l'entendez la plus forte de ces femmes-là. Vous voyez que je ne suis ni dédaigneux, ni méchant pour vous.

— En ce cas... achevez, dites tout.

— Vous le voulez? Apprenez donc qu'il est facile de triompher des désirs et de la curiosité d'une femme. Ceci n'est rien. Sans jeunesse, sans beauté, avec quelque esprit seulement, on y parvient tous les jours. Mais n'être pas culbuté le lendemain par ce coursier indocile qu'on appelle la *réflexion*, voilà ce qui n'est pas donné à tous, et ce qui demande un certain art. Vous pourriez dès cette nuit, par surprise, obtenir ce qu'on répute la victoire. Mais vous pourriez bien aussi être éconduit demain soir, et rencontrer après-demain votre conquête sans qu'elle vous rendît seulement un salut.

— En est-il ainsi ? sont-ce là leurs façons d'agir ?

— Ce sont là leurs droits ; qu'y trouvez-vous à redire ? Nous les obsédons ; nous violentons leurs pensées, leur imagination, leur conscience ; à force de ruse et d'audace nous arrachons leur consentement, et elles ne pourraient pas se raviser au moment où notre désir perd son intensité avec sa puissance ! Elles ne pourraient pas se venger d'avoir été gagnées au jeu, et prendre leur revanche à la première occasion ! Allons donc ! sommes-nous musulmans, pour leur interdire le jugement et la liberté ?

— Vous avez raison, et je commence à comprendre. Mais quelle est donc cette science mystérieuse sans laquelle on ne peut leur plaire plus d'un jour ?

— Eh mais, c'est la science de ne jamais déplaire ! C'est une grande science, croyez-moi.

— Enseignez-la-moi, je veux l'apprendre, » dit Horace.

Alors le vieux marquis, avec une complaisance secrète pour lui-même et avec le pédantisme de sa vanité satisfaite par les sacrifices humiliants et les intrigues puériles d'un demi-siècle de galanterie, exposa longuement ses plans et sa doctrine à Horace. Il y mit la même solennité que s'il se fût agi de léguer à un jeune adepte une science profonde, un secret important à l'avenir des hommes. Horace l'écouta avec stupeur, et se retira tellement bouleversé et brisé de tout ce qu'il venait d'entendre, qu'il en fut malade toute la nuit. Il s'obstinait à admirer le marquis ; mais, malgré lui, il avait été saisi d'un tel dégoût à la peinture de ces profanations de l'amour, et à l'idée de ces froides machinations, qu'il ne put se décider à retourner au château le lendemain. Il resta trois jours sous le coup de ces révélations mortelles, ne croyant plus à rien, regrettant ses illusions avec amertume, rougissant tantôt de ce monde où il s'était jeté avec tant d'ardeur, tantôt de lui-même, qu'il sentait si inférieur dans l'art du mensonge, et ne songeant plus à la vicomtesse, qu'il voyait désormais, à travers les analyses sèches et rebutantes du marquis, comme un cadavre informe sortant d'un alambic.

Cette absence non préméditée lui fit faire à son insu bien du chemin dans le cœur de la vicomtesse. Elle avait arrangé dans sa tête un roman qu'elle ne voulait pas laisser au premier chapitre. D'une longue-vue placée sur le perron élevé du château, elle voyait distinctement notre maisonnette et les prairies environnantes. Elle distingua Horace se promenant à quelque distance, dans un lieu découvert touchant à l'extrémité du parc de Chailly. Elle alla s'y promener comme par hasard, le rencontra, marcha longtemps avec lui, déploya toutes les grâces de son esprit, et ne l'amena pourtant pas à lui faire une déclaration. Horace avait été si frappé des instructions du marquis, il était si épouvanté de la science qu'il lui avait donnée, que, malgré l'ivresse de vanité où le plongeaient les avances sentimentales de Léonie, il se sentit la force de résister. Il eut cette force bien longtemps, c'est-à-dire environ trois semaines, phase immense entre deux êtres qui se désirent mutuellement, et qui ne sont retenus par aucune considération morale. Peut-être le courage de ce jeune homme eût offensé et rebuté la vicomtesse s'il eût persisté davantage. Mais le marquis de Vernes, qui craignait le choléra tout en feignant de le braver, ayant ouï dire qu'un cas s'était manifesté sur la rive gauche de la rivière, prétexta une lettre de son banquier qui le forçait de retourner à Paris, et partit le jour même. Privé de son mentor, Horace n'eut plus de force. La vicomtesse, piquée au vif, se voyant désirée, et ne pouvant concevoir où un enfant sans expérience prenait l'énergie de suspendre des poursuites d'abord si vives, avait résolu de vaincre, et chaque jour elle imaginait de nouvelles séductions. Cent fois elle le vit prêt à fléchir, et tout à coup il s'arrachait d'auprès d'elle, ému, bouleversé, mais n'ayant pas dit un mot d'amour. On s'en tenait à la sympathie, à l'amitié. La vicomtesse, au milieu de ses plus délicieux abandons, savait reprendre à temps son sang-froid, et se tirer des mauvais pas où elle s'était risquée, avec une présence d'esprit admirable. Horace voyait bien que, tout en se jetant à sa tête, elle conservait tous ses avantages. Il attendait vainement qu'elle n'eût plus la possibilité d'une arrière-pensée; et, quoi qu'il fît, au bout de trois semaines de coquetteries effrénées, elle ne lui avait pas dit une syllabe qu'elle ne pût reprendre et interpréter en sens inverse, au premier caprice de résistance qui lui passerait par l'esprit. Cette lutte misérable le faisait horriblement souffrir, et cependant il ne pouvait s'y soustraire. Il oubliait tout : il ne songeait plus à retourner à Paris; il n'osait faire savoir à ses parents qu'il ne les avait quittés que pour s'arrêter à mi-chemin, et, pour ne pas les affliger par cette preuve d'indifférence, il les laissait en proie à l'inquiétude d'attendre en vain de ses nouvelles et d'ignorer ce qu'il était devenu.

Quant à Marthe, il ne semblait pas qu'elle eût jamais existé pour lui. Absorbé par une seule pensée, jouant avec stoïcisme son rôle d'insouciant dans la société de la vicomtesse, s'entourant d'un mystère sombre et bizarre dans ses tête-à-tête avec elle, et revenant chez nous le soir, amer et taciturne, il était dévoré de mille furies, et poursuivait, en faiblissant peu à peu, l'apprentissage de roué auquel il s'était condamné pour ressembler au marquis de Vernes.

Après avoir longtemps cherché le côté vulnérable de cette cuirasse merveilleuse, la vicomtesse trouva enfin le joint : c'était l'amour-propre littéraire. Elle parvint à lui faire avouer qu'il était poëte, et lui demanda à voir ses essais. Horace, n'ayant jamais rien complété, eût été bien embarrassé de la satisfaire ; mais elle manifesta pour le talent d'écrire un tel enthousiasme, qu'il désira vivement goûter le poison de ce nouveau genre de flatterie, et se mit à l'œuvre. Il y avait bien trois mois qu'il n'avait trempé une plume dans l'encre pour coudre deux phrases ou deux vers ensemble. Lorsqu'il fouilla dans les limbes de son cerveau, il n'y trouva qu'une impression tant soit peu vive et complète : la disparition de Marthe et son suicide présumé. Il ne faut pas oublier que cette présomption était passée à l'état de certitude chez Horace, depuis qu'il avait fait de l'effet sur deux ou trois personnes, en leur confiant le tragique secret qui était censé avoir brisé son âme et désenchanté sa vie. Le sujet était dramatique ; il s'en inspira heureusement. Il fit d'assez beaux vers, et me les lut avec une émotion qui les faisait valoir. J'en fus très-ému moi-même. J'ignorais que c'était la première fois, depuis six semaines, qu'il pensait à Marthe ; il ne m'avait pas confié ses affaires de cœur avec la vicomtesse ; en un mot, j'étais loin de deviner que les larmes qui coulaient de ses yeux sur son élégie n'étaient qu'une répétition de la scène qu'il se ménageait avec Léonie.

Le lendemain marqua son triomphe littéraire et sa défaite diplomatique auprès de la vicomtesse. Il lui récita ses vers, qu'il prétendit avoir faits deux ans auparavant ; car il est bon de vous dire qu'il se vieillissait de quelques années pour ne pas paraître trop enfant dans ce monde-là. En outre, cette douleur antidatée lui donnait un aspect plus byronien. Il déclama avec plus de talent encore qu'il ne m'en avait montré ; les sanglots lui coupèrent la voix au dernier hémistiche. La vicomtesse faillit s'évanouir, tant elle se donna de peine pour pleurer! Elle en vint à son honneur, et versa des larmes..... de véritables larmes. Hélas! oui, on pleure par affectation aussi bien que par émotion vraie. Cela se voit tous les jours, et c'est encore une découverte physiologico-psychologique acquise à la science du dix-neuvième siècle, découverte que j'ai niée longtemps, mais dont j'ai vu des preuves éclatantes, incontestables, atroces.

Ce qu'il y a d'étrange chez les sujets doués de cette faculté, c'est qu'ils sont facilement dupés quand ils rencontrent des natures analogues. Horace savait bien qu'il pleurait sur Marthe sans la regretter; il ne vit pas qu'il faisait pleurer la vicomtesse sans l'avoir attendrie. Quand il contempla l'effet qu'il venait de produire sur elle, la tête lui tourna : il oublia toutes ses résolutions, toutes les leçons du marquis. Il se jeta aux pieds de Léonie, et lui exprima sa passion avec une grande éloquence; car il était en verve; tous les ressorts de son intelligence étaient tendus. Il avait encore l'œil humide, la voix éteinte, les cheveux agités et les lèvres pâles. La vicomtesse se crut adorée, et la joie du triomphe la rendit belle et jeune pendant quelques instants. Mais elle n'était pas femme à céder un jour trop tôt. Elle voulait, après avoir pris tant de peine pour être attaquée, faire sentir le prix de sa prétendue défaite, et prolonger le plus grand plaisir que connaissent les coquettes, celui de se faire implorer.

Elle sembla tout à coup faire sur elle-même un puissant effort, et s'arrachant des bras d'Horace avec toute la mimique de l'effroi, de la surprise et de la honte, elle le laissa consterné dans son boudoir, où cette scène venait d'être jouée, et courut s'enfermer dans sa chambre.

Peut-être croyait-elle qu'Horace forcerait sa porte. Il n'eut ni cet esprit ni cette sottise. Il quitta le château, mortellement blessé, se croyant joué, outragé, et en proie à une sorte de fureur. La vicomtesse ne prit point cette susceptibilité pour une maladresse. Elle l'observa comme une preuve d'orgueil immense, et ne se trompa guère. Elle se félicita donc de son inspiration, voyant bien qu'il fallait briser cet orgueil pièce à pièce, si elle ne voulait exposer le sien à de graves atteintes.

Ce jeu égoïste et de mauvaise foi dura encore plusieurs jours. Horace avait perdu tous ses avantages. Il bouda; on le ramena, toujours au nom de l'amitié. On consentit à l'écouter, après l'avoir forcé à parler. On lui imposa silence quand il eut dit tout ce qu'on désirait entendre. On le nourrit de refus et d'espérances. On joua la candeur d'une amitié fraternelle prise à l'improviste, et bouleversée par l'étonnement, l'inquiétude, la tendre compassion, le désir généreux et timide de fermer une blessure qu'on semblait avoir faite involontairement. Léonie s'en donna à cœur joie; mais, prise dans ses propres filets, elle fut tout aussi ridiculement trompée que perfidement hypocrite. Elle s'imagina lutter avec un amour sérieux, combattre avec un remords encore saignant, triompher d'un passé terrible. La pauvre Marthe servit d'enjeu à cette partie. La vicomtesse crut effacer son souvenir, et ne se douta pas que ce n'était là qu'une fiction pour l'attirer dans le piége. Qui fut trompé d'Horace ou de Léonie? Ils le furent tous deux; et le jour où ils succombèrent l'un à l'autre, leur amour, si tant est qu'ils eussent ressenti des feux dignes d'un si beau nom, était épuisé déjà par les fatigues et les ennuis de la guerre.

XXVII.

Ce jour de *bonheur*, mémorable et funeste entre tous dans la vie d'Horace, fut enregistré d'une manière plus sérieuse et plus solennelle dans l'histoire. C'était le

5 juin 1832 ; et quoique j'aie passé ce jour et le lendemain dans l'ignorance complète de la tragédie imprévue dont Paris était le théâtre, et où plusieurs de mes amis furent acteurs, j'interromprai le récit des bonnes fortunes d'Horace pour suivre Arsène et Laravinière au milieu du drame sanglant d'une révolution avortée. Ma tâche n'est pas de rappeler des événements dont le souvenir est encore saignant dans bien des cœurs. Je n'ai rien su de particulier sur ces événements, sinon la part que mes amis y ont prise. J'ignore même comment Laravinière y fut mêlé, s'il les avait prévus, ou s'il s'y jeta inopinément, poussé par les provocations de la force militaire au convoi de l'illustre Lamarque, et par le désordre encore mal expliqué de cette déplorable journée. Quoi qu'il en soit, cette lutte ne pouvait passer devant lui sans l'entraîner. Elle entraîna aussi Arsène, qui n'en espérait point le succès, mais qui, désirant la mort, et voyant son cher Jean la chercher derrière les barricades, s'attacha à ses pas, partagea ses dangers, et subit l'héroïque et sombre enivrement qui gagna les défenseurs désespérés de ces nouvelles Thermopyles. A l'heure dernière de ces martyrs, comme la troupe envahissait le cloître Saint-Méry, Laravinière, déjà criblé, tomba frappé d'une dernière balle.

« Je suis mort, dit-il à Arsène, et la partie est perdue. Mais tu peux fuir encore ; pars !

— Jamais, dit Arsène en se jetant sur lui ; ils me tueront sur ton corps.

— Et Marthe ! répondit Laravinière, Marthe qui existe peut-être, et qui n'a que toi sur la terre ! La dernière volonté d'un mourant est sacrée. Je te lègue l'avenir de Marthe, et je t'ordonne de sauver ta vie pour elle. Puisqu'il n'y a plus rien à faire ici, tu peux et tu dois te soustraire à ces bourreaux qui s'approchent, ivres de vengeance et de vin ; pauvres soldats qui se croient vainqueurs cent contre un ! »

Deux minutes après, l'intrépide Jean tomba inanimé sur le sein d'Arsène. La maison, dernier refuge des insurgés, était envahie. Arsène fut un de ceux qui s'échappèrent par un toit. Cette évasion tint du miracle, et arracha malheureusement peu de braves à la furie des assaillants. Caché à plusieurs reprises dans des cheminées, dans des lucarnes de greniers, vingt fois aperçu et poursuivi, vingt fois soustrait aux recherches avec un bonheur qui semblait proclamer l'intervention de la Providence, Arsène, couvert de blessures, brisé par plusieurs chutes, se sentant à bout de ses forces et de son courage, tenta un dernier effort pour disputer une vie à laquelle une faible espérance le rattachait à peine. Il s'agissait de sauter d'un toit à l'autre pour entrer dans une mansarde par une fenêtre inclinée qu'il apercevait à quelques pieds de distance. Ce n'était qu'un pas à faire, un instant de résolution et de sang-froid à ressaisir ; mais Arsène était mourant et à demi fou. Le sang de Laravinière, mêlé au sien, était chaud sur sa poitrine, sur ses mains engourdies, sur ses tempes embrasées. Il avait le vertige. La douleur morale était si violente, qu'elle ne lui permettait pas de sentir la douleur physique ; et cependant l'instinct de la conservation le guidait encore, sans qu'il pût se rendre compte de l'épuisement qui augmentait avec rapidité, sans qu'il eût connaissance de l'agonie qui commençait. « Mon Dieu, pensa-t-il en s'approchant de la fente entre les deux toits, si ma vie est encore bonne à quelque chose, conserve-la ; sinon, permets qu'elle s'éloigne bien vite ! » Et penchant le corps en avant, il se laissa tomber plutôt qu'il ne s'élança sur le bord opposé. Alors, se traînant sur ses genoux et sur ses coudes, car ses pieds et ses mains lui refusaient le service, il parvint jusqu'à la fenêtre qu'il cherchait, l'enfonça en posant ses deux genoux sur le vitrage, et, laissant porter sur ce dernier obstacle tout le poids de son corps, s'abandonnant avec indifférence à la générosité ou à la lâcheté de ceux qu'il allait surprendre dans cette misérable demeure, il roula évanoui sur le carreau de la mansarde. En recevant ce dernier choc qu'il ne sentit pas, il eut comme une réaction de lucidité qui dura à peine quelques secondes. Ses yeux virent les objets ; son cerveau les comprit à peine, mais son cœur éprouva comme un dilatement de joie qui éclaira son visage au moment où il perdit connaissance.

Qu'avait-il donc vu dans cette mansarde ? Une femme pâle, maigre, et misérablement vêtue, assise sur son grabat et tenant dans ses bras un enfant nouveau-né, qu'elle cacha avec épouvante derrière elle, en voyant un homme tomber du toit à ses pieds. Arsène avait reconnu cette femme. Pendant un instant aussi rapide que l'éclair, mais aussi complet qu'une éternité dans sa pensée, il l'avait contemplée ; et, oubliant tout ce qu'il avait souffert comme tout ce qu'il avait perdu, il avait goûté un bonheur que vingt siècles de souffrance n'eussent pu effacer. C'est ainsi qu'il exprima par la suite cet instant ineffable dans sa vie, qui lui avait ouvert une source de réflexions nouvelles sur la fiction du temps créée par les hommes, et sur la permanence de l'abstraction divine.

Marthe ne l'avait pas reconnu. Brisée, elle aussi, par la souffrance, la misère et la douleur, elle n'était pas soutenue par une exaltation fébrile qui pût la ranimer tout d'un coup et lui faire sentir la joie au sein du désespoir. Elle fut d'abord effrayée ; mais elle ne chercha pas longtemps l'explication d'une visite aussi étrange. Toute la journée, toute la nuit précédente, toute la veille, attentive aux bruits sinistres du combat, dont le théâtre était

voisin de sa demeure, elle n'avait eu qu'une pensée :
« Horace est là, se disait-elle, et chacun de ces coups de
fusil que j'entends peut avoir sa poitrine pour but. » Horace lui avait fait pressentir cent fois qu'il se jetterait
dans la première émeute ; elle le croyait capable de persister dans une telle résolution. Elle avait pensé aussi à
Laravinière, qu'elle savait ardent et prêt à toutes ces
luttes ; mais elle avait entendu tant de fois Arsène détester les tragiques souvenirs des journées de 1830,
qu'elle ne le supposait pas mêlé à celles-ci. Lorsqu'elle
vit un homme tomber expirant devant elle, elle comprit
que c'était un fugitif, un vaincu, et, de quelque parti
qu'il fût, elle se leva pour le secourir. Ce ne fut qu'en
approchant sa lampe de ce visage noirci de poudre et
souillé de sang, qu'elle songea à Arsène ; mais elle n'en
crut pas ses yeux. Elle prit son tablier pour étancher ce
sang et pour essuyer cette poudre, sans peur et sans dégoût : les malheureux ne sont guère susceptibles de
telles faiblesses. Elle se pencha sur cette tête meurtrie et
défigurée, qu'elle venait de poser sur ses genoux tremblants ; et alors seulement elle fut certaine que c'était là
son frère dévoué, son meilleur ami. Elle le crut mort, et,
laissant tomber son visage sur cette face livide qui lui
souriait encore avec une bouche contractée et des yeux
éteints, elle l'embrassa à plusieurs reprises, et resta sans
verser une larme, sans exhaler un gémissement, plongée
dans un désespoir morne, voisin de l'idiotisme.

Quand elle eut recouvré quelque présence d'esprit,
elle chercha dans le battement des artères à retrouver
quelque symptôme de vie. Il lui sembla que le pouls battait encore ; mais le sien propre était si gonflé, qu'elle ne
sentait pas distinctement et qu'elle ne put s'assurer de la
vérité. Elle marcha vers la porte pour appeler quelques
voisins à son aide ; mais, se rappelant aussitôt que parmi

ces gens, qu'elle ne connaissait pas encore, un scélérat ou un poltron pouvait livrer le proscrit à la vengeance des lois, elle tira le verrou de la porte, revint vers Arsène, joignit les mains, et demanda tout haut à Dieu, son seul refuge, ce qu'il fallait faire. Alors, obéissant à un instinct subit, elle essaya de soulever ce corps inerte. Deux fois elle tomba à côté de lui sans pouvoir le déranger; puis tout à coup, remplie d'une force surnaturelle, elle l'enleva comme elle eût fait d'un enfant, et le déposa sur son lit de sangle, à côté d'un autre infortuné, d'un véritable enfant qui dormait là, insensible encore aux terreurs et aux angoisses de sa mère. « Tiens, mon fils, lui dit-elle avec égarement, voilà comme ta vie commence ; voilà du sang pour ton baptême, et un cadavre pour ton oreiller. » Puis elle déchira des langes pour essuyer et fermer les blessures d'Arsène. Elle lava son sang collé à ses cheveux ; elle contint avec ses doigts les veines rompues, elle réchauffa ses mains avec son haleine, elle pria Dieu avec ferveur du fond de son âme désolée. Elle n'avait rien, et ne pouvait rien de plus.

Dieu vint à son secours, et Arsène reprit connaissance. Il fit un violent effort pour parler.

« Ne prends pas tant de peine, lui dit-il; si mes blessures sont mortelles, il est inutile de les soigner ; si elles ne le sont pas, il importe peu que je sois soulagé un peu plus tôt. D'ailleurs je ne souffre pas ; assieds-toi là, donne-moi seulement un peu d'eau à boire, et puis laisse-moi ce mouchoir, j'arrêterai moi-même le sang qui coule de ma poitrine. Laisse ta main sur ma tempe, je n'ai pas besoin d'autre appareil. Dis-moi que je ne rêve pas, car je suis heureux !... Heureux? » ajouta-t-il avec effroi en se ravisant, car le souvenir de Laravinière venait de se réveiller. Mais en songeant que Marthe avait bien assez à souffrir, il lui cacha l'horreur de cette pensée, et garda le silence. Il but l'eau avec une avidité qu'il réprima aussitôt. « Ote-moi ce verre, lui dit-il ; quand les blessés boivent, ils meurent aussitôt. Je ne veux pas mourir, Marthe ; à cause de toi, il me semble que je ne dois pas mourir.

Cependant il fut durant toute cette nuit entre la mort et la vie. Dévoré d'une soif furieuse, il eut le courage de s'abstenir. Marthe était parvenue à arrêter le sang. Les blessures, quoique profondes, ne constituaient pas par elles-mêmes l'imminence du danger ; mais l'exaltation, le chagrin et la fatigue allumaient en lui une fièvre délirante, et il sentait du feu circuler dans ses artères. S'il eût cédé aux transports qui le gagnaient, il se fût ôté la vie ; car il sentait la rage de destruction qui l'avait possédé depuis deux jours se tourner maintenant contre lui-même. Dans cet état violent, il conservait cependant assez de force pour combattre son mal : son âme n'était pas abattue. Cette âme puissante, aux prises avec la désorganisation de la vie physique, ressentait un trouble cruel, mais se raidissait contre ses propres détresses, et, par des efforts presque surhumains, elle terrassait les fantômes de la fièvre et les suggestions du désespoir. Vingt fois il se leva, prêt à déchirer ses blessures, à repousser Marthe, que par instants il ne reconnaissait plus et prenait pour un ennemi, à trahir le secret de sa retraite par des cris de fureur, à se briser la tête contre les murs. Mais alors il se faisait en lui des miracles de volonté. Son esprit, profondément religieux, conservait, jusque dans l'égarement, un instinct de prière et d'espérance ; et il joignait les mains en s'écriant : « Mon Dieu ! qu'est-ce que c'est ? où suis-je ? que se passe-t-il en moi et hors de moi ? M'abandonneriez-vous, mon Dieu ? ne me donnerez-vous pas du moins une fin pieuse et résignée ? » Puis, se tournant vers Marthe : « Je suis un homme, n'est-ce pas ? lui disait-il ; je ne suis pas un assassin, je n'ai pas versé à dessein le sang innocent! je n'ai pas perdu le droit de l'invoquer! Dis-moi que c'est bien toi qui es là, Marthe! dis-moi que tu espères, que tu crois! Prie, Marthe, prie pour moi et avec moi, afin que je vive ou que je meure comme un homme, et non pas comme un chien. »

Puis il enfonçait son visage sur le traversin, pour étouffer les rugissements qui s'échappaient de sa poitrine; il mordait les draps, pour empêcher ses dents de se broyer les unes contre les autres; et quand les objets prenaient à ses yeux des formes chimériques, quand Marthe se transformait dans son imagination en visions effrayantes, il fermait les yeux, il rassemblait ses idées, il forçait les hallucinations à céder devant la raison; et de la main écartant les spectres, il les exorcisait au nom de la foi et de l'amour.

Cette lutte épouvantable dura près de douze heures. Marthe avait pris son enfant dans ses bras; et lorsque Paul perdait courage et s'écriait douloureusement : « Mon Dieu, mon Dieu! voilà que vous m'abandonnez encore! » elle se prosternait et tendait à Arsène cette innocente créature, dont la vue semblait lui imposer une sorte de respect craintif. Arsène n'avait encore exprimé aucune pensée par rapport à cet enfant. Il le voyait, il le regardait avec calme; il ne faisait aucune question; mais dès qu'il avait, malgré lui, laissé échapper un gémissement ou un sanglot, il se retournait vivement pour voir s'il ne l'avait pas éveillé. Une fois, après un long silence et une immobilité qui ressemblait à de l'extase, il dit tout à coup :

« Est-ce qu'il est mort?

— Qui donc? demanda Marthe.

— L'*enfant*, répondit-il, l'enfant qui ne crie plus! il faut cacher l'enfant, les brigands triomphent, ils le tueront. Donne-moi l'enfant que je le sauve ; je vais l'emporter sur les toits, et ils ne le trouveront pas. Sauvons l'enfant : vois-tu, tout le reste n'est rien, mais un enfant, c'est sacré. »

Et ainsi en proie à un délire où l'idée du devoir et du dévouement dominait toujours, il répéta cent fois : « L'*enfant*, l'enfant est sauvé, n'est-ce pas?... Oh! sois tranquille pour l'enfant, nous le sauverons bien. »

Quand il revenait à lui-même, il le regardait, et ne disait plus rien. Enfin cette agitation se calma, et il dormit pendant une heure. Marthe, épuisée, avait replacé l'enfant sur le lit, à côté du moribond. Assise sur une chaise, d'un de ses bras elle entourait son fils pour le préserver, de l'autre elle soutenait la tête de Paul; la sienne était tombée sur le même coussin ; et ces trois infortunés reposèrent ainsi sous l'œil de Dieu, leur seul refuge, isolés du reste de l'humanité par le danger, la misère et l'agonie.

Mais bientôt ils furent réveillés par une sourde rumeur qui se faisait autour d'eux. Marthe entendit des voix inconnues, des pas lourds et pressés qui lui glacèrent le cœur d'épouvante. Des agents de police visitaient les mansardes, cherchant des victimes. On approchait de la sienne. Elle jeta les couvertures sur Arsène, nivela le lit avec ses hardes, qu'elle cacha sous les draps, et, plaçant son enfant sur Arsène lui-même, elle alla ouvrir la porte avec la résolution et la force que donnent les périls extrêmes. Les débris du châssis de sa fenêtre avaient été cachés dans un coin de la chambre, elle avait attaché son tablier en guise de rideau devant cette fenêtre brisée pour voiler le dégât. Une voisine charitable, chez qui on venait de faire des perquisitions, suivit les sbires jusqu'au seuil de Marthe.

« Ici, mes bons messieurs, leur dit-elle, il n'y a qu'une

pauvre femme à peine relevée de couches, et encore bien malade. Ne lui faites pas peur, mes bons messieurs, elle en mourrait. »

Cette prière ne toucha guère les êtres sans cœur et sans pitié auxquels elle s'adressait; mais le sang-froid avec lequel Marthe se présenta devant eux leur ôta tout soupçon. Un coup d'œil jeté dans sa chambre trop petite et trop peu meublée pour recéler une cachette, leur persuada l'inutilité d'une recherche plus exacte. Ils s'éloignèrent sans remarquer des traces de sang mal effacées sur le carreau, et ce fut encore un des miracles qui concoururent au salut d'Arsène. La vieille voisine était une digne et généreuse créature qui avait assisté Marthe dans les douleurs de l'enfantement. Elle l'aida à cacher le proscrit, se chargea de lui apporter des aliments et quelques remèdes; mais, ne connaissant aucun médecin dont les opinions pussent lui garantir le silence, et terrifiée par les rigueurs vraiment inquisitoriales qui furent déployées à l'égard des victimes du cloître Saint-Méry, elle se borna aux secours insuffisants qu'elle pouvait fournir elle-même. Marthe n'osait faire un pas hors de sa chambre, dans la crainte qu'on ne revînt l'explorer en son absence. D'ailleurs Arsène était devenu si calme que l'inquiétude s'était dissipée, et qu'elle comptait sur une prompte guérison.

Il n'en fut pas ainsi. La faiblesse se prolongea au point que, pendant plus d'un mois, il lui fut impossible de sortir du lit. Marthe coucha tout ce temps sur une botte de paille, qu'elle s'était procurée sous prétexte de se faire une paillasse ; mais elle n'avait pas le moyen d'en acheter la toile. La vieille voisine était dans une indigence complète. L'état du malade et son propre accablement ne permettaient pas à Marthe de travailler, encore moins de sortir pour chercher de l'ouvrage. Depuis deux mois qu'elle s'était séparée d'Horace, résolue de n'être à charge à personne en devenant mère, elle avait vécu du prix de ses derniers effets vendus ou engagés au Mont-de-Piété ; sa délivrance ayant été plus longue et plus pénible qu'elle ne l'avait prévu, elle avait épuisé cette faible ressource, et se trouvait dans un dénûment absolu. Arsène n'était pas plus heureux. Depuis quelque temps, prévoyant, d'après les discours de Laravinière, un bouleversement dans Paris, et voulant être libre de s'y jeter, il avait donné toutes ses petites épargnes à ses sœurs, et les avait renvoyées en province. Croyant n'avoir plus qu'à mourir, il n'avait rien gardé. La situation de ces deux êtres abandonnés était donc épouvantable. Tous deux malades, tous deux brisés ; l'un cloué sur un lit de douleur, l'autre allaitant un enfant, ne vivant que de pain et dormant sur la paille, n'étant pas même abritée dans cette mansarde dont elle n'osait pas faire réparer la fenêtre, puisqu'un secret de mort était lié à cette trace d'effraction, et n'ayant d'ailleurs pas la force de faire un pas. Et puis, ajoutez à ces empêchements une sorte d'apathie et d'impuissance morale, causée par les privations, l'épuisement, une habitude de fierté outrée, et l'isolement qui paralyse toutes les facultés : et vous comprendrez comment, pouvant avertir Eugénie et moi avec quelques précautions et un peu moins d'orgueil, ils se laissèrent dépérir en silence durant plusieurs semaines.

L'enfant fut le seul qui ne souffrit pas trop de cette détresse. Sa mère avait peu de lait ; mais la voisine partageait avec le nourrisson celui de son déjeuner, et chaque jour elle allait le promener dans ses bras au soleil du quai aux Fleurs. Il n'en faut pas davantage à un enfant de Paris pour croître comme une plante frêle, mais tenace, le long de ces murs humides où la vie se développe en dépit de tout, plus souffreteuse, plus délicate, et cependant plus intense qu'à l'air pur des champs.

Pendant cette dure épreuve, la patience d'Arsène ne se démentit pas un instant ; il ne proféra pas une seule plainte, quoiqu'il souffrît beaucoup, non de ses blessures, qui ne s'envenimèrent plus et se fermèrent peu à peu sans symptômes alarmants, mais d'une violente irritation du cerveau qui revenait sans cesse et faisait place à de profonds accablements. Entre l'exaltation et l'affaissement, il eut peu d'intervalles pour s'entretenir avec Marthe. Dans la fièvre, il s'imposait un silence absolu, et Marthe ignorait alors combien il était malade. Dans le calme, il ménageait à dessein ses forces, afin de pouvoir lutter contre le retour de la crise. Il résulta de cette résolution stoïque une guérison dont la lenteur surprit Marthe, parce qu'elle ne comprenait pas la gravité du mal, et dont la rapidité me parut inexplicable, lorsque, par la suite, je tins de la bouche d'Arsène le détail de tout ce qu'il avait souffert. Par instants, malgré la confiance qu'il avait su lui donner, Marthe s'effrayait pourtant de l'espèce d'indifférence avec laquelle il semblait attendre sa guérison sans la désirer. Elle pensait alors que ses facultés mentales avaient reçu une grave atteinte, et craignait qu'il n'en retrouvât jamais complètement la vigueur. Mais tandis qu'elle s'abandonnait à cette sinistre conjecture, Arsène, plein de persistance et de détermination, comptait les jours et les heures ; et sentant les accès de son mal diminuer lentement, il en concluait avec raison qu'une grave rechute était imminente, à moins qu'il ne gardât les rênes de sa volonté toujours également tendues. Il voulait donc s'abstenir de toute émotion violente, de tout découragement puéril, et semblait ne pas voir l'horreur de la situation que Marthe partageait avec lui.

Un jour qu'il avait les yeux fermés et semblait dormir, il entendit la vieille voisine exprimer de l'intérêt à Marthe, selon la portée de ses idées et de ses sentiments bons et humains sans doute, mais bornés et un peu grossiers. « Savez-vous, mon cœur, lui disait-elle, que c'est un grand malheur pour vous d'avoir été forcée de recueillir cet homme-là? Vous étiez déjà bien assez dépourvue, et voilà que vous êtes obligée de partager avec lui un pauvre morceau de pain quotidien qui vous ferait du lait pour votre enfant!

— Que ne puis-je partager, en effet, ma bonne amie! répondit Marthe avec un triste sourire; mais il ne mange pas une once de pain par jour dans sa soupe. Et quelle soupe! une goutte de lait dans une pinte d'eau; je ne comprends pas qu'il vive ainsi.

— Aussi cela va durer éternellement, cette maladie! répondit la vieille; il ne pourra jamais retrouver ses forces avec un pareil régime. Vous aurez beau faire, vous vous épuiserez sans pouvoir le sauver.

— J'aimerais mieux mourir avec lui que de l'abandonner, dit Marthe.

— Mais si vous faites mourir votre enfant? dit la vieille.

— Dieu ne le permettra pas! s'écria Marthe épouvantée.

— Je ne dis pas que cela arrive, reprit la vieille avec douceur; je ne dis pas non plus que votre dévouement pour ce réfugié soit poussé trop loin. Je sais ce qu'on doit à son prochain; mais ce serait à lui de comprendre qu'il ne se sauve de l'échafaud que pour vous conduire avec lui à l'hôpital. Le pauvre jeune homme ne peut pas savoir combien il vous nuit. Il ne voit pas qu'à dormir sur la paille, comme vous faites, avec une fenêtre ouverte sur le dos, vous ne pouvez pas durer longtemps. La maladie lui ôte la réflexion, c'est tout simple; mais si vous me permettiez de lui parler, je vous assure que le jour même il prendrait son parti de se traîner dehors comme il pourrait. Tenez, à nous deux, en le soutenant bien, nous le conduirions à l'hôpital; il y serait mieux qu'ici.

— A l'hôpital! s'écria Marthe en pâlissant. N'avez-vous pas entendu dire (et ne me l'avez-vous pas répété) qu'il était enjoint aux médecins de livrer les blessés qui se confieraient à leurs soins, et que chaque malade accueilli dans un hospice était désigné à l'examen de la police par un écriteau placé au-dessus de son lit? Comment! la délation est imposée (sous peine d'être accusés de complicité) aux hommes dont les fonctions sont les plus saintes; et vous voulez que j'abandonne cette victime à la vengeance d'une société où de tels ordres sont acceptés de tous sans révolte, et peut-être sans horreur de la part de beaucoup de gens? Non, non, si le monde est devenu un coupe-gorge, du moins il reste dans le cœur des pauvres femmes, et sous les tuiles de nos mansardes, un peu de religion et d'humanité, n'est-ce pas, bonne voisine?

— Allons! répondit la voisine en essuyant ses yeux avec le coin de son tablier, voilà que vous faites de moi ce que vous voulez. Je ne sais pas où vous prenez ce que vous dites, mon enfant; mais vous parlez selon Dieu et selon mon cœur. Je vais vous chercher un peu de lait et de sucre pour votre malade, et aussi pour ce cher trésor, ajouta-t-elle en embrassant l'enfant suspendu au sein de sa mère.

— Non, ma chère amie, dit Marthe, ne vous dépouillez pas pour nous; vous avez déjà assez fait. Il n'est pas juste qu'à votre âge vous vous condamniez à souffrir. Nous sommes jeunes, nous autres, et nous avons la force de nous priver un peu.

— Et si je veux me priver, si je veux souffrir, moi!

s'écria la bonne femme tout en colère; me prenez-vous pour un mauvais cœur, pour une avare, pour une égoïste? Avez-vous le droit de me refuser, d'ailleurs, quand il s'agit d'un *amour d'enfant* comme le vôtre, et d'un malheureux que le bon Dieu nous confie?

— Eh bien, j'accepte, répondit Marthe en jetant ses bras amaigris et couverts de haillons au cou de la vieille femme; j'accepte avec joie. Un jour viendra, qui n'est pas loin peut-être, où nous vous rendrons tout le bien que vous nous faites maintenant; car Dieu aussi nous rendra la force et la liberté!

— Tu as raison, Marthe, dit Arsène d'une voix faible et mesurée, lorsque la voisine fut sortie. La liberté nous sera rendue, et la force nous reviendra. Ta pitié me sauve, et j'aurai mon tour. Va, ma pauvre Marthe, conserve ton courage, comme j'entretiens le mien dans le silence et la soumission. Il m'en faut plus qu'à toi pour te voir souffrir comme tu 'ais, et pour songer sans désespoir que non-seulement je ne puis te soulager, mais qu'encore j'augmente ta misère. Durant les premiers jours, je me suis souvent demandé si je ne ferais pas mieux de remonter sur les toits, et de m'en aller mourir dans quelque gouttière, comme un pauvre oiseau dont on a brisé l'aile; mais j'ai senti, à ma tendresse pour toi, que je surmonterais cette maladie; qu'à force de vouloir vivre je vivrais, et qu'en acceptant ton appui, je t'assurais le mien pour l'avenir. Vois-tu, Marthe, Dieu sait bien ce qu'il fait! Dans ta fierté, tu t'étais éloignée et cachée de moi. Tu voulais passer ta vie dans l'isolement, dans la douleur et dans le besoin, plutôt que d'accepter mon dévouement. A présent que la destinée m'a envoyé ici pour profiter du tien, tu ne pourras plus me repousser, tu n'auras plus le droit de refuser mon appui. Je ne t'offre rien que mon cœur et mes bras, Marthe; car je ne possède ni or, ni argent, ni vêtement, ni asile, ni talent, ni protection; mais mon cœur te chérit, et mes bras pourront te nourrir, toi et *ce cher trésor*, comme dit la voisine. »

En parlant ainsi, Paul prit l'enfant et l'embrassa; c'était la première marque d'affection qu'il lui donnait. Jusqu'à ce jour, il l'avait souvent soutenu et bercé sur ses genoux pour soulager la mère; il l'avait endormi toutes les nuits à plusieurs reprises dans ses bras, et réchauffé contre sa poitrine, mais en lui donnant ces soins, il ne l'avait jamais caressé. En cet instant, une larme de tendresse coula de ses yeux sur le visage de l'enfant, et Marthe l'y recueillit avec ses lèvres. « Ah! mon Paul, ah! mon frère! s'écria-t-elle, si tu pouvais l'aimer, ce cher et douloureux trésor!

— Tais-toi, Marthe, ne parlons pas de cela, répondit-il en lui rendant son fils. Je suis encore trop faible; je ne t'ai pas encore dit un mot là-dessus. Nous en parlerons, et tu seras contente de moi, je l'espère. En attendant, souffrons encore, puisque c'est la volonté divine. Je vois bien que tu jeûnes, je vois bien que tu couches sur le carreau avec une poignée de paille sous ta tête, et je n'ose pas seulement te dire : Reprends ton lit, et laisse-moi m'étendre sur cette litière; car, à cette idée-là, tu te révoltes, et tu m'accables d'une bonté qui me fait trop de mal et trop de bien. Il faut que je reste là, que je subisse la vue de tes fatigues, et que je sois calme, et que je dise : *Tout est bien!* Hélas! mon Dieu, faites que je remporte cette victoire jusqu'au bout!

« Pourvu, Marthe, lui dit-il dans un autre moment de calme qu'il eut le lendemain, que tu n'ailles pas oublier ce que tu fais pour moi, et que tu ne viennes pas me dire un jour, quand je te le rappellerai, que tu n'as pas autant souffert que je veux bien le prétendre! C'est que je te connais, Marthe : tu es capable de cette perfidie-là. »

Un pâle sourire effleura leurs lèvres à tous les deux ; et Marthe, se penchant sur lui, imprima un chaste baiser sur le front de son ami. C'était la première caresse qu'elle osait lui donner depuis cinq semaines qu'ils étaient enfermés ensemble tête à tête le jour et la nuit. Durant tout ce temps, chaque fois que Marthe, dans une effusion de douleur et d'effroi pour sa vie, s'était approchée de lui pour l'embrasser comme pour lui dire adieu, il l'avait toujours repoussée vivement, en lui disant avec une sorte de colère : « Laisse-moi. Tu veux donc me tuer ? » C'étaient les seuls moments où le souvenir de sa passion avait paru se réveiller. Hors de ces émotions rapides et rares, que Marthe avait appris à ne plus provoquer par son élan fraternel, ils n'avaient pas échangé un mot qui fît allusion aux malheurs précédents. On eût dit qu'entre la paisible amitié de leur enfance et la tragique journée du cloître Saint-Méry il ne s'était rien passé, tant l'un mettait de délicatesse à détourner le souvenir des temps intermédiaires, tant l'autre éprouvait de honte et d'angoisse à les rappeler ! Ce jour-là seulement tous deux y songèrent sans trouble au même moment, et tous deux comprirent que cette pensée pouvait cesser d'être amère. Paul, loin de repousser le baiser de Marthe, le rendit à son enfant avec plus de tendresse encore qu'il n'avait fait la veille, et il ajouta avec une sorte de gaieté mélancolique : « Sais-tu, Marthe, que cet enfant est charmant ? On dit que ces petits êtres sont tous laids à cet âge-là ; mais ceux qui parlent ainsi n'en ont jamais regardé un avec des yeux de père ! »

XXVIII.

Horace nous avait fait pressentir, dès les premiers jours de son assiduité au château de Chailly, les vues qu'il avait sur la vicomtesse et les espérances qu'il avait conçues. Eugénie l'avait raillé de sa fatuité; et moi, qui ne regardais point son succès comme impossible, je ne l'avais pas félicité de cette entreprise. Loin de là : je lui avais dit sans ambiguïté le peu de cas que je faisais du caractère de Léonie. Notre manière d'accueillir ses confidences lui avait déplu, et il ne nous en faisait plus depuis longtemps, lorsque le jour de sa victoire arriva, et le remplit d'un orgueil impossible à réprimer. Ce jour-là, en soupant avec nous, il ne put s'empêcher de ramener à tout propos, dans la conversation, les grâces imposantes, l'esprit supérieur, le tact exquis, toutes les séductions qu'il voulait nous faire admirer chez la vicomtesse. Eugénie, qui avait été sa couturière, et qui avait vu sa beauté, ses belles manières et son grand esprit en déshabillé, s'obstinait à ne pas partager cet enthousiasme et à déclarer cette femme hautaine dans sa familiarité, sèche et blessante jusque dans ses intentions protectrices. Le souvenir de Marthe, l'indignation qu'Eugénie éprouvait secrètement de la voir oubliée si lestement, rendirent ses contradictions un peu amères. Horace s'emporta, et la traita comme une péronnelle, qui devait du respect à madame de Chailly, et qui l'oubliait. Il affecta de lui dire qu'elle ne pouvait pas comprendre le charme d'une femme de cette condition et de ce mérite. « Mon cher Horace, lui répondit Eugénie avec la plus parfaite douceur, ce que vous dites là ne me fâche pas. Je n'ai jamais eu la prétention de lutter dans votre estime contre qui que ce soit. Si, en vous disant mon opinion avec franchise, je vous ai blessé, mon excuse est dans l'intérêt que je vous porte et dans la crainte que j'ai de vous voir tourmenté et humilié par cette belle dame, qui a joué beaucoup d'hommes aussi fins que vous, et qui s'en vante même devant ses *habilleuses;* ce que j'ai trouvé, quant à moi, de mauvais goût et de mauvais ton. »

Horace était de plus en plus irrité. Je tâchai de le calmer en insistant sur la vérité des assertions d'Eugénie, et en le suppliant pour la dernière fois de bien réfléchir avant de s'exposer aux railleries de la vicomtesse. Ce fut alors que, blessé de cette idée, et ne pouvant plus se contenir, il nous ferma la bouche en nous annonçant dans des termes fort clairs, qu'il ne courait plus le risque d'être éconduit honteusement, et que si la vicomtesse prenait fantaisie d'ajouter une dépouille à la brochette de victimes qu'elle portait à l'épingle de son fichu, il pourrait bien, lui aussi, attacher ses couleurs à la boutonnière de son habit.

« Vous ne le feriez pas, répliqua Eugénie froidement : car un homme d'honneur ne se vante pas de ses bonnes fortunes. »

Horace se mordit les lèvres; puis, il ajouta, après un moment de réflexion :

« Un homme d'honneur ne se vante pas de ses bonnes fortunes tant qu'il en est fier; mais quelquefois il s'en accuse, quand on le force à en rougir. C'est ce que je ferais, n'en doutez pas, envers la femme qui me pousserait à bout.

— Ce n'est pas le système de votre ami le marquis de Vernes, lui répondis-je.

— Le système du marquis, reprit Horace (et c'est un homme qui en sait plus que vous et moi sur ce chapitre), est d'empêcher qu'on se moque jamais de lui. Je n'ai pas la prétention de me faire son imitateur en adoptant les mêmes moyens. Chacun a les siens, et tous sont bons s'ils arrivent au même but.

— Je ne sais pas ce que pense là-dessus le marquis de Vernes, dit Eugénie ; mais, quant à moi, je suis sûre de ce que vous penseriez si vous vous trouviez dans un cas pareil.

— Vous plaît-il de me le dire? demanda Horace.

— Le voici, répondit-elle. Vous pèseriez, dans un esprit de raison et de justice, les torts qu'on aurait eus envers vous, et ceux que vous seriez tenté d'avoir. Vous compareriez le tort qu'une femme peut vous faire en se vantant de vous avoir repoussé, et celui que vous lui feriez immanquablement en vous vantant de l'avoir vaincue; et vous verriez que ce serait vous venger tout au plus d'un ridicule par un outrage. Car le monde (oui, j'en suis sûre, le grand monde comme l'opinion populaire) respecte la femme qui est respectée par son amant, et méprise celle que son amant méprise. On lui fait un crime de s'être trompée ; et il faut reconnaître que, sous ce rapport, les femmes sont fort à plaindre, puisque les plus prudentes et les plus habiles sont encore exposées à être insultées par l'homme qui les implorait la veille. Voyons, n'en est-il pas ainsi, Horace? ne riez pas et répondez. Pour être écouté de la vicomtesse elle-même, que je ne crois pas très-farouche, ne seriez-vous pas obligé d'être bien assidu, bien humble, bien suppliant pendant quelque temps? Ne vous faudrait-il pas montrer de l'amour ou en faire le semblant? Dites !

— Eugénie, ma chère, répliqua Horace, demi-troublé, demi-satisfait de ce qu'il prenait pour une interrogation détournée, vous faites des questions fort indiscrètes; et je ne suis pas forcé de vous rendre compte de ce qui a pu ou de ce qui pourrait se passer entre la vicomtesse et moi.

— Je ne vous fais que des demandes auxquelles vous pouvez répondre sans compromettre personne, et je ne vous pose qu'une question de principes. N'est-il pas certain que vous ne feriez pas la cour à une femme qui se livrerait sans combats?

— Vous le savez, je ne conçois pas qu'on s'adresse à d'autres femmes qu'à celles qui se défendent, et dont la conquête est périlleuse et difficile.

— Je connais votre fierté à cet égard, et je dis qu'en ce cas vous n'aurez jamais le droit de trahir aucune femme, parce que vous n'en posséderez aucune à qui vous n'ayez juré respect, dévouement et discrétion. La diffamer après, serait donc une lâcheté et un parjure.

— Ma chère amie, reprit Horace, je sais que vous avez cultivé la controverse à la salle Taitbout; je sais par conséquent que toutes vos conclusions seront toujours à l'avantage des droits féminins. Mais quelque subtile que soit votre argumentation, je vous répondrai que je n'acquiesce pas à cette domination que les femmes doivent s'arroger selon vous. Je ne trouve pas juste que vous ayez le droit de nous faire passer pour des sots, pour des impertinents ou pour des esclaves, sans que nous puissions invoquer l'égalité. Eh quoi! une coquette m'attirerait à ses pieds, m'agacerait durant des semaines entières, triompherait de ma prudence, me donnerait enfin sur elle, en échange de sa victoire, les droits d'un époux et d'un maître, et puis elle recommencerait le lendemain avec un autre, et se débarrasserait de moi en disant à mon successeur, à ses amis, à ses femmes de chambre : « Vous voyez bien ce paltoquet? il m'a obsédée de ses désirs; mais je l'ai remis à sa place, et j'ai rabattu son sot amour-propre! » Ce serait un peu trop fort, et, par ma foi, je ne suis pas disposé à me laisser jouer ainsi. Je trouve qu'un ridicule est aussi sérieux qu'aucune autre honte. C'est même peut-être en France, à l'heure qu'il est, la pire de toutes ; et la femme qui me l'infligera peut s'attendre à de franches représailles, dont elle se souviendra toute sa vie. C'est la peine du talion qui régit nos codes.

— Si vous acceptez cette peine-là comme juste et humaine, répondit Eugénie, je n'ai plus rien à dire. En ce cas, vous souscrivez à la peine de mort et à toutes les autres institutions barbares, au-dessus desquelles je pensais que votre cœur s'était élevé. Du moins, je vous l'avais entendu affirmer ; et j'aurais cru que, dans ces actes de conduite personnelle où nous pouvons tous corriger l'ineptie et la cruauté des lois, dans vos rapports avec l'opinion, par exemple, vous chercheriez plus de grandeur et de noblesse que vous n'en professez en ce moment. Mais, ajouta-t-elle en se levant de table, j'espère que tout ceci est, comme on dit dans ma classe de bonnes gens, l'*histoire de parler*, et que dans l'occasion vos actions vaudront mieux que vos paroles. »

Malgré la résistance d'Horace, les nobles sentiments d'Eugénie firent impression sur lui. Quand elle fut sortie, il me dit avec un généreux entraînement :

« Ton Eugénie est un créature supérieure, et je crois qu'elle a, sinon autant d'esprit, du moins plus d'idées que ma vicomtesse.

— Elle est donc *tienne* décidément, mon pauvre Horace ? lui dis-je en lui prenant la main. Eh bien ! j'en suis réellement affligé, je te l'avoue.

— Et pourquoi donc? s'écria-t-il avec un rire superbe. Vraiment, vous êtes étonnants, Eugénie et toi, avec vos compliments de condoléance. Ne dirait-on pas que je suis le plus malheureux des hommes, parce que je possède la plus adorable et la plus séduisante des femmes? Je ne sais pas si elle est une héroïne de roman parfaite, telle que vous la voudriez; mais pour moi, qui suis plus modeste, c'est une belle conquête, une maîtresse délirante.

— L'aimes-tu? lui demandai-je.

— Le diable m'emporte si je le sais, répondit-il d'un air léger. Tu m'en demandes trop long. J'ai aimé, et je crois que ce sera pour la première et la dernière fois de ma vie. Désormais, je ne peux plus chercher dans les femmes qu'une distraction à mon ennui, une excitation pour mon cœur à demi éteint. Je vais à l'amour comme on va à la guerre, avec fort peu de sentiment d'humanité, pas une idée de vertu, beaucoup d'ambition et pas mal d'amour-propre. Je t'avoue que ma vanité est caressée par cette victoire, parce qu'elle m'a coûté du temps et de la peine. Quel mal y trouves-tu? Vas-tu faire le pédant? Oublies-tu que j'ai vingt ans, et que si mes sentiments sont déjà morts, mes passions sont encore dans toute leur violence?

— C'est que tout cela me paraît faux et guindé, lui dis-je. Je te parle dans la sincérité de mon cœur, Horace, sans aucun ménagement pour cette vanité derrière laquelle tu te réfugies, et qui me paraît un sentiment trop petit pour toi. Non, le grand sentiment, le grand amour n'est pas mort dans ton sein; je crois même qu'il n'y est pas encore éclos, et que tu n'as point aimé jusqu'ici. Je crois que de nobles passions, étouffées longtemps par l'ignorance et l'amour-propre, fermentent chez toi, et vont faire ton supplice, si elles ne font pas ton bonheur. Oh! mon cher Horace, tu n'es pas, tu ne peux pas être le don Juan que décrit Hoffmann, encore moins celui de Byron. Ces créations poétiques occupent trop ton cerveau, et tu te manières pour les faire passer dans la réalité de ta vie. Mais tu es plus jeune et plus puissant que ces fantômes-là. Tu n'es pas brisé par la perte de ton premier amour; ce n'a été qu'un essai malheureux. Prends garde que le second, en dépit de la légèreté que tu veux y mettre, ne soit l'amour sérieux et fatal de ta vie.

— Eh bien, s'il en est ainsi, répondit Horace, dont l'orgueil accepta facilement mes suppositions, vogue la galère ! Léonie est bien faite pour inspirer une passion véritable; car elle l'éprouve, je n'en peux pas douter. Oui, Théophile, je suis ardemment aimé, et cette femme est prête à faire pour moi les plus grands sacrifices, les plus grandes folies. Peut-être que cet amour éveillera le mien, et que nous aurons ensemble des jours agités. C'est tout ce que je demande à la destinée pour sortir de la torpeur odieuse où je me sentais plongé naguère.

— Horace, m'écriai-je, elle ne t'aime pas. Elle n'a jamais rien aimé, et elle n'aimera jamais personne; car elle n'aime pas ses enfants.

— Absurdités, pédagogie que tout cela ! répondit-il avec humeur. Je suis charmé qu'elle n'aime rien, et qu'elle me livre un cœur encore vierge. C'est plus que je n'espérais, et ce que tu dis là m'exalte au lieu de me refroidir. Pardieu ! si elle était bonne épouse et bonne mère, elle ne pourrait pas être une amante passionnée. Tu me prends pour un enfant. Crois-tu que je puisse me faire illusion sur elle, et que je n'aie pas senti ses transports aujourd'hui? Ah ! que son ivresse était différente du chaste abandon de Marthe ! Celle-là était une religieuse, une sainte; amour et respect à sa mémoire, à jamais sacrée ! Mais Léonie ! c'est une femme, c'est une tigresse, un démon !

— C'est une comédienne, repris-je tristement. Malheur à toi, quand tu rentreras avec elle dans la coulisse! »

Si la vicomtesse avait eu auprès d'elle en ce moment un ami véritable, il lui aurait dit les mêmes choses d'Horace que je disais d'elle à celui-ci ; mais livrée au désir exalté d'être aimée avec toute la fureur romantique qu'elle trouvait dans les livres, et qu'aucun homme de sa caste ne lui avait encore exprimée, elle n'eût pas mieux reçu un bon conseil qu'Horace n'écouta les miens. Elle se livra à lui, croyant inspirer une passion violente, et entraînée seulement par la vanité et la curiosité. On peut donc dire qu'ils étaient à *deux de jeu.*

Je n'ai jamais compris, pour ma part, comment une femme aussi pénétrante, formée de bonne heure par les leçons du marquis de Vernes à la ruse envers les hommes et à la prévoyance devant les événements, put se tromper sur le compte d'Horace, comme le fit la vicomtesse. Elle se flatta de trouver en lui un dévouement romanesque que rien ne pourrait ébranler, une admiration qui n'y regarderait pas de trop près, une sorte de vanité modeste qui se tiendrait toujours pour honorée de la possession d'une femme comme elle. Elle s'abusait beaucoup : Horace, enivré durant quelques jours, devait bientôt, éclairé subitement dans son inexpérience par les intérêts de son amour-propre, lutter avec force contre celui de Léonie. Je ne puis m'expliquer l'erreur de cette femme, sinon en me rappelant qu'elle s'était aventurée sur un terrain tout à fait inconnu, en choisissant l'objet de son amour dans la classe bourgeoise. Elle n'avait certainement aucun préjugé aristocratique. Elle s'était donc fait un type de supériorité intellectuelle, et elle le rêvait dans un rang obscur, afin de lui donner plus d'étrangeté, de mystère, et de poésie. Elle avait l'imagination aussi vive que le cœur froid, il ne faut pas l'oublier. Ennuyée de tout ce qu'elle connaissait, et sachant d'avance par cœur toutes les phrases dont ses nobles adorateurs articulaient les premières syllabes, elle trouva, dans l'originale brusquerie d'Horace, la nouveauté dont elle avait soif. Mais, en devinant le mérite de l'homme sans naissance, elle ne pressentit pas les défauts de l'homme sans usage, sans *savoir-vivre*, comme disait le vieux marquis avec une grande justesse d'expression. Dans une société sans principes, le point d'honneur qui en tient lieu, et l'éducation qui en fait affecter le semblant, sont des avantages plus réels qu'on ne pense.

Horace sentait cette espèce de supériorité de ce qu'on appelle la bonne compagnie. Amoureux de tout ce qui pouvait l'élever et le grandir, il eût voulu se l'inoculer. Mais s'il y réussit dans les petites choses, il ne put le faire dans les grandes. Le naturel et l'habitude furent vaincus là où l'étiquette ne commandait que des sacrifices faciles; mais lorsqu'elle ordonna celui de la vanité, elle fut impuissante, et l'amour-propre un peu grossier, la présomption un peu déplacée, la personnalité un peu âpre de l'homme *du tiers*, reprirent le dessus. C'était tout le contraire de ce qu'eût souhaité la vicomtesse. Elle aimait la gaucherie spirituelle et gracieuse d'Horace; elle trouva qu'il la perdait trop vite. Elle espérait de sa part une grande abnégation, une sorte d'héroïsme en amour; elle n'en trouva pas en lui le moindre élan.

Cependant, comme le cœur de ce jeune homme n'était pas corrompu, mais seulement faussé, il éprouva, durant les premiers jours, une reconnaissance vraie pour la vicomtesse. Il le lui exprima avec talent, et elle se crut enfin adorée, comme elle avait l'ambition de l'être. Il y eut même une sorte de grandeur dans la manière dont Horace accepta sans méfiance, sans curiosité, et sans inquiétude, le passé de sa nouvelle maîtresse. Elle lui disait qu'il était le premier homme qu'elle eût aimé. Elle disait vrai en ce sens qu'il était le premier homme qu'elle eût aimé de cette manière. Horace n'hésitait point à la prendre au mot. Il acceptait sans peine l'idée qu'aucun homme n'avait pu mériter l'amour qu'il inspirait; et quant aux peccadilles dont il pensait bien que la vie de Léonie n'était point exempte, il s'en souciait si peu, qu'il ne lui fit à cet égard aucune question indiscrète. Il ne connut point avec elle cette jalousie rétroactive qui avait fait de ses amours avec Marthe un double supplice. D'une part, ses idées sur le mérite des femmes s'étaient beaucoup modifiées dans la société de la vicomtesse et à l'école du vieux marquis. Il ne cherchait plus cette chasteté bourgeoise dont il avait fait longtemps son idéal, mais bien la désinvolture leste et galante d'une femme à la mode. D'autre part, il n'était pas humilié des prédécesseurs que lui avait donnés la vicomtesse, comme il l'avait été de succéder dans le cœur de Marthe à M. Poisson, le cafetier, et (selon ses suppositions) à Paul Arsène, le garçon de café. Chez Léonie, c'était à des grands seigneurs sans doute, à des ducs, à des princes peut-être, qu'il succédait; et cette brillante avant-garde, qui avait ouvert et précédé sa marche triomphale, lui paraissait un cortége dont on ne devait pas rougir. La pauvre Marthe, pour avoir accepté avec douceur et repentance le reproche d'une seule erreur, avait été accablée par l'orgueil ombrageux d'Horace. La fière vicomtesse, prête à se vanter d'une longue série de fautes, fut respectée, grâce à ce même orgueil.

Interrogée comme Marthe l'avait été, la vicomtesse n'eût pas daigné répondre. L'eût-elle fait, elle n'eût caché aucune de ses actions. Elle n'était pas hypocrite de principes. Tout au contraire, elle avait à cet égard un certain cynisme voltairien qui donnait un démenti formel à ses hypocrisies de sentiment. Elle n'avait pas la prétention d'être une femme vertueuse, mais bien celle d'être une âme jeune, ardente, ouverte aux passions qu'on saurait lui inspirer. C'était une sorte de prostitution de cœur, car elle allait s'offrant à tous les désirs, se faisant respecter par ce mot : « Je ne peux pas aimer ; » se laissant attaquer par cet autre qu'elle ajoutait pour certains hommes : « Je voudrais pouvoir aimer. »

Lorsque Horace devint son amant, elle était à peu près seule avec lui dans une sorte d'intimité au château de Chailly. Le comte de Meilleraie s'était absenté ; les adorateurs d'habitude s'étaient dispersés ; le choléra avait effrayé les uns, et apporté aux autres des héritages précieux ou des pertes sensibles. Cependant le fléau s'éloignait de nos contrées, et Léonie ne rappelait pas sa cour autour d'elle. Absorbée par son nouvel amour, et embarrassée peut-être d'en faire accepter les apparences à ses amis, elle écartait toutes les visites, en répondant à toutes les lettres, qu'elle était à la veille de retourner à Paris. Cependant, les semaines se succédaient, et Horace triomphait secrètement (trop secrètement à son gré) de l'absence de ses rivaux.

Malgré ses affectations de franchise ordinaire, la vicomtesse, à cause de sa belle-mère et de ses enfants, exigea d'Horace le plus profond mystère. Grâce à l'aplomb de Léonie, plus encore qu'au voisinage des habitations respectives et aux précautions prises, le secret de cette liaison ne transpira point. Les mœurs de Léonie, ses discours, ses prétentions, ses réticences, ses demi-aveux, tout son mélange de franchise et de fausseté, avaient fait de sa vie à l'extérieur quelque chose d'énigmatique, que les amants heureux s'étaient plu à voiler pour rendre leur gloire plus piquante, et les amants rebutés à respecter, pour adoucir la honte de leur position. Horace passa pour un intime de plus, pour un de ces assidus dont on disait : Ils sont tous heureux, ou bien il n'y en a pas un seul ; tous sont également favorisés ou tenus à distance. Ce n'était pas ainsi qu'Horace eût arrangé son rôle, si on lui en eût laissé le choix ; son principal sentiment auprès de Léonie avait été le désir d'écraser tous ses rivaux dans l'apparence, sinon dans la réalité, et de faire dire de lui : « Voilà celui qu'elle favorise ; aucun autre n'est écouté. » Il souffrit donc bien vite de l'obscurité de sa position et du peu de retentissement de sa victoire. Il s'en consola en la confiant sous le sceau du secret, non-seulement à moi, mais à quelques autres personnes qu'il ne connaissait pas assez pour les traiter avec cet abandon, et qui, le jugeant extrêmement fat, ne voulurent pas croire à son succès.

Ces indiscrétions tournèrent donc à la honte d'Horace et à la glorification de la vicomtesse, qui les apprit et les démentit en disant, avec un sang-froid admirable et une douceur angélique, que cela était impossible, parce qu'Horace était un homme d'honneur, incapable d'inventer et de répandre un fait contraire à la vérité. Mais lorsqu'elle le revit tête à tête, elle lui fit sentir sa faute avec des ménagements si cruels et une bonté si mordante, qu'il fut forcé, tout en étouffant de rage, de se lancer auprès d'elle dans un système de dénégations et de mensonges, pour reconquérir sa confiance et son estime. Mais c'en était fait déjà pour jamais. La curiosité de Léonie était satisfaite ; sa vanité était assouvie par toutes les louanges ampoulées qu'Horace lui avait prodiguées, au lieu d'ardeur, dans ses épanchements, au lieu d'affection, dans ses épîtres en prose et en vers. Il avait épuisé pour elle tout son vocabulaire ébouriffant de l'amour à la mode ; il l'avait saturée d'épithètes délirantes, et ses billets étaient criblés de points d'exclamation. Léonie en avait assez. En femme d'esprit, elle s'était vite lassée de tout ce mauvais goût poétique. En diplomate clairvoyant, elle avait reconnu que cet amour-là n'était différent de celui qu'elle connaissait que par l'expression, et que ce n'était pas la peine de s'exposer vis-à-vis du public à des propos ridicules, pour écouter un jargon d'amour qui ne l'était pas moins. Après un mois de cette expérience, chaque jour plus froide et plus triste, Léonie résolut de se débarrasser peu à peu de cette intrigue, afin de pouvoir, en attendant mieux, retourner au comte de Meilleraie, qui était un homme d'excellent ton.

La vicomtesse, qui ne rougissait point de ses fautes, rougissait fort souvent de ceux qui les lui avaient fait commettre; et de là venait qu'en se confessant parfois avec beaucoup de candeur, il ne lui était jamais arrivé de nommer personne. Elle avait douloureusement commencé à nourrir cette honte mystérieuse en devenant la proie du vieux marquis. Elle n'avait conservé avec lui que des relations filiales; mais elle n'avait pas trouvé dans ses autres amours de quoi s'enorgueillir assez pour effacer cette blessure, et laver cette tache à ses propres yeux. Elle en avait gardé une haine et un mépris profonds pour les hommes qui ne lui plaisaient pas, ou qui ne lui plaisaient plus; et même à l'égard de ceux qui étaient en possession de lui plaire, elle nourrissait une méfiance continuelle. Elle n'avait jamais ratifié leur puissance sur elle par des confidences à ses amis (il faut en excepter le marquis, à qui elle disait presque tout), encore moins par des démarches compromettantes. En général, elle avait été secondée par la délicatesse de leurs procédés et la froideur de leur rupture, parce que c'étaient des hommes du monde, également incapables d'un regret et d'une vengeance. Horace, pour qui elle avait failli abjurer sa prudence; Horace, qu'elle avait jugé si pur, si épris, si naïf; Horace, dont elle ne s'était pas défiée, lui parut le plus misérable de tous, lorsqu'il voulut s'imposer à elle pour amant aux yeux d'autrui. Elle en fut si révoltée, que non-seulement elle jura de l'éconduire au plus vite, mais encore de se venger en ne laissant pas derrière elle la moindre trace de ses bontés pour lui. « Tu seras puni par où tu as péché, lui disait-elle en son âme ulcérée; tu as voulu passer pour mon maître, et, à la première occasion, je te ferai passer pour mon bouffon. Ta fatuité retombera sur ta tête; et où tu as semé la gloriole, tu ne recueilleras que la honte et le ridicule. »

Horace pressentit cette vengeance, et une nouvelle lutte s'engagea entre eux, non plus pour se dominer mutuellement, mais pour se détruire.

XXIX.

Cependant nous ignorions absolument le sort de trois personnes qui nous intéressaient au plus haut point : Marthe, que nous étions déjà habitués à regarder comme perdue à jamais pour nous; Laravinière, que ses amis cherchaient sans pouvoir le retrouver; et Arsène, qui nous avait promis de nous écrire, et dont nous ne recevions pas plus de nouvelles que des deux autres. La disparition de Jean avait été complète. On présumait bien qu'il était mort au cloître Saint-Méry, car les bousingots les plus courageux l'avaient suivi durant toute la journée du 5 juin; mais dans la nuit ils s'étaient dispersés pour chercher des armes, des munitions et du renfort. Le 6 au matin, il leur avait été impossible de se réunir aux insurgés, que la troupe, échelonnée sur tous les points, parquait dans leur dernière retraite. Je ne saurais affirmer que ces étudiants eussent tous mis une audace bien persévérante à opérer cette jonction; mais il est certain que plusieurs la tentèrent, et qu'à la prise de la maison où leur chef était retranché, ils profitèrent de la confusion pour s'efforcer de le retrouver, afin d'aider à son évasion, ou tout au moins de recueillir son cadavre. Cette dernière consolation leur fut refusée. Louvet retrouva seulement sa casquette rouge, qu'il garda comme une relique, et il ne put savoir si son ami était parmi les prisonniers. Plus tard, le procès qu'on instruisait contre les victimes n'amena aucune découverte, car il n'y fut pas fait mention de Laravinière. Ses amis le pleurèrent, et se réunirent pour honorer sa mémoire par des discours et des chants funèbres, dont l'un d'eux composa les paroles et un autre la musique.

Ils m'écrivirent à cette occasion pour me demander si je n'avais pas de nouvelles de Paul Arsène, et c'est ainsi que j'appris que lui aussi avait disparu. J'écrivis à ses sœurs, qui n'étaient pas plus avancées que moi. Louison sous répon dit une lettre de lamentations où elle exprimait assez ingénument sa tendresse intéressée pour son frère. Elle terminait en disant : « Nous avons perdu notre unique soutien, et nous voilà forcées de travailler sans relâche pour ne pas tomber dans la misère. »

Pendant que nous étions tous livrés à ces perplexités, auxquelles Horace n'avait guère le loisir de prendre part, bien qu'il donnât des regrets sincères à Jean et à Paul quand on l'y faisait songer, Paul entrait en convalescence dans la mansarde ignorée de la pauvre Marthe. Celle-ci commençait à sortir, et s'était assurée de la tranquillité qui régnait enfin dans le quartier. Bien que les voisins des mansardes eussent quelque soupçon d'un *patriote* réfugié chez elle, ce secret fut religieusement gardé, et la police ne surveilla pas ses mouvements. Cependant il était bien important qu'Arsène, dès qu'il voudrait sortir, changeât de quartier, et s'éloignât d'un lieu où certainement sa figure avait été remarquée dans les barricades et dans la maison mitraillée. Il ne pourrait se montrer trois fois dans les rues environnantes sans que des témoins malveillants ou maladroits fissent sur lui tout haut des remarques qu'une oreille d'espion pouvait saisir au passage. Il résolut donc d'aller demeurer à l'autre extrémité de Paris. La difficulté n'était pas de sortir de sa retraite : il commençait à marcher, et, en descendant le soir avec précaution, il était facile de s'esquiver sans être vu. Mais il n'osait pas abandonner Marthe, dans l'état de misère où elle se trouvait, aux persécutions d'un propriétaire qu'elle ne pouvait pas payer, et qui, en vérifiant l'état des lieux, remarquerait certainement l'effraction de la fenêtre ; alors ce créancier courroucé livrerait peut-être Marthe aux poursuites de la police. Enfin, comme en restant les bras croisés il ne détournerait pas ce péril, Paul se décida à sortir de la maison avant le jour de l'échéance, et s'alla confier à Louvet, qui sur-le-champ le mit en fiacre, l'installa à Belleville, et alla porter à la vieille voisine l'argent nécessaire pour tirer Marthe d'embarras. On chercha ensuite un ouvrier dévoué à la cause républicaine : ce ne fut pas difficile à trouver ; on lui fit réparer sans bruit la lucarne, et Louvet amena Marthe, l'enfant et la voisine, qui ne voulait plus les quitter, dans le pauvre local où il avait établi Arsène sous son propre nom, en lui prêtant son passe-port. Ce Louvet était un excellent jeune homme, le plus pauvre et par conséquent le plus généreux de tous ceux qu'Arsène avait connus dans l'intimité de Laravinière. Paul souffrait de ne pouvoir immédiatement lui rembourser les avances qu'il lui faisait avec tant d'empressement ; mais, à cause de Marthe, il était forcé de les accepter. Louvet ne lui avait pas donné le temps de les solliciter ; en route il lui promit le secret sur toutes choses, et il le garda si religieusement, que ce changement de situation me laissa dans la même ignorance où j'étais sur le compte de Marthe et d'Arsène.

A peine établi à Belleville, Paul chercha de l'ouvrage ; mais il était encore si faible, qu'il ne put suporter la fatigue, et fut renvoyé. Il se reposa deux ou trois jours, reprit courage, et s'offrit pour journalier à un maître paveur. Arsène n'avait pas de temps à perdre, et pas de choix à faire. Le pain commençait à manquer. Il n'entendait rien à la besogne qui lui était confiée ; on le renvoya encore. Il fut tour à tour garçon chez un marchand de vins, batteur de plâtre, commissionnaire, machiniste au théâtre de Belleville, ouvrier cordonnier, terrassier, brasseur, gâche, geindre, et je ne sais quoi encore. Partout il offrit ses bras et ses sueurs, là où il trouva à gagner un morceau de pain. Il ne put rester nulle part, parce que sa santé n'était pas rétablie, et que, malgré son zèle, il faisait moins de besogne que le premier venu. La misère devenait chaque jour plus horrible. Les vêtements s'en allaient par lambeaux. La voisine avait beau tricoter, elle ne gagnait presque rien. Marthe ne pouvait trouver d'ouvrage ; sa pâleur, ses haillons, et son état de nourrice, lui nuisaient partout. Elle alla faire des ménages à six francs par mois. Et puis elle réussit à être couturière des comparses du théâtre de Belleville ; et comme elle n'était pas souvent payée par ces dames, elle se décida à solliciter à ce théâtre l'emploi d'ouvreuse de loges. On lui prouva que c'était trop d'ambition, que la place était importante ; mais par pitié on lui accorda celle d'habilleuse, et les *grandes coquettes* furent contentes de son adresse et de sa promptitude.

Ce fut alors que Paul, qui, dans son court emploi de machiniste, avait écouté les pièces et observé les acteurs avec attention, songea à s'essayer sur le théâtre. Il avait une mémoire prodigieuse. Il lui suffisait d'entendre deux répétitions pour savoir tous les rôles par cœur. On l'examina : on trouva qu'il ne manquait pas de dispositions pour le genre sérieux ; mais tous les emplois de ce genre étaient envahis, et il n'y avait de vacant qu'un emploi de comique, où il débuta par le rôle d'un valet fripon et battu. Arsène se traîna sur les planches, la mort dans l'âme, les genoux tremblants de honte et de répugnance, l'estomac affamé, les dents serrées de colère, de fièvre et d'émotion. Il joua tristement, froidement, et fut outrageusement sifflé. Il supporta cet affront avec une indifférence stoïque. Il n'avait pas été braver ce public pour satisfaire un sot amour-propre : c'était une tentative désespérée, entre vingt autres, pour nourrir sa femme et son enfant ; car il avait épousé Marthe dans son cœur, et adopté le fils d'Horace devant Dieu. Le directeur, en homme habitué à ces sortes de désastres, rit de la mésaventure de son débutant, et l'engagea à ne pas se risquer davantage ; mais il remarqua le sang-froid et la présence d'esprit dont il avait fait preuve au milieu de l'orage, sa prononciation nette, sa diction pure, sa mémoire infaillible, et son entente du dialogue. Il conçut des espérances sur son avenir, et, pour lui fournir les moyens de se former sans irriter le public de Belleville, il lui donna l'emploi de souffleur, dont il s'acquitta parfaitement. En peu de temps, Arsène montra qu'il s'entendait aussi aux costumes et aux décors, qu'il croquait vite et bien, qu'il avait du goût et de la science. Ce qu'il avait vu et copié chez M. Dusommerard lui servit en cette occasion. La modestie de ses prétentions, sa probité, son activité, son esprit d'ordre et d'administration, achevèrent de le rendre précieux, et il devint enfin, après plusieurs mois de désespoir, d'anxiétés, de souffrances et d'expédients, une sorte de factotum au théâtre, avec des honoraires de quelques centaines de francs assurés et bien servis.

De son côté, tout en habillant les actrices et en assistant dans la coulisse aux représentations, Marthe s'était familiarisée avec la scène. Sa vive intelligence avait saisi les côtés faibles et forts du métier. Elle retenait, comme malgré elle, des scènes entières, et, rentrée dans son grenier, elle en causait avec Arsène, analysait la pièce avec supériorité, critiquait l'exécution avec justesse, et, après avoir contrefait avec malice et enjouement la méchante manière des actrices, elle disait leur rôle comme elle le sentait, avec naturel, avec distinction, et avec une émotion touchante, qui plusieurs fois humecta les paupières d'Arsène et fit sangloter la vieille voisine, tandis que l'enfant, étonné des gestes et des inflexions de voix de sa mère, se rejetait en criant dans le sein de la vieille Olympe. Un jour Arsène s'écria : « Marthe, si tu voulais, tu serais une grande actrice.

— J'essaierais, répondit-elle, si j'étais sûre de conserver ton estime.

— Et pourquoi la perdrais-tu? répondit-il; ne suis-je pas, moi, un ex-mauvais acteur? »

Marthe protégée par la *grande coquette*, qui voulait faire pièce à une *ingénue*, sa rivale et son ennemie, débuta dans un premier rôle, et elle eut un succès éclatant. Elle fut engagée quinze jours après, avec cinq cents francs d'appointements, non compris les costumes, et trois mois de congé. C'était une fortune; l'aisance et la sécurité vinrent donc relever ce pauvre ménage. La mère Olympe fut associée au bien-être; et, tout enflée de la brillante condition de ses jeunes amis, elle promenait l'enfant dans les rues pittoresques de Belleville, d'un air de triomphe, cherchant des promeneurs ou des commères à qui elle pût dire, en l'élevant dans ses bras : « C'est le fils de madame Arsène ! »

Tout en portant le nom de son ami, tout en habitant sous le même toit, tout en laissant croire autour d'elle qu'elle était unie à lui, Marthe n'était cependant ni la femme ni la maîtresse de Paul Arsène. Il y a des conditions où un pareil mensonge est un acte d'impudence ou d'hypocrisie. Dans celle où se trouvait Marthe, c'était un acte de prudence et de dignité, sans lequel elle n'eût pas échappé aux malignes investigations et aux prétentions insultantes de son entourage. Le couple modeste et résigné avait reconnu l'impossibilité où il était de se soutenir dans la dure mais honorable classe des travailleurs. Certes, il ne répugnait ni à l'un ni à l'autre de persévérer dans la voie péniblement tracée par ses pères ; certes, ni l'un ni l'autre ne se sentait porté par goût et par ambition vers la vocation vagabonde de l'artiste bohémien ; mais il est certain que le domaine de l'art était le seul où ils pussent trouver un refuge pour leur existence matérielle, un milieu pour le développement de leur vie intellectuelle. Dans la hiérarchie sociale, toutes les positions s'acquièrent encore par droit d'hérédité. Celles qui s'enlèvent par droit de conquête sont exceptionnelles. Dans le prolétariat, comme dans les autres classes, elles exigent certains talents particuliers qu'Arsène n'avait pas et ne pouvait pas avoir. Oublieux de son propre avenir, et occupé seulement de procurer quelque bien-être aux objets de son affection, il n'avait pas songé à se perfectionner dans une spécialité quelconque. Il eût fait volontiers quelque dur et patient apprentissage, s'il eût été seul au monde ; mais, toujours chargé d'une famille, il avait été au plus pressé, acceptant toute besogne, pourvu qu'elle fût assez lucrative pour remplir le but généreux qu'il s'était proposé. Par surcroît de malheur, la force physique lui avait manqué au moment où elle lui eût été plus nécessaire. Il fallait donc qu'il allât grossir le nombre, énorme déjà, des enfants perdus de cette civilisation égoïste qui a oublié de trouver l'emploi des pauvres maladifs et intelligents. A ceux-là le théâtre, la littérature, les arts, dans tous leurs détails brillants ou misérables, offrent du moins une carrière, où, par malheur, beaucoup se précipitent par mollesse, par vanité ou par amour du désordre, mais où, en général, le talent et le zèle ont des chances d'avenir. Arsène avait de l'aptitude et l'on peut même dire du génie pour toutes choses. Mais toutes choses lui étaient interdites, parce qu'il n'avait ni argent ni crédit. Pour être peintre, il fallait de trop longues études, et il ne pouvait pas s'y consacrer. Pour être administrateur, il fallait de grandes protections, et il n'en avait pas. La moindre place de bureaucrate est convoitée par cinquante aspirants. Celui qui l'emportera ne le devra ni à l'estime de son mérite, ni à l'intérêt qu'inspireront ses besoins, mais à la faveur du népotisme. Arsène ne pouvait donc frapper qu'à cette porte, dont le hasard et la fantaisie ont les clefs, et qui s'ouvre devant l'audace et le talent, la porte du théâtre. C'est parfois le refuge de ce que la société aurait de plus grand, si elle ne le forçait pas à être souvent ce qu'il y a plus de vil. C'est là que vont les plus belles et les plus intelligentes femmes, c'est là que vont des hommes qui avaient peut-être reçu d'en haut le don de la prédication. Mais l'homme qui aurait pu, dans un siècle de foi, faire les miracles de la parole ; mais la femme qui, dans une société religieuse et poétique, devrait être prêtresse et initiatrice, s'il faut qu'ils descendent au rôle d'histrion pour amuser un auditoire souvent grossier et injuste, parfois impie et obscène, quelle grandeur, quelle conscience, quelle élévation d'idées et de sentiments peut-on exiger d'eux, chassés qu'ils sont de leur voie et faussés dans leur impulsion ? Et cependant, à mesure que l'horreur du préjugé s'efface et ne vient plus ajouter le découragement, la révolte et l'isolement à ces causes de démoralisation déjà si puissantes, on voit, par de nombreux exemples, que si l'honneur et la dignité ne sont pas faciles, ils sont du moins possibles dans cette classe d'artistes. Je ne parle pas seulement des grandes célébrités, existences qui sont passées au rang de sommité sociale ; mais parmi les plus humbles et les plus obscures, il en est de chastes, de laborieuses et de respectables.

Celle de Marthe en fut une nouvelle preuve. Délicate de corps et d'esprit, portée à l'enthousiasme, douée d'une intelligence plutôt saisissante que créatrice ; trop peu instruite pour tirer des œuvres d'art de son propre fonds, mais capable de comprendre les sentiments les plus élevés et prompte à les bien exprimer ; ayant dans sa personne un charme extrême, une beauté accompagnée de grâce et de distinction innée, elle ne pouvait pas, sans souffrir, concentrer toutes ces facultés, anéantir toute cette puissance. Elle le faisait pourtant sans amertume et sans regret depuis qu'elle était au monde ; elle ignorait même la cause de ces langueurs et de ces exaltations soudaines, de ces accablements profonds et de ce continuel besoin d'enthousiasme et d'admiration qu'elle ressentait. Son amour pour Horace avait été la conséquence de ces dispositions excitées et non satisfaites par la lecture et la rêverie. Le théâtre lui ouvrit une carrière de fatigues nécessaires, d'études suivies et d'émotions vivifiantes. Arsène comprit qu'à cette âme tendre et agitée il fallait un aliment, et il encouragea ses tentatives. Il ne se dissimula pas certains dangers, et il ne les craignit guère. Il sentait qu'un grand calme était descendu dans le cœur de Marthe, et qu'une grande force avait ranimé le sien propre, depuis que l'un et l'autre avaient un but indiqué. Celui de Marthe était d'assurer à son enfant, par son travail, les bienfaits de l'éducation ; celui d'Arsène était de l'aider à atteindre ce résultat, sans entraver son indépendance et sans compromettre sa dignité. C'est que jusque-là, en effet, la dignité de Marthe avait souffert de cette position d'obligée et de protégée, qui fait de la plupart des femmes les inférieures de leurs maris ou de leurs amants. Depuis qu'au lieu de subir l'assistance d'autrui, elle se sentait mère et protectrice efficace et active à son tour d'un être plus faible qu'elle, elle éprouvait un doux orgueil, et relevait sa tête longtemps courbée et humiliée sous la domination de l'homme. Ce bien-être nouveau éloigna ce que l'idée d'être encore une fois protégée avait eu pour elle de pénible au commencement de son union avec Arsène. Elle s'habitua à ne plus s'effrayer de son dévouement, et à l'accepter sans remords, maintenant qu'elle pouvait s'en passer. Elle ne vit plus en lui le mari qu'elle devait accepter pour soutien de son enfant, l'amant qu'elle devait écouter pour payer la dette de la reconnaissance. Arsène fut à ses yeux un frère, qui s'associait par pure affection, et non plus par pitié généreuse, à son sort et à celui de son fils. Elle comprit que ce n'était pas un bienfaiteur qui venait lui pardonner le passé, mais un ami qui lui demandait, comme une grâce, le bonheur de vivre auprès d'elle. Cette situation imprévue soulagea son cœur craintif et satisfit sa juste fierté. Elle le sentit d'autant mieux qu'Arsène ne lui avait pas adressé un seul mot d'amour depuis la rencontre miraculeuse du 6 juin. Chaque jour, elle avait attendu avec crainte l'explosion de cette tendresse longtemps comprimée, et cependant, au lieu d'y céder, Arsène semblait l'avoir vaincue : car il était calme, respectueux dans sa familiarité, enjoué dans sa mélancolie. Il n'y avait eu d'autre explication entre eux que la demande réitérée de la part d'Arsène de ne pas être exilé d'auprès d'elle durant les mauvais jours. Quand la prospérité fut assurée de part et d'autre, Arsène parla enfin, mais avec tant de noblesse, de force et de simplicité, que, pour toute réponse, Marthe se jeta dans ses bras, en s'écriant : « A toi, à toi tout entière et pour toujours! J'y suis résolue depuis longtemps, et je craignais que tu n'y eusses renoncé. — Mon Dieu, tu as eu enfin pitié de moi! dit Arsène avec effusion en levant ses bras vers le ciel. — Mais mon enfant? ajouta Marthe en se jetant sur le berceau de son fils; songe, Arsène, qu'il faut aimer mon enfant comme moi-même. — Ton enfant et toi, c'est la même chose, répondit Arsène. Comment pourrais-je vous séparer dans mon cœur et dans ma pensée? A ce propos, écoute, Marthe, j'ai une question importante à te faire. Il faut te résigner à prononcer un nom qui n'a pas seulement effleuré nos lèvres depuis longtemps. Maintenant que tu vas être à moi, et moi à toi, il faut que cet enfant soit à nous deux, et il ne faut pas qu'un autre ait des droits sur ce que nous aurons de plus cher au monde. Depuis que tu t'es séparée d'Horace, as-tu eu quelque relation avec lui? — Aucune, répondit Marthe; j'ai toujours ignoré où il était, à quoi il songeait; j'ai désiré quelquefois le savoir, je te l'avoue, et, bien que je n'aie plus pour lui aucun sentiment d'affection, j'ai éprouvé malgré moi des mouvements de pitié et d'intérêt. Mais je les ai toujours étouffés, et j'ai résisté au désir de t'adresser une seule question sur son compte.

— Que veux-tu faire? quelle conduite as-tu résolu de tenir à son égard?

— Je n'ai rien résolu. J'ai désiré de ne jamais le revoir, et j'espère que cela n'arrivera pas.

— Mais s'il venait un jour te réclamer son enfant, que lui répondrais-tu?

— Son enfant! son enfant! s'écria Marthe épouvantée; un enfant qu'il ne connaît pas, dont il ignore même l'existence? un enfant qu'il n'a pas désiré, qu'il a engendré dans mon sein malgré lui, et dont il a détesté en moi l'espérance? un enfant qu'il m'aurait défendu de mettre au monde si cela eût été en notre pouvoir? Non, ce n'est pas son enfant, et ce ne le sera jamais! Ah! Paul! comment n'as-tu pas compris que je pouvais pardonner à Horace de m'humilier, de me briser, de me haïr; mais que, pour avoir haï et maudit l'enfant de mes entrailles, il ne lui serait jamais pardonné? Non, non! cet enfant est à nous, Arsène, et non pas à Horace. C'est l'amour, le dévouement et les soins qui constituent la vraie paternité. Dans ce monde affreux, où il est permis à un homme d'abandonner le fruit de son amour sans passer pour un monstre, les liens du sang ne sont presque rien. Et quant à moi, j'ai profité à cet égard de la faculté que me donnait la loi, pour rompre entièrement le lien qui eût uni mon fils à Horace. La mère Olympe l'a porté à la mairie sous mon nom, et à la place de celui de son père, on a écrit celui d'*inconnu*. C'est toute la vengeance que j'ai tirée d'Horace : elle serait sanglante, s'il avait assez de cœur pour la sentir.

— Mon amie, reprit Arsène, parlons sans amertume et sans ressentiment d'un homme plus faible que mauvais, et plus malheureux que coupable. Ta vengeance a été bien sévère, et il pourrait arriver que tu en eusses regret par la suite. Horace n'est qu'un enfant, il le sera peut-être encore pendant plusieurs années; mais enfin il deviendra un homme, et il abjurera peut-être les erreurs de son cœur et de son esprit. Il se repentira du mal qu'il a fait sans le comprendre, et tu seras dans sa vie un remords cuisant. S'il revoit un jour ce bel enfant, qui, grâce à toi, sera sans doute adorable, et si tu lui refuses le droit de le serrer sur son cœur...

— Arsène, ta générosité t'abuse, interrompit Marthe avec une énergie douloureuse; Horace n'aimera jamais son enfant. Il n'a pas senti cet amour à l'âge où le cœur est dans toute sa puissance ; comment l'éprouverait-il dans l'âge de l'égoïsme et de l'intérêt personnel ? Si son fils avait de quoi le rendre vain, il s'en amuserait peut-être pendant quelques jours ; mais sois sûr qu'il ne lui donnerait pas des préceptes et des exemples selon mon cœur. Je ne veux donc pas qu'il lui appartienne. Oh ! jamais ! en aucune façon !

— Eh bien, dit Arsène, es-tu bien décidée à cela ? et veux-tu t'arrêter sans retour à cette détermination ?

— Je le veux, répondit Marthe.

— En ce cas, reprit-il, il y a un moyen bien simple. Cet enfant passe pour être mon fils, parce que personne dans notre entourage actuel ne sait nos relations passées ou présentes. On nous croit époux ou amants. Il n'entre guère dans les mœurs du théâtre de demander à un couple quelconque la preuve légale de son association. Nous avons laissé cette opinion se former ; nous l'avons jugée nécessaire à notre sécurité. Il n'y a que la mère Olympe qui pourrait dire que cet enfant ne m'appartient pas, et elle est trop discrète et trop dévouée pour trahir nos intentions. Jusqu'ici rien de plus simple : il ne s'agit que de laisser subsister un fait déjà établi. Mais quand nous retrouverons nos anciens amis (car lors même que nous les éviterions, il nous serait impossible de ne pas en rencontrer quelqu'un ; un jour ou l'autre cela doit arriver), dis-moi, Marthe, que leur dirons-nous ? »

Marthe, interdite et comme affligée, réfléchit un instant ; puis, prenant son parti, elle répondit avec beaucoup de fermeté : « Nous leur dirons ce que nous avons dit aux autres, que cet enfant est le tien.

— Songes-tu aux conséquences de ce mensonge, ma pauvre Marthe ? Souviens-toi que la jalousie d'Horace était bien connue de ses amis : tous ne te connaissaient pas assez pour être sûrs qu'elle n'était pas fondée... Ils croiront donc que tu le trompais ; et cette accusation injuste, que tu n'as pu supporter dans la bouche d'Horace, elle sera donc dans la bouche de tout le monde, même dans celle des amis qui n'avaient jamais douté de toi, comme Théophile, Eugénie, et quelques autres ! »

Marthe pâlit.

« Cela me fera souffrir beaucoup, répondit-elle. J'ai été si fière ! j'ai montré tant d'indignation d'être soupçonnée ! L'on pensera maintenant que j'ai été impudente et que j'ai menti avec effronterie. Mais, après tout, qu'importe ? On ne pourra m'accuser que de sottise et de vaine gloire ; car on saura bien que je n'ai pas présenté cet enfant à Horace comme le sien, et que je me suis éloignée de lui au moment de devenir mère.

— On dira qu'il t'a chassée, que tu as essayé de le tromper, mais qu'il s'est aperçu de ton infidélité ; et il sera complétement justifié aux yeux des autres et aux siens propres.

— Aux siens propres ! s'écria Marthe, frappée d'une idée qui ne lui était pas encore venue. Oh ! cela est bien vrai ! Ce serait lui épargner la punition que lui réserve la justice de Dieu ! Ce serait lui ôter la honte qu'il doit éprouver en voyant comment tu as rempli à sa place les devoirs qu'il a méconnus. Non ! je ne veux pas qu'il ignore ta grandeur et la pureté de ton amour ! Je veux qu'il en soit humilié jusqu'au fond de son âme, et qu'il soit forcé de se dire : Marthe a eu bien raison de se réfugier dans le sein d'Arsène !

— Ceci importe peu, reprit Arsène ; mais ce qui m'importe, à moi, c'est que cet homme aveugle et violent ne s'arroge pas le droit de te mépriser et d'aller crier chez tes véritables amis : « Vous voyez ! j'avais bien raison de me méfier de Marthe. Elle était la maîtresse d'Arsène en même temps que la mienne. J'avais bien raison de maudire sa grossesse. L'enfant qu'elle voulait me donner a eu deux pères, et je ne sais auquel des deux il appartient. »

— Tu as raison, répondit Marthe. Eh bien, nous ne mentirons pas à nos anciens amis ; et si jamais j'ai le malheur de rencontrer Horace, j'aurai le courage de lui dire à lui-même : « Vous n'avez pas voulu de votre enfant ; un autre est fier de s'en charger, et par là il a mérité d'être mon époux, mon amant, mon frère à jamais. »

Marthe, en parlant ainsi, se précipita dans les bras d'Arsène, et couvrit son visage de baisers et de larmes. Puis elle prit l'enfant dans son berceau, et le lui donna solennellement. Paul l'éleva dans ses mains, prit Dieu à témoin, et consacra à la face du ciel cette adoption, plus sainte et plus certaine qu'aucune de celles que les lois ratifient à la face des hommes.

XXX.

A la fin de l'été, la vicomtesse avait hâté son départ de la campagne, sous prétexte d'affaires pressantes, mais en réalité pour fuir Horace, qu'elle n'aimait plus, et que même elle commençait à détester. Pour se débarrasser de cet amant dangereux, elle avait écrit à son vieux ami le marquis de Vernes, et lui avait demandé conseil, comme elle avait coutume de le faire lorsqu'elle avait besoin de lui. Elle lui avait avoué en même temps et son goût pour Horace et le dégoût qui l'avait suivi, le mépris et le ressentiment que lui avaient causé ses indiscrétions, et la crainte qu'elle éprouvait qu'il n'en commît de nouvelles. Elle lui avait raconté comment, ayant essayé de le traiter d'un peu haut pour l'habituer au respect, ce moyen avait échoué : Horace avait voulu faire sentir ses droits, et, pour se faire craindre sans se rendre odieux, il avait parlé de jalousie et de vengeance comme un héros de Calderon. Léonie, épouvantée, demandait en grâce au marquis de venir à son secours pour la délivrer de ce forcené. « J'avais bien prévu ce qui arrive, avait répondu le marquis. Ce jeune homme m'a plu, et à vous encore davantage. Il a les qualités du talent et les travers de *l'homme de rien*. Il vous aime, et il va bientôt vous haïr, parce que vous ne pouvez ni le haïr, ni l'aimer comme il l'entend. Sa haine ou son amour vous seront également funestes. Il n'y a qu'un moyen de vous en préserver: c'est de travailler à le rendre indifférent. Pour cela, il faut bien vous garder de lui témoigner de l'indifférence. Ce serait ranimer ses désirs, éveiller son dépit, et le pousser aux dernières extrémités. Soyez passionnée au contraire; renchérissez sur ses jalousies, sur ses injustices, sur ses menaces. Effrayez-le, fatiguez-le d'émotions. Tâchez de l'ennuyer à force d'exigences. Faites l'amante espagnole à votre tour, et rendez-le si malheureux, qu'il désire vous quitter. Tâchez qu'il fasse le premier pas vers une rupture, et qu'il le fasse violemment; alors vous serez sauvée: il aura eu les premiers torts. Votre empressement à en profiter pour l'abandonner sera de la fierté légitime, la dignité d'un grand caractère, la colère implacable d'un grand amour ! Je vous réponds du reste. Je m'emparerai de lui quand l'occasion sera venue; j'écouterai ses plaintes, je lui prouverai qu'il est le seul coupable, et, tout en vous haïssant, il sera forcé de vous respecter. Il vous importunera peut-être, il fera des folies pour arriver jusqu'à vous. Soyez sans pitié. Peut-être se brûlera-t-il la cervelle, mais seulement un peu; il a trop d'esprit pour vouloir renoncer aux beaux romans dont son avenir est gros. Toutes les extravagances qu'il pourra faire alors pour vous, loin de vous compromettre, tourneront au triomphe de votre fierté. Tout le monde saura peut-être que ce jeune homme vous adore; mais on saura aussi que vous le réduisez au désespoir; et s'il lui arrive de se vanter du passé dans sa colère, on le regardera comme un fat ou comme un fou. De tout ceci, ma belle amie, il résultera pour vous un surcroît de gloire. Votre puissance sera plus enviée que jamais par les femmes, et les hommes viendront se prosterner par centaines à vos genoux. »

La vicomtesse suivit fidèlement le conseil de son mentor. Elle joua si bien la passion, qu'Horace en fut épouvanté. Dès qu'elle le vit reculer, elle avança, et ne craignit pas d'exiger de lui qu'il l'enlevât. Cette idée sourit d'abord à Horace, à cause du retentissement qu'aurait une pareille aventure, et de l'honneur que lui ferait, dans la province et même dans le monde, la passion *échevelée* d'une dame de ce rang et de cet esprit. La vicomtesse frémit en le voyant irrésolu; mais, au bout de vingt-quatre heures, Horace s'effraya de l'idée de vivre avec une maîtresse aussi jalouse et aussi impérieuse. Il songea à la souffrance qu'il éprouverait lorsque les curieux, se précipitant sur ses pas pour le voir passer avec sa conquête, l'un dirait : « Tiens ! elle n'est pas plus belle que cela ? » l'autre : « Elle n'est, pardieu, pas jeune ! » Et, tout bien considéré, il refusa le sacrifice qu'elle lui offrait, sous prétexte qu'il était pauvre, et qu'il ne pouvait se résoudre à faire partager sa misère à une femme comme elle, bercée dans l'opulence. Ce prétexte était d'ailleurs assez bien fondé. La vicomtesse feignit de n'en tenir compte, de dédaigner les richesses, de vouloir braver le monde, qu'elle prétendait haïr et mépriser. Mais dès qu'elle se fut bien assurée de la répugnance sincère d'Horace à prendre ce parti, elle l'accusa de ne point l'aimer ; elle feignit d'être jalouse d'Eugénie;

elle inventa je ne sais quels sujets absurdes de soupçon et de ressentiment. Elle pleura même, et s'arracha quelques faux cheveux. Puis tout à coup elle chassa Horace de son boudoir, fit ses apprêts de départ, refusa de recevoir ses excuses et ses adieux, et s'en retourna à Paris, bien fatiguée du drame qu'elle venait de jouer, bien satisfaite d'être enfin délivrée du sujet de ses terreurs.

De ce moment, ainsi que l'avait prédit le marquis, sa victoire fut assurée; et Horace, tout en la plaignant de sa prétendue douleur, tout en se réjouissant de n'avoir plus à en subir les violences, se sentit le plus faible, parce qu'il se crut le plus froid.

Les jeunes gens nobles du pays qui avaient composé la cour ordinaire de Léonie restèrent dans leurs châteaux pour s'y adonner au plaisir de la chasse durant l'automne; et l'un d'eux, qui avait pris Horace en amitié, et qui le tenait sérieusement pour un grand homme, l'invita à venir achever la saison dans ses terres. Horace accepta cette offre avec plaisir. Son hôte était riche et garçon. Il avait peu d'esprit, aucune instruction, un bon cœur et de bonnes manières. C'était l'homme qu'Horace pouvait éblouir de son érudition et charmer par le brillant de son esprit, en même temps qu'il trouvait à profiter dans son commerce pour se former aux habitudes aristocratiques, dont il était alors plus que jamais infatué.

Son premier besoin fut d'oublier les semaines d'agitation pénible qu'il venait de subir, et la maison de Louis de Méran lui fut un lieu de délices. Avoir de beaux chevaux à monter, un tilbury à sa disposition, des armes magnifiques et des chiens excellents pour la chasse, une bonne table, de gais convives, voire quelques autres distractions dont il ne se vanta pas à moi après tout le mépris qu'il avait témoigné pour ce genre de plaisir, mais auxquelles il s'abandonna en voyant ses modèles les dandys vanter et cultiver la débauche : c'en fut assez pour l'étourdir et l'enivrer jusqu'aux approches de l'hiver. Comme il était réellement supérieur par son intelligence à tous ses nouveaux amis, il rachetait à force d'esprit le défaut de naissance, de fortune et d'usage, dont, au reste, on ne lui eût fait un tort que s'il en eût fait parade ; mais il s'en garda bien. Il craignit tellement de voir l'orgueil de ces jeunes gens s'élever au-dessus du sien, qu'il leur laissa croire qu'il était d'une bonne famille de robe, et jouissait d'une honnête aisance. L'exiguïté de sa valise donnait bien un démenti à ses gasconnades : mais il était en voyage ; c'était par hasard qu'il s'était arrêté dans ce pays, où il était venu seulement avec l'intention de passer quelques jours ; et pour rendre excusable aux yeux de Louis de Méran la légèreté de sa bourse, qui était par trop évidente, il feignit plusieurs fois de vouloir partir, afin, disait-il, d'aller chercher au moins *chez son banquier* l'argent qui lui manquait.

« Qu'à cela ne tienne ! lui dit son hôte, qui avait le malheur de s'ennuyer lorsqu'il était seul dans son château, et pour qui Horace était une société agréable, ma bourse est à votre disposition. Combien vous faut-il ? Voulez-vous une centaine de louis ?

— Il ne me faut rien qu'une centaine de francs, s'écria Horace, à qui une offre aussi magnifique fit ouvrir de grands yeux, et qui jusque-là ne s'était tourmenté que de la manière dont il donnerait le *pourboire* aux laquais de la maison en s'en allant.

— Vous n'y songez pas ! lui dit son ami : nous allons avoir une grande réunion de jeunes gens, à l'occasion d'une sorte de fête villageoise où nous allons tous, et où nous passons quelquefois huit jours en parties de plaisir. On y joue un jeu d'enfer. Il faudra que vous puissiez jeter quelques poignées d'or sur la table, si vous ne voulez, vous, inconnu dans la province, passer pour *une espèce.* »

Bien qu'Horace sût parfaitement qu'il ne pourrait jamais rendre cet argent, à moins d'être heureux au jeu, il n'eut pas plus tôt entrevu cette chance de succès, qu'il s'y confia aveuglément, et accepta les offres de son ami. Il n'avait jamais joué de sa vie, parce qu'il n'avait jamais été à même de le faire, et il ignorait tous les jeux excepté le billard, où il était de première force, ce qui lui avait valu l'estime de plusieurs des graves personnages au milieu desquels il s'était lancé. Il eut bientôt compris la bouillotte en les voyant s'y exercer, et le jour de la fête, il débuta avec passion dans cette nouvelle carrière d'émotions et de périls. Il eut, pour son malheur à venir, un bonheur insolent ce jour-là. Avec cent louis il en gagna mille. Il se hâta de restituer la somme première à Louis de Méran, mit de côté quatre cents louis, et continua à jouer les jours suivants avec les cinq cents autres. Il perdit, regagna, et, après plusieurs fluctuations de la fortune, retourna enfin au château de Méran avec dix-sept mille francs en or et en billets de banque dans sa valise. Pour un jeune homme qui avait de grands besoins d'argent, et qui n'avait jamais connu qu'un sort précaire, c'était une fortune. Il en pensa devenir fou de joie, et je crois bien qu'à partir de là il le devint réellement un peu. Il vint nous voir pour nous faire part de son bonheur, et ne songea pas à me restituer cent cinquante louis qu'il me devait. Je n'osai le lui rappeler, quoique je fusse assez gêné ; je regardais comme impossible qu'il l'oubliât. Cependant il ne s'en souvint jamais, et je le lui pardonne de tout mon cœur, certain que sa volonté n'y fut pour rien. L'empressement avec lequel il vint m'annoncer sa richesse en est la meilleure preuve.

Son premier soin fut d'envoyer cent louis à sa mère ; mais il n'osa pas lui dire que c'était l'argent du jeu : la bonne femme s'en fût effrayée plus que réjouie. Il lui manda que c'était le prix de travaux littéraires auxquels il se livrait dans mon ermitage, et qu'il envoyait à Paris à un éditeur.

« Je prétends, me dit-il en riant, la réconcilier avec la profession d'homme de lettres, qu'elle avait tant de regret à me voir embrasser, et qu'elle va désormais regarder comme très-honorable. Dans quelques mois je lui enverrai encore un millier de francs, ainsi de suite, tant que j'aurai de l'argent. Que ne puis-je lui faire passer dès aujourd'hui la somme entière ! Je serais si heureux de pouvoir m'acquitter en un instant des sacrifices qu'elle fait pour moi depuis que j'existe ! Mais elle comprendrait si peu ce qui m'arrive, qu'elle me demanderait des explications impossibles ; et les gens de ma province, qui sont aussi judicieux que charitables, voyant la mère Dumontet remonter sa vaisselle et acheter des robes à sa fille, en concluraient certainement que, pour procurer à ma famille une telle opulence, il faut que j'aie assassiné quelqu'un. Il est vrai que mon bon père, qui se pique un peu de belles-lettres, voudra lire de ma prose imprimée. Je lui dirai que j'écris sous un pseudonyme, et je couperai, dans un volume de quelque poëte mystique allemand nouvellement traduit, une centaine de pages que je lui enverrai en lui disant qu'elles sont de moi. Il n'y verra que du feu, et il les montrera à tous les beaux esprits de sa petite ville, qui, n'y comprenant goutte, reconnaîtront enfin que je suis un homme supérieur. »

En disant ces folies, Horace, qui se moquait parfois de lui-même de fort bonne grâce, éclata de rire. C'était la vérité qu'il eût envoyé tout son argent à sa mère s'il eût pu le faire à l'instant même sans l'effrayer. Son cœur était généreux; et s'il se réjouissait tant d'être riche, ce n'était pas tant à cause de la possession, qu'à cause de l'espèce de victoire remportée sur ce qu'il appelait son mauvais destin. Malheureusement il ne songea plus à ses résolutions le lendemain. Sa mère ne reçut plus rien de lui, et tous ses créanciers de Paris furent également oubliés. Il ne lui resta, de cet instant de dévouement enthousiaste, qu'une sorte d'orgueil insensé et bizarre, qui consistait à croire à son étoile en fait de succès d'argent, comme Napoléon croyait à la sienne en fait de gloire militaire. Cette confiance absurde en une providence occupée à favoriser ses caprices, et en un dieu disposé à intervenir dans toutes ses entreprises, le rendit vain et téméraire. Il commença à mener le train d'un jeune homme pour qui quinze mille francs auraient été le semestre d'une pension de trente mille. Il acheta un cheval, sema les pièces d'or à tous les valets de son hôte, écrivit à Paris à son tailleur qu'il avait fait un héritage, et qu'il eût à lui envoyer les modes les plus nouvelles. Quinze jours après, il se montra équipé le plus ridiculement du monde. Ses amis se moquèrent de cet accoutrement de mauvais goût, et lui conseillèrent de destituer son tailleur du quartier latin pour une célébrité de la *fashion*. Il distribua aussitôt sa nouvelle garde-robe aux piqueurs de ces messieurs, et en commanda une autre à Humann, qui habillait Louis de Méran. Recommandé par ce jeune homme élégant et riche, il eut chez ce prince des tailleurs un crédit ouvert dont il ne s'inquiéta pas, et qui creusa sous lui comme un gouffre invisible.

Les joyeux compagnons qui l'entouraient, dès qu'ils le virent insolemment prodigue et revêtu d'un costume de dandy qui déguisait incroyablement son origine plébéienne, l'adoptèrent tout à fait, et firent de lui le plus grand cas. Ce n'est plus le temps, c'est l'argent qui est un grand maître. Horace, n'étant plus retenu et contristé par la misère, se livra à tous les élans de sa brillante gaieté et de son audacieuse imagination. L'argent fit en lui des miracles; car il lui rendit, avec la confiance en l'avenir et les jouissances du présent, l'aptitude au travail, qu'il semblait avoir à jamais perdue. Il retrouva toutes ses facultés, émoussées par les chagrins et les soucis de l'hiver précédent. Son humeur redevint égale et enjouée. Ses idées, sans devenir plus justes, se coordonnèrent et s'étendirent. Son style se forma tout à coup. Il écrivit un petit roman fort remarquable, dont la triste Marthe fut l'héroïne, et ses amours le sujet. Il s'y donna un plus beau rôle qu'il ne l'avait eu dans la réalité; mais il y motiva et y poétisa ses fautes d'une manière très-habile. L'on peut dire que son livre, s'il eût eu plus de retentissement, eût été un des plus pernicieux de l'époque romantique. C'était non pas seulement l'apologie, mais l'apothéose de l'égoïsme. Certainement Horace valait mieux que son livre; mais il y mit assez de talent pour donner à cet ouvrage une valeur réelle. Comme il était riche alors, il trouva facilement un éditeur; et le roman, imprimé à ses frais, et publié peu de temps après son retour à Paris, eut une sorte de succès, surtout dans le monde élégant.

Cette vie de luxe, mêlée de travail intellectuel et d'activité physique, était l'idéal et l'élément véritable d'Horace. Je remarquai que sa parole et ses manières, d'abord ridicules lorsqu'il avait voulu les transformer de bourgeoises en patriciennes, devinrent gracieuses et dignes, lorsque fort de son propre mérite et riche de son propre argent, il ne chercha plus, en se réformant, à imiter personne. A Paris, ses nouveaux amis le présentèrent dans diverses maisons riches ou nobles, où il vit l'ancienne bonne compagnie et le nouveau grand monde. Il vit les fêtes des banquiers israélites, et les soirées moins somptueuses et plus épurées de quelques duchesses. Il entra partout avec aplomb, certain de n'être déplacé nulle part, après avoir été l'amant et l'élève de la précieuse vicomtese de Chailly.

Au bout de deux mois d'une telle vie, Horace fut complétement transfiguré. Il vint nous voir un matin dans son tilbury, avec son groom pour tenir son beau cheval. Il monta nos cinq étages comme s'il n'eût fait autre chose de sa vie, et eut le bon goût de ne pas paraître essoufflé. Sa mise était irréprochable; sa chevelure inculte avait enfin été domptée par Boucherot, successeur de Michalon. Il avait la main blanche comme celle d'une femme, les ongles taillés en biseau, des bottes vernies, et une canne Verdier. Mais ce qu'il y avait de plus extraordinaire, c'est qu'il avait pris un ton parfaitement naturel, et qu'il était impossible de deviner que tout cela fût le résultat d'une étude. La seule chose qui trahît la nouveauté de sa métamorphose, c'était l'espèce de joie triomphante qui éclairait son front comme une auréole. Eugénie, à qui il baisa la main en arrivant (pour la première fois de sa vie), eut un peu de peine d'abord à tenir son sérieux, et finit par s'étonner autant que moi de la facilité avec laquelle ce jeune papillon avait dépouillé sa chrysalide. Il avait été à si bonne école, qu'il avait appris non-seulement à se bien tenir, mais encore à bien causer. Il ne parlait plus de lui; il nous questionnait sur tout ce qui pouvait nous intéresser personnellement, et il avait l'air de s'y intéresser lui-même. Nous avions vu ses premiers efforts pour atteindre au type qu'il possédait enfin, et nous étions émerveillés qu'il eût déjà perdu l'enflure et l'arrogance du parvenu. « Parle-moi donc de toi un peu, lui dis-je. Tes affaires me paraissent florissantes. J'espère que ta nouvelle fortune ne repose pas entièrement sur les cartes, mais bien sur la littérature, où tu as fait un si joli début. — L'argent du jeu tire à sa fin, me répondit-il naïvement; j'espère bien le renouveler en puisant à la même source, et jusqu'ici mes essais ne sont pas malheureux; mais comme il faut être en mesure de perdre, j'ai songé à la littérature, comme à un fonds plus solide. Mon éditeur m'a versé ces jours-ci trois mille francs pour un petit volume que je lui ferai en une quinzaine de jours; et si le public reçoit celui-là avec autant d'indulgence que l'autre, j'espère que je ne me trouverai plus à court d'argent. » Trois mille francs un petit volume, pensai-je, c'est un peu cher; mais tout dépend des arrangements.

« Il faut, lui dis-je, que je te parle de ce roman que tu viens de publier. — Oh! je t'en prie, s'écria-t-il, ne m'en parle pas. C'est si mauvais, que je voudrais bien n'en entendre jamais parler. — Ce n'est pas mauvais le moins du monde, repris-je : on peut même dire, au point de vue de l'art, que c'est une paraphrase très-remarquable d'*Adolphe*, ce petit chef-d'œuvre littéraire de Benjamin Constant, que tu sembles avoir pris pour modèle. »

Ce compliment ne plut pas beaucoup à Horace; sa figure changea tout d'un coup.

« Tu trouves, me dit-il en s'efforçant de garder son air indifférent, que mon livre est un pastiche? C'est bien possible : mais je n'y ai pas songé, d'autant plus que je n'ai jamais lu *Adolphe*.

— Je te l'ai prêté cependant l'année dernière.

— Tu crois?

— J'en suis certain.

— Ah! je ne m'en souviens pas. Alors mon livre est une réminiscence.

— Il est impossible, repris-je, que le premier ouvrage d'un auteur de vingt ans soit autre chose; mais comme le tien est bien fait, bien écrit et intéressant, personne ne s'en plaint. Cependant, au risque d'être pédant, je veux te gronder un peu quant au sujet. Tu as fait, ce me semble, la réhabilitation de l'égoïsme...

— Ah! mon cher, laissons cela, je t'en prie, dit Horace avec un peu d'ironie, tu parles comme un journaliste. Je te vois venir! tu vas me dire que *mon livre est une mauvaise action*. J'ai lu au moins ce mois-ci quinze feuilletons qui finissaient de même. »

J'insistai. Je lui fis un peu la guerre; je combattis ses théories de *l'art pour l'art* avec une sorte d'obstination dont je me faisais un devoir d'amitié envers lui, mais contre laquelle ne tint pas longtemps le vernis de modestie enjouée que l'étude du goût lui avait donné.

Il s'impatienta, se défendit avec humeur, attaqua mes idées avec amertume; et, perdant peu à peu toutes ses grâces et tout son calme d'emprunt pour revenir à ses anciennes déclamations, à ses éclats de voix, à ses gestes de théâtre, même à quelques-unes de ces locutions de café-billard du quartier latin, il laissa le vieil homme sortir du sépulcre mal blanchi où il avait prétendu l'enfermer. Quand il s'aperçut de ce qui lui arrivait, il en fut si honteux et si courroucé intérieurement, qu'il devint tout à coup sombre et taciturne. Mais ceci n'était pas plus nouveau pour nous que sa colère bruyante: nous l'avions si souvent vu passer de la déclamation à la bouderie!

« Tenez, Horace, lui dit Eugénie en lui posant familièrement ses deux mains sur les épaules, tout charmant que vous étiez au commencement de votre visite, et tout maussade que vous voilà maintenant, je vous aime encore mieux ainsi. Au moins c'est vous, avec tous vos défauts, que nous savons par cœur, et qui ne nous empêchent pas de vous aimer ; au lieu que, quand vous voulez être accompli, nous ne vous reconnaissons plus, et nous ne savons que penser.

— Grand merci, ma belle, » dit Horace en cherchant à l'embrasser cavalièrement pour la punir de son impertinence. Mais elle s'en préserva en le menaçant d'une petite balafre de son aiguille au visage, ce qui l'eût empêché de paraître le soir dans le monde, et il ne s'y exposa point. Il essaya de reprendre son air aisé et ses manières distinguées avant de nous quitter ; mais il n'en put venir à bout, et, se sentant gauche et guindé, il abrégea sa visite.

« Je crains que nous ne l'ayons fâché, et qu'il ne revienne pas de si tôt, dis-je à Eugénie lorsqu'il fut parti.

— Nous le reverrons quand il aura gagné encore de l'argent, et qu'il aura un coupé à deux chevaux à nous faire voir, répondit-elle.

— Pendant un quart d'heure je l'ai cru corrigé de tous ses défauts, repris-je, et je m'en réjouissais.

— Et moi, je m'en affligeais, dit Eugénie ; car il me semblait être arrivé à l'impudence, qui est le pire de tous les vices. Heureusement, voyez-vous, il ne pourra jamais s'empêcher d'être ridicule, parce qu'en dépit de toutes ses affectations, il a un fonds de naïveté qui l'emporte. »

Ce même jour, nous fûmes surpris et bouleversés par une visite autrement agréable. Comme nous étions encore penchés sur le balcon pour suivre de l'œil le rapide tilbury d'Horace, nous remarquâmes qu'il faillit, au détour du pont, écraser un homme et une femme qui venaient à sa rencontre en se donnant le bras, et en causant la tête baissée, sans faire attention à ce qui se passait autour d'eux. Horace cria : Gare donc ! d'une voix retentissante qui monta jusqu'à nous par-dessus tous les bruits du dehors, et nous le vîmes fouetter son cheval fougueux avec quelque intention d'effrayer ces gens malappris qui l'avaient forcé de s'arrêter une seconde. Nos yeux suivirent involontairement ce couple modeste qui venait toujours de notre côté, et qui semblait n'avoir remarqué ni le dandy ni son équipage. Ils marchaient appuyés l'un sur l'autre, et plus lentement que tous les gens affairés qui suivaient le trottoir.

« As-tu jamais observé, me dit Eugénie, qu'on peut deviner, à l'allure de deux personnes de sexe différent qui se donnent le bras, le sentiment qu'elles ont l'une pour l'autre? Voici un couple qui s'adore, je le parierais! ils sont jeunes tous deux, je le vois à leur taille et à leur démarche. La femme doit être jolie, du moins elle a une tournure charmante; et à la manière dont elle s'appuie sur le bras de ce jeune mari ou de ce nouvel amant, je vois qu'elle est heureuse de lui appartenir.

— Voilà tout un roman dont ces deux passants ne se doutent peut-être guère, répondis-je. Mais vois donc, Eugénie! à mesure que cet homme s'approche, il me semble le reconnaître. Il a fait un geste comme Arsène; il lève la tête vers notre balcon. Mon Dieu! si c'était lui!

— Je ne vois pas ses traits de si haut, dit Eugénie; mais quelle serait donc cette femme qu'il accompagne? A coup sûr, ce n'est ni Suzanne ni Louison.

— C'est Marthe! m'écriai-je. J'ai de bons yeux; elle nous a regardés, elle entre ici... Oui, Eugénie, c'est Marthe avec Paul Arsène!

— Ne me fais pas de pareils contes! dit Eugénie tout émue en s'arrachant du balcon. Ce sont de fausses joies que tu me donnes. »

J'étais si sûr de mon fait, que je m'élançai sur l'escalier à la rencontre de ces deux revenants, qui, un instant après, pressaient Eugénie dans leurs bras entrelacés. Eugénie, qui les avait crus morts l'un et l'autre, et qui les avait amèrement pleurés, faillit s'évanouir en les retrouvant, et ne reprit la force de les embrasser qu'en les arrosant de larmes. Cet accueil les toucha vivement, et ils passèrent plusieurs heures avec nous, durant lesquelles ils nous informèrent complaisamment des moindres détails de leur histoire et de leur vie présente. Quand Eugénie sut que son amie était actrice, elle la regarda avec surprise, et me dit en me la montrant :

« Vois donc comme elle est toujours la même ! elle a embelli, elle est mise avec plus d'élégance ; mais sa voix, son ton, ses manières, rien n'a changé. Tout cela est aussi simple, aussi vrai, aussi aimable que par le passé. Ce n'est pas comme... » Et elle s'arrêta pour ne pas prononcer un nom que Marthe, dans son récit, avait répété cependant plusieurs fois sans émotion pénible. Mais à chaque instant, Eugénie, en regardant Paul et Marthe, et en poursuivant intérieurement son parallèle avec Horace, ne pouvait s'empêcher de s'écrier :

« Mais ce sont eux ! ils n'ont pas changé. Il me semble que je les ai quittés hier. »

Marthe voulut avoir l'explication de ces réticences, et je jugeai qu'il valait mieux lui parler ouvertement et naturellement d'Horace que de la forcer à nous interroger sur son compte. Je lui racontai la visite qu'il venait de nous faire, et tout ce qui devait expliquer cette opulence soudaine. Je lui parlai même de ses relations avec la vicomtesse de Chailly. Je crus devoir le faire pour mettre la dernière main, s'il en était besoin, à la guérison de cette âme sauvée. Elle en sourit de pitié, frémit légèrement, et, se jetant dans le sein de son époux, elle lui dit avec un sourire doux et triste :

« Tu vois que je connaissais bien Horace ! »

Ils furent forcés de nous quitter à quatre heures. Marthe jouait le soir même. Nous allâmes l'entendre, et nous revînmes tout émus et tout bouleversés de son talent, joyeux jusqu'aux larmes d'avoir retrouvé ces deux êtres chéris, unis enfin et heureux l'un par l'autre.

XXXI.

Horace, lancé dans le monde avec une belle figure, une bonne tenue, beaucoup d'esprit de conversation, un commencement de renommée littéraire, les apparences d'une certaine fortune, et un nom qu'il signait *Du Montlet*, ne pouvait manquer d'être remarqué ; et il y eut un moment où, sans trop d'illusions, il put se flatter d'être appelé aux plus grands succès auprès de ces belles poupées de salon qu'on appelle femmes à la mode. Deux ou trois coquettes sur le retour l'eussent mis en vogue, s'il eût voulu se laisser prôner par elles ; mais il visa plus haut, et cela le perdit. Il se mit dans l'esprit que ces passagères amours étaient trop faciles, et qu'il pouvait aspirer à un brillant mariage. Depuis qu'il avait tâté de la richesse, il lui semblait qu'il n'y avait que cela de réel et de désirable. Il ne regardait plus le talent et la gloire que comme des moyens de parvenir à la fortune, et il comptait sur les dons qu'il avait reçus de la nature pour captiver le cœur de quelque riche héritière. Avec de l'habileté, du temps et de la prudence, qui sait si son rêve ne se serait pas réalisé ? Mais il ne sut pas ménager les ressources de sa position, et son trop de confiance l'égara. Prompt à s'abuser sur les sentiments qu'il inspirait, il entama une intrigue avec la fille d'un banquier, pensionnaire romanesque qui répondit à ses billets, lui donna des rendez-vous, et concerta avec lui un enlèvement et un mariage à Gretna-Green. Malheureusement

Horace n'avait pas assez d'argent pour faire cette équipée. Les deux ou trois mille francs du second roman avaient été mangés avant d'être touchés, et il commençait à devenir aussi malheureux au jeu qu'il se flattait d'être heureux en amour. Il brusqua les choses, demanda la demoiselle à ses parents d'un ton assez impératif, se vanta auprès d'eux de la passion qu'elle avait pour lui, et leur donna même à entendre qu'il n'était plus temps de la lui refuser. Ce dernier point était une ruse d'amour dont il espérait rendre la jeune personne complice ; car il avait été, malgré lui, plus délicat qu'il ne voulait l'avouer. Il avait respecté l'imprudente petite héroïne de son roman, et même leurs relations avaient été si chastes, qu'elle n'avait cru courir aucun danger auprès de lui. Les parents, fins et prudents comme des gens qui ont fait leur fortune eux-mêmes, eurent bientôt pénétré la vérité. Ils prirent l'enfant par la douceur, lui peignirent Horace comme un fat, un homme sans cœur, prêt à la compromettre pour s'enrichir en l'épousant. Ils parlementèrent, suspendirent la correspondance et les rendez-vous mystérieux, gagnèrent du temps, parlèrent d'accorder la main et de retenir la dot, et en peu de jours surent si bien dégoûter ces deux amants l'un de l'autre, qu'Horace se retira furieux contre sa belle, qui le repoussait de son côté avec mépris et aversion. Cette triste aventure fut tenue secrète : on ne fut tenté de s'en vanter de part ni d'autre, et Horace, par dépit, s'adressa précipitamment à une veuve de bonne maison, qui jouissait d'une vingtaine de mille livres de rentes, et qui était encore jeune et belle.

Comme elle était dévote, sentimentale et coquette, il s'imagina qu'elle ne lui appartiendrait que par le mariage, et il se trompa. Soit que la veuve ne voulût faire de lui qu'un cavalier servant en tout bien tout honneur, soit qu'elle fût moins scrupuleuse et voulût aimer sans perdre sa liberté, il fut accueilli avec grâce, agacé avec art, et commença à se sentir amoureux avant de savoir à quoi s'en tenir. J'ignore si, malgré son extrême jeunesse, qu'il dissimulait dans sa barbe épaisse, son nom roturier, qu'il avait arrangé sur ses cartes de visite, et sa misère, qu'il pouvait encore cacher sous des habits neufs pendant quelque temps, il eût satisfait son amour et son ambition. L'espérance d'être un jour homme politique lui était revenue avec celle de devenir éligible par contrat de mariage. Il se nourrissait des plus doux projets, et attendait, pour avouer sa véritable situation, qu'il eût inspiré un amour assez violent pour la faire accepter; mais il avait une ennemie qui devait lui barrer le chemin, c'était la vicomtesse de Chailly.

Quoiqu'elle n'eût plus d'amour pour lui, elle avait espéré le voir ramper devant elle, conformément aux prédictions du marquis de Vernes, aussitôt qu'elle l'aurait abandonné; mais le marquis, en jugeant Horace orgueilleux en amour, s'était trompé. Horace n'était que vain, et son inconstance, jointe à sa bonté naturelle, l'empêchait de concevoir un dépit sérieux. Il vit bien que la vicomtesse était retournée au comte de Meilleraie; mais comme elle le recevait avec une apparente bienveillance et l'admettait au rang de ses amis, il se tint pour satisfait, et continua à la voir sans amertume et sans prétention. C'eût été pour tous deux le meilleur état de choses; mais Horace ne pouvait passer une semaine sans commettre une faute grave. Il aimait à se griser, pour étouffer peut-être quelques secrets remords. A la suite d'un déjeuner au Café de Paris, il s'enivra, devint expansif, vantard, et se laissa arracher l'aveu de ses succès auprès de la vicomtesse. Un de ceux qui l'aidèrent perfidement à cette confession haïssait Léonie, et voyait intimement le comte de Meilleraie. Dès le lendemain, ce dernier fut informé de l'infidélité de sa maîtresse. Il lui fit, non pas une scène, il ne l'aimait pas assez pour s'emporter, mais de piquants reproches, qui la blessèrent profondément. Dès lors, Horace fut l'objet de la haine implacable de cette femme. Elle connaissait assez particulièrement la veuve qu'il courtisait, et déjà elle s'était aperçue de la tournure que prenait cette liaison. Elle lui témoigna de l'amitié, gagna sa confiance, et la dégoûta d'Horace en lui disant ce simple mot : C'est un homme *qui parle.* Horace fut éconduit brusquement. Il lutta, et sa défaite n'en fut que plus honteusement consommée.

Cette mortification cruelle ne pouvait arriver dans un plus fâcheux moment. Son second roman venait de paraître, et il n'était pas bon. Horace avait épuisé dans le premier la petite somme de talent qu'il avait amassée, parce qu'il y avait dépensé la petite somme d'émotion qu'il avait reçue. Il eût fallu, pour produire un nouvel ouvrage, que sa vie intérieure fût renouvelée assez rapidement pour l'échauffer et l'inspirer une seconde fois. Il avait forcé son cerveau à un enfantement qui avortait. En essayant de peindre Léonie et son amour pour elle, il avait été froid et faux comme son modèle et comme son propre sentiment. Il eût pu avoir néanmoins un certain succès dans un certain monde avec ce mauvais ouvrage, s'il eût désigné clairement la vicomtesse à la méchanceté du public des salons, et s'il eût fourni à ses élégants lecteurs l'appât d'un petit scandale. Mais Horace avait un trop noble cœur pour chercher ce genre de vogue. Il avait tellement poétisé son héroïne, qu'elle n'était pas vraie, et que personne ne pouvait la reconnaître. Incapable de garder un secret d'amour, il était également incapable de le proclamer froidement et par vengeance.

Le même jour où il fut congédié par la prudente veuve, il perdit au jeu ses derniers louis, et rentra chez lui dans une disposition d'esprit assez tragique. Il trouva sur sa cheminée une lettre de son éditeur, en réponse à un billet qu'il lui avait écrit la veille pour lui demander de nouvelles avances en retour de la promesse d'un nouveau roman. « Odieux métier ! s'écria-t-il en décachetant la lettre; il faudra donc écrire encore, écrire toujours, quelle que soit ma disposition d'esprit ; être léger de style avec une cervelle appesantie de fatigue, tendre de sentiments avec une âme desséchée de colère, frais et fleuri de métaphores avec une imagination flétrie par le dégoût ! » Il brisa convulsivement le cachet, et, à sa grande surprise, lut un refus très-net en style d'éditeur mécontent, qui appelle un chat, un chat, et un succès manqué un *bouillon*. Le digne homme en était pour ses frais. Depuis quinze jours que l'ouvrage était publié, il ne s'en était pas vendu trente exemplaires. Et puis il était si court ! Le volume était plat, les libraires ne prenaient cette *galette* qu'au rabais. Si Horace avait voulu le croire, il aurait allongé le dénoûment. Deux feuilles de plus, et son livre gagnait cinquante centimes par exemplaire. Et puis le titre n'était pas assez *ronflant*, la donnée n'était pas *morale*, il y avait *trop de réflexions* ; et mille autres causes de non-succès qui firent sauter au plancher le pauvre auteur outré de colère, et rempli de désespoir.

Quand on n'a pour toute fortune que de belles paroles, des bottes percées et un habit râpé, on ne se décourage pas pour un refus d'éditeur ; on se met en campagne, et de rebuffades en rebuffades, on finit par en trouver un plus confiant ou plus riche. Mais courir en tilbury et suivi de son groom, de porte en porte, pour demander l'aumône, ce n'est pas aussi facile. Horace l'essaya pourtant dès le lendemain. Partout il fut reçu avec beaucoup de politesse, mais avec un sourire d'incrédulité pour son avenir littéraire. Son premier roman avait eu un succès d'estime plutôt qu'un succès d'argent. Le second avait fait un *fiasco* complet. L'un lui demandait une préface d'Eugène Sue, l'autre une lettre de recommandation de M. de Lamartine, un troisième exigeait qu'on lui assurât un feuilleton de Jules Janin. Tous s'accordaient pour ne point faire les frais de l'édition, et aucun n'entendait débourser la moindre avance de fonds. Horace les envoya tous au diable, petits et gros, et revint chez lui la mort dans l'âme.

Le lendemain il vendit son cheval pour payer et congédier son domestique ; le surlendemain il vendit sa montre pour avoir quelques pièces d'or, et pouvoir jouer encore un jour le rôle d'un homme riche. Il alla voir Louis de Méran, qui jouait au whist avec ses amis. Horace gagna quelques louis, les perdit, les regagna, et se retira vers trois heures du matin endetté de cinq cents francs, que, selon les lois de ce monde-là, il devait payer dans un délai de trois jours à un de ses meilleurs amis, riche de trente mille livres de rente, sous peine d'être méprisé et taxé de gueuserie. Après s'être en vain mis en quatre pour se les procurer chez un éditeur, le soir du troisième jour, il se décida à les emprunter à Louis de Méran, non sans un trouble mortel ; car il savait qu'à moins d'un nouveau bonheur au jeu, il ne pourrait pas les rendre, et l'insouciance qu'il avait eue naguère s'était changée en méfiance et en terreur depuis qu'il avait connu les âpres jouissances de la possession et les soucis amers de la ruine. Cette souffrance fut d'autant plus grande, qu'il lui sembla voir dans le regard et dans tout l'extérieur de son ami quelque chose de froid et de contraint qui contrastait avec son empressement et sa confiance habituels. Jusque-là ce jeune homme avait paru, en lui prêtant de l'argent, le remercier plutôt que l'obliger, et il est certain que jusque-là Horace le lui avait scrupuleusement restitué. Depuis qu'il se faisait passer pour riche, il payait exactement, non ses anciennes dettes, mais celles qu'il contractait dans son nouvel entourage. Ce jour-là il lui sembla que Louis de Méran lui faisait l'aumône avec un déplaisir contenu par la politesse. Aurait-il deviné que ce jour-là, pour la première fois, Horace n'avait pas le moyen de s'acquitter? Mais comment eût-il pu le deviner? Horace avait réformé son équipage et quitté le joli appartement garni qu'il occupait, sous prétexte d'un prochain voyage en Italie annoncé depuis longtemps, projet à la faveur duquel il s'était dispensé d'acheter des meubles et de s'installer conformément à sa prétendue aisance. Il feignit d'être encore retenu pour quelques jours par des affaires imprévues, espérant que, durant ce peu de jours, la fortune du jeu, et même celle de l'amour, changeraient en sa faveur, et lui permettraient de reculer indéfiniment son voyage.

Néanmoins, ce froid visage de son noble ami, et une sorte d'affectation qu'il crut remarquer en lui de ne pas l'accompagner à l'Opéra, lui causèrent une profonde inquiétude. Il craignit d'avoir laissé soupçonner sa position fâcheuse par l'air soucieux qu'il avait depuis quelques jours, et résolut d'effacer ces doutes en se montrant le soir en public avec son dandysme accoutumé. Il alla trouver au fond de la Cité un brocanteur auquel il avait eu affaire autrefois, et il lui vendit à grande perte son épingle en brillants; mais il eut une centaine de francs dans sa poche, loua un remise, mit le meilleur habit qui lui restât, passa une rose magnifique dans sa boutonnière, et alla s'installer à l'avant-scène de l'Opéra, dans une de ces loges en évidence qu'on appelle aujourd'hui, je crois, *cages aux lions*. A cette époque-là, les élégants du Café de Paris ne portaient pas encore ce nom bizarre ; mais je crois bien que c'était la même espèce de dandys, ou peu s'en faut. Horace était enrôlé dans cette variété de l'espèce humaine, et faisait profession de se montrer. Il avait ses entrées dans cette loge, où Louis de Méran payait une part de location, et l'emmenait une ou deux fois par semaine. Il y était toujours accueilli par les autres occupants avec cordialité ; car on l'aimait, et son esprit animait ce groupe flâneur et ennuyé. Mais ce soir-là on tourna à peine la tête lorsqu'il entra, et personne ne se dérangea pour lui faire place. Il est vrai que Nourrit chantait avec madame Damoreau le duo de Guillaume Tell :

O Mathilde, idole de ma vie, etc.

Probablement on écoutait dans ce moment avec plus d'attention. Horace, un instant effrayé, se rassura ; et bientôt il reprit tout son aplomb, lorsqu'à la fin de l'acte un de ces messieurs l'engagea à venir souper chez lui, avec les autres, après le spectacle. Il s'efforça d'être enjoué, et il vint à bout d'avoir énormément d'esprit. Cependant, de temps à autre, il lui semblait remarquer un sourire de mépris échangé autour de lui. Un nuage alors passait devant ses yeux, ses oreilles bourdonnaient, il n'entendait plus l'orchestre, il ne voyait plus flotter dans la salle qu'une assemblée de fantômes qui le regardaient, le montraient au doigt, ricanaient affreusement ; et des spectres de femmes qui se disaient les uns aux autres des mots étranges derrière leur éventail : *aventurier, aventurier ! hâbleur, fanfaron ! homme de rien ! homme de rien !* Alors il était prêt à s'évanouir, et quand, revenu à lui-même, il s'assurait que ce n'était qu'une hallucination, il faisait de violents efforts pour cacher son angoisse. Une fois un de ses compagnons lui demanda pourquoi il était si pâle. Horace, encore plus troublé par cette remarque, répondit qu'il était souffrant. *Peut-être avez-vous faim?* lui dit un autre. Horace perdit tout à fait contenance. Il crut voir dans ce mot insignifiant une atroce épigramme. Il songea à se retirer, à se cacher, à ne jamais reparaître.

Et puis il se dit qu'il ne fallait pas abandonner ainsi la partie, qu'il devait aborder une explication, affronter l'attaque, afin de se défendre avec audace, et de savoir à tout prix s'il était victime d'une secrète persécution, ou en proie à un mauvais rêve. Il suivit la bande joyeuse chez l'amphitryon de la nuit, tour à tour glacé ou rassuré par l'air froid ou bienveillant des convives.

La dame du logis était une fille entretenue, fort belle, fort intelligente, fort railleuse, et méchante à l'excès. Horace l'avait toujours haïe et redoutée, quoiqu'elle lui eût fait des avances. Elle avait ce jour-là une robe de satin écarlate, ses cheveux blonds flottants, et un certain air plus impertinent que de coutume. Ses yeux brillaient d'un éclat diabolique : c'était la vraie fille de Lucifer. Elle accueillit Horace avec des grâces de chat, le plaça auprès d'elle à table, et lui versa de sa belle main les vins du Rhin les plus capiteux. On s'égaya beaucoup, on traita Horace aussi bien que de coutume, on lui fit réciter des vers, on l'applaudit, on le flatta, et on parvint à l'enivrer, non pas jusqu'à perdre la raison, mais jusqu'à reprendre confiance en lui-même.

Alors un des convives lui dit :

« A propos de femmes, apprenez-nous donc, mon cher, pourquoi la vicomtesse de Chailly vous en veut si fort. Est-il vrai qu'à un déjeuner au Café de Paris, avec B... et A..., vous l'ayez compromise?

— Le diable m'emporte si je m'en souviens, répondit Horace; mais je ne crois pas l'avoir fait.

— Alors vous devriez vous justifier auprès d'elle, car on lui a dit que vous vous étiez vanté de ce dont un homme d'honneur ne se vante jamais...

— A jeun! reprit un autre. Mais *in vino veritas*, n'est-ce pas, Horace?

— En ce cas, répondit Horace, quelque gris que j'aie pu être, je n'ai dû me vanter de rien.

— Il veut dire par là, observa Proserpine (c'est ainsi qu'Horace appelait ce soir-là la maîtresse de son hôte), qu'il n'y aurait pas de quoi se vanter, et c'est mon avis. Votre vicomtesse est sèche, reluisante et anguleuse comme un coquillage.

— Elle a beaucoup d'esprit, reprit-on. Avouez, Horace, que vous en avez été amoureux.

— Pourquoi non? Mais si je l'ai été, je ne m'en souviens pas davantage.

— On dit pourtant que vous vous en êtes souvenu au point de raconter des choses étranges sur votre séjour à la campagne, l'été dernier?

— Que signifient toutes ces questions? dit Horace en levant la tête. Suis-je devant un jury?

— Oh! non, dit Proserpine : c'est tout au plus de la police correctionnelle. Allons, mon beau poëte, vous allez nous dire cela entre amis. La vicomtesse ne vous haïrait pas tant si elle ne vous avait pas tant aimé.

— Et depuis quand m'honore-t-elle de sa haine?

— Depuis que vous lui avez été infidèle, bel inconstant!

— Si je ne l'ai pas été, c'est votre faute, belle inhumaine, répondit Horace du même ton moqueur.

— Vous avouez donc, reprit-elle, que vous lui aviez juré fidélité jusqu'au tombeau?

— Cela va-t-il durer longtemps de la sorte? dit Horace en riant.

— Il est certain, dit quelqu'un, que vous causez un violent dépit à la vicomtesse, et qu'elle dit beaucoup de mal de vous.

— Et quel mal peut-elle dire de moi, s'il vous plaît?

— Tenez-vous à le savoir?

— Un peu.

— Eh bien! elle prétend que vous êtes pauvre, et que vous vous faites passer pour riche; que vous êtes un enfant, et que vous faites semblant d'être un homme; que vous êtes éconduit par toutes les femmes, et que vous jouez le rôle de vainqueur. »

Nous y voilà, pensa Horace; le moment est venu de braver l'orage.

« Si la vicomtesse se plaît à débiter de pareilles impertinences, répondit-il avec fermeté, comme je ne sais pas le moyen de me venger d'une femme, je me bornerai à dire qu'elle se trompe; mais si un homme me le répétait avec le moindre doute sur ma loyauté, je lui répondrais qu'il en a menti. »

L'interlocuteur à qui s'adressait cette réponse fit un mouvement de colère. Son voisin le retint, et se hâta de dire d'un ton assez équivoque :

« Personne ne doute ici de votre loyauté. Si vous avez trahi le secret de vos amours avec une femme, dans un de ces *après-boire* où vraiment la vérité nous échappe sans que nous en ayons conscience, la vicomtesse pousse trop loin sa vengeance en vous calomniant. Mais si vous l'aviez calomniée, vous? si, par dépit de ses refus, vous aviez menti, il faudrait l'excuser d'user de représailles.

— Mais vous-même, Monsieur, dit Horace, vous paraissez incertain? Je désirerais savoir votre opinion sur mon compte.

— Mon opinion, c'est que vous avez été son amant, que vous l'avez conté à quelqu'un dans les fumées du champagne, et que vous avez fait là une grave imprudence.

— Que vous en semble? dit Proserpine en remplissant le verre d'Horace; prononcez, messieurs du tribunal.

— Cela mérite tout au plus deux jours d'emprisonnement au secret dans l'oratoire de madame de ***. »

Ici on nomma la belle veuve qu'Horace avait espéré d'épouser.

« Ah! est-ce qu'il y a aussi un acte d'accusation par rapport à celle-là? » dit Proserpine en regardant Horace d'un air de reproche à lui donner des vertiges de vanité.

Quoique Horace fût un peu animé, il comprit qu'il avait besoin de toute sa tête, et il s'abstint de vider son verre; il chercha à deviner dans les regards des convives si cette petite guerre était un piége perfide ou une taquinerie amicale. Il crut n'y rien trouver de malveillant, et il soutint toutes les interrogations avec enjouement. Tout ce qu'on lui disait l'éclairait sur un point jusqu'alors mystérieux pour lui : c'est que la vicomtesse l'avait desservi auprès de la veuve. Il voyait en outre qu'elle avait tâché de le desservir dans l'opinion de ses amis, et la manière dont on présentait les choses donnait à penser que cette guerre cruelle était le résultat de l'amour offensé. Il trouvait tout le monde disposé à le juger ainsi, et à l'absoudre, dans ce cas, des doutes injurieux élevés contre lui par une femme irritée et jalouse. Il ne pouvait se justifier qu'en avouant son intimité avec elle; mais il ne pouvait l'avouer sans encourir le reproche de fatuité, qu'il repoussait depuis un quart d'heure. Il n'avait qu'un parti à prendre, c'était de se griser tout à fait, et il le fit de son mieux, afin d'être autorisé à parler comme malgré lui.

Mais par une de ces bizarreries de la raison humaine, qui ne nous quitte que lorsque nous voulons la retenir, et qui s'obstine à nous rester fidèle lorsque nous la voulons écarter, plus il buvait, moins il se sentait gris. Il avait la migraine, sa paupière était lourde, sa langue embarrassée ; mais jamais son cerveau n'avait été plus lucide. Cependant il fallait déraisonner, hélas ! et Horace déraisonna. Il me l'a confessé depuis, pressé par un sévère interrogatoire : il joua l'ivresse n'étant pas ivre, et, feignant d'avoir perdu la raison, il donna, avec beaucoup de discernement, des preuves irrécusables de la vérité. Il le fit avec une certaine jouissance de ressentiment contre la méchante créature qui avait voulu le déshonorer, et il crut avoir savouré le plaisir funeste de la vengeance ; car il vit son auditoire convaincu applaudir à ses aveux, et les enregistrer comme pour démasquer la prudence de son ennemie.

Mais tout à coup son hôte, se levant pour recevoir les adieux de la compagnie, qui se retirait, lui dit ces paroles cyniques avec une froideur méprisante : « Allez vous coucher, Horace ; car, bien que vous ne soyez pas plus gris que moi, vous êtes *soûl comme un...* »

Horace n'entendit pas le dernier mot, et je me garderai bien de le répéter. Il eut comme un éblouissement ; et ses jambes ne pouvant plus le soutenir, sa langue ne pouvant plus articuler un mot, on l'entraîna, et on le jeta, plutôt qu'on ne le déposa à la porte de Louis de Méran, chez lequel, depuis le jour où il avait quitté son logement, il avait accepté un gîte provisoire. Ce qu'il souffrit lorsqu'il se trouva seul ne saurait être apprécié que par ceux qui auraient d'aussi misérables fautes à se reprocher. En proie à d'horribles douleurs physiques, et ne pouvant se traîner jusqu'à son lit, il passa le reste de la nuit sur un fauteuil, à mesurer l'horreur de sa position ; car, pour son supplice, sa raison était parfaitement éclaircie, et il ne se faisait plus illusion sur le blâme, la méfiance et le mépris de ces hommes qu'il avait voulu éblouir et tromper, et qui, malgré la supériorité de son esprit, venaient de le faire tomber dans un piége grossier. Maintenant il comprenait l'épreuve à laquelle on l'avait soumis, et la conduite qu'il eût dû tenir pour en sortir justifié. S'il eût affronté dignement les imputations de Léonie, en persistant à respecter le secret de sa faiblesse, et en acceptant le soupçon au lieu de l'écarter au moyen d'une lâche vengeance, quoique ses juges ne fussent ni très-éclairés, ni très-délicats sur de telles matières, ils auraient eu assez d'instinct généreux dans l'âme pour lui tout pardonner. Ils auraient estimé la noblesse et la bonté de son cœur, tout en blâmant la vanité de son caractère. Ces jeunes gens frivoles, qui ne valaient pas mieux que lui à beaucoup d'égards, avaient du moins reçu du grand monde une sorte d'éducation chevaleresque qui les eût rendus magnanimes, si Horace eût su leur en donner l'exemple. Faute d'avoir pris son rôle de haut, il retombait plus bas qu'il ne méritait d'être.

Il n'en pouvait plus douter. En le ramenant dans leur voiture, quatre ou cinq jeunes gens, feignant de le croire endormi, comme il feignait de l'être, avaient fait entendre à ses oreilles des paroles terribles de sécheresse et d'ironie. Il avait été condamné à ne pas les relever, parce qu'il s'était condamné à ne pas paraître les entendre. Il avait eu envie de crier ; des convulsions furieuses avaient passé par tous ses membres, et, pour la première fois de sa vie, au lieu de céder à son exaspération nerveuse, il avait eu la force de la réprimer, parce qu'il voyait qu'on n'y croirait pas et qu'on serait impitoyable pour son délire. Vraiment c'était un châtiment trop rude pour un jeune homme qui n'était que vain, léger et maladroit.

Au grand jour, Louis de Méran entra dans sa chambre avec un visage si sévère, qu'Horace, ne pouvant soutenir cet accueil inusité, cacha sa tête dans ses deux mains pour cacher ses larmes. Louis, désarmé par sa douleur, prit une chaise, s'assit à côté de lui, et, s'emparant de ses mains avec une bonté grave, lui parla avec plus de raison et d'élévation d'idées qu'il ne paraissait susceptible d'en montrer. C'était un jeune homme assez ignorant, élevé en enfant gâté, mais foncièrement bon ; la délicatesse du cœur élève l'intelligence quand besoin est. « Horace, lui dit-il, je sais ce qui s'est passé cette nuit à ce souper où je n'ai pas voulu me trouver, pour ne pas être témoin des humiliations qu'on vous y ménageait. J'aurais malgré moi pris parti pour vous, et je me serais fait quelque grave affaire avec des gens que, par droit d'ancienneté et par suite d'un long échange de services, je suis forcé de préférer à vous. J'ai fait mon possible pour vous engager à rester chez vous hier ; vous n'avez pas voulu me comprendre. Enfin vous vous êtes livré, et vous avez empiré votre situation. Vous avez commis des fautes que, dans la justice de ma conscience, je trouve assez pardonnables, mais pour lesquelles vous ne trouverez aucune indulgence dans ce monde hautain et froid que vous avez voulu affronter sans le connaître. Vous avez une ennemie implacable, à qui vous pouvez rendre blessure pour blessure, outrage pour outrage. C'est une méchante femme, dont j'ai appris à mes dépens à me préserver. Mais elle est du monde, mais vous n'en êtes pas. Les rieurs seront pour vous, les influents seront pour elle. Elle vous fera chasser de partout, comme elle vous a fait congédier par madame de ***. Croyez-moi, quittez Paris, voyagez, éloignez-vous, faites-vous oublier; et si vous voulez reparaître absolument dans ce qu'on appelle, très-arbitrairement sans doute, la bonne compagnie, ne revenez qu'avec une existence assurée et un nom honorable dans les lettres. Vous avez eu un tort grave : c'est de vouloir nous tromper. A quoi bon? Aucun de nous ne vous eût jamais fait un crime d'être pauvre et d'une naissance obscure. Avec votre esprit et vos qualités, vous vous seriez fait accepter de nous, un peu plus lentement peut-être, mais d'une manière plus solide. Vous avez voulu, partant d'une condition précaire, jouir tout d'un coup des avantages de fortune et de considération que votre travail et votre attitude fière et discrète vis-à-vis de nous eussent pu seuls vous faire conquérir. Si j'avais su qu'au lieu de vingt-cinq ans vous n'en aviez que vingt, je vous aurais guidé un peu mieux. Si j'avais su que vous étiez le fils d'un petit fonctionnaire de province, et non le petit-fils d'un conseiller au parlement, je vous aurais détourné de l'idée puérile de falsifier votre nom. Enfin, si j'avais su que vous ne possédiez absolument rien, je ne vous aurais pas lancé dans un train de vie où vous ne pouviez que compromettre votre honneur. Le mal est fait. Laissez au temps, qui efface les médisances, et à mon amitié, qui vous restera fidèle, le soin de le réparer. Vous avez du talent et de l'instruction. Vous pouvez, avec de l'esprit de conduite, marcher un jour de pair avec ces personnages brillants dont l'air dégagé vous a séduit, et que vous regarderez peut-être alors en pitié. Vous allez partir, promettez-le-moi, et sans chercher par aucun coup de tête à vous venger des soupçons qu'on a conçus contre vous. Vous auriez dix duels, que vous ne prouveriez pas que vous avez dit la vérité, et vous donneriez à votre aventure un éclat qu'elle n'a pas encore. Vous avez besoin d'argent pour voyager; en voici : trop peu à la vérité pour mener en pays étranger le train d'un fils de famille, mais assez pour attendre modestement le résultat de votre travail. Vous me le rendrez quand vous pourrez. Ne vous en tourmentez guère ; j'ai de la fortune, et je vous proteste, Horace, que je n'ai jamais eu autant de plaisir à vous obliger que je le fais en cet instant. »

Horace, pénétré de repentir et de reconnaissance, pressa fortement la main de Louis, refusa obstinément le portefeuille qu'il lui présentait, le remercia de ses bons conseils avec une grande douceur, lui promit de les suivre, et quitta précipitamment sa maison. Louis de Méran m'écrivit aussitôt, pour me mettre au courant de toutes ces choses, et pour m'engager à faire accepter en mon nom à Horace les avances qu'il n'avait pas voulu recevoir de lui, et qui lui étaient nécessaires pour se mettre en voyage.

Malheureusement le dévouement de cet excellent jeune homme ne put être aussi promptement efficace qu'il le souhaitait. Horace ne vint pas me voir, et je le cherchai pendant plusieurs jours sans pouvoir découvrir sa retraite.

XXXII.

Il passa donc trois ou quatre jours dans la solitude, en proie aux angoisses de la honte et de la misère, ne sachant où fuir l'une et comment arrêter les progrès de l'autre. Son âme avait reçu la plus douloureuse atteinte qu'elle fût disposée à ressentir. Les chagrins de l'amour, les tourments du remords, les soucis même de la pauvreté ne l'avaient jamais sérieusement ébranlé ; mais une profonde blessure portée à sa vanité était plus qu'il ne fallait pour le punir. Malheureusement ce n'était pas assez pour le corriger. Horace était sans force et sans espoir de réaction contre l'arrêt qui venait de le frapper. Enfermé dans un grenier, errant la nuit seul par les rues, il se tordait les mains et versait des larmes comme un enfant. Le monde, c'est-à-dire la vie d'apparat et de dissipation, cet élysée de ses rêves, ce refuge contre tous les reproches de sa conscience, lui était donc fermé pour jamais! Les consolations que Louis de Méran avait essayé de lui donner lui paraissaient illusoires. Il savait bien que les gens qui vivent de prétentions, selon eux légitimes, sont sans pitié pour les prétentions mal fondées d'autrui. Il avait assez de fierté pour ne vouloir pas rentrer en grâce en cherchant à justifier sa conduite; et lors même qu'il eût été assuré de sortir vainqueur aux yeux du monde d'une lutte contre la vicomtesse, la seule pensée d'affronter des humiliations comme celles qu'il venait de subir le faisait frémir de douleur et de dégoût.

Il avait fait tant d'étalage de sa courte prospérité, tant auprès de ses anciens amis que dans sa correspondance avec ses parents, qu'il n'osait plus, dans sa détresse, s'adresser à personne. Et à vrai dire il ne pouvait s'arrêter à aucun projet. Il sentait bien que le plus court et le plus sage était de retourner dans son pays, et d'y travailler à une œuvre littéraire, afin de payer ses dernières dettes et d'amasser de quoi se mettre en route, à pied, pour l'Italie; mais il n'avait pas ce courage. Il savait que ses parents, abusés sur ses succès littéraires, n'avaient pas manqué de les proclamer sur tous les toits de leur petite ville, et il craignait qu'un beau jour une médisance, recueillie par hasard au loin, n'y vînt changer en mépris la considération qu'il s'était faite. Six mois plus tôt, il eût emprunté gaiement et insoucieusement un louis par semaine à différents camarades d'études. Dans ce monde-là, nul ne rougit d'être pauvre, et l'on se conte l'un à l'autre en riant qu'on n'a pas dîné la veille, faute de neuf sous pour payer son écot chez Rousseau. Mais quand on a fréquenté les salons fermés aux nécessiteux, quand on a éclaboussé de son équipage les amis qui vont à pied, on cache son indigence comme un vice et sa faim comme un opprobre.

Cependant, un soir, Horace se décida à monter chez moi, non sans être revenu sur ses pas dix fois au moins. Son aspect était déchirant à voir ; sa figure était flétrie, ses joues creusées, ses yeux éteints. Sa chevelure en désordre portait encore les traces de la frisure, et, cherchant à reprendre son attitude naturelle, se dressait par mèches raides et contournées autour de son front. Le courage de dissimuler sa misère sous un essai de propreté lui avait manqué. On voyait dans toute sa personne négligée et débraillée le découragement profond où il s'était laissé tomber. Sa chemise fine et plissée avec recherche, était sale et chiffonnée. Son habit, d'une coupe élégante, avait plusieurs boutons emportés ou brisés, et l'on voyait que depuis plusieurs jours il n'avait pas songé à le brosser. Ses bottes étaient couvertes d'une boue sèche. Il n'avait pas de gants, et il portait, en guise de canne, un gros bâton plombé, comme s'il eût été sans cesse en garde contre quelque guet-apens.

Heureusement nous étions prévenus, Eugénie et moi, et nous ne fîmes paraître aucune surprise de le voir ainsi métamorphosé. Nous feignîmes de ne pas nous en apercevoir, et, sans lui faire de questions, nous lui proposâmes bien vite de dîner avec nous. Nous avions déjà dîné pourtant ; mais Eugénie, en moins d'un quart d'heure, nous organisa un nouveau repas auquel nous fîmes semblant de toucher, et dont Horace avait trop besoin pour s'apercevoir de la supercherie. Il était si affamé, qu'il éprouva un accablement extraordinaire aussitôt qu'il se fut assouvi, et tomba endormi sur sa chaise avant que la nappe fût enlevée. L'appartement que Marthe avait occupé à côté du nôtre se trouvait par hasard vacant. Nous y portâmes à la hâte un lit de sangle et quelques chaises ; puis, s'approchant d'Horace avec douceur, Eugénie lui dit :

« Vous êtes fort souffrant, mon cher Horace, et vous feriez bien de vous jeter sur un lit que nous avons pu offrir ces jours derniers à un ami de province, et qui est encore là tout prêt. Profitez-en jusqu'à ce que vous vous sentiez mieux.

— Il est vrai que je me sens tout à fait malade, répondit Horace ; et si je ne suis pas indiscret, j'accepte l'hospitalité jusqu'à demain. » Il se laissa conduire dans la chambre de Marthe, et ne parut frappé d'aucun souvenir pénible. Il était comme abruti, et cet état, si contraire à son animation naturelle, avait quelque chose d'effrayant.

Il dormait encore le lendemain matin, lorsque Paul Arsène entra chez nous, portant l'enfant de Marthe dans ses bras. « Je vous apporte votre filleul, dit-il à Eugénie, qui avait pris ce gros garçon en affection, et qui lui avait donné le nom d'Eugène. Sa mère est accablée de travail aujourd'hui, et moi par conséquent. Elle débute ce soir au Gymnase, où je suis reçu caissier, comme vous savez. La mère Olympe est un peu malade, et perd la tête. Nous craignons que notre *trésor* ne soit mal soigné. Il faut que vous veniez à notre secours et que vous le gardiez toute la journée, si vous pouvez le faire sans trop vous gêner.

— Donnez-moi bien vite le *trésor*, s'écria Eugénie en s'emparant avec joie du marmot, que, dans sa tendresse naïve et grande, Arsène n'appelait plus autrement.

— Le trésor est adorable, lui dis-je ; mais songez-vous à l'entrevue qui est inévitable tout à l'heure?...

— Arsène, dit Eugénie, prends ton courage et ton sang-froid à deux mains : Horace est ici. »

Arsène pâlit. « N'importe, dit-il; d'après ce que vous m'aviez confié, je devais bien m'attendre à l'y rencontrer un de ces jours. Le nom de l'enfant n'est point écrit sur son front, et d'ailleurs, grâce à lui, le *trésor* est anonyme. Pauvre ange! ajouta-t-il en embrassant le fils d'Horace; je vous le confie, Eugénie; ne le rendez pas à son possesseur légitime.

— Il ne vous le disputera pas, soyez tranquille! répondit-elle avec un soupir. Vous, avertissez votre femme, afin qu'elle ne vienne pas ici durant quelques jours. Horace ne peut pas rester à Paris, et il est facile d'éviter cette rencontre.

— Je le désire beaucoup, dit Arsène; il me semble que cet homme ne peut seulement pas la regarder sans lui faire du mal. Cependant, si elle désire le voir, que sa volonté soit faite! Jusqu'ici elle dit qu'elle ne le veut pas. Adieu. Je reviendrai chercher mon enfant ce soir. »

« Ah! vous avez un enfant? dit Horace avec indifférence, lorsqu'il entra chez nous vers dix heures pour déjeuner.

— Oui, nous avons un enfant, répondit Eugénie avec un sentiment secret de malice austère. Comment le trouvez-vous? »

Horace le regarda. « Il ne vous ressemble pas, dit-il avec la même indifférence. Il est vrai que ces poupons-là ne ressemblent à rien, ou plutôt ils se ressemblent tous : je n'ai jamais compris qu'on pût distinguer un petit enfant d'un autre enfant du même âge. Combien a celui-là? un mois? deux mois?

— On voit bien que vous n'en avez jamais regardé un seul! dit Eugénie. Celui-ci a huit mois, et il est superbe pour son âge. Vous ne trouvez pas que ce soit un bel enfant?

— Je ne m'y connais pas du tout. Je le trouverai *délirant* si cela vous fait plaisir...... Mais j'y songe ! il est impossible que vous soyez sa mère. Je vous ai vue il y a huit mois... Allons donc ! cet enfant n'est pas à vous.

— Non, dit Eugénie brusquement. Je me moquais de vous, c'est l'enfant de mon portier, c'est mon filleul.

— Et cela vous amuse, de le porter sur vos bras, tout en faisant votre ménage?

— Voulez-vous le tenir un peu, dit-elle en le lui présentant, pendant que je servirai le déjeuner?

— Si cela nous fait déjeuner un peu plus vite, je le veux bien ; mais je vous assure que je ne sais comment toucher à *cela*, et que s'il lui prend fantaisie de crier, je ne saurai pas faire autre chose que de le poser par terre. Fi ! puisque vous n'êtes pas sa mère, je puis bien vous dire, Eugénie, que je le trouve fort laid avec ses grosses joues et ses yeux ronds !

— Il est plus beau que vous, s'écria Eugénie avec une colère ingénue, et vous n'êtes pas digne d'y toucher.

— Tenez, le voilà qui piaille, dit Horace : permettez-moi de le reporter dans la loge de ses chers parents. »

L'enfant, effrayé de la grosse barbe noire d'Horace, s'était rejeté, en criant, dans le sein d'Eugénie.

« Et moi, dit-elle en le caressant pour l'apaiser, moi qui serais si heureuse d'avoir un enfant comme toi, mon pauvre trésor ! »

Horace sourit dédaigneusement, et, s'enfonçant dans un fauteuil, il devint rêveur. Le passé sembla enfin se réveiller dans sa mémoire, et il me dit avec abattement, lorsque Eugénie, ayant déposé l'enfant sur mes genoux, passa dans la chambre voisine : « Jamais Eugénie ne me pardonnera de n'avoir pas compris les joies de la paternité : vraiment, les femmes sont injustes et impitoyables J'y ai beaucoup réfléchi, depuis *mon malheur;* et j'ai eu beau chercher comment les délices de la famille pouvaient être appréciables à un homme de vingt ans, je ne l'ai pas trouvé. Si un enfant pouvait venir au monde à l'âge de dix ans, au développement de sa beauté et de son intelligence (en supposant gratuitement qu'il ne fût ni laid, ni roux, ni bossu, ni idiot), je comprendrais, jusqu'à un certain point, qu'on pût s'intéresser à lui. Mais soigner ce petit être malpropre, rechigné, stupide, et pourtant despotique, c'est le fait des femmes, et Dieu leur a donné pour cela des entrailles différentes des nôtres.

— Cela n'est vrai que jusqu'à un certain point, répondis-je. Les femmes les aiment plus délicatement, et s'entendent mieux à les élever durant les premières années ; mais je n'ai jamais compris, moi, qu'en présence de cet être faible et mystérieux qui porte en lui un passé et un avenir inconnus, on pût éprouver, pour tout sentiment, la répugnance. Les hommes du peuple sont meilleurs que nous, Horace. Ils aiment leurs petits avec une admirable naïveté. N'avez-vous jamais été saisi de respect et d'attendrissement à la vue d'un robuste ouvrier portant le soir dans ses bras nus, encore tout noircis par le travail, son marmot sur le seuil de la porte, pour l'égayer et soulager sa mère ?

—Ce sont des vertus inconciliables avec la propreté, » répondit Horace sur un ton de persiflage dédaigneux, et sans songer que dans ce moment-là il était fort malpropre lui-même. Puis, passant la main sur son front, comme pour rassembler ses idées : « Je vous remercie de m'avoir hébergé cette nuit, dit-il; mais je ne sais si c'est pour réveiller en moi un remords salutaire que vous m'avez mis dans cette chambre fatale; j'y ai fait des rêves affreux, et il faut, puisque me voilà décidément dans la position d'esprit la plus sinistre, que je vous fasse une question pénible et délicate. Avez-vous jamais su, Théophile, ce qu'était devenue l'infortunée dont j'ai si affreusement brisé le cœur par un crime vraiment étrange, pour n'avoir pas été enchanté de l'idée d'être père à vingt ans, et lorsque j'étais dans l'indigence !

— Horace, lui dis-je, me faites-vous cette question avec le sentiment que vous avez, en ce moment, sur le visage, c'est-à-dire avec une curiosité assez indolente, ou avec celui que vous devez avoir dans le cœur?

— Mon visage est pétrifié, mon pauvre Théophile, répondit-il avec un accent qui redevenait peu à peu déclamatoire, et j'ignore si je pourrai jamais pleurer ou sourire désormais. Ne m'en demandez pas la cause, c'est mon secret. Quant à mon cœur, c'est sa destinée d'être méconnu ; mais vous qui avez toujours été meilleur et plus indulgent pour moi que tous les autres, comment pouvez-vous l'outrager à ce point d'ignorer qu'il saignera éternellement par cette blessure? Si j'étais sûr que Marthe vécût et qu'elle se fût consolée, je serais peut-être soulagé aujourd'hui d'une des montagnes qui oppressent tout le passé de ma vie, tout mon avenir peut-être !

— En ce cas, lui dis-je, je vous répondrai la vérité : Marthe n'est pas morte ; Marthe n'est pas malheureuse, et vous pouvez l'oublier. »

Horace ne reçut pas cette nouvelle avec l'émotion que j'en attendais. Il eut plutôt l'air d'un homme qui respire en jetant bas son fardeau, que d'un coupable qui rentre en grâce avec le ciel.

« Dieu soit loué ! » dit-il sans penser à Dieu le moins du monde ; et il retomba dans sa rêverie, sans ajouter une seule question.

Cependant il y revint dans la journée, et voulut savoir où elle était et comment elle vivait.

« Je ne suis autorisé à vous donner aucune espèce d'explication à cet égard, lui répondis-je, et je vous conseille pour votre repos et pour le sien, de n'en point chercher; il serait trop tard pour réparer vos fautes, et il doit vous suffire d'apprendre qu'elles n'ont aucun besoin de réparation. »

Horace me répondit avec amertume : « Du moment que Marthe m'a quitté sans regrets et sans les projets de suicide dont je m'effrayais; du moment qu'elle n'a point été malheureuse, et qu'elle s'est débarrassée de son amour par lassitude ou par inconstance, je ne vois pas que mes fautes soient si graves et que ni elle ni personne ait le droit de me les rappeler.

— Brisons là-dessus, lui dis-je. Le moment de s'en expliquer est très-inopportun. »

Il prit de l'humeur et sortit; cependant il revint à l'heure du dîner. Eugénie n'avait pas osé l'inviter, dans la crainte de paraître informée de sa situation. Je ne voulais pas lui dire que je la connaissais, et j'attendais qu'il m'en fît l'aveu. Il n'y paraissait pas encore disposé, et il me dit en rentrant :

« C'est encore moi; nous nous sommes quittés tantôt assez froidement, Théophile, et je ne puis rester ainsi avec toi. » Il me tendit la main.

« C'est bien, lui dis-je; mais, pour me prouver que tu ne m'en veux pas, tu vas dîner avec nous.

— A la bonne heure, répondit-il, s'il ne faut que cela pour effacer mon tort... »

Nous nous mîmes à table, et nous y étions encore, lorsque la mère Olympe vint chercher l'enfant pour le mener coucher.

Au milieu des occupations multipliées de ce jour, Arsène et Marthe avaient oublié de prévoir que la bonne femme pourrait rencontrer Horace chez nous, et jaser devant lui. Elle aimait malheureusement à parler. Elle était tout cœur et tout feu, comme elle disait elle-même, pour ses jeunes amis ; et ce jour-là, plus que de coutume, exaltée par la splendeur de leur position nouvelle à un théâtre en vogue, elle éprouvait le besoin impérieux de s'émouvoir en parlant d'eux. Eugénie fit de vains efforts pour la renvoyer au plus vite avec son *trésor*, pour l'emmener à la cuisine, pour lui faire baisser la voix : la mère Olympe, ne comprenant rien à ces précautions, exhala sa joie et son attendrissement en longs discours, en sonores exclamations, et prononça plusieurs fois les noms de monsieur et de madame Arsène. Si bien qu'Horace, qui d'abord la prenant pour la portière, n'avait pas daigné prêter l'oreille à ses paroles, la regarda, l'observa, et nous interrogea avidement dès qu'elle fut partie. De quel Arsène parlait-elle ? Le Masaccio était-il donc époux et père ? Le prétendu enfant du portier était donc le sien ? Et pourquoi ne le lui avait-on pas dit tout de suite ? « J'aurais dû le deviner ; au reste, ajouta-t-il, » son poupard est déjà aussi laid et aussi camus que lui.

Tout ce dénigrement superbe impatientait Eugénie jusqu'à l'indignation. Elle cassa deux assiettes, et je crois que, malgré sa douceur et la dignité habituelle de ses manières, elle eut grande envie de jeter la troisième à la tête d'Horace. Je la soulageai infiniment en prenant le parti de dire tout de suite la vérité. Puisque aussi bien Horace devait l'apprendre tôt ou tard, il valait mieux qu'il l'apprît de nous et dans un moment où nous pouvions en surveiller l'effet sur lui. Arsène m'avait autorisé depuis plusieurs jours, et pour son compte et de la part de Marthe, à agir comme je le jugerais utile en cette circonstance.

« Comment se fait-il, Horace, lui dis-je, que vous n'ayez pas deviné déjà que la femme de Paul Arsène est une personne très-connue de vous, et qui nous est infiniment chère? »

Il réfléchit une minute en nous regardant alternativement avec des yeux troublés. Puis, prenant tout à coup une attitude dégagée, imitée du marquis de Vernes :

« Au fait, dit-il, ce ne peut être qu'*elle*, et je suis un grand sot de n'avoir pas compris pourquoi vous étiez si embarrassés tout à l'heure devant la vieille fée qui emportait l'enfant... Mais l'enfant?... Ah!... l'enfant!... j'y suis ! la vieille a très-nettement dit *son père* en parlant d'Arsène... l'enfant de huit mois... car il a huit mois, vous me l'avez dit ce matin, Eugénie !... et il y a neuf mois que Marthe m'a quitté, si j'ai bonne mémoire... Vive Dieu ! voilà un dénoûment sublime et dont je ne m'étais pas avisé dans mon roman ! »

Ici Horace se renversa sur une chaise avec un rire éclatant tellement forcé, tellement âpre, qu'il nous fit mal comme le râle d'un homme à l'agonie.

« Ah ! finissez de rire, s'écria Eugénie en se levant d'un air courroucé qui la rendait vraiment belle et imposante : cet enfant que Paul Arsène élève et chérit comme le sien, c'est le vôtre, puisque vous voulez le savoir. Vous l'avez trouvé laid, parce que, selon vous, il lui ressemble : et lui le trouve beau, quoiqu'il ressemble, le pauvre innocent, à l'homme le plus égoïste et le plus ingrat qui soit au monde ! »

Cet élan de sainte colère épuisa Eugénie : elle retomba sur sa chaise, suffoquée et les joues ruisselantes de larmes. Horace, irrité de cette sorte de malédiction jetée sur lui avec tant de véhémence, s'était levé aussi ; mais il retomba aussi sur sa chaise, comme foudroyé par le cri de sa conscience, et cacha son visage dans ses deux mains.

Il resta ainsi plus d'une heure. Eugénie, essuyant ses yeux, avait repris ses travaux de ménage, et j'attendais en silence l'issue du combat que l'orgueil, le doute, le repentir, la honte, se livraient dans le cœur d'Horace.

Enfin il sortit de cette orageuse méditation, en se levant et en marchant dans la chambre à grands pas et avec de grands gestes.

« Eugénie, Théophile ! s'écria-t-il en nous saisissant le bras à tous deux et en nous regardant fixement, ne vous jouez pas de moi ? Ceci est une crise décisive dans ma vie ; c'est ma perte ou mon salut que vous tenez dans vos mains. Il s'agit de savoir si je suis le plus ridicule ou le plus lâche des hommes. J'aimerais encore mieux être le plus ridicule, je vous en donne ma parole d'honneur.

— Je le crois bien ! répondit Eugénie avec mépris.

— Eugénie, dis-je à ma fière compagne, ayez de l'indulgence et de la douceur avec Horace, je vous en supplie. Il est fort à plaindre parce qu'il est fort coupable. Vous avez cédé à l'impétuosité de votre cœur en l'accablant tout à l'heure d'un reproche bien grave. Mais ce n'est pas ainsi qu'on doit traiter les infirmités de l'âme. Laissez-moi lui parler, et fiez-vous à mon respect, à mon affection, à ma vénération pour vos amis absents.

— Respect, vénération, reprit Horace, rien que cela !... c'est peu : ne sauriez-vous inventer quelque terme d'idolâtrie plus digne du grand, du divin Paul Arsène ? Moi, je veux bien répondre *amen* à vos litanies ; mais pas avant que vous m'ayez prouvé d'une manière irrécusable que je suis bien le père, *le père unique*, entendez-vous ? de cet enfant qu'on veut maintenant me mettre sur le corps.

— On a des intentions très-différentes, lui dis-je avec

une froide sévérité. On désire que vous ne vous occupiez jamais de votre fils ; on ne vous l'a jamais présenté comme tel ; on ne vous en a jamais parlé ; et si la fantaisie vous venait de le réclamer un jour, comme la loi ne vous donne aucun droit sur lui, on saurait le soustraire à une protection tardive et usurpatrice. Ainsi n'outragez pas la noblesse et le dévouement que vous ne pouvez pas comprendre. Ce serait vous avilir à tous les yeux, et même aux vôtres, lorsque le voile grossier qui les couvre sera tombé. Au reste, il ne s'agit pas d'autre chose dans ce moment de crise décisive, comme vous l'appelez avec raison, que de secouer ce voile funeste. Il faut que vous remportiez la victoire sur des sentiments indignes de vous, et que vous ayez un repentir profond. Il faut que vous sortiez d'ici plein de respect pour la mère de votre fils, et de reconnaissance pour son père adoptif, entendez-vous bien ? Il faut que vous me disiez que vous vous êtes conduit comme un enfant, comme un fou, ou bien que vous emportiez à tout jamais mon antipathie et mon dégoût pour votre caractère.

— Fort bien, répondit-il en essayant de lutter encore contre mon arrêt, il faut que je fasse amende honorable, parce que l'on m'a rendu père d'un enfant dont je n'ai jamais entendu parler et qui se trouve devoir être le mien ! Quelle épreuve dois-je subir pour prouver combien je suis repentant ? quelle pénitence publique dois-je faire pour laver mon crime ?

— Aucune ! Toute cette histoire est un secret entre quatre personnes, et vous êtes la cinquième. Mais si vous aviez la folie et le malheur de la publier, de la raconter à votre manière, je serais forcé de dire la vérité, et d'apprendre à tous ceux qui vous connaissent que vous en avez menti. Vous demandez des preuves matérielles, qui soient irrécusables ! comme si l'on pouvait en fournir !

comme s'il y en avait d'autres que des preuves morales!
C'est comme si vous déclariez que vous avez l'esprit trop
épais et l'âme trop basse pour croire à autre chose qu'au
témoignage direct de vos sens. Dans cette hypothèse, il
n'y a pas un homme sur la terre qui ne pût méconnaître
et repousser ses enfants sous prétexte qu'il n'a pas été témoin de tous les instants de l'existence de sa femme.

— Qu'exigez-vous donc de moi? reprit-il avec une fureur concentrée. Que j'apprenne mon secret à tout le
monde, et que je proclame la vertu de Marthe aux dépens de mon honneur? C'est un duel à mort entre la
réputation de cette femme et la mienne que vous me
proposez!

— Nullement, Horace; nous ne sommes pas ici dans
le monde que vous venez de quitter. Vingt salons n'ont
pas les yeux ouverts sur le secret de votre vie domestique, et l'honneur de Marthe n'a pas besoin, comme
celui d'une certaine vicomtesse, que le vôtre soit compromis. Le milieu où ces événements se sont accomplis
est bien restreint et bien obscur. Tout au plus quatre ou
cinq anciens amis vous demanderont compte de vos
amours avec elle. Si vous leur répondez qu'elle a été une
amante sans foi et sans dignité, ce bruit pourra se répandre davantage et l'atteindre dans la position plus évidente et plus enviée qu'elle est en train de se faire. Mais
vous pouvez garder votre dignité et la sienne, qui ne
sont point ici en lutte le moins du monde. Si vous ne
comprenez pas la conduite que vous devez tenir en cette
circonstance, je vais vous la dire. Vous refuserez d'entrer dans aucune explication; vous ne parlerez jamais
de l'enfant qu'Arsène reconnaît et déclare, par un pieux
mensonge, être le sien; vous direz, du ton ferme et bref
qui convient à un homme sérieux, que vous avez pour
Marthe l'estime et le respect qu'elle mérite; et croyez-

moi, cette déclaration vous fera honneur, même aux yeux de ceux qui soupçonneraient la vérité. Cela seul pourra leur faire excuser et taire vos égarements.... Si vous aviez agi ainsi, même à l'égard d'une autre femme qui en est moins digne, vous seriez peut-être réhabilité aujourd'hui dans l'estime de juges plus pointilleux et plus exigeants que ne le seront vos anciens camarades. »

Cette insinuation éleva un autre sujet d'explication, et Horace, consterné, reçut mes admonestations avec le silence de l'abattement. Mais en ce qui concernait Marthe, il se débattit longtemps, et pendant deux heures j'eus à lutter, non contre son incrédulité, elle était feinte, mais contre son obstination et son dépit. Malgré sa résistance, je voyais pourtant bien qu'il était ébranlé et que je gagnais du terrain. A neuf heures du soir, il sortit, en me disant qu'il avait besoin d'être seul, de respirer l'air et de réfléchir en marchant. « Je reviendrai avant minuit, me dit-il, et je vous avouerai franchement le résultat de mon examen de conscience. Nous causerons encore de tout cela, si vous n'êtes pas horriblement las de moi. »

Il rentra vers une heure du matin avec un visage animé, bien que fort pâle encore, et avec des manières affectueuses et communicatives. « Eh bien? lui dis-je en secouant la main qu'il me tendait. — Eh bien! me répondit-il, j'ai remporté la victoire, ou plutôt c'est Marthe et vous qui m'avez vaincu, et désormais vous ferez tous de moi ce que vous voudrez. J'étais un fou, un malheureux tourmenté de mille doutes poignants; mais vous autres, vous êtes des êtres forts, calmes et sages. Vous m'aidez à retrouver la face de la vérité, quand elle se brouille dans les nuages de mon imagination. Écoutez ce qui m'est arrivé; je veux tout vous dire. En vous quittant, j'ai été au Gymnase; je voulais voir Marthe, travestie en comédienne sur cette scène mesquine, débiter en minaudant les gravelures sentimentales de nos petits drames bourgeois, Oui, je voulais la voir ainsi, pour me guérir à jamais du dépit qu'elle m'avait laissé dans l'âme, pour la mépriser intérieurement et me mépriser moi-même de l'avoir aimée. Je n'étais pas assis depuis cinq minutes, que je vois paraître un ange de beauté et que j'entends une voix pure et touchante comme celle de mademoiselle Mars. C'était bien la beauté, c'était bien la voix de ma pauvre Marthe ; mais combien poétisées, combien idéalisées par la culture de l'esprit et par le travail sérieux de la séduction ! Je vous le disais autrefois : une femme qui n'est pas occupée avant tout du soin de plaire n'est pas une femme ; et dans ce temps-là, Marthe, en dépit de tous ses dons naturels, avait une indolence mélancolique, une réserve humble et triste qui lui faisaient perdre, la plupart du temps, tous ses avantages. Mais quelle métamorphose, grand Dieu ! s'est opérée en elle ! quel luxe de beauté, quelle distinction de manières, quelle élégance de diction, quel aplomb, quelle grâce aisée ! et tout cela sans perdre cet air simple, chaste et doux, qui jadis me faisait rentrer en moi-même et tomber à genoux au milieu de mes soupçons et de mes emportements ! Elle a eu ce soir, je vous l'assure, un succès, non pas éclatant, mais bien réel et bien mérité. Son rôle était mauvais, faux, ridicule même ; elle a su le rendre vrai, noble et saisissant, sans grands effets, sans moyens téméraires. On applaudissait peu ; on ne disait pas : C'est sublime, c'est délirant ! mais chacun regardait son voisin et disait : Voilà qui est bien ; comme c'est bien ! Oui, *bien* est le mot qui convient. J'ai appris dans le monde, où l'on apprend quelques bonnes choses au milieu d'un grand nombre de mauvaises, que le bien est plus difficile à atteindre que le beau ; ou, pour mieux dire, le bien est une face du beau plus raffinée, plus châtiée que toutes les autres. Ah! vraiment, je serai fort aise que toutes ces impertinentes éventées qu'on appelle femmes du monde voient comme cette pauvre grisette sait marcher, s'asseoir, tenir son bouquet, causer, sourire, avec plus de convenance et de charme qu'elles toutes! Mais où donc Marthe a-t-elle appris tout cela? Oh! que l'intelligence est une force rapide et pénétrante! Sur mon honneur, je ne me serais jamais douté que Marthe en eût autant; et cette pensée m'a fait ouvrir les yeux. Combien je l'ai méconnue! me disais-je en la regardant. Je l'ai crue si souvent bornée ou extravagante, et la voilà qui me donne un démenti, et qui semble se venger de mon erreur, en se montrant accomplie et triomphante, devant moi, à tout ce public, à tout Paris! car tout Paris va bientôt parler d'elle, et se disputer le plaisir de la voir et de l'applaudir! J'ai beaucoup rougi de moi, je vous l'avoue : et dès que la pièce où elle jouait a été finie, j'ai couru à la porte des acteurs, j'ai forcé toutes les consignes, j'ai mis en fureur tous les portiers et tous les gardiens de cet étrange sanctuaire; j'ai cherché, j'ai trouvé sa loge, j'ai poussé la porte après avoir frappé, et, sans attendre qu'on vînt, selon l'usage, parlementer avec moi, j'ai osé pénétrer jusqu'à elle. Elle était encore dans son élégant costume, mais elle avait essuyé son fard; ses cheveux, dont elle avait ôté les fleurs, tombaient plus longs, plus noirs, et plus beaux que jamais sur ses épaules de reine. Elle était encore plus belle que sur la scène, et je me suis jeté à ses pieds; j'ai pressé ses genoux contre ma poitrine, au grand scandale de sa soubrette, qui m'a paru une villageoise bien naïve pour une habilleuse de théâtre. Je savais que je ne trouverais pas Arsène auprès d'elle; je me souvenais bien qu'il est caissier, qu'il est occupé à la régie pendant que sa femme fait sa toilette. Mes amis, vous me direz tout ce que vous voudrez : elle est mariée, elle chérit son mari, elle le respecte, elle l'estime ; tout cela est bel et bon : mais elle m'aime ! oui, Marthe m'aime encore, elle m'aime toujours, et, bien qu'elle m'ait dit tout le contraire, je n'en puis pas douter. Elle est devenue, en me voyant, pâle comme la mort ; elle a chancelé ; elle serait tombée évanouie si je ne l'eusse retenue dans mes bras et assise sur sa causeuse. Elle a été cinq minutes sans pouvoir me dire un mot, et comme égarée ; et enfin, lorsqu'elle m'a parlé pour me vanter son bonheur, son repos, son mariage... ses yeux humides et son sein haletant me disaient tout autre chose ; et moi, n'entendant que vaguement avec mes oreilles les paroles de sa bouche, je comprenais avec tout mon être la voix de son cœur, qui parlait bien plus haut et plus éloquemment. Elle voulait que j'attendisse dans sa loge l'arrivée d'Arsène ; je crois qu'elle craignait ses soupçons, si elle eût semblé me recevoir comme en cachette de lui. Mais M. Arsène m'a bien assez inquiété et tourmenté pendant un an, pour que je ne me fasse pas grand scrupule de lui rendre la pareille pendant une soirée. D'ailleurs, je ne me sentais pas du tout disposé à voir cet être vulgaire et prosaïque tutoyer, embrasser et emmener celle que je ne puis me déshabituer tout d'un coup de regarder comme ma maîtresse et ma compagne. Je me suis esquivé en lui promettant de ne la revoir que quand elle voudrait et devant qui elle voudrait. Mais au moins pendant une heure j'ai été agité, ému, et, puisqu'il faut tout vous dire, épris comme je ne l'ai été de longtemps. Je vous l'ai dit vingt fois au milieu de toutes mes folies, souvenez-vous-en, Théophile : je n'ai jamais aimé que Marthe, et je sens bien que je n'aimerai jamais qu'elle, en dépit de tout, en dépit d'elle et de moi-même.

« Mais pourquoi froncez-vous le sourcil ? pourquoi Eugénie hausse-t-elle les épaules d'un air chagrin et inquiet ? Je suis un honnête homme ; et comme Marthe est une femme fière et juste, comme elle ne voudra plus me revoir certainement qu'en présence de son mari ; comme, si son mari y consent, ce sera pour moi un engagement tacite de respecter sa confiance et son honneur, vous n'avez guère à craindre, ce me semble, que je trouble la sérénité de ce ménage. Oh ! ne vous inquiétez pas, je vous en prie ; je n'ai pas le moindre désir de lui enlever sa femme, quoiqu'il m'ait enlevé ma maîtresse. Il s'est admirablement conduit envers elle et envers mon fils... puisque c'est mon fils ! Marthe ne m'a pas dit un mot de l'enfant, ni moi non plus, comme vous pouvez croire.... Mais enfin, il est bien certain qu'un lien sacré, indissoluble, m'unit à elle, et que si jamais je fais fortune, je n'oublierai pas que j'ai un héritier. Je saurai donc récompenser indirectement Arsène des soins qu'il lui aura donnés ; et puisque c'est leur volonté de me retirer mes droits de père, je n'exercerai ma paternité que d'une façon mystérieuse, et pour ainsi dire providentielle. Vous voyez, mes bons amis, que je n'ai l'intention d'être ni si lâche ni si pervers que vous le pensiez ce matin ; que, loin d'être l'ennemi et le calomniateur de Marthe, je reste son admirateur, son serviteur et son ami. Je ne pense pas qu'Arsène puisse le trouver mauvais : en s'attachant à la femme qui m'avait appartenu, il a bien dû prévoir que je ne pouvais pas être mort pour elle, ni elle pour moi. C'est un homme sage et froid, qui ne la tyrannisera pas, puisqu'il me connaît. Quant à moi, je me sens relevé, consolé, et comme ressuscité par les événements de cette journée. J'ai été absurde et maussade ce matin. Oubliez cela, et regardez-moi désormais comme l'ancien Horace que vous avez aimé, estimé, et que le monde n'a pu ni avilir ni corrompre. Laissez-moi vous dire que j'aime Marthe plus que jamais, que je l'aimerai toute ma vie; car je vous réponds qu'elle n'aura plus jamais à trembler ni à souffrir de mon amour, de même que vous n'aurez plus jamais rien à réprimer ni à condamner dans ma conduite envers elle. »

Tandis qu'Horace, au milieu de mille vanteries, de mille projets et de mille espérances, qui se contredisaient les unes les autres, nous faisait les plus hardies promesses de vertu et de raison, Marthe, rentrée chez elle avec son mari, lui racontait avec la plus grande franchise l'entrevue qu'elle avait eue avec lui. Arsène éprouva un grand effroi et un grand déchirement de cœur à cette nouvelle; mais il n'en fit rien paraître, et il approuva d'avance tout ce que sa femme pouvait projeter.

« Es-tu donc d'avis, lui dit-elle, que je le revoie encore, et que je lui témoigne de l'amitié?

— Je n'ai pas d'avis là-dessus, Marthe, répondit-il, tu ne lui dois rien; cependant, si tu te décides à le voir, tu es forcée de le traiter doucement et amicalement. D'abord tu n'aurais peut-être pas la force d'être sévère et froide avec lui, et si tu l'avais, à quoi servirait de le manifester, à moins qu'il ne t'y contraignît par de nouvelles prétentions? Tu me dis qu'il n'en a pas, qu'il n'en peut plus avoir, qu'il te demande seulement le pardon du passé et un peu de pitié généreuse pour son repentir; si tu as lieu d'être satisfaite de sa manière d'être aujourd'hui avec toi, et de ne rien craindre de lui à l'avenir...

— Paul, dit Marthe en l'interrompant, tandis que tu me parles ainsi, ta figure est pâle et ta voix troublée : tu as de l'inquiétude au fond de l'âme? »

Arsène hésita un instant, puis il lui répondit : « Je te jure devant Dieu, ma bien-aimée, que si tu n'en as pas toi-même, si tu te sens aussi calme et aussi heureuse que tu l'étais ce matin, je suis moi-même heureux et tranquille.

— Paul ! s'écria-t-elle, ce n'est pas à vous, que je chéris plus que tout au monde, que je voudrais faire un mensonge. Je ne me sens pas dans la même situation que ce matin. Je me trouve d'autant plus heureuse d'être à vous, que j'ai revu l'homme qui m'a fait un mal affreux ; mais je ne me suis pas sentie calme en sa présence, et à l'heure qu'il est, je suis encore agitée et bouleversée comme si j'avais vu la foudre tomber près de moi. »

Arsène garda le silence pendant quelques instants ; et quand il se sentit la force de parler, il pria Marthe de ne lui rien cacher et de lui expliquer le genre d'émotion qu'elle éprouvait, sans craindre de l'affliger ou de l'inquiéter.

« Il me serait tout à fait impossible de le définir, répondit-elle ; car depuis une heure je cherche en vain à le faire vis-à-vis de moi-même. Il me semble que c'est un sentiment de terreur douloureuse, un frisson comme celui qu'on éprouverait en regardant les instruments d'une torture qu'on aurait subie. Ce que je peux te dire avec certitude, c'est que tout, dans cette émotion, est pénible, affreux même ; qu'il s'y mêle de la honte, du remords de t'avoir si longtemps méconnu, le regret d'avoir tant souffert pour un homme si peu sérieux, une sorte de dégoût et de haine contre moi-même. Enfin cela me fait mal, sans le plus petit mélange de satisfaction et d'attendrissement : tout ce que dit cet homme semble affecté, vain et faux. Il me fait pitié ; mais quelle pitié amère et humiliante pour lui et pour moi ! Il me semble que quand tu le reverras tel qu'il est maintenant, élégant et malpropre, humble et prétentieux, flétri et puéril, tu ne pourras pas t'empêcher de me mépriser, pour t'avoir préféré ce comédien plus mauvais, hélas ! que tous ceux avec lesquels j'ai eu le malheur de jouer des scènes d'amour à Belleville. »

Marthe disait sincèrement ce qu'elle pensait, et ne faisait aucun effort hypocrite pour rassurer son époux. Cependant elle ne put dormir de la nuit. L'agitation que son début lui avait causée ajoutait à celle qu'Horace était venu lui imposer. Elle fit des rêves fatigants, durant lesquels elle s'imagina, à plusieurs reprises, être retombée sous sa domination funeste, et où les scènes cruelles du passé se représentèrent à son imagination plus violentes et plus horribles encore que dans la réalité. Elle se jeta plusieurs fois dans le sein d'Arsène avec des cris étouffés, comme pour y chercher un refuge contre son ennemi ; et Arsène, en la rassurant et en la bénissant de cet instinct de confiance et de tendresse, se sentit beaucoup plus malheureux que s'il l'eût trouvée indifférente au souvenir d'Horace.

A son lever, Marthe ayant pris son enfant dans ses bras pour oublier en le caressant toutes les angoisses de la nuit, la mère Olympe lui remit une lettre qu'Horace avait passé cette même nuit à lui écrire. Il me l'avait montrée avant de la lui faire porter : c'était vraiment un chef-d'œuvre, non-seulement de style et d'éloquence, mais de sentiments et d'idées. Jamais il n'avait été mieux inspiré pour s'exprimer, et jamais il n'avait semblé rempli d'instincts plus nobles, plus purs, plus tendres et plus généreux. Il était impossible de n'être pas subjugué par la grandeur de son mouvement et de ne pas ajouter foi à ses promesses. Il demandait ardemment le pardon, l'amitié, la confiance de Marthe et de Paul. Il s'accusait avec une entière franchise ; il parlait d'Arsène avec un enthousiasme bien senti. Il implorait, comme une grâce, de voir son fils en leur présence, et de le remettre lui-même, humblement et courageusement, entre les bras de celui qui l'avait adopté, et qui était plus digne que lui d'en être le père.

Paul trouva sa femme lisant cette lettre avec des yeux pleins de larmes.

« Tiens, lui dit-elle en la lui remettant, c'est une lettre d'Horace, et tu vois, elle me fait pleurer. Et cependant quelque chose me dit que ce ne sont là encore que des paroles comme il en sait dire. »

Arsène lut la lettre attentivement, et la rendant à sa femme avec une émotion grave,

« Il est impossible, lui dit-il, que ce ne soit pas là l'expression d'un sentiment vrai et d'une résolution généreuse. Cette lettre est belle, et cet homme est bon malgré ses vices. Il m'est impossible de ne pas le croire meilleur qu'il ne sait le prouver par sa conduite. On ne parle pas ainsi pour se divertir. Il a pleuré en t'écrivant. Je t'assure que tu ne dois pas rougir de l'avoir cru plus fort et plus sage qu'il ne l'est : il avait toutes les intentions des vertus qu'il n'avait pas. Tu lui dois le pardon et l'amitié qu'il demande ; et si je t'en détournais, je te donnerais un conseil égoïste et lâche.

— Eh bien, je le verrai, mais en ta présence, répondit Marthe. La seule chose qui me fasse souffrir, c'est de penser qu'il verra Eugène, qu'il l'embrassera devant nous, qu'il l'appellera son fils, et qu'il verra en moi la mère de son enfant. Non, je n'aurais pas voulu réveiller et reconstituer ainsi en quelque sorte le passé. Je m'étais habituée à regarder cet enfant comme le tien. Je ne me rappelais plus que bien rarement qu'il ne l'est pas ; et maintenant, on va nous l'ôter en quelque sorte, en nous volant une de ses caresses !

— Cette idée m'est plus cruelle qu'à toi, ma pauvre Marthe, reprit Arsène ; mais c'est un devoir auquel il faut se soumettre. J'ai réfléchi toute la nuit à ces choses là, et je m'en suis dit une bien sérieuse, et que tu vas comprendre. Au-dessus de nos désirs, de notre choix et notre volonté, il y a le dessein, le choix et la volonté de Dieu. Dieu ne fait rien qui ne soit nécessaire, et ses intentions mystérieuses nous doivent être sacrées. Il a voulu qu'Horace fût père, bien qu'Horace repoussât les joies et les peines de la famille. Il a voulu qu'Horace te revît, et sentît le désir d'embrasser son fils, bien qu'il ait jusqu'ici abjuré les douceurs et les devoirs de la paternité. Dieu seul sait quelle influence cachée et puissante cet enfant peut avoir sur l'avenir d'Horace. C'est un lien entre le ciel et lui, qu'il n'est au pouvoir de personne de briser. Ce serait une impiété, un crime, de le tenter. Lui ravir la faculté de connaître et d'aimer son fils, dût-il le connaître et l'aimer faiblement, serait une sorte de rapt et comme un dommage irréparable que nous causerions à son être moral. Il nous faut donc, loin d'accaparer notre *trésor* à son préjudice, l'admettre à en jouir, parce que Dieu l'appelle à profiter de ce bienfait. Je ne veux pas croire que la vue de cet enfant ne le rende pas meilleur et n'amène pas un changement sérieux dans son âme. »

Marthe se rendit à de si hautes considérations religieuses, et sa vénération pour Arsène en augmenta. Un déjeuner fut arrangé chez moi pour cette rencontre. Marthe et Arsène amenèrent l'enfant; et cette fois Horace, redevenu affectueux, naïf et sensible, fut admirable en tous points pour lui, pour sa mère, et surtout pour Arsène, dont l'attitude noble et sereine le frappa de respect et d'attendrissement. Ce fut le plus beau jour de la vie d'Horace.

La vanité avait seule fait éclore ce beau mouvement dans son âme, il faut bien le confesser. Avili et outragé par les gens du monde, humilié et blessé par nous, il s'était senti enfin déchu et souillé à ses propres yeux. Il avait éprouvé violemment le besoin de sortir de cet abaissement et de se réhabiliter vis-à-vis de nous et de lui-même, en attendant qu'il pût se laver plus tard aux yeux du monde. Il n'avait pas voulu sortir à demi de cette situation, et se contenter de se montrer bon et repentant : il voulait se montrer grand, et changer notre pitié en admiration. Il y réussit pendant tout un jour. Son ostentation eut au moins l'avantage de lui faire connaître des joies d'amour-propre qu'il ne connaissait pas encore, et qu'il reconnut préférables aux mesquines satisfactions d'une vanité plus étroite. Il entra, à partir de ce jour, dans la phase de l'orgueil ; et son être, sans changer de nature, s'agrandit au moins dans la voie qui lui était ouverte.

Le lendemain il se réveilla un peu fatigué de ces émotions nouvelles et de la grande crise qui s'était opérée en lui un peu rapidement. Il pensa à Marthe un peu plus qu'à Arsène, et à lui-même un peu plus qu'à son fils. Son amitié enthousiaste pour Marthe reprit le caractère d'une passion qui se réveille, et qui n'abandonne pas tout à coup de chimériques et coupables espérances. Enfin, selon l'expression d'Eugénie, qui avait retenu quelques mots de science, son étoile eut une défaillance de lumière. Il était temps qu'Horace partît et n'eût pas l'occasion de revenir sur ses nobles résolutions. Je l'y forçai en quelque sorte, non sans peine ni sans lutte ; car, bien que charmé de l'idée de voyager, il voulait gagner quelques jours. Mais j'y mis une fermeté excessive, sentant bien que de sa conduite avec Marthe en cette circonstance dépendait tout son avenir moral. Je lui fis accepter, comme venant de moi, la somme que Louis de Méran m'avait envoyée pour lui, et je fixai le jour de son départ pour l'Italie sans lui permettre de revoir personne.

XXXIII.

La joie de se voir possesseur d'une nouvelle petite fortune, et celle de réaliser un de ses plus doux projets, enivra si vivement Horace dans les derniers jours, que je m'effrayai des dispositions folles dans lesquelles je le vis se préparer à son voyage. Il se forgeait sur toutes choses des illusions qui me faisaient craindre de grandes imprudences ou d'amers désenchantements. Après la semaine d'abattement et de spleen profond que lui avait causé son *fiasco* dans le beau monde, il avait eu une semaine d'enthousiasme, d'expansion délirante et d'orgueil sublime. Toutes ces émotions avaient brisé son corps appauvri par la vie de plaisir qu'il avait menée durant tout l'hiver; et je le voyais en proie à une fièvre d'autant plus réelle qu'il ne s'en plaignait pas et ne s'en apercevait pas. Craignant qu'il ne tombât malade en route, je résolus de le conduire jusqu'à Lyon, afin de l'y faire reposer et de l'y soigner, si les premiers jours de mouvement, au lieu de faire une heureuse diversion, venaient à hâter l'invasion d'une maladie.

Nous fîmes donc ensemble nos apprêts de départ, et je le gardai à vue pour qu'il ne fît pas échouer nos projets par quelque subite extravagance. J'avais le pressentiment d'une crise imminente. Il y avait du désordre dans ses idées, des préoccupations étranges dans ses moindres actions, et sur sa figure quelque chose de voilé et de bizarre qui frappait également Eugénie. « Je ne sais pas pourquoi je ne peux plus le regarder, me disait-elle, sans m'imaginer qu'il est condamné à mourir fou. Il n'y a pas jusqu'aux grands sentiments qu'il montre depuis quelques jours, qui ne me semblent provenir d'un secret dérangement dans tout son être ; car enfin ces sentiments ne sont plus joués, je le vois bien, et pourtant ils ne lui sont pas naturels, et on n'abjure pas ainsi d'un jour à l'autre l'habitude de toute une vie. »

Je grondais Eugénie de douter ainsi de l'action divine sur une âme humaine ; mais au fond de la mienne, je n'étais pas éloigné de partager ses craintes.

La vérité est qu'Horace, pour la première et pour la dernière fois de sa vie, n'était pas maître de lui-même. Il ne se rendait pas compte des mouvements impétueux que, jusque-là, il avait provoqués en lui et comme caressés avec amour. L'affront qu'il avait reçu dans le monde lui avait laissé un secret mais cuisant chagrin ; il réussissait à s'en distraire et à le chasser, en s'exaltant à ses propres yeux dans une nouvelle carrière d'émotions. Mais ce cauchemar le poursuivait, et venait le faire pâlir jusqu'au milieu de ses joies les plus pures. Plus il croyait en triompher en se raidissant contre cet amer souvenir et en cherchant à se grandir à ses propres yeux par d'intérieures déclamations, et moins il réussissait à atteindre ce calme stoïque, ce mépris des lâches attaques et des sots propos, dont il se vantait. Pour le résumer, et le définir une dernière fois, au moment de clore le récit de cette période de sa vie, je dirai que c'était un cerveau très-bien organisé, très-intelligent et très-solide, qui pouvait cependant se troubler et se détériorer en un instant, comme une belle machine dont on briserait le moteur principal. Le grand ressort du cerveau d'Horace, c'était cette faculté que Spurzheim, fondateur d'une nouvelle langue psychologique, a, par un néologisme ingénieux, qualifiée d'*approbativité;* et l'approbativité d'Horace avait reçu un choc terrible la nuit du souper chez *Proserpine*. Malgré l'appareil que les douces effusions du déjeuner chez moi avec Marthe avaient posé sur cette blessure, le trouble et la confusion régnaient dans les profondeurs de la pensée d'Horace.

Le matin du 25 mai 1833 (notre place était retenue aux diligences Laffitte et Caillard pour le soir même,) Horace, voyant tous ses préparatifs terminés, et se sentant excédé de ma surveillance, m'échappa adroitement, et courut chez Marthe. Il éprouvait un désir insurmontable de la revoir seule et de lui faire ses adieux. Peut-être la manière calme et douce avec laquelle elle avait pris congé de lui à notre dernière réunion lui avait-elle laissé un secret mécontentement. Il voulait bien la quitter et renoncer à elle pour jamais par un effort magnanime; mais il entendait faire par là un admirable sacrifice de ses droits et de sa puissance sur l'âme de cette femme; tandis qu'elle, comprenant son rôle autrement, croyait, en lui laissant presser sa main et embrasser son fils, lui accorder une sorte d'absolution religieuse. Horace, en acceptant cette position, ne se trouvait pas assez haut dans l'opinion de Marthe, à qui il voulait laisser des regrets; dans celle d'Arsène, à qui il voulait inspirer de la reconnaissance; et dans la nôtre, qu'il voulait éblouir de toutes manières. Le jour du déjeuner, je ne crois pas qu'il eût eu aucune arrière-pensée; mais il en avait eu le lendemain; et en nous trouvant tous résolus à ne pas renouveler cette scène délicate, il avait été mécontent de nous tous, et de l'attitude qu'il avait été forcé de garder vis-à-vis de nous. Il voulait, en un mot, emporter quelques baisers et quelques larmes de Marthe, afin de pouvoir faire son entrée en Italie en triomphateur généreux d'une femme, et non en victime de l'abandon de trois ou quatre. Disons bien vite, pour l'excuser un peu, que ces pensées n'étaient pas formulées dans son esprit, et que ce n'était pas le froid disciple du marquis de Vernes qui allait chercher sa revanche auprès de Marthe ; mais le véritable Horace, troublé par la fièvre de sa vanité blessée, allant, comme malgré lui et sans aucun plan arrêté, chercher un soulagement quelconque, ne fût-ce qu'un regard et un mot, à cette souffrance insupportable.

Il entra dans un café, à trois portes de la maison que Marthe habitait, non loin du Gymnase. Il y traça au crayon quelques mots sans suite qu'il fit porter par un voyou. L'enfant revint au bout d'un quart d'heure avec cette réponse : « Je ne demande pas mieux que de vous dire un dernier adieu : nous irons, Arsène et moi, avec Eugène dans nos bras, vous voir monter en diligence. Dans ce moment-ci il me serait impossible de vous recevoir. »

Horace sourit amèrement, froissa le billet dans ses mains, le jeta par terre, le ramassa, le relut, demanda du café à plusieurs reprises pour éclaircir ses idées qui s'égaraient de plus en plus, et s'arrêta enfin à cette hypothèse : ou elle est enfermée avec un nouvel amant, et en ce cas elle est la dernière des femmes ; ou son mari est absent, et elle n'ose pas se trouver seule avec moi, et alors elle est la plus adorable des amantes et la plus vertueuse des épouses. Dans ce dernier cas, je veux la presser sur mon cœur une dernière fois ; dans l'autre, je veux m'assurer de son impudence, afin d'être à jamais délivré de son souvenir.

Il remit le billet dans sa poche, rajusta sa coiffure devant une glace, et se trouva si pâle et si tremblant qu'il demanda de l'extrait d'absinthe, croyant arriver à la force de l'esprit, grâce à ces excitants qui produisaient en lui l'effet tout contraire.

Enfin il franchit le seuil de cette maison inconnue, monte cinq étages, sonne, feint de ne pas entendre le refus positif de la vieille Olympe, la repousse aisément, franchit deux petites pièces, et pénètre dans un boudoir des plus simples et des plus chastes, où il trouve Marthe seule, étudiant un rôle, avec son enfant endormi à ses côtés sur le sofa. En le voyant, Marthe fit un cri, et la peur se peignit dans tous ses traits. Elle se leva, et se plaignit, d'une voix sèche, quoique tremblante, de l'obstination d'Horace. Mais il se jeta à ses pieds, versa des larmes, et lui peignit son amour insensé avec toute l'ardeur que savait lui prêter son éloquence naturelle. Marthe accueillit d'abord ce langage avec une froideur amère; puis elle essaya, par des discours presque évangéliques et tout empreints de la bonté pieuse qu'Arsène avait su lui inspirer, de ramener Horace aux sentiments nobles qu'il lui avait témoignés naguère.

Mais plus elle se montrait grande, forte, pleine de cœur et d'intelligence, plus Horace sentait le prix du trésor qu'il avait perdu par sa faute; et une sorte de désespoir, d'orgueil sombre et violent, comme celui d'un véritable amour, s'emparait de lui. Il s'y livra avec une énergie extraordinaire; et Marthe, effrayée, allait appeler Olympe pour qu'elle courût chercher son mari au théâtre, lorsque Horace, tirant de son sein un poignard véritable, la menaça de s'en frapper si elle ne consentait à l'entendre jusqu'au bout. Alors il lui fit, à sa manière, le récit de la vie solitaire et affreuse qu'il avait menée loin d'elle, des efforts furieux qu'il avait tentés pour chasser son souvenir dans les bras d'autres femmes, des brillantes conquêtes qu'il avait faites, et dont aucune n'avait pu l'étourdir un instant. Il lui annonça qu'il partait pour Rome avec l'intention de se noyer dans le Tibre s'il ne pouvait se guérir de son amour; et après de longues tirades, si belles qu'il aurait dû les garder pour son éditeur, il lui fit les offres les plus folles; il la supplia de fuir ou de se suicider avec lui.

Marthe l'écouta avec cette incrédulité radicale qu'on

acquiert en amour à ses dépens. Elle trouva sa conduite absurde et ses intentions coupables et lâches. Cependant, quoique son cœur lui fût fermé sans retour, elle sentit avec terreur que l'ancien magnétisme exercé sur elle par cet homme si funeste à son repos était près de se ranimer, et qu'une influence mystérieuse, satanique en quelque sorte, et dont elle avait horreur, commençait à pénétrer dans ses veines comme le froid de la mort. Son cœur se serrait, un tremblement convulsif agitait ses mains, qu'Horace retenait de force dans les siennes ; et lorsqu'il se jetait à genoux devant son fils endormi, lorsqu'au nom de cette innocente créature, qui les unissait pour jamais l'un à l'autre en dépit du sort et des hommes, il lui demandait un peu de pitié, elle sentait se réveiller, pour celui qui l'avait rendue mère, une sorte de tendresse fatale, mêlée de compassion, de mépris et de sollicitude. Horace vit ses yeux se remplir de larmes, et son sein se gonfler de sanglots ; il l'entoura de ses bras avec énergie en s'écriant : « Tu m'aimes, ah ! tu m'aimes, je le vois, je le sais ! »

Mais elle se dégagea avec une force supérieure ; et, prenant tout à coup une résolution désespérée pour se délivrer à jamais de son mauvais génie :

« Horace, lui dit-elle, votre passion est mal placée, et vous devez vous en guérir au plus vite. Je ne saurais plus longtemps conserver votre estime, au prix de votre repos et de votre dignité. Je ne mérite pas les éloges dont vous m'accablez, je vous ai manqué de foi ; vos soupçons n'ont été que trop fondés : cet enfant n'est pas de vous. C'est bien véritablement le fils de Paul Arsène, dont j'étais la maîtresse en même temps que la vôtre. »

Marthe, en proférant ce mensonge, faisait un véritable acte de fanatisme. C'était comme un exorcisme *pour chasser les démons au nom du prince des démons.* Horace était si hagard qu'il ne songea pas à l'invraisemblance d'une telle assertion, après la conduite d'Arsène envers lui. Il n'hésita pas à accuser cet homme vertueux de complicité avec une femme impudente, pour lui faire accepter la paternité d'un enfant. Il oublia qu'il était sans nom, sans fortune, et sans position, et que par conséquent Arsène ne pouvait avoir aucun intérêt à le tromper si grossièrement. Il crut seulement à cet instant de remords que Marthe venait de jouer pour se débarrasser de lui; et, transporté d'une fureur subite, saisi d'un accès de véritable démence, il s'élança vers elle en s'écriant :

« Meurs donc, prostituée, et ton fils, et moi, avec toi. »

Il avait son poignard à la main; et quoiqu'il n'eût certainement d'intention bien nette que celle de l'effrayer, elle reçut, en se jetant au-devant de son fils, non pas le coup de la mort, mais, hélas! puisqu'il faut le dire, au risque de dénouer platement la seule tragédie un peu sérieuse qu'Horace eût jouée dans sa vie... une légère égratignure.

A la vue d'une goutte de sang qui vint rougir le beau bras de Marthe, Horace, convaincu qu'il l'avait assassinée, essaya de se poignarder lui-même. J'ignore s'il aurait poussé jusque-là son désespoir; mais à peine avait-il effleuré son gilet, qu'un homme, ou plutôt un spectre qui lui parut sortir de la muraille, s'élança sur lui, le désarma, et, le poussant par les épaules, le précipita dans les escaliers en lui criant avec un rire amer :

« Courez, mon cher Oreste, débuter aux Funambules, et surtout allez vous faire pendre ailleurs. »

Horace chancela, heurta la muraille, se rattrapa à la rampe, et entendant le pas d'Arsène, qui montait et venait à sa rencontre, il se hâta de fuir, la tête baissée, le chapeau enfoncé sur les yeux, et se disant : « Bien

certainement, je suis fou ; tout ce qui vient de se passer
est un rêve, une hallucination, surtout cette vision que
je viens d'avoir de Jean Laravinière, tué l'an dernier au
cloître Saint-Méry, sous les yeux et dans les bras de
Paul Arsène. »

Il se jeta dans un cabriolet de place, et se fit conduire, aussi vite que la rosse put courir, à Bourg-la-
Reine, où il profita du passage de la première diligence,
se croyant sur le point d'être poursuivi pour meurtre,
et impatient de fuir Paris au plus vite. Je l'attendis en
vain toute la soirée; je perdis les arrhes que j'avais données pour nos places, mais ne supposai point qu'il était
parti sans moi, sans ses effets et sans son argent. Quand
j'eus vu s'éloigner la voiture qui devait nous emporter,
je courus chez Marthe, et là j'appris en deux mots ce
qui s'était passé. « Il ne m'aurait pas tuée, dit Marthe
avec un sourire de mépris; mais il se serait fait peut-être
un peu de mal, si je n'eusse été délivrée par un revenant.

— Que voulez-vous dire? lui demandai-je ; êtes-vous
folle aussi, ma chère Marthe !

— Tâchez de ne pas le devenir vous-même, me répondit-elle ; car il y a vraiment de quoi le devenir de joie
et d'étonnement. Voyons, êtes-vous préparé à l'événement
le plus inouï et le plus heureux qui puisse nous arriver ?

— Pas tant de préambule ! dit Jean, sortant du boudoir de Marthe; j'avais voulu lui laisser le temps de vous
préparer à embrasser un mort, mais je ne puis tenir à
l'impatience d'embrasser les vivants que j'aime. »

C'était bien le président des bousingots en chair et en
os, en esprit et en vérité, que je pressais dans mes
bras. Jeté parmi les morts dans l'église Saint-Méry, le
jour du massacre, il s'était senti encore tenir à la vie
par un fil, et, se traînant sur ces dalles ensanglantées,
il était parvenu à se blottir dans un confessionnal, où un

bon prêtre l'avait trouvé, recueilli et secouru le lendemain. Ce digne chrétien l'avait caché et soigné pendant plusieurs mois qu'il avait passés chez lui, toujours entre la vie et la mort. Mais comme c'était un homme timide et craintif, il lui avait beaucoup exagéré le résultat des persécutions essayées contre les victimes du 6 juin, et l'avait empêché de faire connaître son sort à ses amis, affirmant qu'il était impossible de le faire sans les compromettre et sans l'exposer lui-même aux rigueurs de la justice.

« J'avais alors l'esprit et le corps si affaibli, dit Laravinière en nous racontant son histoire, que je me laissai diriger comme le voulait mon bienfaiteur ; et la peur de cet homme, admirable d'ailleurs, était si grande, qu'il n'attendit pas que je fusse transportable pour me conduire dans sa province. Il m'y laissa chez de bons paysans auvergnats, ses père et mère, qui m'ont tenu jusqu'à présent caché au fond de leurs montagnes, me soignant de leur mieux, me nourrissant fort mal, et me tourmentant beaucoup pour me faire confesser : car ils sont fort dévots, et mon état d'agonie continuelle leur donnait tous les jours à penser que le moment de rendre mes comptes était venu. Ce moment n'est pas éloigné ; il ne faut pas vous faire illusion, mes chers amis, parce que vous me voyez sur mes jambes et assez fort pour donner la chasse à M. Horace Dumontet. Je suis frappé à fond, et sur toutes les coutures. J'ai deux balles dans la poitrine, et une vingtaine d'autres horions qui ne pardonnent pas. Mais j'ai voulu venir mourir sous le ciel gris de mon Paris bien-aimé, dans les bras de mes amis et de ma sœur Marthe. Me voilà bien content, habitué à souffrir, résolu à ne plus me soigner, enchanté d'avoir échappé à la confession, et tranquille pour le peu de temps qui me reste à vivre, puisque l'acte d'accusation des patriotes du 6 juin n'a pas fait mention de ma laide figure. Ah !

dame ! je ne suis pas embelli, ma pauvre Marthe, et vous ne devez plus craindre de tomber amoureuse de ce Jean que vous avez connu si beau, avec un teint si uni, une barbe si épaisse, et de si grands yeux noirs ! »

Jean plaisanta ainsi toute la soirée, et Arsène, qui l'avait déjà embrassé (mais à qui on avait caché l'algarade d'Horace), étant rentré, nous soupâmes tous ensemble, et la gaieté héroïque du *revenant* ne se démentit pas. En le voyant si heureux et si enjoué, Marthe ne pouvait se persuader qu'il fût incurable. Moi-même, en observant ce qui restait de force et d'animation à ce corps exténué, je ne voulais point renoncer à l'espérance ; mais, craignant de me faire illusion, je le soumis à un long et minutieux examen. Quelle fut ma joie lorsque je trouvai intacts les organes que Laravinière avait crus attaqués, et lorsque je me convainquis de la possibilité d'appliquer un traitement efficace ! Ce fut pendant plusieurs mois mon occupation la plus constante ; et, grâce à la bonne constitution et à l'admirable patience de mon malade, nous le vîmes reprendre à la vie, et retrouver la santé rapidement. Les tendres soins de Marthe et d'Arsène y contribuèrent aussi. Il s'associa désormais à ce jeune ménage, dont il vit avec joie l'heureuse et noble union. « Vois-tu, me disait-il un jour, je me suis autrefois imaginé que j'étais amoureux de cette femme, lorsque je la voyais malheureuse avec Horace : c'était une illusion de l'amitié ardente que je lui porte. Depuis qu'elle est relevée, purifiée et récompensée par un autre, je sens, à la joie de mon âme, que je l'aime comme ma sœur et pas autrement. »

Je ne vous dirai point le reste de l'histoire de Laravinière : la suite de sa vie fournirait trop de choses, et amènerait des réflexions qu'il faudrait développer à part et lentement. Tout ce que je puis vous en apprendre, c'est que, persistant dans son incorrigible et sauvage héroïsme, il a péri, et cette fois, hélas! tout de bon, dans la rue, et le fusil à la main, à côté de Barbès, heureux d'échapper au moins aux tortures du mont Saint-Michel!

Quant à Horace, quelques jours après son brusque départ, je reçus de lui une lettre datée d'Issoudun, où il m'avouait la vérité, témoignait sa honte et son repentir, et me priait de lui envoyer son portefeuille et sa malle. Je fus touché de sa tristesse, et vivement affligé de la position misérable qu'il s'était faite, lorsqu'il lui eût été si facile d'en avoir une fort belle. J'eus un reste de crainte pour lui, et songeai encore à l'aller rejoindre pour le sermonner et le consoler jusqu'à la frontière; mais comme sa lettre était fort raisonnable, je me bornai à lui envoyer ses effets et ses valeurs, en lui promettant, de la part de Marthe et de nous tous, le pardon, l'oubli et le secret.

L'éditeur de cette histoire engage chaque lecteur à vouloir bien lui faire la même promesse, d'autant plus que le dernier accès de folie d'Horace ne compromit en rien le bonheur de Marthe, et qu'Horace est devenu lui-même un excellent jeune homme, rangé, studieux, inoffensif, encore un peu déclamatoire dans sa conversation et ampoulé dans son style, mais prudent et réservé dans sa conduite. Il a vu l'Italie; il a envoyé aux journaux et aux revues des descriptions assez remarquables et très-poétiques, auxquelles personne n'a fait attention : aujourd'hui le talent est partout. Il a été précepteur chez un riche seigneur napolitain, et je le soupçonne d'en être sorti avant d'avoir mené ses élèves en quatrième, pour avoir fait la cour à leur mère. Il a composé ensuite un drame flamboyant qui a été sifflé à l'Ambigu. Il a refait trois romans sur ses amours avec Marthe, et deux sur ses amours avec la vicomtesse. Il a écrit des *premiers-Paris* d'une politique assez sage dans plusieurs journaux de l'opposition. Enfin, ayant moins de succès en littérature que de talent et de besoins, il a pris le parti d'achever courageusement son droit; et maintenant il travaille à se faire une clientèle dans sa province, dont il sera bientôt, j'espère, l'avocat le plus brillant.

FIN D'HORACE.

www.ingramcontent.com/pod-product-compliance
Lightning Source LLC
Chambersburg PA
CBHW050910230426
43666CB00010B/2100